진리는
바로 지금, 바로 여기
있다

진리는 바로 지금, 바로 여기 있다

발행일	2019년 12월 6일

지은이	관음		
펴낸이	손형국		
펴낸곳	(주)북랩		
편집인	선일영	편집	오경진, 강대건, 최예은, 최승헌, 김경무
디자인	이현수, 김민하, 한수희, 김윤주, 허지혜	제작	박기성, 황동현, 구성우, 장홍석
마케팅	김회란, 박진관, 조하라, 장은별		
출판등록	2004. 12. 1(제2012-000051호)		
주소	서울특별시 금천구 가산디지털 1로 168, 우림라이온스밸리 B동 B113~114호, C동 B101호		
홈페이지	www.book.co.kr		
전화번호	(02)2026-5777	팩스	(02)2026-5747

ISBN	979-11-6299-997-4 03190 (종이책)	979-11-6299-998-1 05190 (전자책)

이 도서의 국립중앙도서관 출판예정도서목록(CIP)은 서지정보유통지원시스템 홈페이지(http://seoji.nl.go.kr)와
국가자료공동목록시스템(http://www.nl.go.kr/kolisnet)에서 이용하실 수 있습니다.
(CIP제어번호: 2019048871)

진리는
바로 지금
바로 여기
있다

북랩 book Lab

진리가 알고 싶은가요?

나는 진리가 알고 싶었습니다.

그래서 찾았습니다. 그리고 찾아졌습니다.

마침내 알게 됐죠.

진정한 나의 정체를, 이 글을 읽고 있는 당신의 진정한 정체를,

지금 여기에 무엇이 있는지, 무슨 일이 일어나고 있는지를.

찾고 보니 참 어처구니가 없더군요.

세상에 반전도 이런 반전이 있을까요?

늘 답이 여기 있었습니다. 찾고 말고 할 것이 없더군요.

도대체 왜 그렇게 쉬운 길을 어렵게 돌아왔을까 싶더군요.

당신도 지금 찾고 있나요?

그럼, 어렵게 돌아가지 말고 곧바로 쉽게 가세요.

당신이 지금까지 어렵게 느꼈다면 그것은 오직, 세상이 어려운 길이라고 속삭이는 말에 속아 왔기 때문입니다.

진리는 이런저런 것이라며 누가 그러더라는 말에 속아왔기 때문입니다.

오랫동안 쌓인 오해와 편견에 스스로 속아왔기 때문입니다.

이제 더는 속지 마세요.

오해와 편견을 바로 보고 거짓 믿음을 내려놓으면 있는 그대로의 진리가 드러납니다.

바로 지금, 바로 여기!

차례

○

들어가는 말

"나는 관세음보살이다.
나는 참인식이다.
나는 참인식 그 자체다.
이것이 궁극적 깨달음이다.
이것으로 찾음이 끝났다."

2018년 12월 4일 저녁,
이렇게 오랜 찾음이 끝났다.

오랜 찾음이 끝났다. 찾아지는 것은 처음부터 너무도 선명하게 정해져 있었다. 찾음을 끝낸 모든 이에게 찾아지는 것은 다 똑같다. 다를 수가 없다. 수천 년 전의 석가모니나 예수든, 근대의 라마나 마하리쉬나 니사르가다타 마하라지든, 동양의 노자든 서양의 마이스터 에크하르트든, 지구상의 스승이든 은하수 저 너머 외계의 스승이든, 어떻게 다를 수 있겠는가?

오랫동안 품어왔던 '이 뭐지?', '나는 무엇인가?'와 같은 물음에 답이 찾아졌다. 진정한 나의 정체성을 찾았고, 진리가 뭔지, 세상의 실체가 뭔지, 모든 의문에 대한 답이 선명하게 드러났다. 영적 스승들의 그

진리는 바로 지금, 바로 여기 있다

모든 말씀이 왜 다들 그렇게 가리켰는지 확연해졌다. 더는 어떤 의문도 남을 자리가 사라졌다.

여기 내가 걸어온 찾음의 이야기를 한번 풀어 볼까 한다. 진정한 나를 찾아서 걸어 왔던 여정에 관한 이야기다. 찾음의 길을 걸었던 사람으로서 찾고 있는 당신에게 도움이 될 이야기를 전하고 싶다. 어떻게 해야 할지, 어디로 가야 할지 몰라 힘들었던 때가 많았다. 이 경험을 바탕으로, 이런 의문들은 이렇게 설명하면 좀 더 쉽게 이해되지 않을까, 이런 오해와 거짓 믿음들은 이렇게 알려주면 좀 더 쉽게 알아차리지 않을까 하는 것이 많아 이런 이야기들을 모아 봤다.

끝나고 보니 왜 그렇게 찾음을 어렵게 느꼈는지 안타까웠다. 물론 그렇게 쉽지는 않다. 하지만 어려울 까닭도 없다. 어렵다는 말은 낯설다는 말일뿐, 익숙해지면 어려움은 곧 사라진다. 오랜 편견에 우리는 진리가 낯설 뿐이다.

이 책의 목적은 찾음에 관한 지식을 주려 함이 아니라 당신의 찾음을 끝내는 데 있다. 글을 읽고 고개를 끄덕이며 배우는 것이 아니라 당신이 직접 살펴보고 확인하고 깨우쳐서 마침내, 모든 의문을 넘어 찾음이 끝나도록 하는 데 모든 초점이 맞춰져 있다.

찾음은 마치 산 정상에 오르는 일과 같다. 가는 길은 수없이 많지만, 도달하는 정상은 같다. 정상에 올라 서 있으면 산을 오르는 사람들이 어디 즈음 가고 있는지, 바로 가고 있는지 아니면 길을 잃고 헤매는지가 보인다. 어디서 조심하고 어느 방향으로 가야 할지 알려줄 수 있다. 찾는 이를 위해 여기저기 방향 표지판을 세워서 가는 방향을 가리킬 수 있다. 이 책의 글들은 찾음의 길 어딘가에서 가고 있을 당신에게 방향을 알려 주는 방향 표지판이다. 찾음을 처음 접하는 사람과, 평생을 찾아왔지만, 아직도 갈 길을 헤매는 사람과, 영적 스승들의 모든 말이 다 이해가 되나 정작 마지막 꽃봉오리를 어떻게 틔워야 할지 모르는 사람에게 도움이 되도록 구석구석 방향 표지판을 세웠다. 모두 서 있는 곳이 다르고 가는 길이 다르기에 모두에게 도움이 될 수는 없겠으나, 당신이 가는 찾음의 길에 어느 하나, 어느 순간 도움이 되기를 바라면서 이야기를 시작한다.

처음 접하는 사람들에게는 다소 생소한 말과 개념들 때문에 어렵게 느껴질지도 모르겠다. 하지만 어려워할 필요는 전혀 없다. 어려운 것이 아니라 익숙하지 않을 뿐이다. 자주 접하다 보면 금세 익숙해지고 글에서 가리키는 무엇을 직접 볼 수 있을 것이다.

책을 읽기 전에 미리 알고 있어야 할 것은 전혀 없다. 모를수록 더 좋다. 어설프게 잘못 알고 오해로 가득 찬 사람보다 모르는 것이 더 낫다. 기초부터 설명해 나갈 테니 걱정할 것 없다. 그저 당신의 열정만 있으면 그것으로 충분하다.

기초부터 설명하지만 어떤 부분에서는 여러 단계로 조금씩 더 깊이 들어가고 때로는 핵심으로 바로 파고들 때도 있다. 왜냐하면, 모든 주제가 결국 핵심과 통하기 때문이다. 아마 누군가는 이 핵심을 통해 바로 볼지도 모른다. 그렇게 찾음이 끝날 수도 있다. 부디 그렇게 되기를 바란다. 하지만 사람마다 다 다르고 매 순간이 새로운 찾음이기에 언제 어느 글이 익숙해지고 당신의 가슴을 일깨울지 모를 일이다. 읽다가 이해가 안 가면 그냥 넘어가라. 누군가에게는 시간이 필요한 법이다. 아니면, 당신에게는 그 부분은 필요 없고 다른 부분이 당신을 기다리고 있는지도 모른다. 또 아니면 그냥 지나친 글이 당신도 모르게 가슴에 남아 꽃을 피울지도 모른다. 걱정할 것 없다. 정확한 때에 정확한 곳에서 일어날 일은 일어난다.

이 순간 당신도 충분히 할 수 있다. 찾음은 오직 지금 여기서 끝나야 한다. 바로 지금 바로 여기, 찾음 을 끝내라.

부디 찾아지기를.

1장

끝의 시작

찾음이 끝났다. 여기 내게 일어난 찾음의 시
작과 끝에 관한 이야기가 있다. 대단하거나
신비할 것 전혀 없는 '찾음의 끝'이 익숙해지
길 바라며 이야기를 시작한다.

» 찾음의 시작과 끝

어릴 때부터 나는 뭐든지 왠지 궁금해하는 아이였다. 이상하게 이것저것 궁금한 게 많았다. 언제부턴가 내가 누구인지, 어디서 와서 어디로 가는지, 도대체 사람들이 말하는 진리가 뭔지, 도대체 삶의 이유가 뭔지, 왜 살아가는지 너무나 궁금했다.

하나님은 세상을 사랑하신다고 하는데 세상에 일어나는 일을 보면 세상이 하나님에게 사랑받는 것처럼 보이지 않았다. 도대체 하나님의 사랑이 뭔지, 뭔가 이상했다. 석가모니는 모두가 부처라고 말씀하셨다는데 부처라고 하기에는 세상에 나쁜 사람들이 너무도 많아 보였다. 누군가는 진리의 말이라며 떠들어대는데, 내가 아직 어려서, 내가 아직 수준이 낮아서, 죄가 커서, 아직 수행이 부족해서 잘 못 알아듣는 줄로만 알았다.

사람들은 좋은 일을 하면 좋은 결과를, 나쁜 일을 하면 나쁜 결과를, 콩 심은 데 콩 나고 팥 심은 데 팥 난다고 말하는데, 내가 겪는 삶은 도저히 그렇게 보이지 않았다. 천국과 지옥을 말하고 업과 환생을 말하는데 언제부터 시작된 업과 환생인지, 어디에 있는 천국과 지옥인지 알 수 없었다.

속 시원한 설명은 어디에도 찾을 수 없었고 다들 믿으라고만 하는데 그냥 믿고만 있기에는 내 가슴이 너무 뜨거웠다.

가슴이 뜨겁다. 답을 찾으라 한다. 어떻게 찾아야 하나?

머리를 깎고 산에 들어가거나 수도원에 들어가지는 않았지만, 치열한 삶 속에서도 큰 물음표 하나는 늘 짊어지고 다녔다. 한때는 종이로 된 책에 해답이 있는지 알았다. 공부를 많이 한 똑똑한 사람들은 이미 해답을 아는지 알았다. 많은 사람에게 존경받는 사람은 답을 아는지 알았다. 산속에서 마음공부를 열심히 하는 큰 스님들은 답을 아는지 알았다. 큰 교회에서 확신에 찬 목소리로 설교하시는 목사님들은 답을 아는지 알았다. 바티칸에서 사람들을 축복하시는 교황님은 답을 아는지 알았다.

언제부턴가 알게 됐다. 그분들도 모른다는 사실을. 다들 "하나님이, 부처님이, 노자가, 큰 스님이, 선사가, 어떤 성자가 말씀하시길…" 하면서, 다른 사람의 말을 전해 줄 뿐이었다. 어떤 위대한 사람이나 책의 권위를 빌어서 믿으라고 권할 뿐이었다.

답을 아는 누군가가 필요했다. 다른 사람의 말을 전하는 것이 아니라 어디에도 기대지 않고 자기 자신의 앎으로 질문에 답해줄 사람을 찾고 싶었다. 찾아서 가슴 속에 묵혀 온 질문을 하고 답을 듣고 싶었다. 그러나 내가 아는 분들은 다들 돌아가시고 없었다. 석가모니, 예수, 노자와 같은 분들은 원래 오래전 사람이고 라마나 마하리쉬와 오쇼 라즈니쉬의 책을 만났을 때는 이미 돌아가신 뒤였다. 오쇼의 책에서 그가 타계한 지 얼마 안 됐다는 사실을 알고 나서는 무척이나 안타까웠다. 한국에서 누구 속 시원히 답해줄 수 있는 사람이 없을까 찾아보았지만, 찾을 수 없었다. 한국이 아니라 세계 어디라도 살아계신 스승이 있다면 찾아가 보고 싶었다. 어디 있을지 모를 스승을 생각하며 가슴 한구석에 큰 물음표 하나를 묻어두고 살아갔다.

나 또한, 사람들 대부분이 그렇듯 더 나은 사람이 되고 싶었다. 일자리가 없어서 겪는 가슴앓이와 돈이 없고 기댈 사람이 없어 겪는 어려움과 미래에 대한 걱정을 더 잘 이겨 내는 사람이 되고 싶었다. 사랑에 지질히지 않고 자유로운 사람이 되고 싶었다. 사람들과의 관계에서 너그러운 멋있는 사람이 되고 싶었다. 진리를 찾으면 그렇게 좀 더 나은 사람이 되지 않을까 막연히 기대했다. 사람들은 진리를 깨달은 사람을 묘사할 때 우리가 겪는 일상의 어려움에서 벗어나 자유로워진 위대한 사람으로 그린다. 그래서 나도 진리를 찾으면 훌륭한 사람이 되어 지금 겪는 일상의 여러 어려움에서 벗어나 자유로운 삶을 살 수 있을 거라 막연히 기대했다. 하지만 이보다 더 큰 숙제가 있었다. 어디서 왔는지 모를 궁금증이다. 내일 죽는다고 해도 스승들이 깨달았던 진리를 알고 죽고 싶었다. 훌륭한 사람이 되는 것도 좋지만, 그냥 궁금해서 견딜 수가 없었다.

도대체 나는 누굴까? 아니, 무엇일까? 나는 왜 사는 걸까? 인생의 의미는 뭘까? 태어나기 전에 난 무엇이었을까? 죽으면 어떻게 될까? 도대체 이 세상은 뭘까? 어떻게 생겨나서 어디로 가는 걸까? 도대체 왜 생겨났을까? 도대체 세상은 왜 지금 이 모양일까? 왜 예수님과 그 모든 위대하고 막강한 힘을 가진 분들은 이 세상의 악들을 그대로 놔두고 사람들의 고통을 외면했을까? 세상에 너무나도 많은 사람이 괴로움에 처절하게 몸부림치는데 왜 그런 사랑과 자비를 베풀지 않고 외면하는 것일까? 외면하는 것일까, 아니면 고칠 힘이 없는 걸까? 아니면 내가 모르는 뭔가 더 큰 뜻이 있는 걸까? 부처님과 온갖 보살들은 왜 그 좋은 깨달음을 우리에게 나눠주지 않는 걸까? 세상 무엇이든 마음대로 할 것 같은 대단한 힘이 있을 것 같은데, 또 대자대비하다고들 하는데, 왜 중생을 단번에 구제하지 않을까? 나 같으면 바로 세상을 천국, 극락으로 만들어서 보며 기뻐할 것 같은데, 참으로 알 수 없었다. 세상에 그리 많은 신은 도대체 뭐고 지금 뭐 하고 있을까?

세상 사람들은 내 삶의 주체는 나고 노력하면 안 될 것이 없다는데 왜 나는 노력하면 안 되는가? 정말 내 노력이 부족해서일까? 정말 노력만으로 되는 걸까? 아니, 내가 내 삶의 주체가 맞기는 할까? 내 마음대로 할 수 있는 것이 도대체 뭔가? 그리고 내 마음은 또 뭔가? 미친 듯이 떠오르는 이 생각은 또 뭔가? 나는 뭔가?

언제 알게 될까? 몇십 년 뒤? 죽기 전? 아니면 몇 번의 생을 더 살아야 진리라는 것을 알게 될까? 도대체 언젠가 알게 되기는 할까?

의문은 꼬리에 꼬리를 물고 이어졌지만, 이 모든 의문을 묶은 물음은 늘 이랬다. "도대체 이게 뭘까?", "이 뭐지?"

이 뭐지?

절에도 가 보고 수련회도 갔다. 교회에도 다니고 유명한 목사님들의 설교도 들었다. 명상도 하고 단전 수련도 해 보고 기공도 하고 태극권도 했다. 이곳저곳, 이 책 저 책, 이 사람 저 사람, 알게 모르게 늘 찾고 있었다. 찾음은 늘 인생의 숙제였다. 어디서 찾아야 할지, 어디서 시작해야 할지 도무지 알 수 없었다. 진리는 늘 저 멀리, 이번 생에서는 닿을 수 없는 저 먼 별나라의 이야기처럼만 느껴졌다.

한번은 오쇼의 책을 읽다가 영적 스승의 현존이 중요하다는 말이

진리는 바로 지금, 바로 여기 있다

크게 와닿았다. 혹, 한국에서 찾지 못한 스승이 지금 사는 미국에 있을지도 모르겠다는 생각이 들어 스승을 찾기 시작했다. 인터넷을 검색하다 한 사람을 찾았다. 처음 찾은 스승은 라마나 마하리쉬를 이은 파파지(Papaji)의 제자인 강가지(Gangaji)였다. 미국 서부 오리건주에 있었다. 조만간 찾아가 봐야겠다고 생각하던 차에 한 분의 영적 스승을 더 찾았다. 내가 살던 집 바로 근처에 웨인 리쿼만(Wayne Liquorman)이라는 분이 아드바이타(Advaita) 가르침을 전한다는 사실을 알았다. 라마나 마하리쉬와 더불어 그 시대에 가장 존경받는 영적 스승 중 한 분인 니사르가다타 마하라지의 가르침을 이은 라메쉬 발세카의 제자다. 그때 난 아드바이타가 뭔지, 니사르가다타와 라메쉬가 어떤 분인지 전혀 알지 못했다. 웨인의 웹사이트(Advaita.org)에 나와 있는 소개를 읽어보고 웨인이 내 찾음을 인도할 수 있는 영적 스승일지도 모른다는 생각이 들었고, 이 생각은 찾아뵙기도 전에 확신으로 바뀌었다. 도대체 어떻게 그런 확신이 섰는지는 모르겠지만, 이 기회를 놓치면 안 될 것만 같아서 바로 웨인이 가르침을 전하는 삿상으로 달려갔다.

2007년 7월 7일 토요일 아침이다. 웨인을 찾아가 다짜고짜 "저의 구루(영적 스승)가 되어 주시겠습니까?"라고 물었다. 두근거리며 답을 기다리는데, 웨인이 흔쾌히 승낙했다. 드디어 내게도 그렇게 찾던 영적 스승이 생긴 너무나 감격스러운 순간이었다. 드디어 제대로 된 방향 표지판을 만난 느낌이었다. 그렇게 웨인의 발아래 앉아, 다른 사람의 권위에 기대지 않고 말하는 스승과 함께하는 영적 찾음의 여정이 시작됐다.

가슴이 열리다.

웨인의 가르침을 접한 지 5년째 되던 어느 날이다. 한 번은 가슴 명치 부근에서 뜨겁게 불타는 듯한 생소한 느낌이 일어났고 그 느낌이 일주일간 계속되고 있었다. 월요일 저녁 삿상에 참석해서, 웨인이 그 날 처음 찾아온 사람과 주고받는 대담을 듣고 있었다. 갑자기 불타던 가슴이 활짝 열리는 경험이 일어났다. 경험은 늘 말로 표현하기 힘들지만, "가슴이 열렸다."라는 표현이 제일 가까울 것 같다. 나와 가르침을 가로막고 있던 어떤 벽을 에너지가 불태워 없앤 느낌이었다. 스승의 가르침에 가슴이 활짝 열리는 느낌이었다. 그렇게 가슴이 열리면서 스승의 가르침을 가슴으로 받아들이기 시작했다.

그리고 얼마 뒤 웨인이 자신의 스승 라메쉬의 가르침을 편집해 엮은 『참의식이 말하다(Consciousness Speaks)』라는 책에 깊이 빠져들었다. 너무도 좋은 책이라 생각해 웨인의 허락하에 라메쉬를 잘 모르는 한국 사람들을 위해 번역해서 전자책[1]으로 배포했다. 이 책을 번역하면서 책 문장 하나하나를 빠짐없이 읽고 또 읽으며 가르침에 대한 이해가 크게 깊어졌다. 다른 사람들을 위해 번역을 시작했지만, 가장 크게 혜택받은 사람은 번역자인 나 자신이었다.

이제 눈을 뜰 때다.

---

[1] 네이버 '아드바이타' 카페에서 배포하고 있습니다(카페 주소: https://cafe.naver.com/advaita2007).

가슴이 열린 이후로 5년의 세월이 더 지나갔다. 하지만 깨달음은 아직 저 멀리 있었다. 언제 찾음이 끝날 수 있을는지, 제발 죽기 직전이라도 진리를 한 번은 보고 죽었으면 좋겠다는 생각으로 찾음을 이어나가던 어느 날이었다. 2017년 11월 말의 어느 날, 내면의 목소리가 들린다. 다른 여러 생각과 다르게 마치 선언하듯 말한다. '이제 눈을 뜰 때다(It's time to SEE).'

이런 내면의 소리는 생전 처음이었다. 이 말은 받아들이고 말고 할 그런 생각이 아니었다. 명확한 선언이었다. 이때부터 집중적인 찾음이 시작됐다. 한 가지 흥미로운 일은 선언과 동시에 머릿속 중앙에서 강한 에너지가 느껴지기 시작했다. 영적 문제를 생각하거나 살펴볼 때면 늘 느껴졌다. 일하거나 TV를 보거나 할 때는 느껴지지 않다가, 영적 문제에 집중할 때면 마치 찾음의 상태를 나타내는 듯한 표시등처럼 어김없이 생겼다 사라지곤 했다.

이 선언으로 중대한 변화가 생겼다. 궁극적 깨달음이 미래의 언젠가 일어날 일이거나 다른 대단한 누군가에게 일어나는 일이라는 믿음을 내려놓고, 지금 이 순간 바로 여기에서 일어나야 할 일로 받아들이게 됐다. 엄청난 생각의 전환이었다. 이제 궁극적 깨달음은 더는 미래의 언젠가 일어날 일이 아니었다. 지금 당장 '이 뭐지?'에 대한 답을 찾아야 했다. 지금 당장 눈을 떠야 했다. 이제 눈을 뜰 때이기 때문이다.

스승 웨인 이외에 다른 도움이 필요하다고 느꼈다. 그래서 찾다가 참으로 우연히 유튜브에서 리사 카하레(Lisa Kahale)의 영상을 보고 깊이 빠져들었다. 리사의 영상들은 내게 큰 울림이었다. 리사는 궁극적 깨달음이 일어난 바로 다음 날 찍은 영상과 2015년 4월 10일경에 세상을 떠날 때까지 얼마 안 되는 시간 동안 총 18편의 영상을 남겼다. 2분에서 10분 남짓한 짧은 동영상들을 아마 수백 번은 반복해서 보았던 것 같다. 여러 번 들으면서 가슴을 울리는 감동에 흘린 눈물이 적지 않다. 정말 강하게 공감했다. 리사의 가르침에, 뭔가 바로 앞에 잡힐 것만 같았다. 리사가 유명을 달리한 뒤 출판된 그녀의 유일한 책인 『깨어나는 진리(Awakening True)』를 읽으면서 리사가 '해방된 자유(Liberation Unleashed)'[2]라는 인터넷 포럼 사이트를 통해서 안내자(Guide)와 일대일 대화를 주고받으며 궁극적 깨달음에 이르렀다는 사실을 알았다.

해방된 자유에서는 안내자가 찾는 이와 일대일로 글을 주고받으며 안내한다. 독립된 '나'라고 여기는 믿음이 사실인지 찾는 이가 직접 살펴보도록 안내해서 거짓 믿음을 내려놓게 돕는다. 이미 오래전에 세상을 떠난 리사를 만날 수 없던 내게는 너무도 반가운 소식이었다. 바로 사이트의 문을 두드렸다. 해방된 자유는 마치 신세계 같았다. 그렇게 찾기 힘들던 영적 스승들이 잔뜩 모여서 체계적으로 찾는 이들을 안내하고 있었다. 선(禪) 불교에서는 스승과 제자가 일대일로 마주앉아 문답을 주고받는다. 스승은 제자에게 꼭 맞게 진리를 직접 가리키면서 가르침을 전하는 전통이 있는데 이것을 일로나(Ilona Ciunaite)와 엘레나(Elena Nezhinsky)라는 두 스승이 인터넷에서 재현해 놓은 것처럼 보였다. 인터넷을 통해 세계 각지의 찾는 이와 안내자를 연결

---

2) Liberation Unleashed(LU)의 웹사이트에서 가입하고 안내를 요청할 수 있습니다 (http://www.liberationunleashed.com).

진리는 바로 지금, 바로 여기 있다

해서 둘이 아니라는 불이원성의 가르침을 전하고 있었다.

해방된 자유에서 안내자의 안내에 따라 살펴보기 시작했다. 내게 손을 내밀어 준 첫 안내자 마띠아스(Matthias Spahn)는 정말 너무도 친절했다. 세심하게 돌보며 한 걸음씩 나아가게 도와주었고 레이저 칼날처럼 예리하게 숨은 믿음을 찾아 도려내서 내가 직접 살펴보도록 도와주었다.

안내가 시작된 지 두 달이 안 돼서 처음으로 독립되어 존재하는 '나'라는 믿음이 허상일 뿐이라는 사실을 명확히 알아차렸다. '나'라는 것이 실체가 있는 것이 아니라 그저 생각 속에 존재하는 개념에 불과하다는 사실이 명확해졌다. 그렇게 해방된 자유에서 말하는 '문 없는 문(Gateless Gate)'을 지났다.

안내자의 말에 따르면 많은 사람이 이 문을 지나면서 만족해하고 더는 찾음을 지속하지 않는다고 했지만, 난 내가 품어 온 의문에 대한 답이 아직 풀리지 않아서 쉴 틈이 없었다. 아직 풀리지 않는 너무도 궁금한 '이 뭐지?'에 대한 답을 찾고 싶었다. 곧바로 안내자와 함께 더 깊은 가르침으로의 여정을 계속했다. 세상의 실체가 뭔지, 어떻게 둘이 아닌지, 진정한 '나'의 정체가 뭔지, 토끼 굴의 바닥을 찾아 깊이 깊이 들어갔다. 그렇게 한층 더 집중적인 대담이 한 달간 계속되었고 마침내 처음으로 모든 의문에 답할 수 있는 깨우침이 일어났다. 대담 마지막까지 이해가 안 돼서 힘들어하던 장애물이 있었는데 웨인의 제자였던 스승 발라(Bala)의 삿상에서 발라의 친절한 설명에 마지막 장애물이 사라지며 확연한 깨우침이 일어났다.

독립되어 존재하는 '나'라는 것은 오직 생각 속에 존재하는 믿음이며 허상일 뿐이라는 사실을 알아차리고 모든 것이 '둘이 아니다.'라는 불이원성, 즉 아드바이타(Advaita)를 온몸으로 깨우쳤다. 첫 깨우침 (Awakening)이었다. 깨우침이 일어나고 모든 의문에 답을 얻었지만, 아직 찾음이 끝난 것은 아니었다. 아직 궁극적 깨달음(Enlightenment) 이 아니었다. 깨우침이 일어나고 더는 의문이 없었지만, 찾음이 끝났 다고 느껴지진 않았다. 뭔지 모르지만, 뭔가가 남아있었다. 그래서 멈 추지 않고 계속 살펴보았다.

첫 깨우침이 일어나기 전에 로버트 울프(Robert Wolfe)라는 또 다른 영적 스승을 만났다. 처음에 누군지 전혀 몰랐지만, 나중에 알고 보 니 많은 스승이 그의 책을 추천하고 있었다. 아직도 인터넷을 쓰지 않고 유선 전화기만을 쓰시는 할아버지라 드러나지 않아 잘 몰랐지 만, 깊이 파고드는 진지한 찾는 이들에게는 꽤 유명한 분이었다. 그때 는 잘 몰랐지만, 로버트 울프는 아주 중요한 메시지를 남겨 주었다. 깨달음이 별거 아니라는 사실이다. 이것이 얼마나 중요한 메시지인지 모른다. 나 또한 그랬지만, 사람들은 깨달음이 신성하며 뭔가 대단한 것으로 생각한다. 우리가 닿을 수 없는 저 거룩한 누군가의 것으로만 여긴다. 하지만 로버트 울프의 궁극적 깨달음에 대한 자세는 먼 별나 라의 그것에서 바로 지금 여기, 일상의 것으로 끌어내린다. 둘이 아님 을 알면 그뿐, 찾는 이가 없으면 괴로움도 없다는 가르침, 이분이 보 여주는 평범함과 깨달음에 대한 자세는 내게 큰 가르침이 됐다.

'내'가 깨우친 깨우침은 문을 닫는다.

첫 깨우침으로 인해 모든 스승의 가르침이 모순 없이 다 이해가 됐 다. 어떤 종교의 스승이든, 어떤 다른 문화에 바탕을 둔 가르침이든

진리는 바로 지금, 바로 여기 있다

결국 가리키는 진리는 둘이 아니기 때문이다. 하지만 찾음은 계속됐다. 그렇게 스승들의 가르침이 이해됐지만, 뭔가 아직 확연하지 않은 것이 있었다. 그때는 뭔지 정확히 몰랐지만, 아직 '나'에 대한 거짓 믿음이 완전히 사라지지 않았기 때문이었다. 아무리 큰 깨우침이 있고 대단한 영적 경험을 했다 해도 "내가 깨우쳤다.", "나는 신과 하나다.", "나는 자유다.", "세상 모두가 내 안에 있다."라고 말한다. '나'라는 거짓 의식이 남아있다. 가슴 깊숙이 숨어있어 한번에 뿌리가 잘 뽑히지 않는다. 시간이 지나면서 싹이 다시 자란다. 잠시 숨었다가 다시 나타난다.

잘못하면 첫 깨우침에서 머물다가 다시 속아 넘어간다. 하지만 나는 여기에 머무를 수 없었다. 이 '내'가 여전히 어딘가에 숨어있음을 알고 있었다. 이 거짓 '나'에 대한 믿음이 완전히 소멸하지 않는 한 찾음의 여정은 끝난 게 아니다. 숨어있던 이 믿음은 언제든지 치고 올라와서 모든 깨우침을 원점으로 돌려놓을 수 있다.

첫 깨우침이 있은 지 몇 달 안 돼서 그렇게 '얻었던' 깨우침이 닫혔다. 얻었기에 잃어버린다. 의문이 하나둘씩 다시 일어나며 숨어있던 에고가 고개를 들었다. 다시 안개 속이다.

머리로는 이해하는데 가슴이 닫혔다. 머리로 아는 이해는 지식에 불과하다. 앎이 아니다. 첫 깨우침과 함께 뭔가 안다고 생각했던 나 자신이 부끄러웠다. 답답했다. 눈을 뜰 때라고 선언하며 일어난 이 찾음에 대한 열정과 에너지를 그냥 흘려보낼 수 없었다. 애가 탔다. 다시 이것저것 할 수 있는 것을 다 해 보았다. 이때 아디야샨티의 명상 캠프도 등록했다. 여기저기 지푸라기라도 잡으려 애를 쓰다 다시 해방된 자유의 문을 두드렸다. 문을 통과했다는 사실이 부끄러워 초심자의 마음으로 다시 간절히 도움을 구했다. 그리고 운 좋게 빌(Bill)과 사라(Sarah)라는 두 명의 안내자가 동시에 손을 내밀었고 다시 스승의 섬세한 안내가 시작됐다. 그 어느 때보다 열정적으로, 집중적으로 찾고 또 찾았다. 묻고 또 물었다. 다시 기본으로 돌아가서 초심자의 마음으로 물었다. '내'가 정말 실체가 있는지.

'내'가 독립적으로 존재한다는 믿음은 참으로 떨쳐지지 않았다. 머리로는 이해하지만, 여기 보이는 이 몸-마음이, 이 마음과 육체가 '나'라는 믿음이 떨쳐지지 않았다. 이 몸과 마음으로 이루어진 '내'가 생각하고 찾고 명상하고 깨우친다는 의식이 가시지 않았다. '내'가 의식하고, 우주의 중심은 '나'이며 '내'가 깨우친다는 의식이 가슴 깊이 뿌리 내려 사라지지 않고 깨우침으로 일어난 모든 이해를 흐리게 했다. 첫 깨우침의 선명함은 이미 희미한 그림자가 됐다. 답답한 시간이었다.

정말 찾고 싶었다. 웨인의 삿상과 해방된 자유의 안내와 더불어 시간이 나는 대로 좌선과 기공 명상을 하고 책을 읽고 늘 해방된 자유에서 나온 안내 오디오를 반복해서 들었다. 잠들기 전에는 다른 생각 없이 잠자는 동안에도 찾음이 계속되기를 바라며 자기 전에 영적 스승의 책을 읽거나 안내 오디오를 들으며 눈을 감았다. 눈을 감고 잠이 들기 직전까지 깊이 살피고 살폈다. 잠잘 때도 찾음에 대한 집중을 놓치고 싶지 않았다. 한 번은 꿈에서 찾으며 묻고 있었다. 참으로 간절한 마음으로, 진심으로 물으며 다짐했다. "진리가 그 무엇이 되었든 꼭 직접 보고 말리라."

어느덧 찾음은 내게 삶과 죽음의 문제가 되어 있었다. 진리가 아니면 죽음을 달라는 심정이었다. 진리를 위해서라면 모든 것을 포기할 준비가 되어 있었다. 늘 이것을 다시 묻고 확인하고 확인했다. 다행히도, 진리를 향한 열망은 너무도 강렬했으나 조급하거나 절망스럽거나 집착하는 느낌은 거의 없었다. 그저 순수하게 간절했다.

'내'가 하는 것은 아무것도 없다.
삶이라는 스승이 간절함으로 나타나 길을 이끈다.

　하루는 스승 나탈리 그레이(Natalie Gray)를 찾아뵈었다. 나탈리는 오랜 찾음 끝에 우연히 로버트 울프를 만났고 첫 대담 중에 찾음이 끝났다고 한다. 나탈리 그레이와의 만남은 색다른 경험이었다. 마치 친구와 수다 떨듯이 거리낌 없이 재미있게 이야기를 나누었다. 재미난 동네 누나 같았다. 깨우쳤다가 희미해지기를 반복하며 힘들어하는 내게 어떻게든 도움을 주고 싶어서 애쓰는 게 느껴졌다. 그러다가 이런 말을 들려주었다. 정말 강한 찾음이 시작되면 보통 3년 안에 찾음이 완성된다는 어느 스승의 말을 들려줬다. 그 소리가 참 듣기 좋았고 위로가 됐다. 3년이면 어떨까, 10년이면 어떨까, 찾게만 된다면. 나탈리와 헤어지고 그날 같은 동네에 사는 로버트 울프를 다시 찾아뵙고 대담을 나누었다. 로버트는 헤어질 때 걱정하는 나를 안아주시며 "잘하고 있네. 걱정하지 말게(You are fine)."라고 말씀해 주셨다. 참 따뜻했다. 큰 위로가 됐다. 하지만 그때는 이미 강을 건너간 스승의 마음 좋은 위로 정도로만 생각했다. 지금 돌이켜 보면 스승의 눈에는 이미 끝이 멀지 않았음이 보였을 것이다.

정확한 순간에 정확한 곳에서 일어날 일은 일어난다.

그렇게 찾음을 이어가던 어느 날 아침, 선명한 순간이 찾아왔다. 앞에 아무것이 없는 듯 선명하고 깊은 깨우침이 다시 일어났다. "세상 모든 것이 바로 지금 여기 있다. 모든 것이 여기 있는데 어떻게 둘이 될 수 있겠는가! 나는 그것이다(I'm THAT). 이 말마저 너무 장황하다. 세상 모든 것이 여기 이 인식 안에 있다. 이 인식 이외에 무엇이 진리가, 참현실이 될 수 있겠는가? 이것뿐!" 세상 어떤 누구의 가르침도 다 제쳐두고 확실하게 선언할 수 있었다. 그 순간에는 선명함만 있을 뿐 어떤 의문도 들지 않았다. "어떻게 바로 여기, 바로 눈앞에 이렇게 벌거벗은 듯 펼쳐져 있는 이 실상을, 진리를, 어떻게 여태껏 못 알아챘을까? 어떻게 못 알아챌 수가 있을까!"

하지만 이 선명함도 오후가 되면서 뿌옇게 흐려져 갔다. "어떻게 못 알아챌 수 있을까!"라고 했는데도, 어떻게! 어떻게 이럴 수가 있을까? 이렇게 스치는 깨우침이 일어났다 사라지는 일이 반복됐다. '알았다, 놓였다'의 과정을 치열하게 지나고 있었다.

2018년 12월 1일, 미국 서부 1번 태평양 연안 고속도로(Pacific Coast Highway)를 달리고 있다. 몇 달 전 등록해 둔 아디야샨티의 명상 캠프에 가는 길이다. 1번 도로는 명성대로 아름다운 드라이브 코스였다. 집에서 명상 캠프까지 11시간에 걸쳐 차를 운전해 가다 보니, 가는 길에 아디야샨티의 '네 세상의 끝(End of Your World)'이라는 오디오북을 다 들을 수 있었다. 지금 내가 겪는 '알았다, 놓였다' 하는 경험에 관한 자세한 이야기를 들을 수 있었고 위로가 됐다. 하지만 위로를 넘어서 도움이 될 만한 내용은 딱히 없었다. 다들 그렇듯 난 여전히 '어떻게?'를 묻고 있었기 때문이다. 어떻게 이 찾음을 끝낼지가

진리는 바로 지금, 바로 여기 있다

궁금했다. 그래서 아디야샨티를 만나면 어떻게 하면 이 요동치는 파도를 헤치고 궁극적 깨달음에 이를 수 있을지 묻고 싶었다. 마치 그가 답을 가지고 있을지도 모른다는 착각 속에서 말이다.

끝의 시작이 시작되다.

　명상 캠프가 시작됐다. 아디야샨티의 말씀이 좋긴 했지만, 강의와 대담이 너무 다양한 수준의 사람에게 두루 맞춰져 있어서 처음에는 좀 실망했다. 대담 시간에 나오는 질문도 대부분 개인적인 문제를 묻고 있었고 깊은 영적 물음은 찾아볼 수 없었다. 하지만 캠프 내내 모두가 침묵해야 하고, 참가자 간에 서로 손짓도 나눌 수 없게 하는 엄격한 규정과 아주 많은 명상 시간이 쉬는 시간과 적절하게 섞여 있는 잘 짜인 일정표 덕분에, 나는 내면의 물음과 찾음에 깊이 집중할 수 있었다. 내면의 스승을 일깨우기에 더없이 좋은 환경이었다.

　찾음이 끝났다. 2018년 12월 4일, 명상 캠프 셋째 날이었다. 아침에 뜬금없이 관세음보살이 튀어나왔다. 문득 내 찾음의 시작이 어디인지 알게 되면서 관세음보살에 담긴 본질적 의미가 확연해졌다. 저녁 대담에 이은 마지막 명상 시간 중에 "나는 관세음보살이다."라는 선언과 함께 궁극적 깨달음이 일어나며 찾음이 끝났다. 나의 진정한 정체성이 드러났다. 내가 진정 누구인지 확연해졌다. 모든 의문이 사라졌다. 모든 의문이 일어날 수 있는 바탕이 완전히 사라졌다. 흔들릴 수 있는 기반 자체가 더는 없었다. '나'에 대한 거짓 믿음이 더는 없었다. 늘 있는 그대로가 드러났다. 찾음이 끝났다는 사실에 어떤 의문도 없었다. 이전 모든 스승에게 일어났던 똑같은 궁극적 깨달음이라는 사실이 명확했다. 다를 수가 없다. 한 치의 의심도 없었다.

찾음이 끝난 뒤에도 명상 캠프에 3일을 더 있어야 했다. 명상 시간 동안 지난 시간을 돌아봤다. 내가 알든 모르든, 의도했든 의도하지 않았든 삶이라는 유일한 스승은 이 몸-마음을 통해서 늘 찾음을 계속해 오고 있었다. 이 모두가 삶이 홀로 추는 춤이었다.

찾는 이도, 찾아지는 것도, 찾음도 다 삶이 홀로 추는 춤이다.

캠프에서 돌아오는 길은 한결 가벼웠다. 집에 돌아온 뒤 거쳐 왔던 스승들에게 찾음이 끝났음을 보고했다. 스승 한 분, 한 분께 깊은 감사의 마음을 전했다. 그분들의 깊은 연민과 사랑과 노력에 감사의 눈물이 흘렀다.

참 많은 스승을 거쳤다. 마지막까지 해방된 자유의 포럼에서 헤매는 나를 이끌었던 안내자 빌과 사라에게, 끝없는 인내와 섬세함으로 나를 이끌었던 해방된 자유의 첫 안내자 마띠아스에게, 해방된 자유의 설립자인 일로나에게, 아디야샨티의 가르침을 알려준 앨리나(Alina)에게, 안내자 빌과 사라를 소개해준 안내자 루시드(Lucid)에게, 가슴이 열릴 때와 첫 깨우침이 일어날 때 꽃봉오리를 틔우게 도와준 스승 발라에게, 11년간 온갖 잘못된 편견과 거짓 믿음을 내려놓게 도와준 나의 공식 스승 웨인에게 찾음이 끝났음을 알리고 감사의 마음을 전했다. 또 따뜻한 누나처럼 허심탄회하게 이야기를 나누고 도와주려고 애썼던 나탈리와 마치 아버지처럼 따뜻하게 대해준 스승 로버트에게 마지막으로 어떻게 이해가 일어났는지 자세한 이야기를 들려드렸다. 이야기를 다 듣고 스승 로버트 울프께서 내게 하신 말씀이 아직도 가슴에 맴돈다. "자네에게 그 일이 일어난 건 아마 자네의 진실함 때문일 거네." 진실함 없이 누가 이 강을 건널 수 있으랴? 하지만 스승의 그 한 마디가 참 따뜻하다. 아직도 가슴에 남아 맴돈다.

이제 이 이야기를 보고해야 할 딱 한 스승만이 남았다. 사실 유일한 스승이며 진정한 스승인 삶 그 자체에게 보고하며 감사의 마음을 전할 때다. 찾음의 시작부터 거쳐온 과정과 찾음이 끝난 이야기를 글로 적어 삶이라는 유일한 스승에게 보고하려 한다. 삶이라는 스승은 힘들게 찾음의 길을 가는 이들에게 이 이야기를 통해 새로운 가르침을 전할 것이다. 이 글을 읽는 당신 안에 살아 숨 쉬는 그 유일한 스승이 당신을 이끌어 줄 것이다.

바로 지금, 바로 여기.

진리는 멀리 있지 않다. 진리는 바로 지금, 바로 여기 있다. 궁극적 깨달음은 멀리 있지 않다. 지금 당장 당신에게 일어날 수 있다. 하나님의 나라는 죽어서 가는 저 멀리 하늘 어딘가에 있는 나라가 아니다. 지금 바로 여기, 당신 눈앞에 있다. 죽을 때까지 기다리지 말고 지금 당장 하나님의 나라로 들어가라. 행복이든, 진리든 여기, 지금 이 순간이 아니면 다 허상이다.

찾음의 길은 지금까지 쌓여온 거짓 자아에 대한, 위대한 영적 스승들에 대한, 진리에 대한, 현실에 대한, 세상에 대한, 깨달음에 대한 잘못된 믿음을 씻어내 가는 과정이다. 이 잘못된 믿음이 사라지면, 늘 있는 진

리가 있는 그대로의 모습으로 드러난다. 당신이 진리 그 자체다. 그저
이 사실을 아직 모를 뿐이다. 알든 모르든 사실은 변하지 않는다.

"진리는 당신이 당신에게 보다 더 가까이 당신에게 있다."

- 안내자 마띠아스

참으로 간단하다. 진리는 별것 아니다. 궁극적 깨달음은 특별한 것
이 아니다. 궁극적 깨달음이 일어난 이도 별다를 것 없다. 지금 세상
에는 많은 사람이 깨어나고 있다. 깨어난 자연인이 많다. 깨어난 자연
인들이 만남을 통해서, 인터넷을 통해서, 커뮤니티를 통해서, 명상 캠
프를 통해서, 찾는 이들이 진리에 눈 뜨도록 돕는다.

이제 당신도 깨어날 때다. 당신도 할 수 있다. 충분히 가능하다. 다
음 생이나 미래의 언젠가가 아니라 지금 당장! 이 글을 읽는 당신, 이
제 눈을 뜰 때다.

당신, 이제 눈을 뜰 때다.

진리는 바로 지금, 바로 여기 있다

» 나는 관세음보살이다

여기는 샌프란시스코에서 남쪽으로 2시간 정도 떨어진 몬터레이에 위치한 아실로마(Asilomar) 콘퍼런스 센터다. 12월 4일 화요일, 아디야샨티의 명상 캠프에 참석한 지 3일째 되는 날이다.

이틀 전 캠프 첫날에 관리자가 아침 명상 뒤에 아지(아디야샨티의 애칭)의 아내 묵티(Mukti)가 매일 아침 만트라를 같이 할 거라고 알려줬다. 그 말을 듣고 '오, 난 만트라를 전혀 해 본 적이 없는데, 새로운 것을 배우겠구나.'라고 생각했다. 만트라를 티베트 불교의 비밀스러운 어떤 수행 방법 정도로만 생각했었다. 다음 날 아침에 묵티와 함께 사람들이 다 같이 만트라를 외우는데 깜짝 놀랐다. "가테 가테 파라가타 팔삼가테 보디사하." 약간 다른 음률이지만 이것을 모를 리 있을까? 바로 『반야심경』 마지막에 나오는 진언인 "아제 아제 바라아제 바라승아제 모지사바하."가 아닌가! 이게 만트라라면 나도 수없이 되뇌던 만트라다. 예전에 『반야심경』을 좋아해서 뜻은 잘 모르지만 자주 듣고 낭독하곤 했다. 내게 한글 발음으로 익숙한 이 만트라를 영어 발음으로 들으니 첫날에는 어색해서 혼자 조용히 한국말로 따라 했다. 오늘 아침에 다시 만트라를 되뇔 때는 어색함이 사라지고 사람들이 하는 대로 영어 발음을 따라 해 봤다. 자꾸 따라 하다 보니 마음에 들었고 왠지 중독성이 있었다. 계속 머릿속에 맴돌며 따라 하게 됐다.

명상 시간 뒤, 쉬는 시간에 산책하고 있었다. 아침에 따라 한 만트라가 계속 머리에 맴도는 가운데 문득 내 찾음의 시작이 어딘지 궁금해졌다. '나는 도대체 어쩌다 이렇게 찾음의 길로 들어선 걸까?' 가끔 궁금하긴 했지만, 딱히 언제인지 알 수가 없었다. 종종 사람들은 어느 날 문득 어떤 영적 경험을 하고 그 황홀한 경험을 다시 찾고 싶어서 영적 찾음의 길로 들어섰다고 말했다. 이런 말을 들을 때면 딱히 영적 경험 한 번 못 해 본 나로서는 내심 부러웠다. 그렇게 골똘히 생각하며 걷다가 문득 11살 즈음의 내 어린 시절과 마주친다.

　　할머니를 따라서 간 절에서는 사람들이 관세음보살 보름 정진 중이다. 수백 명의 신도가 절 안에 앉아 "관세음보살, 관세음보살."을 크게 되뇌고 있다. 아이는 눈을 감고 앉아 열심히 반복해서 "관세음보살."을 따라 한다. 관세음보살이 뭔지도 모른다. 그냥 대웅전에 모셔진 부처님 중에 한 분인 것만 알 뿐이다. 왜 그렇게 똑같은 말을 되뇌는지도 모른다. '다들 하니까 뭔가 좋은가 보다.' 하고 따라 한다. 관세음보살이 무엇인지, 왜 그렇게 불러대는지도 모르지만, 아이는 참으로 열심히 진실한 마음으로 "관세음보살."을 쉴 새 없이 외쳐댄다.
　　불현듯 이런 아이의 모습이 선명하게 떠올랐다. 그리고 "관세음보살."을 외치며 아이가 눈을 감고 바라보던 이미지가 떠올랐다. 아무것도 없는 그 집중의 이미지. 그리고 이것이 내 찾음의 시작으로 받아들여졌다. '아, 이렇게 찾음이 시작되었구나.' 마침내 찾음이 어디서 시작되었는지 알게 되자 그때 아이의 진실한 마음이 가슴으로 강하게 느껴지면서 왠지 모르게 눈물이 흘렀다. 이상하게 아이의 모습이 떠오를 때마다 계속 눈물이 났다.

그러다 문득 아이가 되뇌던 관세음보살의 정체가 무엇인지 확연해졌다. '아하! 관세음보살이 참인식(Awareness)이구나.' 아드바이타 가르침에서 여러 스승이 진리, 또는 있는 그대로를 가리킬 때 쓰는 말이 참의식(Consciousness) 또는 참인식이다. 관세음보살도 가리키는 바가 같다. 이 세상에 존재하는 모든 것이 참인식이다. 오직 참인식만 존재한다. 겉으로는 다양하게 세상 만물로 나타나 보이지만, 세상 만물의 실체는 참인식이기에 둘이 아니다. 그리고 이 책을 읽고 있는 당신의 존재도 바로 이 참인식이다. 당신의 진정한 정체는 세상에서 배워서 당신이 믿고 있는 그런 '내'가 아니라, 세상 그 자체이며 지금 이 순간 여기 세상 만물의 모습으로 나타나는 참인식이다.

관세음보살은 참인식이나 참의식을 가리키는 또 하나의 이름이고, 오랜 세월 여러 스승은 그것을 가리켜 절대(Absolute), 그것(That), 니르바나(Nirvana), 신(God), 하나님, 성령(Holy Spirit), 참주체(Self), 참나, 진아(眞我), 도(道) 등 다양한 이름으로도 불러왔다. 종교와 문화 그리고 스승에 따라 여러 이름으로 부르지만, 그 어떤 이름으로 부르든지 가리키는 무엇은 다르지 않다. 어떻게 다를 수가 있겠는가. 있는 모두가 그것인데!

불교에서는 부처의 깨달음이 관세음보살이라는 인간의 모습으로 형상화되어 오랜 세월 동안 친근한 모습으로 사람들과 함께해 왔다. 왜 대자대비 관세음보살인지, 왜 천수천안 관세음보살인지 너무나 명백했다. 아! 참으로 감탄스럽다. 진리를 관세음보살로 표현한 스승의 지혜와 해학과 예술적 감각이. 왜 만트라로 "관세음보살."을 그렇게 외치게 했는지, 스승들의 지혜가 감탄스러웠다. 천수천안 대자대비 관세음보살! 진정 모든 부처가 깨달은 진리 그 자체다. 바로 이 세상 그 자체인 참인식이다. 바로 당신의 진정한 정체다.

천수천안 대자대비 관세음보살.
나는 알파와 오메가요, 처음과 마지막이라.
둘이 하나가 되는 것이 구원이다.

그날 저녁 아디야샨티와의 대담 시간에 오늘 찾은 관세음보살의 의미를 같이 나누고, 또 지금까지 내게 일어난 깨우침을 확인받고 싶었다. 그리고 어떻게 하면 '알았다, 놓였다' 반복하는 깨우침의 혼란을 뚫고 궁극적 깨달음에 이를 수 있을지 이 스승에게 물어보고 싶었다. 하지만 내게 침묵을 깰 기회는 오지 않았다. 강당에는 300명이 넘는 사람이 모여 있었고 하루에 3~4명만 질문할 기회를 얻었는데, 아무리 손을 들고 있어도 내게는 기회가 오지 않았다. 어쩔 수 없이 나는 침묵 속에 남아있어야 했다. 그렇게 대담 시간이 아쉬움 속에 끝나고 휴식 시간과 그날의 마지막 명상 시간만을 남겨두고 있었다.

이제 찾음을 끝낼 때다.

휴식 시간 중에 갑자기 '이제 찾음을 끝낼 때다(It's time to END seeking).'라는 내면의 소리가 들렸다. 놀랐다. '이제 눈을 뜰 때다(It's time to SEE).'라는 내면의 소리를 들은 뒤, 딱 1년 만에 다시 들리는 내면의 소리였다. 내면의 소리는 늘 일어났다가 사라지는 다른 생각과 다르다. 받아들이거나 거부하는 것이 아니라 단순한 선언이다. 그렇게 찾음이 끝나기를 기다렸지만 '이렇게 갑자기?'라는 생각과 함께 걱정이 들었다. '끝

진리는 바로 지금, 바로 여기 있다

내고는 싶지만 찾음이 끝난 뒤에 약간의 의문이라도 남으면 어떡하지?'
하지만 곧바로 '작은 의문이라도 남으면 절대 찾음을 끝내지 않으리.'라
는 다짐이 일어나면서 '그래, 끝내자.' 하며 바로 받아들여졌다. 어떻게
이 기나긴 여정이 끝날지, 아니면 정말 끝나기나 할지 궁금했다.

깨달음을 내려놓아라.

화장실에 갔다가 계단을 올라오는 길에 또 다른 내면의 소리가 들
렸다. '깨달음을 내려놓아라(Let Enlightenment go).' 세 번째 들리는 내
면의 소리이자 10여 분 만에 다시 들리는 내면의 소리였다. 궁극적
깨달음에 대한 모든 기대나 믿음을 내려놓으라는 뜻이었다. 해방된
자유의 안내자인 빌이 명상 캠프에 참석하기 전 마지막까지 내가 어
떤 특별한 깨달음의 경험을 기대하는 것 같다면서 기대를 내려놓고
'거짓 나'에 대한 믿음에 집중하라고 여러 번 말했던 사실이 생각났
다. 웨인과 함께 10년간 그렇게 내려놓았고 지난 1년 동안 해방된 자
유의 안내자들과 함께 그렇게 내려놓고 내려놓았지만, 아직도 내려놓
을 것이 남아있었나 보다. 이제 깨달음도 내려놓는다.

저녁 9시가 되자 휴식 시간이 끝나고 마지막 명상 시간이 시작된
다. 아디야샨티가 들어와 앉고 나는 강당에 모인 군중 사이에 앉아
눈을 감는다. 명상을 알리는 종소리가 울리고 명상이 시작된다.

마음속으로 '깨달음을 내려놓자. 깨달음을 내려놓자.'를 계속 되된
다. 아침에 들었던 만트라가 머릿속에 마치 배경음악처럼 맴돌더니
잠시 뒤에 "관세음보살."을 되뇌는 아이의 모습이 보인다. "관세음보살,

관세음보살." 끊임없이 만트라를 되뇐다. 만트라를 되뇌는 아이의 모습이 선명하게 떠오르며 머릿속을 지배한다. 아이는 절에 모인 수백 신도들이 외치는 "관세음보살." 소리에 질세라 참으로 열심히 그리고 진실한 마음으로 관세음보살을 되뇐다. 아이의 마음이 선명하게 느껴진다. 그리고 아이가 "관세음보살."을 외치며 눈을 감고 마주하던 그것이 선명하게 떠오른다. 그리고 순간 확연해진다. 아이가 눈을 감고 보던 그것이 지금 내가 눈을 감고 마주하는 것과 다르지 않다.

바로 그 순간 내면에서 선언한다.

'나는 관세음보살이다.
나는 참인식이다.
나는 참인식 그 자체다.
이것이 궁극적 깨달음이다.
이것으로 찾음은 끝났다.'

('I'm 관세음보살.
I am Bodhisattva.
I am Awareness. I am Awareness itself.
This is Enlightenment.
This is End of Seeking.')

2018년 12월 4일 화요일 저녁 9시 15분경이다. 이렇게 궁극적 깨달음이 일어나고 찾음이 끝났다.

진리는 바로 지금, 바로 여기 있다

나는 관세음보살이다. 그리고 당신도 관세음보살이다.
어떻게 다를 수 있겠는가!

아이가 그렇게 외치던 "관세음보살."이 바로 나의 진정한 이름이었다. 나의 참모습이었다. 진정한 참나의 정체를 찾았다. 이 세상을 비추는, 이 세상 그 자체인 참인식이다.

"나는 관세음보살이다.", "나는 참인식이다.", "나는 성령이다." 이 모두가 같은 말이다. 이 말을 니사르가다타는 "나는 그것이다(I'm THAT)."라고 했고, 예수는 "나와 하나님은 둘이 아니다."라고 말했다. 라메쉬 발세카는 "있는 모두가 참의식이다."라고 말하고 성경에서는 "나는 알파와 오메가요, 처음과 마지막이라."라고 한다. 있는 모두가 참인식이고 처음과 마지막에 존재하는 모든 것인데 어찌 독립적으로 존재하는 '내'가, '영혼' 따위가 있을 수 있겠는가!

예수가 "나와 아버지는 하나이니라."라고 말했을 때 다른 사람들 말고 자신만 아버지와 하나라고 말한 게 아니다. 예수 자신뿐만 아니라 제자들 모두가, 주위 사람들 모두가, 존재하는 모든 것이 아버지와 하나라는 말이다. 나만 관세음보살이 아니라 당신도 관세음보살이라는 말이다. "세상에 성령이 충만하다."라는 말도 다른 말이 아니다. 성령을 충만하게 하는 것은 불가능하다. 이미 세상 모두는 성령 그 자체이기 때문이다. "부처 눈에는 부처만 보인다."는 말도 같은 말이다. 부처가 되어 보면 세상에 존재하는 모두가 부처다. 선(禪) 스승이 "모든 것이 마음이다. 마음이 곧 부처다."라고 말할 때, 이때의 마음이 참의식이다. "있는 모두가 참의식이다."와 같은 말이다. 어디서 어떤 방식으로 달을 가리키든, 일단 달을 보면 다양한 손가락이 다 같은 곳을 가리킨다는 사실을 안다.

이 글을 읽는 당신도, 자신이 이 사실을 알든 모르든, 성령이며 부처이며 참인식이자 관세음보살이다. 그럴 수밖에 없다. 바닷속의 물방울은 다 바다다. 바닷속에서 독립된 물방울은 없다. 그래서 모두가 절대 평등하다. 좀 더 정확히 말해서, 실체는 둘로 구분되지 않기에 평등하고 말고도 없다. 그래서 깨달은 이와 깨닫지 못한 이의 차이가 없다. 더 정확히 말해서 원래부터 깨닫지 못한 이는 없다. 깨달은 이도 없다. 깨달음도 없다. 겉으로 보이는 유일한 차이는 이 사실을 아는 이와 모르는 이만 있을 뿐이다. 몰라도 신경 쓰지 않는 이와 알고 싶어 하는 이만 있을 뿐이다.

이것은 다른 거룩한 책이나 누군가의 권위를 빌어서 하는 말이 아니다. 내가 여기 존재한다는 사실을 누가 가르쳐 줘서 아는 게 아닌 것처럼, 일상의 평범한 사실처럼 아는 그대로를 말할 뿐이다.

의심이 일어날 자리가 더는 없다. 당연한 일상의 말처럼 간단하고 명료했다. 여기 일어난 앎은 지난 모든 스승과 세상에 깨어 있는 모든 자연인의 앎과 다르지 않다. 다를 수가 없다. 어떻게 다른 앎이 있을 수가 있겠는가.

어이가 없어서 한바탕 웃는다.

"관세음보살."을 반복하는 아이의 모습이 떠나가지 않고 맴돌면서 눈물이 흘러내린다. 눈물이 그치지를 않는다. "관세음보살."이라는 만트라를 무슨 뜻인지, 왜 하는지도 모른 채 정말 진실한 마음으로 성심껏 되뇌는 아이의 모습이 가슴을 울리며 눈물이 그치지 않는다. 아

진리는 바로 지금, 바로 여기 있다

이의 "관세음보살."이 바로 지금까지 오게 한 찾음의 시작이었다. 그리고 찾음은 33여 년의 세월을 지나, 그 시작으로 돌아와 끝맺었다. 그렇게 완전한 원을 완성하며 찾음이 끝났다.

눈물이 끊임없이 흐르는데 갑자기 웃음이 나오기 시작한다. "관세음보살." 하며 아이는 자기 이름을 그렇게 반복해서 외쳐댔다. 그 아이와 함께 절에 모여 "관세음보살."을 반복해서 외쳐대는 수백 명의 신도도 마찬가지다. 자신이 진정 누구인지, 자기의 진짜 이름이 무엇인지 몰라 찾고 싶다고 하면서, 정작 자신의 진정한 이름을 수없이 외쳐대고 있었던 것이다. 모두가 관세음보살 그 자체인데, 자기 이름인지도 모르면서 그렇게 외쳐대는 장면에 이상하게 계속 웃음이 났다. 늘 바로 눈앞에 떡하니 아무런 장애도 없이 있는데, 그리고 찾을 것도 없는데, 지나온 찾음이 참 어이가 없다. 웃음이 멈추지 않는다. 주룩주룩 눈물을 흘리면서 웃어대는 모습이 마치 실성한 사람 같다. 조용한 명상 시간에 사람들 가운에 앉아 눈물을 흘리면서 참을 수 없이 터지는 웃음을 소리 죽여 웃어대는 일은 쉽지 않은 일이었다.

40분간의 명상이 끝나고 사람들이 일어나 자리를 뜨는데 나는 움직일 수가 없었다. 그렇게 메릴 홀(Merrill Hall)에서 문을 닫아야 하는 시각까지 꼼짝없이 그러고 있었다.

명상 캠프가 끝날 때까지 이틀 반이 더 남았다. 찾음은 끝났지만, 끝까지 일정에 맞춰 명상 캠프에 남아 있었다. 나머지 시간 동안은 지나온 길을 돌아봤다. 3살 때 해인사에서 만난 노도정 스님과 나를 위한 그분의 오랜 기도, 나를 이끌고 절에 가신 할머니, 왠지 모르게 찾아오던 침묵의 시간들, 수많은 참선의 시간, 대학 때 선배의 반강요에 참석한 정토 깨달음의 장과 안내자 승혜 스님, 라마나 마하리쉬와 오쇼 라즈니쉬, 단전과 기공, 태극권, 그리고 바라보는 기공 명상, 찾는 것이 뭔지도 모른 채로 큰 물음표 하나 짊어지고 안개 속을 걸어가던 기나긴 시간들. 그러다 드디어 찾게 된 아드바이타 가르침과 여러 스승. 참 많은 분의 도움으로 여기까지 오게 됐다. 어떻게 이 고마움을 다 갚을까? 이 고마움을 이 책에 꾹꾹 눌러 담아 당신에게 전한다.

찾고 있는 당신, 당신에게 쌓인 모든 거짓 믿음이 씻겨나가고 찾음이 끝나기를 바란다.

부디 찾아지기를.

진리는 바로 지금, 바로 여기 있다

» 찾는 이를 위한 이야기

　일어난 일은 일어난 일일 뿐이다. 일어난 일을 그대로 글로 옮기는 것은 불가능하다. 직접 겪은 일을 글로 적는다고 해도 옮겨진 글은 그때 일어난 일과 다르다. 더 나아가서 글을 읽는 이는 살아온 삶의 경험이 다르기에 글의 내용을 의도와 다르게 받아들인다. 전달하려는 내용이 독자가 경험해 보지 못한 것일 때면 그 차이는 더 벌어진다. 이런 한계를 알아야 오해가 적다. 내가 글로 쓴 경험이 당신의 추측과 다를 수 있고 내가 말하고자 하는 것이 당신이 읽고 이해하는 내용과 다를 수 있음을 먼저 받아들이길 바란다. 여기서 말하는 모든 내용은 그 자체로 사실이 될 수 없다. 누구의 말이든 다 같다. 궁극적 깨달음을 포함해서 여기 적힌 모든 글은 일어난 사실을 바탕으로 만들어낸 이야기일 수밖에 없다. 사실이나 진리가 아니라 사실에 '관한', 진리에 '관한' 이야기다. 가리킴이다.

> 한계를 바로 알아야 오해가 적다.
> 오해를 씻어내는 과정이 찾음이고,
> 이 과정을 돕는 것이 가리킴이다.

　라메쉬의 비유처럼 진리를 가리키는 일은 마치 눈먼 사람에게 색깔을 알려주는 것과 비슷하다. 아무리 색깔을 잘 설명하고 그 아름다움을 말해도 눈먼 이가 이해할 수 있는 데는 한계가 있다. 눈먼 이가 색깔에 관해 수많은 지식을 쌓고 박사학위를 받아도 색깔을 아는 것은 아니다. 단지 색깔에 관한 정보를 아는 것일 뿐. 그래서 눈먼 이는 눈을 떠야만 한다. 오직 눈먼 이가 눈을 뜨고 직접 봐야 색깔을 안다. 눈 뜨기 직전까지는 관념에 지나지 않는다. 마침내 눈을 뜨고 직접 색깔을 보면 자신의 관념이 틀리지 않았다 하더라도 직접 보고 아는 것은 관념과 차원이 다르다는 사실을 안다. 눈을 뜨고 나면 어떤 관념도 필요 없다. 그리고 아직 눈 뜨지 못한 사람들에게 자기만의 방식으로 색깔을 설명할 수 있다. 이때는 색깔에 관해서 어떻게 말하든 틀리지 않는다.

실제 찾음은 이 비유와 조금 다르다. 사실, 어이없게도 눈먼 이의 눈에는 아무 이상이 없다. 단지 자기가 눈을 못 뜬다고 잘못 믿었을 뿐이다. 그냥 눈만 뜨면 색깔을 볼 수 있다고 아무리 말해도 자기는 눈을 못 뜬다고 믿기 때문에 보지 못한다. 그런데 좀 더 정확히 말해서, 사실은 이보다 더 충격적이다. 알고 보니 눈먼 이는 늘 눈을 뜨고 모든 것을 보고 있었다. 어떤 까닭인지 자기가 보는 것을 보지 못한다고 믿고 자기의 눈이 멀었다고 믿는 이상한 최면에 걸렸을 뿐이었다. "어떻게 이게 말이 되느냐?"라며, "너무 심한 비유가 아니냐?"라고 물을 수 있는데, 당신이 눈을 뜨고 보면 이것이 전혀 심한 비유가 아니라는 사실에 고개를 끄덕일 것이다.

눈을 가리는 것은 오직 거짓 믿음이다.

찾음의 과정은 지식을 쌓는 과정이 아니다. 설명서만 보고 아는 것이 아니라 자전거 타기를 배우듯이 직접 몸으로 부딪쳐야 한다. 그러면 잠시 탔다가, 넘어졌다가 하면서 어느새 자전거를 타게 된다. 한번 자전거를 타기 시작하면 타는 법을 잊어버리지 않는다.

여기 적힌 여러 가리킴과 수행법들은 다 직접 겪은 것이지만, 정확히 어떻게 깨달음에 도움이 됐는지는 나 자신을 포함해서 아무도 모른다. 일어난 일은 그냥 일어났을 뿐이고, 일어난 일을 돌이켜 봤을 때 찾는 이에게 도움이 될 거라고 믿는 내용을 적어 볼 뿐이다. 누구나 마찬가지다. 어떤 누구도, 어떤 방법도 결과를 보장해 주지 못한다. 나에게 도움이 됐다고 해서 당신에게도 도움이 될지는 아무도 모른다. 그리고 지금 도움이 안 되는 것처럼 보여도 언제 어디서 꽃피울지 아무도 모른다. 그냥 열심히 진실한 마음으로 정성을 다할 뿐이다.

찾는 이와 찾아지는 것이 다르지 않기에 찾음의 길도 없고 찾음도 없고 깨달음도 없다. 그렇기에 바른길도 없고 나쁜 길도 없고 길을 잃는 일도 없다. 아직 "이게 도대체 무슨 말이지?"라고 의아해할 수 있겠지만, 핵심은 '걱정할 것 없다.'라는 말이다. 당신의 의지로 태어나지 않은 것처럼 찾음이 시작된 것도, 찾음이 끝나는 것도 당신의 손에 달려 있지 않다는 말이다. 이것은 명백한 사실이다. 이 사실을 받아들이면 걱정할 것이 없다. 그냥 쇼를 즐기듯이 자기를 통해 일어나는 일을 즐기면 된다. 그저 삶에 몸을 맡기고 즐거운 롤러코스터를 즐기기 바란다.

심각할 것 없다. 힘을 빼고 찾음이 일어나는 인생을 즐겨라.

이 책은 '나는 누구지?', '이 세상은 뭐지?'와 같은 의문을 품고 궁금해서 답을 찾고자 하는 사람들을 위한 책이다. 그런 궁금함이 그냥 스쳐 지나가거나 잊혀지지 않고 계속 맴돌고 뭔가 자꾸 거슬려 궁금함을 풀지 않고는 못 배기는 사람들을 위한 책이다. 아무리 세상 사람들이 "이것은 이렇다.", "저것은 저렇다."라고 해도 직접 알아보지 않고는 못 배기는 사람들을 위한 책이다. 너무 궁금해서 일어나는 의문을 해결할 수만 있다면 뭐든지 안 하고는 못 배기는 사람들을 위한 책이다. 그냥 너무 궁금해서 그 무엇이든 그저 있는 그대로 찾아지기만을 바라는 사람들을 위한 책이다. 당신이 그런가?

영화 〈매트릭스(The Matrix, 1999)〉에서 모피어스(Morpheus)가 네오(Neo)에게 제안한다.

"네 눈으로 직접 봐야 해. 돌아갈 길은 없어. 파란 알약을 먹으면 이야기는 여기서 멈추고, 너는 네 침대에서 잠이 깨고 계속 원하는 대로 믿으며 살아가게 될 거야. 만일 빨간 알약을 먹으면 여기 이상한 나라에 남게 되는데, 내가 토끼 굴(Rabbit hole)이 얼마나 깊은지 보여 주지. 기억해, 내가 주는 건 오로지 진리야. 그 이상은 없어." 네오가 망설임 없이 빨간 약을 먹자 모피어스가 말한다. "따라와."

당신이 파란 약을 선택한다면 책을 접고 살아왔던 세상을 계속 살아가면 된다. 당신이 지금 사는 세상의 매트릭스는 영화처럼 목 뒤에 연결된 케이블을 뽑고 깨어나는 일 따위는 없다. 알든, 모르든 바뀌는 것은 없다. 그러니 걱정하지 말고 원하는 꿈을 계속 꾸고 살아도 전혀 상관없다.

빨간 약을 선택했다면 이제 따라오라. 토끼 굴이 얼마나 깊은지 이 책이 보여줄 것이다. 이 책을 여기까지 읽고 있다면 아마 당신은 이미

진리는 바로 지금, 바로 여기 있다

빨간 약을 먹은 사람이다. 모피어스의 말처럼 돌아갈 길은 없다. 당신의 의사와는 상관없이 이미 태어나서 이 매트릭스 속으로 들어왔던 것처럼 당신의 의사와는 상관없이 빨간 약을 먹어버려서 찾음이 시작됐다. 일단 당신은 자기가 사는 세상이 뭔가 이상하다는 것을 느낀다. 많은 사람이 아무리 뭐라 해도 뭔가 이상하다. 이상한 것들이 계속 보인다. 왜 그런지 궁금해서 견딜 수 없다.

스승 라마나 마하리쉬는 이렇게 궁금증에 걸린 사람을 가리켜 "호랑이 입속에 머리가 들어가 있다."라고 말한다. 벗어날 수 없다는 말이다. 모피어스의 말처럼 돌아갈 길이 없다. 찾음에서 벗어날 길은 없다. 찾아야 한다. 참으려 해도 자꾸 뭐가 간지럽다. 피하려 해도 늘 갈증 난다. 갈증 나서 참을 수가 없다. 마침내 내가 가진 모든 것을 바꿔서라도 한 모금의 물을 갈망한다. 답이 무엇이 되든 상관없다. 찾을 수만 있다면 목숨 따위는 중요하지 않다는 지경에 이른다. 모든 것을 내던지고서라도 이 궁금증을 풀어야 한다. 이것이 찾는 이의 숙명이다. 그렇게 모든 것을 내던질 때 찾음은 자연히 끝난다.

찾음은 머리로 알아내는 것이 아니다. 논리로 풀어내는 문제 풀이가 아니다. 새로 뭘 알아내고 얻는 것이 아니다. 이미 있는 거짓 믿음들을 내려놓는 일이다. 내려놓고, 내려놓고, 바닥이 드러날 때까지 내려놓다 보면 쌓여있던 거짓 믿음들이 다 사라지고 늘 있는 그대로의 진리가 드러난다.

뭘 새로 알아내고 얻는 것이 아니라 내 눈을 가리고 있던 먼지를 닦아내는 일이다. 새로 얻는 것이 아니라 이미 여기 있는 '있는 그대로'를 발견하는 일이다. 답을 얻는 것이 아니라, 의문이 기대어 있던 거짓 믿음을 내려놓으면서 모든 의문이 사라지는 일이다. 모순을 논리로 해결하는 일이 아니라 모순이 기대어 있던 믿음을 내려놓으면서 있는 그대로가 드러나는 일이다. 있는 그대로이기에 무엇과 비교해서 모순이라 할 수 있을까? 자연히 모순이 더는 없다.

자, 이제 자기 믿음의 토끼 굴이 얼마나 깊은지 같이 내려가 보자. 걱정할 것 하나 없다. 긴장할 것 하나 없다. 편안히 펼쳐지는 쇼를 즐기면 된다. 재미있게 찾음이라는 게임을 즐기면 된다. 게임이 즐거운 것은 당신은 절대 안전하기 때문이다.

> 내 그대의 등불이 되리니 들고 길을 비추라.
> 내 그대의 샘물이 될지니 퍼서 원하는 만큼 마시라.
> 등불이든, 샘물이든 직접 비추거나 마시지 않으면 아무 소용 없다.

진리는 바로 지금, 바로 여기 있다

2장

찾음의 시작

세상을 살다 보면 뭔가 이상하다. 세상은 이런저런 것이 사실이고 진리라고 말한다. 사회가 정한 틀 안에서 권위를 쌓은 사람들이 사실을 말하고 진리를 가르친다. 우리는 어릴 때부터 교육이라는 제도를 통해 그들의 가르침을 배우고, 또 살아가면서 다양한 경로로 사회가 말하는 사실과 진리를 배운다. 사람들 대다수는 배운 대로 믿고 살아간다. 그런데 당신에게는 뭔가 좀 이상하다. 말이 안 되는 것이 눈에 보인다. 살아가면서 알고 있는 것과 실제로 일어나는 일이 다른 것을 목격한다. 대다수는 신경조차 쓰지 않고 지나치지만, 당신은 이것이 마음에 걸려 의문을 품는다. '이 뭐지?' 하면서. 뭔가 이상하지만, 정확히 뭔지는 콕 찍어 말하기 힘들다. 그런데 분명히 뭔가 이상하다는 사실은 안다. 이것이 자꾸 마음에 걸려 답을 찾기 시작한다. 찾음의 시작이다.

"누구든지 구하는 사람은 받을 것이며
찾는 사람은 찾을 것이요
두드리는 사람에게는 열릴 것이다."

- 마태복음 7장 8절

진리는 바로 지금, 바로 여기 있다

» 누가 좋다, 나쁘다 하는가?

사람들은 좋은 것과 나쁜 것을 말한다. 옳고 그름을 말한다. 저것은 거짓이고 이것은 참이라고 강조한다. 그런데 뭔가 이상하다. 좋은지 알았는데 알고 보니 나쁘다. 옳은지 알았는데 알고 보니 그르다. 내가 옳다고 여기고 행동했는데 누군가는 상처받는다. 이런 경우를 살아가면서 늘 마주친다. 도대체가 뭐가 뭔지 모르겠다. 한때 확신했던 가치에 의문이 일어난다. 무엇을 오해했을까? 숨겨진 진실이 뭘까?

여기 일어나는 세상은 상대적인 세상이다.

모든 가치는 상대적이다.

선과 악은 있다. 옳고 그름은 있다. 좋고 싫음은 있다. 아름다움과 추함은 있다. 착함과 나쁨은 있다. 위대함과 하찮음은 있다. 군자와 소인은 있다. 쓸모 있는 것과 쓸모없는 것은 있다. 강함과 약함은 있다. 적절함과 부적절함은 있다. 완전함과 불완전함은 있다. 기쁨과 슬픔은 있다. 행운과 불행은 있다. 하지만 이것은 오직 특정한 순간, 특정한 누군가에게만 존재한다.

선과 악은 어디서 오는가?

가치는 오직 바라보는 시점이 있을 때만 존재한다. 한 사람이 좋다 하면 다른 사람은 싫다 한다. 한 사람이 아름답다고 하면 다른 사람은 추하다 한다. 한 무리의 사람들은 위대하다 하는데 다른 무리의 사람들은 경멸한다. 한 무리의 사람들은 선이라고 하는데 다른 무리의 사람들은 악이라고 한다. 모든 인간에게는 좋은 일이지만 인간 외의 다른 모든 생명에게는 나쁜 일이다.

누가 보느냐에 따라 가치가 다르다. 보는 시점이 있어야만 가치가 존재한다. 다른 말로, 보는 시점이 없으면 가치는 존재하지 않는다.

보는 시점과 가치는 둘이 아니다.

가치는 변한다. 선한 줄로만 알았는데 이제 보니 악하고, 악한지 알았는데 알고 보니 선하다. 강했던 사람이 약해지고 약했던 사람이 강해진다. 군자였던 사람이 소인이 되고, 소인이었던 사람이 군자가 된다. 싫었던 사람이 좋아진다. 좋았던 일이 싫어진다. 약한지 알았는데 강하다. 강한지 알았는데 약하다.

같은 사람의 시각도 시간에 따라 변하며 같은 대상에서 다른 가치를 본다. 대상도 보는 사람도 그대로인데 주변 환경이 바뀌면서 가치가 변한다. 어디에도 고정된 가치를 찾아볼 수 없다.

가치는 오직 바라보는 이의 생각 속에 존재한다. 우리가 사는 세상은 상대적 세상이다. 상대적 세상 안의 모든 것은 세상을 보는 당신의 시점에 따라 정해진다. 대상은 아무 말이 없다. 가치는 대상에 있지 않기에 원래부터 존재하는 가치는 있을 수 없다. 원래부터 선하고 악한 것은 없다. 원래부터 옳고 그른 것은 없다. 대상에는 위대함이나 하찮음이 없다. 대상은 원래부터 쓸모 있거나 쓸모없지 않다. 대상은 그저 존재할 뿐이다. 가치는 가치를 정하는 이가 창조한다. 그리고 가치를 정하는 이가 없으면 가치도 없다. 이 사실을 깊이 바로 보면 세상을 볼 때 일어나는 오해와 혼란이 크게 해소된다. 그리고 더 나아가 주체와 객체가 따로 존재할 수 없다는 상대적 세상의 본질에 다가가는 길을 열어준다.

'인생사 새옹지마'라는 말이 있다. 우리에게 친숙한 사자성어인 새옹지마(塞翁之馬)를 예로 들어 살펴보자. 새옹지마는 변방 늙은이의 말이라는 뜻으로 이야기는 이렇다. 옛날에 나라 간에 전쟁이 빈번하던 시절, 북쪽 변방 작은 마을에 한 노인이 살고 있었다. 노인에게는 아들이 한 명 있었고 기르는 말이 한 필 있었다. 하루는 기르던 말이 달아나 버렸다. 마을 사람들이 몰려와서 위로의 말을 건넨다. "참 나쁜 일이네. 큰 재산이 사라져서 어쩐다. 참 불행한 일이야." 하지만 노인은 "불행인지, 아닌지는 두고 봐야죠."라고 덤덤히 답한다. 며칠 뒤에 도망갔던 말이 다른 야생마 한 마리를 이끌고 집으로 돌아왔다. 소식을 들은 마을 사람들이 몰려와서 축하의 말을 건넨다. "어쩐 일이래? 그 비싼 말이 한 마리 공짜로 생겼구려. 참 좋겠어. 잃은 줄 알았던 말도 찾고. 참 행운이네! 축하해요." 하지만 노인은 "행운인지, 아닌지는 두고 봐야죠."라고 덤덤히 말한다. 그런데 아들이 새로 온 야생마를 길들이다가 말에서 떨어져 다리가 부러졌다. 평생을 절름발이로 살아야 할 처지가 됐다. 마을 사람들이 몰려와서 위로한다. "아이고, 이를 어째! 그 말이 액운이었네. 하나밖에 없는 아들을 저 지경으로 만들어 놨으니, 큰일이네. 아직 혼인도 안 했는데 혼처 생기기도 힘들겠어. 재앙도 이런 재앙이 어디 있나!" 하지만 이번에도 노인은 "재앙인지, 아닌지는 두고 봐야죠."라고 덤덤히 말한다. 얼마 뒤, 전쟁 중이던 군인들이 마을에 들이닥쳐 몸이 성한 남자들을 전쟁터로 다 끌고 가 버렸다. 마을에 있던 젊고 성한 사람들은 다 끌려갔지만, 노인의 아들은 부러진 다리 덕에 끌려가지 않았다. 마을 사람들이 와서 하소연한다. "아이고, 우리 아들은 끌려가서 이를 어째. 끌려가서 살아온 사람이 없다던데. 이 집은 참 다행이네. 다행이야." 노인은 아무 말 없이 덤덤히 듣고 있었다.

새옹지마라는 사자성어에 담긴 이야기는 언제 어떻게 될지 모르는 우리 인생을 잘 보여 준다. 우리가 살아가는 인생을 보면 새옹지마는 바로 우리 자신의 이야기다. 좋은지 알았던 일이 다음 순간 좋지 않은 일이 된다. 또 뒤바뀌는 일이 빈번하다. 좋고 나쁨이 상황이 변하면서 바뀐다. 언제 어떻게 바뀔지 전혀 예측할 수 없다. 다만, 언제든지 바뀔 수 있다는 사실은 분명하다.

어느 순간 불행이 닥치면 마치 불행이 영원할 것처럼 느껴진다. 오늘의 불행이 영원히 끝나지 않을 것 같은 생각에 사로잡혀서 몇 배는 더 힘들어한다. 닥친 불행보다 우리는 이 생각 때문에 더 힘들다. 더 두렵다. '끝나지 않으면 어쩌지?'라는 생각으로 고통받는다. 하지만 이 세상 안에 존재하는 것 가운데 영원한 것은 어디에도 없다. 시간이 지나면서 상황이 변하든, 바라보는 나의 시점이 변하든, 어떻게든 불행은 사라진다. 슬픔은 사라진다. 힘든 고통은 사라진다. 싫은 일도 지나간다.

그래서 이슬람 문화권의 수피는 "이 또한, 지나가리라(This too shall pass, این نیز بگذرد)."라고 말한다. 아무리 나쁜 일이라도 이 또한 지

진리는 바로 지금, 바로 여기 있다

나가게 마련이다. 아무리 좋은 일이라도 그 또한, 지나가게 마련이다. 사람들은 지나갈 일이니 너무 슬퍼하지도 말고 너무 기뻐하지도 말라는 뜻으로 해석한다. 하지만 기쁘고 슬픈데 어쩌랴? 이 또한 지나갈 것을 알고만 있으면 된다. 그러면 '끝나지 않으면 어쩌지?'라는 생각이 일어나도 괜한 걱정일 뿐이라는 사실을 알기에 괴롭지는 않다. 하여튼, 이 사실을 알든, 모르든 다 지나가게 마련이다.

여기까지가 흔히 세상에서 말하는 좋고 나쁨의 교훈이다. 우리는 여기서 조금 더 들어가 보자. 시간이 흐르고 상황이 변하면서 좋고 나쁨이 바뀐다는 사실은 살펴봤다. 그럼, 그때 그 순간에는 절대적으로 좋은 일이고 또 다음 순간에는 절대적으로 나쁜 일이었을까? 누가 뭐래도 고정된 좋고 나쁨이 있을까? 새옹지마 이야기를 좀 더 입체적으로 각색해서 이 문제를 한번 살펴보자.

누구에게 좋은 일일까?

말이 한 마리 더 생긴 것이 정말 좋은 일이었을까? 이어지는 이야기의 다음 부분은 생각하지 말고 이 시점에서만 살펴보자. 도대체 누구에게 좋은 일일까? 축하를 전하는 동네 사람들에게는 분명 노인에게 좋은 일로 비쳤다. 동네 사람들이 생각할 때 노인의 가족에게 좋은 일이다. 하지만 이것이 동네 사람들에게 좋은 일일지는 모른다. 축하를 전하는 동네 사람일지라도 속마음은 아무도 모른다. 노인과 관계 좋고 친분 있는 사람에게는 기분 좋은 일일지 모르지만, 몇몇 동네 사람들은 샘이 나서 잠을 설친다면 이들에게는 나쁜 일이다.

그럼 정작 노인 가족에게는 좋은 일일까? 노인은 덤덤하다. 겉으로는 좋은 일도, 나쁜 일도 아닌 것처럼 보인다. 하지만 밖으로 표현하지 않아도 속으로 기분이 좋았을 수도 있다. 원래 이야기에는 안 나오지만, 노인의 아내는 살림살이가 나아지겠다 싶어 한동안 기분 좋은 나날을 보냈을지 모른다. 그렇다면 노인 부부에게는 좋은 일이다. 하지만 같은 가족이라고 해서 아들에게까지 좋은 일이라고 단정할 수는 없다. 아들은 부모가 기뻐하니 같이 좋아하며 좋은 일로 여겼을 수도 있고, 아니면 지금까지 말 한 마리 관리하는 것도 힘들어 불평이 많았다면 한 마리가 더 생기는 일은 악몽일 것이다.

아들이 다리를 다쳐서 군대에 끌려가지 않은 일이 좋은 일이었을까? 도대체 누구에게? 노부부와 마을 모든 사람은 다행이라고 여겼을 수도 있다. 하지만 당사자인 아들에게는 좋은 일이었을까? 만일 아들이 야생마를 서슴지 않고 길들일 만큼 승마에 뛰어나고 활을 잘 쏘며 무술에 능해서 늘 전쟁터에 나가 공을 세워 출세하는 꿈을 꾸었지만, 다친 다리 때문에 꿈을 이룰 기회가 사라져 버렸다면 어땠을까? 마을 어르신들이야 자식을 전쟁터로 보내는 것만큼 두려운 일도 없겠지만, 젊은 청년들은 나가서 출세한 사람들의 이야기를 서로 나누며 꿈을 키워 왔을지도 모른다. 아들은 부러진 다리를 붙잡고 마을에 온 군인에게 자기도 데려가 달라고 애원했을지 모른다. 잘 걷지는 못하지만, 병법을 많이 연구해서 도움이 될 거라고 부디 데려가 달라고 사정했을지도 모른다. 만일 노부부와 마을 사람들이 못 가게 막아서 꿈이 좌절됐다면 아들에게는 몹시 나쁜 일이다.

전쟁터로 끌려간 남자들과 그의 가족들에게는 이 일이 나쁜 일이기만 할까? 대부분 마을 청년들은 평화롭게 살던 터전에서 그대로 살고 싶었을 테고 그들에게 전쟁터로 끌려가는 것은 곧 죽음을 의미하

진리는 바로 지금, 바로 여기 있다

기에 몹시 나쁜 일일 수도 있다. 그들의 부모도 마찬가지다. 아들이 사지로 끌려가는 것보다 나쁜 일이 어디 있으랴. 하지만 군인의 꿈을 꾸고 있었을 누군가나 작은 마을을 떠나고 싶었던 누군가에게는 그 순간 꿈을 꾸게 되는 좋은 일일 것이다. 끌려가는 한 청년에게 늘 학대당하던 여자가 있었다면, 그녀에게는 지옥 같은 삶에서 벗어나는 일이며 신이 자신의 기도에 응답하는 좋은 일일 것이다.

이렇게 한 가지 일은 얽혀있는 각자의 시점에 따라서 좋은 일이기도 하고 나쁜 일이 되기도 한다. 일어나는 일 그 자체에는 좋음과 나쁨이 없다. 선과 악이 없다. 위대함이나 하찮음이 없다. 가치는 보는 이의 관점에서 결정된다.

나의 가치가 보편적이고 절대적인 가치이기를 바라는가?
괴로움은 여기서 시작된다.

선과 악은 있다. 내가 보기에 좋고 내가 보기에 나쁜 것이 있다. 우리는 내 생각이 여러 사람에게 공감받기를 원한다. 급하면 "신에게 맹세하건대…"라며 나의 시점을 믿어달라고 애원한다. 자연스러운 인간의 본성이다. 공감받고 싶다. 나의 시점을 지지해 주고 공감해 주는 사람이 좋다. 어쩔 수 없는 사람의 마음이다. 그런데 이런 본성은 지극히 당연한 이치다. 왜냐하면, 모두는 오직 자기 시점으로만 세상을 보기 때문이다. 한 걸음 더 들어가서 이야기하자면, 세상은 오직 나의 시점으로만 존재한다. 다른 사람의 시점은 따로 존재하지 않는다. 다른 사람이 말하는 시점을 받아들이는 나의 시점만 있을 뿐이다. 그렇지 않은가? 이해는 가지만, 선뜻 그렇다고 수긍하지 못할 수도 있다. 그럼 지금부터 한번 잘 살펴보기 바란다.

자기 시점을 공감받고 싶은 마음은 당연하고 전혀 문제가 없지만, 공감받고 싶은 마음을 넘어서서 이 시점을 보편적인 시점으로 잘못 믿으면 문제가 된다. 자기의 선이 진정한 선이라고, 보편적 선이라고 말한다. 자기주장이 강한 사람일수록, 마음이 닫힌 사람일수록 더 밀어붙인다. 많은 사람의 공감을 끌어내고자 자기가 믿는 가치를 보편적이고 절대적인 가치로 포장하고 정당성을 부여하려 한다. 정당성을 부여할 가장 강한 후원자를 끌어들인다. "이것이 절대 선이다.", "이것이 신의 뜻이다.", "저것은 절대 악이다.", "신이 벌하는 악이다."라고 말하며 신을 등에 업는다. 그런데 이것이 사실인가?

상대적인 세상에 보편적 가치가, 절대적 가치가 있을 수 있는가? 현실을 잘 살펴보라, 보편적 가치가 있을 수 있는지. 절대 선과 악이 있을 수 있는지. 내가 믿고 싶은 것과 있는 그대로의 현실은 같지 않을 수 있다. 같지 않으면 믿음은 거짓이다. 그저 환상일 뿐이다. 찾음은 환상을 바로 보고 거짓 믿음을 내려놓는 과정이다. 내 믿음과 상관없이 진실을 찾는 과정이다. 지금껏 살펴본 내용을 가지고 스스로 잘 살펴보라. 거짓 믿음을 내려놓으면 이해는 자연히 일어난다.

있는 그대로의 상대적인 세상을 보라.

어떤 때는 상황적 변수가 없는데도, 좋고 나쁘고, 쓸모 있고 쓸모없음이 계속 바뀐다. 마음속에서 말이다. 지나가다 가방이 좋아 보여서 비싸지만 혹해서 샀다. 처음에는 아주 좋았다. 정말 쓸모 있고 가치가 크다고 스스로 설득해서 샀는데 자꾸 마음이 변한다. 좋았다 안

진리는 바로 지금, 바로 여기 있다

좋았다, 그만한 값의 가치가 있다 없다, 잘한 일이다 잘못한 일이다, 아무도 뭐라 하는 사람이 없는데도 생각이 요동친다. 한 친구가 정말 잘 샀다며 한정판이라고 부러워한다. 너무 잘한 일이라는 생각에 기분이 좋다. 그런데 평소 꼴 보기 싫던 친구가 더 좋은 가방을 들고나와서 "그거 한물갔어. 이게 진짜 신상이야. 속았구나?"라고 염장을 지른다. 기분이 상하고 괜히 샀다는 생각에 가방이 꼴도 보기 싫다. 좋고 나쁨은 생각 속에 있기에 늘 변한다. 나의 좋고 나쁨은 언제든지 변할 수 있다. 원하든 원치 않든.

내가 정한 가치도 언제 변할지 모른다. 생명처럼, 신념처럼 지켜온 가치들이 있지만, 가끔 '정말 이것이 진리일까?'라는 의문이 든다. 혹시 내가 정한 가치가 변하지 않아야 하고 최소한 나에게는 보편적이어야 한다고 믿고 있지는 않은가? 지금 이 순간 내가 보는 가치는 있지만, 나에게조차 변하지 않는 보편적 가치가 있을까? 이것이 가능이나 할까? 이 상대적인 세상에서.

새옹지마 이야기를 조금 더 살펴보자. 이야기 속에서 노인은 평정심을 잃지 않고 세상의 이치를 잘 알며 일희일비(一喜一悲)하지 않는 대단한 군자(君子)처럼 보인다. 반면, 일희일비하는 동네 사람들은 이 노인에게 배워야 할 소인배(小人輩)처럼 보인다. 이런 군자와 소인배라는 가치도 고정된 것이 아니라 보는 사람에 따라서 달라질 수 있지 않을까?

어떤 심리 전문가는 감정을 숨기지 않고 "좋으면 좋다, 싫으면 싫다."라고 솔직하게 드러내는 것이 정신건강에 도움이 된다고 말한다. 이런 관점에서 이 노인을 한번 바라보자. 만일 노인이 평소 배워온 군자의 덕을 실천하려 자기 성격과 다르게 행동했었다면 어떨까? 말이

야생마를 데리고 돌아왔을 때 기뻤으나 내색하지 않았다. 아들이 다리가 부러졌을 때도 가슴이 미어지는 듯했으나 내색하지 않았다. 겉으로는 평정심이 대단한 사람으로 보이지만, 늘 속앓이가 엄청나다. 옆에 있던 부인은 "좋으면 좋다 하고, 싫으면 좀 싫다 하면서 내색도 하고 살아야지. 사람이 그러면 병나요! 속병이 얼마나 무서운데."라고 늘 잔소리다. 원래 노인은 밖으로 기분을 드러내는 활달한 성격이었지만, 군자의 도를 따르고자 성격을 억누르고 살다 보니 스트레스로 늘 소화가 잘 안 되고 잘 먹지 못한다. 그리고 말년에 부인의 말처럼 속병을 힘들게 앓다가 고생하며 세상을 떠났다. 만일 이러했다면, 성격대로 감정을 밖으로 표현하면서 후련하게 사는 게 좋다고 생각하는 사람에게는 노인은 대단한 사람이 아니라 미련한 사람이다. 차라리 마을 사람들이 자기 성격에 맞게 허례허식 없이 잘 산 사람이다. 반면, 노인이 가치를 둔 군자의 도리를 따르는 사람들은 노인을 훌륭한 사람으로 평가할지 모른다.

우리에게 악처로 익숙한 소크라테스의 아내를 보자. 나쁜 아내의 대명사처럼 알려졌지만, 요즘 여성 인권과 가족에 대한 인식이 달라지면서 소크라테스의 아내를 다르게 평가할 수 있다. 돈도 못 벌고 매일 밖에서 수다나 떨러 다니며 집안일은 도와주지도 않고 또 거기다 가족은 생각하지도 않고 자기 신념을 지킨답시고 독배를 마시고 죽어버렸다. 대단한 성인으로 칭송되는 소크라테스가 당신의 남편, 당신의 아들이 된다면 좋겠는가? 소크라테스는 수천 년 동안 이름을 오래 남기지만, 도대체 누구를 위한 이름이고 철학인가? 분명 그 가족은 아닐 것이다. 대단한 철학자로 많은 사람에게 훌륭하게 보이지만, 가족의 관점에서 보면 전혀 그렇지 않을 수 있다. 누가 그 가족에

진리는 바로 지금, 바로 여기 있다

게 보편적 이로움을 위해 희생하라고 주장하며 정당성을 부여할 수 있겠는가? 누가 보는 이로움이며 누가 보는 정당성일까? 누가 보편적이라고 말할 수 있는가? 보편적이라고, 절대적이라고 포장하지만, 상대적인 세상에서는 어쩔 수 없이 한 쪽의 관점일 수밖에 없다.

가치를 말할 때, 잘 생각해 보라. 가치는 어디서 오는가? 가치는 도대체 누가 정하는가? 누구에게 가치가 있는가? 절대적 가치가 있을까? 중요한 것은 다른 사람들의 말이 아니다. 이 책에서 하는 말을 믿으라는 것이 아니다. 내 경험으로 직접 살펴서 깨우쳐야 한다. 있는 그대로의 세상, 그 민낯이 어떤지 직접 보라는 것이다.

> 보라, 있는 그대로의 세상을.
> 진리는 대단한 철학이 아니라 세상의 민낯이다.

나는 어릴 적에 〈십계(The Ten Commandments, 1956)〉라는 영화를 아주 인상적으로 봤다. 성경에 나오는 모세의 일생을 그린 영화다. 가장 인상적인 장면은 모세가 바다를 가르는 장면이었다. 오랜 세월 지배층의 핍박 속에 노예 생활을 해 온 자기 민족 사람들을 데리고 이집트를 나오다 홍해를 만나 멈춰 서 있는데, 뒤에서는 이집트 군대가 쫓아온다. 절체절명의 순간에 모세는 하나님의 기적으로 바다를 가르고 자기 사람들을 모두 무사히 건너게 한 뒤 갈라진 바다를 닫아 쫓아오는 이집트 군대를 바닷속에 수장시킨다. 자기 사람들은 구하고 나쁜 이집트 사람들은 혼내 주는 장면이었다. 종교적 내용이나 논쟁을 떠나서 이 장면이 가슴에 남아서 한 가지 의문을 불러일으켰다.

물속에서 죽어간 이집트 병사들이 가슴에 걸렸다. 아무리 하나님이고 또 모세의 이스라엘 민족 사람들이 박해받았다고 하더라도, 그들을 박해했던 주범인 이집트의 지배 세력들만 벼락 맞아 죽었으면 이해되는데 그 사람들은 죽지 않고 정작 죽은 이들은 선봉에 내몰려 따라가야 했던 이집트의 병사들이었다. 영화에서는 당연히 죽어도 되는 나쁜 이들로 그려지는 것 같았다. 단지 지어낸 이야기였으면 영화의 극적 효과라고 생각하고 지나쳤을지도 모른다. 그런데 이것은 성경에서 실제로 일어났다고 주장하는 일이었고, 사람들은 이 사실을 보편적 선으로 포장하고 있었다. 절대자가 행한 절대적으로 옳은 일이라는 말이다. 이스라엘 민족의 관점에서는 지극히 좋은 일이지만, 어떻게 그것이 보편적 선이며 정당한 일인지, 나는 도저히 받아들일 수 없었다. 그 많은 병사는 다들 바다에 수장시켜도 당연할 만큼 나쁜 사람들이었을까? 이해가 안 됐다. 병사들 가운데는 분명히 적은 봉급으로 가족을 먹여 살리려고 시키는 대로 열심히 일한 사람들도 있을 테고, 가난한 집에서 착하게 자라다 어쩔 수 없이 군대에 들어가서 제대할 날만을 기다리던 착한 병사들도 많지 않았을까? 혹은 정치적 상황은 고사하고 정확히 누구를 쫓는지도 모르는 병사도 있지 않았을까?

물이 불어날 때 얼마나 무서웠을까? 폐에 물이 차면서 무서움과 고통 속에서 죽어 가야 했던 병사들이 너무도 가슴 아프다. 죽은 병사들의 소식을 들은 가족들은 도대체 무슨 죄로 평생을 아들 잃은 한을 가슴에 짊어지고 살아야 했을까? 누가 이들의 죽음과 고통을 정당화할 수 있을까? 같은 일이 한 무리에게는 신의 축복일 수도 있고 또 다른 무리에게는 내 아들의 생명을 앗아간 몸서리쳐지게 악한 불행일 수도 있다. 도대체 누가 그들의 희생이 정당하다고 말할 수 있을까? 도대체 누가 그 일을 보편적 선으로 정당화할 수 있을까?

우리는 한 사회에서 성장하면서 보편적 가치를 강요받는 상황을 종종 만난다. 교육을 통해서, 각종 매체를 통해서, 주위 사람들을 통해서 보편적 가치를 주입받는다. 오랜 세월 주입된 보편적 가치를 주입된 가치인지, 내가 생각한 가치인지에 관한 구분 없이 사실처럼 믿는다. 믿음은 사실이 되고 진리로 굳어지기 마련이다. 그런데 나는 살아오면서 눈 앞에 펼쳐지는 현실에서 보편적 가치를 전혀 찾을 수 없었다. 그런데도 보편적인 가치에 관한 갈등이 늘 있었다. 다른 사람들이 말하는 보편적 가치를 떠나서, 나 자신도 내 의견과 나의 가치를 보편적으로 포장해서 다른 사람에게 말하고 싶어 한다는 사실에 어딘가 편치 않았다.

> 생각으로 떠오르는 순간, 입을 뻥긋하는 순간,
> 필연적으로 상대적이다.

우리는 인간이고 몸이 둘이 아니기에 한쪽 편에 설 수밖에 없다. 자기 시각으로 세상을 바라볼 수밖에 없다. 그리고 좋고 싫고, 선하고 악하고, 옳고 그르며, 위대하고 초라하기를 나눈다. 인간의 본성이다. 인간의 본성일 뿐만 아니라 살아가려면 가치를 판단할 수 있어야 한다. 가치 판단은 살아가는 데 아주 중요한 기능이다. 하지만 우리는 여기서 그치지 않는다. 사회에서 경쟁에서 이기려고 자기 의견을 보편적 가치로 포장한다. 더 많은 사람의 공감을 얻어내고 싶다. 정치인은 자기가 생각하는 가치가 모든 사람에게 유익한 것처럼 포장한다. 국가는 추진하는 정책이 보편적 가치인 깃처럼 신전한다. 사회는

특정한 규범이, 특정한 문화가 보편적 가치인 것처럼 교육하고 주입한
다. 종교는 자기들의 교리가 보편적이고 절대적 가치인 것처럼 세상에
전파한다. 보통 사람들은 자기가 속한 집단의 가치를 보편적 가치로
믿으려 한다. 집단이 정한 보편적 가치에 반기를 들면 가혹한 시련이
뒤따른다. 집단의 가치는 집단 그 자체의 생존에 필수적이다. 집단은
생존을 위해 보편적 가치를 만들고 지켜야 한다. 집단 그 나름대로
생존의 법칙이다.

우리는 이야기할 때 재미있게 하려 애쓴다. 우리 편은 절대 선인 것
처럼 포장하고 상대편은 절대 악인 것처럼 포장해야 재미있다. 절대
선이나 악까지는 아니더라도 최소한 이야기를 듣는 사람이 동조할 만
한 정당성을 이야기해야 한다. 또, 조금은 과장하고 부풀려야 재미있
기에 늘 한쪽의 가치를 강조하게 마련이다. 이런 일은 늘 일어난다.
나 자신부터도 이야기할 때 부풀리고 한쪽 가치를 강조하는 경향을
자주 발견한다. 의사소통에서 늘 일어나는 일이고 방송이나 소셜 미
디어에서 일상으로 일어나는 일이다. 이런 문화 속에서 살아가는 우
리는 어느 한쪽의 가치가 절대적인 양 착각하고 세뇌되기 쉽다. 많은
사람이 동조하면 자신도 그렇게 믿어버리기 쉽다.

하지만 우리 가슴속 깊숙한 곳에서 의문이 일어난다. '정말 사실일
까?', '특정한 가치가 그 대상에게 있을까?', '그 대상이 원래 선하고 원
래 악한가?', '어떤 일은 늘 좋은 일이고 어떤 일은 누가 봐도 나쁜 일
일까?' 지극히 당연하게 그렇게 믿고 지금까지 살아왔다면 이런 의문
들을 가만히 살펴보라. 대다수가 절대적이고 보편적인 가치를 추구하
고 대상에 가치가 있다고 믿고, 또 이것이 사회를 살아가면서 경쟁에
서 살아남기 위한 어쩔 수 없는 일이라고 할지라도, 당신이 있는 그대

로를 보려 한다면 이 의문들을 살펴봐야 한다.

당장은 동전의 앞면만 보이더라도 분명히 동전의 뒷면은 있기 마련이다. 동전이 커서 뒷면을 볼 수 없다면 뒤로 좀 물러나서 잘 살펴보라. 너무 가까이서 보면 전체가 보이지 않는다. 충분히 뒤로 물러서서 찬찬히 살펴보라. 동전이 한 면밖에 없는지, 뒷면은 존재하지도 않는지. 한 면만 존재하는 동전이 있을 수나 있는지, 아니면 그렇게 믿고 싶은 것뿐인지. 한쪽의 가치가 절대적인 것처럼 보이고 그 가치에 집착하고 싶을지도 모르지만, 눈에 보이는 것이 다가 아닐 수 있다. 사실과 바람은 다르다.

당신이 생각하고 행동할 때 모든 가치를 고려해야 한다는 말이 아니다. 그저 있는 그대로의 사실을 알고자 할 뿐이다.

한 면만 존재하는 동전을 믿는다고 동전의 뒷면이 없어질까?

자기 가치만이 절대적이고 보편적이라고 믿고 그렇게 포장해서 다른 사람들에게 강요하는 일은 늘 있다. 다른 이의 가치를 존중하지 않고 자기 가치를 강요하는 일은 힘의 논리를 적용하는 일밖에 안 된다. 힘의 논리에 따른 또 하나의 폭력이 되는 경우가 비일비재하다.

보편적 가치를 고집하는 일은 상대적인 세상을 부정하는 일이다. 동전의 뒷면을 부정하는 일이다. 있는 그대로를 부정하는 일이다. 보편적 가치는 오직 상상 속에서만 존재한다.

슬픔 없이 기쁨만 존재하는 세상은 당신의 상상 속에만 있다. 악 없이 선만 존재하는 사회는 이 세상에 없다. 모두에게 좋은 것만 존재하거나 나쁜 것만 존재하는 세상은 오직 믿음 속에서만 가능하다.

아무리 많은 사람이 보편적이라고 여기는 가치라도 상대적인 이 세상 속에서 존재하는 순간 곧바로 상대적 가치가 될 수밖에 없다. 그저 한 무리의 사람들이 보편적이라고 말하는 상대적 가치다. 아무리 많은 사람이 믿더라도 세상에 존재하는 순간 상대적인 속성을 벗어날 수 없다. 이 우주에서 동전은 두 면을 가진다. 한 면만 있다고 아무리 떠들어대 봐야 다른 한 면이 존재한다는 사실은 변하지 않는다. 한 면을 만들면 다른 한 면은 늘 따라오기 마련이다.

누가 인간이 세상의 중심이라고 말할 수 있나?

지금까지는 사람의 관점에서만 살펴봤다. 우리가 인간이니까. 하지만 세상에는 인간만 살지 않는다. 조금만 더 들어가서 새옹지마 이야기를 살펴보자. 따라온 야생마는 마음에 드는 친구를 그냥 따라왔을지 모른다. 사람들은 말 한 마리가 더 생겨서 좋다고 하는데, 이 야생마는 사람 손이 닿는 순간 자유의 몸에서 노예의 몸이 됐다. 고삐를 채우고 안장을 얹고 인간이 자기 뜻을 따르라고 강요한다. 채찍질까지 한다. 같은 일이지만, 말에게는 최악의 상황이 발생했다. 자신을 노예 삼아, 아니, 노예보다 못한 물건 취급하면서 자기 것인 양 행세한다. 도대체 누가 있어 이것을 정당화하는가? 오직 인간이 인간의 관점에서 "정당하다!"라고 외칠 뿐이다. 힘의 논리다. 말은 힘의 논리에 따라 고통받을 뿐이다.

우리는 인간이다. 지금 글을 쓰는 나도, 글을 읽는 당신도 인간이다. 그래서 인간의 관점에서밖에 볼 수 없다. 하지만 세상이 원래부터 인간의 관점에서 존재하느냐는 완전 별개의 문제다. 세상은 인간이

진리는 바로 지금, 바로 여기 있다

있든, 없든 존재한다. 그런데 어떻게 인간이 바라보는 시점이 맞다고, 보편적이라고, 절대적이라고, 기준이 돼야 한다고 말할 수 있을까? 그저 인간이 자기 관점에서 떠들어댈 뿐이다.

1300년대 유럽에는 흑사병이 돌아 인구의 반이 죽어 나갔다. 이런 일은 인간이면 누가 봐도 나쁜 일이다. 엄청난 사람들이 남녀노소를 불문하고 막 죽어 나갔다. 어떤 전쟁의 상처보다 컸다. 유럽 어딜 가나 마을 사람들 둘 중 하나가 죽는데 세상이 온전했을까? 살아남은 사람들도 트라우마가 엄청났을 것이다. 인류 역사상 최대의 비극이었을지 모른다. 하지만 이것을 어떻게 보편적으로 나쁜 일이라고 말할 수 있을까? 분명 인간에게는 재앙이었다. 인간의 관점에서 보면 나쁜 일이다. 하지만 시체를 먹고 사는 청소 동물이나 곤충들, 미생물들에게는 좋은 일이었을 것이다. 그들에게는 풍족한 먹이가 생기고 개체 수를 늘릴 좋은 기회였다.

우주는 사람이 만들지 않았다. 우주에서 사람 숫자는 지극히 적고 이들의 관점은 거의 없다시피 미미하다. 우주 안에서 지구는 먼지보다도 작은 존재다. 우리가 사는 지구도 사람이 만든 것이 아니다. 지구 안에서 사람들이 살아가고 있다. 지구 안에서 인간의 위치는 어떨까? 인간은 자기들이 지구를 지배한다고 말한다. 도대체 '지배'를 무슨 뜻으로 하는 말일까? "지배한다."라는 말에는 소유의 개념과 분리의 개념이 들어가 있다. 지구와 분리된 독립적인 존재로서 지구를 소유한다는 의미를 내포하는데, 이것이 맞는 개념인가? 최고의 포식자를 넘어서서 파괴할 힘까지 있으면 지배하는 것일까? 최고의 포식자 순위도 인간의 관점에서 매긴 순위이지, 박테리아의 관점에서는 다르지 않을까?

여전히 보편적이고 절대적인 뭔가가 있을 거라는 믿음을 저버릴 수 없다면, 잘 살펴보라. 당신은 한 인간으로 세상에 존재하기에 하나의 시점을 벗어날 수 없다. 태어나면서 나만의 고유한 시점이 생겨났다. 상대적인 세상을 살아가면서 나의 시점에서 보는 가치가 매 순간 결정된다. 살아 있기에 늘 좋고 나쁨이 있다.

찾음이 끝난 자연인도 사람이기에 인간의 모든 상대적 가치를 구별한다. 살아 있는 한 그럴 수밖에 없다. 많은 사람이 오해하듯, 깨달았다고 좋고 나쁨이 사라지는 건 아니다. 이것은 인간이 극복할 문제가 아니다. 당연한 인간의 본질이며 상대적 세상 속에서 살아가는 생명체의 본질이다. 자연인도 좋아하고 싫어하는 것이 있다. 당신과 다를 바 하나 없다. 다만, 자연인은 있는 그대로의 사실을 안다. 그래서 자기가 말하는 선과 악이, 좋고 나쁨이 자기 시각에서 보는 상대적 가치임을 정확히 안다.

스승은 "좋음도 없고 나쁨도 없다."라고 말한다. 가치는 시점에 있지 대상에 있지 않다는 말이다. 보편적 가치는 없다는 말이다. 자신의 한 시점을 벗어나서 세상 전체를 전지적 관점에서 바라보면 좋음도 없고 나쁨도 없다고 말할 수 있다. 있는 그대로의 대상, 그 자체에는 어떤 가치도 없다고 말할 수 있다. 또한, 이 말은 좋음도 나쁨도 동시에 존재한다는 말이기도 하다. 여러 시점의 가능성이 동시에 존재한다는 말이다.

혹, 진리를 보편적이며 절대적인 가치로 오해하고 있지는 않은가? 진리는 가치가 아니다. 가치는 필연적으로 시점에 따라 일어나기에 상대적이다. 상대적 세상의 모든 것은 상대적이다. 반면 진리는 절대적이다. 진리는 변하지 않는 무엇을 가리키는 '개념'이다. 아무리 진리가 절대적이라고 정의해도 상대적인 세상에서 '진리'를 생각하고 말하는 순간 필연적으로 상대적이 된다. 그래서 진리를 진리라고 말하면 진리가 아니다. 진리는 당신이 생각하거나 말할 수 있는 무엇이 아니다. 상대적 세상 너머의 무엇이다. 찾는 이는 이 무엇을 찾고자 한다. 찾는 이를 위해 스승은 이 무엇을 '진리'라는 개념으로 가리킨다.

○○○○○○○

가치와 하나의 시점을 따로 때어 놓고 생각할 수 없다. 그래서 가치와 시점은 "둘이 아니다."라고 말할 수 있다. 상대적 세상의 본질이 그렇다. 앞으로 우리는 좀 더 깊이 들어가 살펴볼 것이다. 생각 속의 추상적 가치뿐만 아니라 우리가 독립적으로 존재한다고 믿는 세상의 모든 물체가 그것을 바라보는 당신의 시점 없이 따로 존재할 수 있는지 알아볼 것이다. 아마도 이것은 지금껏 당신이 알고 있는 세상에 대한 믿음을 완전히 뒤엎는 일이 될지도 모른다. 당신이 믿어왔던 세상의 종말일지도 모른다.

» 진정한 창작자는 누구인가?

우리는 '인생의 주체는 나'라는 말을 참 많이 듣는다. 대다수가 그렇게 굳게 믿는다. 그래서 내가 어떤 일을 했을 때 결과가 좋으면 뿌듯해하고 '나' 자신을 자랑스러워한다. 반대로 결과가 좋지 않을 때는 '내' 노력을 탓한다. '내' 의지가, '내' 노력이 부족했고 '내' 선택에 문제가 있었다고 여기고 자책한다. 어떻게 하면 '내' 의지와 노력을 고무시키고 좋은 선택으로 원하는 결과를 얻을 수 있을지 늘 궁금하다. 세상은 여기에 답을 주는 최고의 방법들을 쏟아낸다.

그런데 살아오면서 세상을 겪다 보면 뭔가 좀 이상하다. 정말 '내'가 내 삶의 주체인지 의심스럽다. 도대체 주체가 무슨 말인지도 헷갈린다. '내 삶의 주체는 나'라는 믿음은 어느덧 진리가 되어 마음속 깊이 뿌리를 내리고 있어 아무리 이상해도 선뜻 의문을 품기가 겁난다. 나를 포함해서 세상 모두가 믿고 있는 이 믿음을 뒤집으면 초래될 혼란이 감당 안 될 것 같다. 이것을 의심한다는 것은 세상 모두의 믿음을 거슬러가야 한다는 뜻이기도 하다. 하지만 덮어 두기에는 자꾸 거슬린다. 살아가면서 겪는 경험이 자꾸 의문을 던진다.

당신이 이런 의문을 품고 있다면 제대로 된 의문이다. 모든 영적 스승이 여기에 의문을 던졌다. 한번 용기 내서 세상 사람들이 뭐라고 하든 여기에 어떤 오해가 있는지 살펴보자. 많은 사람이 믿는다고 해서 진실은 아니다. 나중에 알고 보면 얼마나 많은 사람이, 아니, 거의 모든 인류가 자기 자신과 세상을 오해하고 거짓 믿음을 움켜잡고 살아가는지 보게 될 것이다. 혁명은 늘 다수에 대항하는 소수가 만들어 가는 작업이다. 이 과정은 의식 혁명의 과정이다. 다수의 다른 사람이 뭐라 하든, 의문을 던지는 내면의 소리를 따라가라.

내 머릿속에 떠오르는 아이디어는 어디서 오는 걸까?

히트곡이 많은 한 유명 작곡가는 성공 비결로 메모하는 습관을 꼽았다. 늘 그때그때 생각나는 가사와 멜로디를 휴대전화에 기록한다고 한다. 이것을 나중에 다듬어서 곡을 완성한다고 한다. 유명한 한 작가는 아이디어가 떠오를 때면 늘 적어놓는다고 한다. 이렇듯 성공한 사람들의 비결로 종종 메모하는 습관이 거론된다.

한 위대한 클래식 작곡가는 어떻게 그렇게 아름다운 멜로디를 썼느냐는 질문에 자기는 그냥 산책할 때 떠오르는 악상을 받아적었을 뿐이라고 말한다. 자기가 멜로디를 지어냈다는 말이 아니라 그저 자기도 모르게 멜로디가 머리에 떠오르고 자기는 그저 받아 적었다는 말이다. 그냥 겸손한 말이 아니라 정말 사실이 그렇지 않을까?

작가들은 어느 순간 글이 안 써지는 시기가 온다고 한다. 글 쓰는 작가뿐만 아니라 대다수의 창작자가 슬럼프를 겪는다. 이때는 자기가 원하는 만큼의 질 좋은 결과물이 안 나온다. 누구는 슬럼프를 이겨내지 못하고 그냥 묻히기도 하고 누구는 다시 전성기 때의 결과물을 들고 돌아오기도 한다. 여기서 확실한 사실은 슬럼프는 누가 의도해서 오는 것이 아니고 누구도 막지도 못한다는 사실이다. 슬럼프를 극복한 사람들은 엄청난 자기 노력으로 극복했다고 말하시만, 정말 그것이 그들의 노력 때문에 극복되었을까? 노력으로 된다면 왜 슬럼프를 처음부터 막지 못했을까? 노력하면 슬럼프를 막을 수 있을까? 슬럼프를 겪는 사람들은 막는 노력을 게을리해서일까? 슬럼프를 겪지 않는 사람은 대단한 자기 노력 때문일까?

창작자들이 왜 메모를 할까? 왜 슬럼프를 겪을까? 여기서 우리는 한 가지 사실은 확실히 알 수 있다. 그들은 모두 자기가 원할 때 마음대로 원하는 창작물을 만들 수 없다는 점이다. 만들 때도 있고 만들지 못할 때도 있는데, 누구도 그때를 자기 마음대로 정하지 못한다. 떠오르는 멜로디를 메모해 놓지 않으면 나중에 곡을 만들어야 할 때 딱 좋았던 멜로디가 있었다는 것만 기억날 뿐, 종종 그때의 멜로디가 다시 떠오르지 않는다. 분명 좋았던 구절이 떠올랐는데, 멋진 멜로디가 생각났는데, 도저히 다시 생각나지 않는다. 미치는 노릇이다. 그래서 어느 작가는 좋은 작가가 되는 비결로 암기력을 들었다. 메모가 없어도 생각해 낼 수 있는 능력 말이다. 창작자들은 자기가 원할 때 창작의 내용을 마음대로 생각해 낼 수 없다는 사실을 잘 안다. 그래서 이것을 신의 형태로 형상화해서 뮤즈(Muse)라는 이름을 붙이기도 했다. 뮤즈라는 신이 갖는 의미의 핵심은 창작이 자기 마음대로 되지 않는다는 사실이다.

자기 마음대로 떠올릴 수 없는 것, 자기 통제하에 있지 않은 것, 그런데 '나'의 창작물이다? 어떻게 이것을 진정 자기 것이라고 말할 수 있을까? 당신이 창작하는 것이 무엇이든, 자신을 창작자라고 말할 수 있는가? 만일 당신이 언제 어디서든 원하는 창작물을 마음껏 생각해 낼 수 있다면, 자기 생각을 마음대로 끌어낼 수 있다면, 당신은 진정한 창작자다. 왜냐하면, 그 말은 생각의 근원이 당신이라는 사실을

진리는 바로 지금, 바로 여기 있다

알려주기 때문이다. 만일 그렇지 않다면 잘 생각해 보라. 자신을 창작자라고 부르며 스스로 '내' 것이라고 말할 수 있는지.

정말 창작하는 생각의 근원이 '나'일까? 이 질문에 사람들은 보통 비율로 답한다. 누군가는 "90%는, 70%는, 한 50%는 내 것이 아닐까?"라고 말할지 모르겠다. 아주 겸손한 누군가는 "1%만 내 것이고 나머지 99%는 내 것이 아니다."라고 말할지 모르겠다. 그것이 몇 퍼센트의 비율이든 잘 다시 한번 살펴보라. 99%든, 50%든, 고작 1%든 별반 다를 것 없다. 여전히 거기에 '내'가 창작의 근원이라는 믿음이 깔려 있기 때문이다. 살펴보고 살펴봐서 나머지 1%만 자기 것으로 생각하는 데 도달했다면 또다시 잘 살펴보라. 그 1%는 어디서 오는지를. 그 1%를 자기가 원하는 순간에 정확히 맞춰서 써먹을 수가 있는지를. 그렇게 할 수 있어야지 1%도 말이 된다. 만일 그렇지 않다면 그 1%마저도 허상이 아닐까?

답은 바로 지금, 바로 여기 늘 당신 앞에 있다.
믿음을 내려놓고 마음을 열고 살펴보라.

운동선수도 마찬가지다. 많은 운동선수가 징크스를 가지고 있다. 경기 전이나 경기 중에 징크스를 극복하려 루틴(습관)이라고 부르는 반복된 행동을 한다. 왜 그럴까? 운동선수들도 어떤 때는 잘되고 어떤 때는 잘 안 된다. 때론 슬럼프를 겪는다. 열심히 훈련할 뿐, 경기 중에 어떻게 될지는 자기도 모른다. 그래서 늘 긴장하고, 또 긴장을 풀려고 노력한다. 자기 자신의 몸을 통제하는 일인데도 어떻게 될지 모른다. 자기 몸이지만 자기 마음대로 안 된다는 사실을 경험적으로,

본능적으로 잘 안다.

미국 야구 메이저 리그에서 최고 몸값을 자랑하는 4번 타자가 월드 시리즈 마지막 경기, 2사에 주자 3루 9회 말에 타석에 섰다. 1점을 지고 있다. 여기서 홈런을 치면 바로 역전이고 월드 시리즈 챔피언이 된다. 안타만 쳐도 연장전을 기대해 볼 수 있다. 별명이 홈런왕이다. 하지만 이 타자는 어떻게 할지 모른다. 어떻게 홈런을 칠지, 어떻게 안타를 칠지 모른다. 여태껏 열심히 연습하고 매 순간 최선을 다했을 뿐이다. 그렇게 지금 이 순간도 최선을 다할 뿐이다. 누구보다 간절하다. 하지만 모른다. 기자들은 묻는다. 홈런을 잘 치는 비결이 뭐냐고? 홈런왕이 된 비결이 뭐냐고? 어떻게 해야 홈런을 잘 치냐고들 묻는다. 지금 타석에 선 이 순간에도 그들이 묻는다면 이렇게 말하고 싶다. "지금 그 비결이 제일 궁금한 사람은 접니다."

타자는 투수라는 직접적인 변수가 있기에 이런 말을 적용하기 어렵다고 항변할 사람이 있을지 모른다. 그럼 골프나 수영이나 육상처럼 다른 선수와의 직접적인 변수가 없는 운동선수는 어떨까? 이때도 다르지 않다는 사실을 우리는 잘 안다.

창작자나 운동선수뿐만이 아니다. 다른 분야도 마찬가지다. 아무리 천재 과학자나 한 분야의 석학이라 해도 어느 순간 떠오르는 아이디어가 연구에 결정적인 역할을 할 때가 많다. 어떤 때는 문득 떠오르기도 하고 어떤 때는 수없이 많은 시행착오 끝에 결정적인 아이디어가 떠오르기도 한다. 어떤 때는 별안간 반짝하고 머리를 치면서 떠오르기도 하고 서서히 오랜 시간에 걸쳐서 조금씩 쌓이기도 한다. 이런 여러 현상을 떠나서 그런 아이디어를 떠올리는 것이 자기 마음먹은 대로 될까?

진리는 바로 지금, 바로 여기 있다

예술이나 과학이나, 다른 분야도 아이디어가 떠오르는 방식은 다르지 않다. 아이디어를 자기 마음대로 떠올리지 못한다면 어떻게 이 아이디어가 자기 것이라고 말할 수 있을까? 물론 자기 머리에 떠오른 생각이다. 과학자 닐스 보어에게 떠오른 아이디어는 닐스 보어의 것이지, 아인슈타인의 것이 아니다. 여기서 우리는 어느 사람의 아이디어인지, 누가 사회적 보상을 받아야 하는지를 논하자는 것이 아니다. 닐스 보어라는 과학자에게 떠오른 아이디어가 닐스 보어라는 사람이 만들어냈는지, 아니면 어느 순간 문득 떠오른, 즉 주어진 아이디어인지를 살펴보자는 거다. 아이디어의 '근원'이 어디냐를 살펴보자는 거다. '내가 창조한 아이디어'라는 믿음이 사실인지 살펴보자는 거다. 나아가서 '내가 나를 통제한다.'는 믿음이 사실인지 살펴보자는 거다. '내가 내 삶의 주체'라는 믿음이 사실인지 살펴보자는 거다.

물론 열심히 많은 연구를 한 끝에 나타난 아이디어이겠지만, 아이디어가 떠오르는 그 순간을 살펴보면 분명 '아이디어가 주어졌다.'라는 표현이 더 맞지 않을까? 어떤 아이디어든, 그것이 어느 분야의 것이든, 언제 떠오른 것이든, 어느 정도의 아이디어든, 아이디어를 자기 힘으로 만들어 낼 수 없다는 사실은 경험을 통해서 어렵지 않게 알 수 있다. 아이디어가 떠오르기 위해서 우리가 할 수 있는 것이라고는 아이디어가 떠오를 때까지 이것저것 할 수 있는 것을 다하며 관심을 기울이는 것뿐이다. 그저 간절한 마음을 담아서. 그러다 원하는 아이디어가 떠오를 수도 있고 아닐 수도 있다. 안 그런가? 당신은 다른가?

자기 경험을 살펴보라. '내' 노력이라고 생각했던 것들, '내'가 이루었다고 생각하는 것들, '내'가 창작했다고 생각하는 것들, '내' 업적이라고 우쭐했던 것들, 정말 사실일까? 진정 '내'가 한 일일까? '내' 덕택일까? '내' 노력으로 된 것일까? 반대로 '내'가 이루지 못했다고 생각하는 것들, '내'가 실패했다고 생각하는 것들도 마찬가지다. '내' 의지가, '내' 노력이 부족했기 때문일까? 그렇다면 그런 의지, 노력은 도대체 어디서 오는 걸까?

결론은 없이다.

지금 난 이 글을 쓰고 있다. "내가 글을 쓰고 있다."라고 말한다. 사회의 관습에 따라 다른 사람과 의사소통하려 "내가 지금 글을 쓰고 있다."라고, 또는 '내가 쓰는 글'이라고 말하지만, 좀 더 정확히 일어나는 일을 말하려면 "책이 쓰이고 있다."라고 말해야 한다. 여기에 '나'는 어디에도 없다. 최대한 양보해서 '나'를 끄집어 넣는다면 "나는 일어나는 생각을 받아적을 뿐이다."라고 말해야 한다.

글을 쓰는 작가는 '내'가 아니다. 글을 쓰는 '나'란 없다. 어떻게 창작에 '내'가 있을 수 있단 말인가? 여전히 '내'가 창작자이고 '나의 창작물이라고 생각되면 잘 살펴보라, 아이디어의 근원이 '나'인지. 아이디어가 떠오르는 바로 그 순간 '나'는 어디에 있는지. 아이디어가 떠오르지 않을 때 '나'는 도대체 어디에 있는지. 도대체 '내'가 있기나 한지.

결국, 나의 성공도 사라지지만, 나의 실패도 사라진다.
이것을 가리켜 평온이라 한다.

○○○○○○○

진리는 바로 지금, 바로 여기 있다

살아가는 매 순간, 내 생각과 내 행동은 이렇게 일어나는 걸까? '내'가 나를 통제하고 있는 걸까? '내'가 내 생각과 행동의 근원일까? '내'가 내 성공과 실패에 책임이 있고, '내'가 내 삶의 주체가 되려면, '내'가 내 생각과 행동의 근원이어야 하고 통제할 수 있어야 한다.

그런데 이것이 사실일까? 가능하기나 할까? 여기에 혹시 오해가 있는 건 아닐까? 뭔가 잘못된 믿음이 깔려 있는 건 아닐까?

» 나의 선택과 행동?

'내 인생의 주체는 나'라고들 믿는다. 이 말은 내가 '나'의 자유의지로 선택하고 행동한다는 말이다. 즉, 나의 선택과 행동을 통제할 능력이 '나'에게 있고 내 선택과 행동의 근원이 '나'라는 믿음이다. 그래서 결과에 대한 긍지도 '나'에게 있고 져야 할 책임이 있으면 '내'가 져야한다. 이런 믿음이 자부심과 죄책감의 바탕이 되고 나아가서 숭배와 증오의 바탕이 된다.

거의 모든 사람이 여기에 이의를 달지 않는다. 그런데 살아가다 보면 뭔가 이상하다. '나'에게 통제할 능력이 있고, '내'가 선택하고 행동한다는데, 실제로 겪어 본 인생은 그렇지 않다. 너무도 당연한 '나'의 선택과 행동이, 나 스스로도 도저히 이해가 안 가는 경우를 만난다. 그리고 의문이 일어난다. 정말 사실일까?

자유의지는 있다.

그런데 자유의지의 근원은 뭘까?

인생은 선택의 연속이다. 아침에 바로 일어날지, 10분 더 있다가 일어날지부터, 어느 전공을 선택할지, 어느 회사를 선택할지, 이 사람과 결혼할지 말지, 아이는 낳을지 말지, 다리에서 뛰어내려 생을 끝낼지 말지까지 참으로 다양한 선택의 순간에 놓인다. 지금 이 순간을 바라

진리는 바로 지금, 바로 여기 있다

보면 참으로 많은 선택의 결과로 당신은 지금 여기 와 있다. 지금의 상황이 좋든 나쁘든 간에 말이다.

별로 중요하지 않아 보여도 늘 선택으로 고민한다. 직장인들 사이에서 제일 괴로운 고민 중 하나가 '점심으로 뭐 먹지?'라는 말도 있다. 점심은 매일 다가오고 매일 고민한다. 이쪽으로 발길이 갔다가도 저쪽으로 돌리고, 가게 앞까지 갔다가도 다른 가게로 옮기고, 어떤 메뉴를 생각했다가 주문 직전에 다른 메뉴로 바꾸기도 한다. 마땅히 먹고 싶은 것이 떠오르지 않을 때면 참 쉽지 않다. 이럴 때는 그냥 누가 정해 줬으면 좋겠다. 선택이 너무 없으면 다양성에 목말라하는데, 선택이 너무 많으면 도리어 뭘 해야 할지 몰라서 힘들다. 우리는 점심으로 뭐 먹을지 선택하면서도 후회하지 않으려 늘 노력한다. 한 끼 식사도 이런데, 인생의 진로를 결정 짓는 큰 선택에 직면하면 참 쉽지 않다. 돌이킬 수 없는 선택의 경우는 더 그러하다. 후회하지 않기 위해 최선을 다한다. 어떤 선택은 후회할 기회마저도 없다. 자신의 생명이 달려있거나 수많은 사람의 생명과 운명을 좌우하기도 한다.

누구는 우리 인생은 자신이 선택한 결과라고 한다. "나의 선택들이 모여 나를 만들어 간다."라고 한다. 겉으로 보면 우리 자신의 선택은 누가 봐도 자기 것이다. 크든, 작든 자기 선택이다. 이런 선택을 자기가 할 수 있다는 뜻으로 우리는 "자유의지가 있다."라고 말한다. 자기 의지로 선택할 수 있다는 말이다. 그래서 "내 삶의 주체는 나다."라고 말하고 이것을 주체 의식이라 부른다.

자유의지가 있으면 책임이 따른다. 오롯이 자기 선택이기에 그 결과에 대한 책임도 당연히 선택한 주체에게 있다는 말이다. 인간에게 자유의지가 주어졌기 때문에 선악과를 따먹은 죄는 선택한 인간이 받는다는 논리가 가능하다. 모든 선택이 '나'에게서 나오기에 결과에 대한 책임도 '내'가 져야 하고 죄책감이라는 괴로움도 '내'가 짊어지게 된다.

자유의지에 대한 논쟁은 종교와 철학에서 늘 있었다. 자유의지가 있다는 측과 없다는 측이 대립한다. 사회에서는 도덕적, 법적으로 걸리는 것이 많고 종교에서는 교리와 경전 해석의 차이 때문에 아주 예민한 사항이다. 찾음은 이런 논쟁과 전혀 상관없다. 논쟁은 나를 벗어나 다른 사람과 무엇이 사실인지, 무엇이 옳은지 그른지 서로 논하는 것인데, 찾음은 다른 사람과 논하는 일이 아니다. 다른 사람이 어떻게 생각하고 무엇을 이야기하는지, 내 생각이 다른 사람에게 어떻게 비치고 평가받는지는 이 과정과 전혀 무관하다. 진리는 밖에서 찾아지지 않는다. 우주 구석구석을 다 돌아다녀도 결국 늘 같은 자리다. 어떤 세상을 바라보든, 바라보는 나는 늘 여기에 있다. 진리는 내면에서 찾아진다. 진리는 늘 발가벗겨져 여기 있다. 오직 내가 짊어진 믿음들만 살펴보면 된다. 여기서는 오직 나 자신의 내면을 살펴보고 선택과 자유의지가 어떤 의미인지 알아본다. '자유의지가 있다, 없다.'의 문제가 아니라 자유의지의 실체가 뭐냐는 거다. 자유의지의 근원이 뭐냐는 거다. 자유의지처럼 보이는 현상의 실체가 뭐냐는 거다.

세상 어디를 가든 지금 여기다.

선택과 자유의지는 다른 말이 아니다. 자유의지는 '내'가 독립된 주체로서 선택한다는 믿음이다. 이 믿음이 사실인지 살펴보려면 선택이 어떻게 일어나는지를 잘 살펴보면 된다. 그러면 자유의지에 대한 의문도 풀린다. 도대체 선택은 어떻게 일어날까? 선택의 근원이 어딜까?

진리는 바로 지금, 바로 여기 있다

도대체 선택이 뭔가? 선택에 따른 책임이 내게 있을까? 그래서 선택에 따른 괴로움도 나의 몫일까?

우리가 '내' 선택이라고 말할 때면 '어떤 선택을 할 때, 내 생각이 먼저 일어나고 그에 따라 행동이 일어난다.'라는 뜻이다. 간단히 말해, 선택은 어떤 행동을 하게 하는 생각이다. 가능한 선택사항 중에서 어떤 것을 선택할지 결정하는 생각이 일어나고, 이 생각에 따라 행동이 일어난다는 말이다. 여기서 '나'의 선택이라는 말이 성립하려면 선택하는 생각을 '나'의 의지대로 일으킬 수 있어야 하고 선택된 생각대로 '나'의 행동이 분명히 일어난다는 두 가지 가정이 사실이어야 한다. 그래야 선택이 '나'의 선택이라고, '내'가 선택의 근원이라고 말할 수 있다. 그럼, 이 두 가정이 사실일까?

내 생각을 '내' 의지대로 할 수 있을까? 만일 그렇다면, 생각을 통제하는 의지는 또 어디서 오는 걸까? 그 의지 또한, 하나의 생각이 아닐까? 그리고 '내'가 선택한 대로 늘 행동이 따라올까? 어떤 때는 따라오고 어떤 때는 따라오지 않는다면, 어떻게 '내' 선택에 따른 행동이라고 말할 수 있을까?

사람들 대부분은 100%는 잘 말하지 않는다. 살아오면서 분명 '내' 뜻대로 선택하지 못하는 때도 있고, 선택과 전혀 무관한 행동을 할 때도 있다는 사실을 경험으로 잘 안다. 하지만 보통은 '내' 뜻대로 선택한 것 같고 선택한 대로 행동하는 것처럼 보인다. 많이 양보해서 60%는 '내' 선택에 따라 행동한다고 말한다면, 그럼 언제 그 60%의 행동이 일어나게 할지를 '내'가 통제할 수 있는가? '내'가 언제 이 60%가 일어날지 통제할 수 있어야지 이 60%도 '나'의 선택이라 할 수 있지 않을까? 누군가가 너무 겸손해서 99.9999%는 아니고 0.0001%만

'내' 선택이고 행동이라고 한다면 그 0.0001%가 언제 일어날지 '내'가 통제할 수 없다면 바로 다음 순간 '나'의 선택에 따른 행동이 0.0001% 해당할지, 아니면 99.9999% 쪽에 해당할지 알 수 없다. 수없이 많은 연습을 통해 확신을 가지고 실전에 임했다. 이 순간을 위해 고된 준비를 거쳤지만, 이번 실전이 0.0001%에 해당하지 말란 법이 없다. '내'가 통제할 수 있는 것이 아니다. 이 실전의 순간을 '내'가 통제할 수 없다면 어떻게 '내' 선택에 따라 '내' 행동이 일어난다고 말할 수 있을까?

우리는 확률의 함정에 빠진 것인지도 모른다. 확률은 지나간 일을 분석한 결과이지, 다음 순간 일이 어느 쪽으로 일어날지와는 무관하다. 확률에 기대서 앞으로 일어날 일에 대한 기대는 바람이지, 사실이 아니다. 우리는 여기서 확률 게임을 하자는 것이 아니다. 사실을 알고자 한다. 지금 이 순간 일어나는 일의 실체가 뭔지 찾고자 한다.

진인사대천명(盡人事待天命), 최선을 다하고 결과는 하늘에 맡긴다.
그럼, 최선을 다하는 것은 정말 '내' 손에 달려있을까?

어느 정도 시간이 걸려서 어렵게 선택하고 행동할 때면, 선택에 따라서 행동이 일어나는 것처럼 보인다. 그런데 살아가다 보면 꼭 그렇지는 않다. 분명히 결정했다고 생각했는데 마지막 순간에 마음이 바뀌는 경우가 있다. 마지막 순간에 불현듯 생각이 일어나 선택이 바뀌고 행동이 바뀐다. 분명히 마지막 결정이라고 마음 굳게 먹었을 때도 이런 일이 일어난다. 더 황당한 일도 있다. 분명 최종 선택을 하고 중간에 마음이 바뀌지도 않았는데 막상 행동이 예상치 못하게 일어나

진리는 바로 지금, 바로 여기 있다

당황한다. 이 때문에 인생이 바뀌는 일도 있다. 빌걸음 한 번에, 마우스 클릭 한 번에, 키보드 엔터키 한 번에, 말 한마디에, 전화기 터치한 번에, 전혀 다른 인생을 살게 되기도 한다. 종종 '나'의 선택에 따라 행동이 일어난다는 가정이 치참히 무너지는 상황을 만난다. '내'가 나를 안다고 생각했는데 전혀 새로운 나를 만난다. 때로는 왜 그랬는지 도대체 이해가 안 된다. '도대체 내가 뭘 결정하고 선택했다는 말인가?'라는 의문에 직면한다.

작심삼일이라는 말이 있다. 늘 새해가 되면 새로운 마음으로 더 나은 삶을 위해서 계획을 세운다. 몸무게를 얼마큼 줄이겠다는 다이어트 계획을 세우고, 최소한 일주일에 한 번은 운동하겠다는 계획을 세우고, 올해는 담배를 끊겠다는 계획을 세우고, 실천할 수 있게 매일 30분씩 영어 회화를 공부하겠다는 계획을 세우고, 유럽 여행을 가보리라 계획을 세우고, 꼭 결혼하겠다는 계획을 세우고, 매달 얼마씩 저금하겠다는 계획을 세우고, 계획을 세운다. 하지만 늘 그렇듯 작심삼일 만에 많은 계획이 미뤄진다. 올해 시작하고 3일이 아니라, 올해가 다 갔을 때 마지막 3일까지도 실행을 미루다 다음 해를 기약하는 일이 연례행사다. 새해만이 아니라 수시로 세우는 계획도 마찬가지다. 작심삼일이 아니라 작심 3시간, 작심 3분을 고사하고 작심 3초까지도 있다. 의지박약이라며 또 내 머리를 쥐어박는다.

누구의 잔소리대로 억지로 건성건성이 아니라 정말 하고 싶어서 실천의지가 충만해서 세우는 계획도 많다. 어떤 사람은 세부 계획까지 확실히 세우고 철저한 준비까지 한다. 그래도 안 되는 경우가 허다하다. 아무리 실천 가능한 계획만 세우고 철저히 지키는 성격의 소유자라고 해도 세상일이 자기 뜻대로 안 된다는 사실을 우리는 경험을 통해서 잘 알고 있다.

분명 오랫동안 시간과 노력을 들여 마음의 결정을 다 하고 상대편과 합의한 여러 버전의 계약서까지 철저히 준비했는데, 마지막 순간에 마음이 바뀌고 어떤 합의도 이루지 못한다. 분명 내 결심대로 밀어붙이면 되는데 자기도 모르게 마음이 바뀐다. 자기 자신도 전혀 예상하지 못한 일이다.

분명 쿨하게 헤어지자는 말을 받아들였다. 헤어지기로 마음먹고 스스로 몇 번을 다짐했는데 상대에게 구차하게 매달리는 나를 발견한다. 울면서 매달리는 그 순간도 '그만해야지.'라고 몇 번이고 생각하지만, 몸이 말을 듣지 않는다. 나중에 생각하니 왜 그랬는지 잠이 안 오고 부끄러워 이불킥을 한다. 다시는 그러지 말아야지 했는데 다시 매달리고 있는 자신을 발견한다.

평소 마을에서 착하고 정의롭다고 칭찬받던 한 남자는 군대에 징발당해 전쟁터로 내몰린다. 총탄이 날아다니고 바로 옆에 있던 전우들이 처참한 비명과 함께 죽어간다. 나도 언제 죽을지 알 수 없다. 적과의 전투 중에 살기 위해 싸운다. 그리고 적을 처참하게 죽이는 자신을 발견한다. 분노에 차서 필요 없이 잔인해지는 자신에 익숙해진다. 군복을 입은 적병뿐만 아니라 민간인까지 서슴없이 죽인다. 여자든, 아이든 상관없이 죽여댄다. 마을 사람을 모두 모아 집단 살인까지 감행한다. 살인은 이제 익숙한 일상의 활동이다. 전쟁이 끝나고 일상으로 복귀한다. 돌아온 일상에서는 살인이 아니라 누구를 때리기만 해도 범죄가 된다. 전쟁의 공포에서 돌아온 이 남자는 평생을 죄책감과 트라우마로 인해서 고통받는다. 이 사람은 자신이 무엇을 선택할 수 있고 어떤 행동을 통제할 수 있는지 알지 못한다.

진리는 바로 지금, 바로 여기 있다

여전히 '나'의 선택이고 '나'의 행동인가?

그럼, 그 '나'는 어디서 올까? '나'의 실체가 뭘까?

많은 사람이 자신의 잘못된 선택과 행동에 따른 죄책감으로 괴로워한다. 죄책감만큼 괴로운 것도 없다. 다른 사람이 내리는 벌은 자기가 떳떳하면 몸은 힘들어도 견뎌낼 수 있지만, 죄책감은 스스로 자기를 벌하는 것이기에 도망칠 수도 없다. 견디기 힘들다. 심하면 병이 된다. 정신적 고통으로 몸도 고통받는다. 결국 죄책감에 못 이겨 목숨을 끊기도 한다.

인간은 증오와 죄책감으로 큰 괴로움을 겪는다. 증오는 다른 사람의 잘못된 선택을 받아들일 수가 없어서 자신을 괴롭히는 것이고 죄책감은 자기의 잘못된 선택을 받아들일 수가 없어서 자신을 괴롭히는 것이다. 둘 다 자신을 파괴하는 행위다. 누구든지 증오와 죄책감에 잘못 빠지면 살아 있는 지옥을 맛본다. 사소한 증오나 죄책감도 충분히 행복한 일상을 빼앗아 갈 수 있다.

죄책감이 성립하려면 '나'의 선택과 행동이 '나'의 것이어야 한다. '내' 의지로 선택하고 행동한 것이어야 한다. 선택과 행동의 주체가 '나'여야 한다. 그래야 '나'의 선택과 행동이 오롯이 '나'의 것이 되고 책임을 '나'에게 물을 수 있다. 이런 전제가 성립해야지만 죄책감이 성립한다. 죄책감은 이런 전제가 사실이라고 믿기 때문에 일어난다.

그런데 사실일까? 어떤 상황이었든지 죄책감의 근거는 선택과 행동을 '내'가 통제할 수 있다는 믿음이다. 이 근거가 사라지면 죄책감은 성립할 수 없다. 증오도 마찬가지다. 다른 사람의 선택과 행동이 그 사람의 자유의지로 일어났다는 믿음을 바탕으로 증오가 일어난다.

그 사람의 의지와 통제로 선택하고 행동했다는 전제가 사실이어야만 증오가 성립한다. 만일 이 전제가, 이 믿음이 거짓이면 죄책감과 증오가 발붙일 근거가 사라진다.

나의 의지대로 된다고 믿기에 죄책감과 증오가 생긴다.
믿음이 맞다면 의지대로 자기를 괴롭히는
죄책감과 증오를 던져버려라.
던져버릴 수 없다면 의지대로 된다는 믿음은 거짓이고
죄책감과 증오는 발붙일 곳이 없다.
이렇든, 저렇든 문제없다.
문제라면 오직 당신의 착각뿐이다.

　자기 일상을 잘 살펴보라, 나의 선택과 행동이 '나'의 것인지. 사람들은 대개 일정 부분은 '내' 것이고 일정 부분은 아니라고 말한다. 몇 퍼센트는 분명 내 의지대로 선택하고 행동했다고 확신한다. 자꾸 다시 확률에 기대려 한다. 또한, 사람들 대부분은 자기 의지대로 선택하고 행동할 수 없는 상황도 있다는 사실을 경험을 통해서 알지만, 이런 상황에서조차도 '나'의 의지로 원하지 않는 선택과 행동을 바로잡을 수 있다고 믿는다. 대부분은 이것을 의지의 문제라고 믿는다. 선택하고 행동하는 의지는 뭐고, 이를 바로잡는 의지는 뭔지, 도대체 의지가 뭔지는 모르지만 믿음을 놓지 못한다. 이런 믿음이 죄책감과 증오의 기반이다.

　우리는 이 믿음이 사실인지 살펴봐야 한다. 우리는 있는 그대로의 사실을 찾고 있기 때문이다. 다른 사람의 의지는 내가 알 수 없으므

　　　　　　　　　　　　　　진리는 바로 지금, 바로 여기 있다

로 알 수 있는 나 자신을 살펴봐야 한다. 나 자신을 살펴보고 알게 되면 다른 사람의 의지도 자연히 이해된다. 당신이 선택하고 행동하는 순간순간을 잘 들여다보면 선택과 그에 따른 행동이 정말 자기 통제하에 있는 것인지 아닌지 알 수 있다. 먼저 자기가 통제할 수 있다고 믿는 순간들을 잘 살펴보라. 통제됐다가, 통제 안 됐다가 한다면 사실 몇 퍼센트는 되고, 안 되고 하는 확률의 문제가 아니다. 만일 당신이 언제 통제될지, 언제 통제 안 될지를 통제할 수 없다면 그것은 전혀 통제가 안 된다는 말이다. 내가 다음 순간의 선택과 행동을 통제할 수 있을지, 없을지 모른다면 이것은 통제가 안 된다는 말이다. 내 손에 달려 있지 않다는 말이다. 자세히 살펴보라. 통제가 정말 일어나는지, 아니면 선택과 행동은 그냥 일어날 뿐인데 통제했다는 이야기만 '내'가 만들어내고 있지는 않은지.

통제가 될 때를 자세히 보라. 단지 통제가 된다고 착각하는 것은 아닐까? 어떤 때는 내 생각과 맞아떨어져서 통제하는 것처럼 보이고 어떤 때는 내 생각과 맞아떨어지지 않기에 통제가 안 되는 것처럼 보인다. 그렇게 보일 뿐이지, '내가 통제한다는 것'은 처음부터 있지도 않았던 환상은 아닐까? 그냥 생각도, 선택도, 행동도 일어날 뿐이고 거기에 '내' 행동, '내' 선택, '내' 생각이었다고 주장하는 생각만 일어나는 것은 아닐까? '나'의 의지와 통제는 일어난 일에 입혀진 이야기에 불과하지는 않을까?

다른 사람이 뭐라든, 내가 어떻게 믿어왔든 상관하지 말고 지금 이 순간 일어나는 사실을 있는 그대로 들여다보라. 아주 섬세하게 살펴봐야 한다. 아주 미묘한 차이를 잡아내는 일이다. 당연히 이럴 것이라는 오랜 믿음에 처음에는 잘 안 보일지 모르시만, 기존 믿음을 내려놓고 열린 마음으로 자세히 살펴보다 보면 있는 그대로가 보인다.

> 나의 선택도, 행동도 없기에 모두가 하나님의 뜻이다.
> 원래부터 죄는 누구의 것도 아니기에 사하고 말 것도 없다.
> 이 사실을 알면 하나님의 나라에 들어가고 정토에 도달한다.

한 발짝 더 들어가 보자.

찾음이 끝난 자연인에게는 '내'가 선택하고 행동한다는 믿음이 없다. 다른 사람과 의사소통을 위해서 당연히 "내가 선택한 일이다.", "내가 한 행동이다.", "커피 내가 시켰어요.", "이 옷 내가 선택했어요." 라고 말한다. 하지만 이런 선택과 행동을 '내'가 통제했다는 믿음이 없다. 좀 더 정확히 말하면, 어떤 선택을 하고 행동을 통제하는 독립적인 '나'란 환상에 불과하고 잘못된 믿음이지 실체가 없다는 사실을 안다. 어떤 스승은 이를 무위(無爲)라고 일컬으며 선택과 행동은 그저 일어날 뿐이지 어디에도 선택과 행동을 통제하는 독립된 주체로서의 '나'란 없다는 사실을 가리킨다.

보통 사람과 자연인 모두 선택과 행동이 자기 육체를 통해서 일어나기 때문에 내 선택이고 내 행동이라고 말하지만, 보통 사람들은 선택과 행동의 근원이 독립적으로 존재하는 '나'에게 있다고 굳게 믿는다. 반면, 자연인은 그런 믿음이 거짓이라는 사실을 안다. 그래서 자연인에게는 죄책감이나 증오가 없다고 말한다. 죄책감이나 증오의 기반이 되는 주체 의식이 없기 때문이다. 우리가 '믿는' 주체 의식이 거짓 믿음이라는 사실을 잘 알기에 자연인에게는 죄책감이나 증오뿐 아니라 어떤 죄도 있을 수 없다. '거짓 주체 의식'을 알아차리는 순간 모

진리는 바로 지금, 바로 여기 있다

든 죄가 용서되는 것이 아니라 원래부터 '누구'의 죄는 존재하지 않는다는 사실을 안다. 자기뿐만 아니라 세상 사람 모두가 그렇다는 사실을 안다.

스승은 죄가 발붙일 수 있는 독립된 주체로서의 '나'란 존재하지 않는다는 사실을 가리켜 왔다. 스승 자신뿐 아니라 세상 모든 사람에게 성립할 죄는 없다. "아버지, 저들의 죄를 사하여 주옵소서. 저들은 자기들이 하는 것을 알지 못합니다."라는 말은 예수가 한 말로 알려져 있다. 이 말을 듣고 많은 사람이 자신을 해치는 사람들까지 보살피는 대단히 마음씨 좋은 훌륭한 분으로 예수를 해석하지만, 사실 더 깊은 뜻이 있다. 그 말을 통해서 예수는 자기에게 고통을 주는 병사들뿐 아니라 자기를 포함해서 다른 모든 사람에게도 예외 없이 적용되는 사실을 가리킨 것이다. 우리는 우리가 하는 것을 알지 못한다. 왜냐하면, 거짓 믿음에 속고 있기 때문이다. 우리는 자신이 선택과 행동의 주체라고 믿는다. '나'에게 책임이 있고 죄가 있다고 믿는다. 하지만 살펴보고 사실을 바로 알면 스승 예수가 가리킨 대로 어떤 죄도 서 있을 자리가 없다는 사실을 안다.

어떤 스승은 이것을 해탈이라고 한다. 중생의 죄를 구제하려거든 먼저 자신이 궁극적 깨달음을 얻으라고 말하는 까닭이 여기 있다. '내'가 중생을 구제하고 죄를 사해 주는 것이 아니다. 석가모니도 예수도 마찬가지다. 성불해서 깨어나면 원래부터 죄란 존재할 수 없다는 사실을 안다. 스승은 "누가 있어 무슨 죄를 저지르고, 누가 있어 어디에 죄가 머물겠는가."라고 말한다. 죄가 있을 '누구'란 없다는 사실을 알게 되기에 모든 중생이 구제된다고 말하는 것이다. 죄는 오직 죄가 있다는 믿음 속에 있다. 원래부터 다음 생으로 가지고 갈 죄는 없다.

갚아야 할 빚도 없고 짊어지고 갈 업도 없다. 윤회할 '나'도 없다.

사람들은 보편적인 죄가 있다고 믿는다. 상대적인 세상에서 보편적인 죄는 성립할 수 없다. 죄가 머무를 '누가' 없을 뿐만 아니라 죄 자체가 보편적일 수가 없다. 죄는 죄를 결정짓는 누군가의 시점이 있어야만 한다. 누군가의 시점에서 볼 때 나쁜 것이고 죄가 된다. 죄 또한 상대적인 세상에서 나타나는 일시적 가치에 불과하다. 누가 있어서 좋고 나쁨을 말하고 죄를 말하겠는가? 분명 우리가 사는 세상에는 죄가 있고 죄를 지은 죄인이 있다. 왜냐하면, 죄를 규정하는 기준인 사회 규범과 법 또는 사회 문화가 있기 때문이다. 죄가 있다고 말하고 죄인이라 말하는 시점이 있기 때문이다. 하지만 하나님의 나라에서는, 부처의 세상인 정토에서는, 도의 측면에서 볼 때는, 절대의 관점에서는 어떤 죄도 없고 죄인도 없다. 왜냐하면, 죄를 규정할 시점이 없기 때문이다.

이런 까닭에 예수가 사랑이 넘쳐도, 석가모니가 대자대비해도 집마다 문을 두드리고 다니면서 죄를 사하고 중생을 구제하며 세상을 돌아다니지 않았다. 사할 죄도 없고 죄인도 없기에 구제하고 말고도 없다는 사실을 스승은 잘 안다. 이 사실을 알면 찾음이 끝난다. 스승은 이 사실을 알리려 당신의 마음을 두드리는 것이다.

스승의 이런 가르침을 많은 사람이 오해하고 때로는 자기가 편한 대로 해석해 왔다. 죄를 짓는 사람은 그러면 "죄를 막 지어도 되겠네. 무슨 짓을 해도 아무런 죄가 없다는데 뭐 어때?"라고 하고 "내 선택이나 내 행동이 아니니까 내 죄도 아니다."라며 자기 행동에 대한 정당성을 주장한다. 반면, 죄를 벌하고자 하는 사람은 "이렇게 하면 나쁜 사람들이 마음껏 죄를 지어도 된다는 말이냐?"라고 반발하든지 "어떻게 죄를 지은 사람에게 죄가 없다는 말인가?"라고 오해한다. 하지만 이런 오해는 스승이 가리키고자 하는 곳을 보지 않고 여전히 독립된 '내'가 선택과 행동의 근원이라는 믿음의 논리로 접근하기 때문에 일어난다. 여기서는 사회에서 정한 죄나 처벌에 관해서 말하는 것이 전혀 아니다. 그저 우리는 죄의 본질을 알고자 할 뿐이다.

죄의 정당성을 주장하든지 아니면 부정하든지를 떠나서, 먼저 나의 선택과 행동이 어디서 오는지 살펴보라. 정말 선택과 행동을 통제하는 주체적인 '내'가 있는지 살펴보라. 여기서 한 말을 다 잊어버려도 된다. 다만 생활 속에서 매 순간 나의 선택과 행동을 살펴보라. 일어나는 선택의 과정과 행동의 과정을 잘 살펴보라. 당신이 믿어왔던 대로 선택과 행동이 일어나는지 아니면 실제로 일어나는 일은 그렇지 않은지 살펴보라. 직접 보면 모든 의문이 풀리고 어떤 혼란도 없다.

○○○○○○○

여전히 의문이 남고 받아들여지지 않는다면 선택의 본질을 한 걸음 더 들어가 살펴볼 필요가 있다. 선택의 본질이 뭘까? 선택을 가만히 들여다보면 결국 하나의 생각이다. 수많은 생각이 왔다 갔다 하고 각각의 생각에 여러 이야기를 갖다 붙일 수 있겠지만, 결국 다 하나의 생각이다. 우리가 살펴본 아이디어도 마찬가지다. 하나의 생각이다. 선택과 아이디어의 본질인 생각을 좀 더 살펴볼 필요가 있다. 이 생각이 '내'가 일으키고 통제할 수 있는 '나의 생각'인지 살펴보자. 잘 살펴보면 여전히 남아있을 의문이 좀 더 풀릴 것이다. 여전히 받아들이지 못하고 거부하는 마음속 저 밑, 오랜 믿음의 정체가 드러날 것이다. 계속해서 언급하는 이 '나'의 실체에 좀 더 접근할 수 있을 것이다.

진리는 바로 지금, 바로 여기 있다

» 생각하는가, 생각이 떠오르는가?

'나는 생각한다.'라고 우리는 굳게 믿는다. 이 생각을 일으키는 근원이 '나'라고 믿기에 '내' 생각이라 하고 '내' 생각이기에 '내'가 통제할 수 있다고 믿는다. 이런 '나'의 생각으로 '내'가 의지를 일으키고 '내'가 선택하고 행동한다고 믿는다. '내'가 주체라는 믿음에 의심이 없다. 이런 믿음으로 생각을 통제하려 노력하고 세상 사람들이 말하듯이 자기 삶의 주체가 되려고 노력한다.

다들 그렇게 믿고 살아간다. 그런데 살아가면서 이 믿음이 깨지는 일이 자주 일어난다. 뭔가 이상하다. 어떤 때는 내가 생각을 하는지 그저 생각이 떠오르는지 혼란스럽다. 생각이 어디서 오는지 알지 못하지만 '내' 생각이라고 배웠기에 '내'가 생각을 떠올린다고 믿는다. '내' 생각인데 도대체가 통제가 안 된다. '내' 생각이 맞나 의문스럽다. 딱히 뭔지 모르지만, 말이 안 된다.

생각은 어디서 올까? '내' 생각일까? 생각이 통제되기나 하는 걸까? 통제가 안 되면 이번에도 '내' 의지의 부족인가? 그럼 의지는 또 뭔가? 자꾸 생각하니 머리가 어지럽다. 공상을 멈추고 직접 살펴보자. 남에게 들은 말들일랑 잠시 내려놓고 지금 이 순간 일어나는 일을 살펴보자.

우리는 생각하며 살아간다. 점심을 뭐 먹을까 생각하고, 새로 만난 이성에게 전화할까 말까 생각하고, 배가 아픈데 뭘 잘못 먹었나 생각하고, 오늘 아침에 부모님과 다투었던 일을 생각하고, 회의에서 어떻게 하면 프레젠테이션을 잘할까 생각하고, 왜 실험 결과가 잘못 나왔는지 원인을 분석하기 위해서 생각하고, 글을 어떻게 쓸지 생각하고, 또 생각한다. 우리는 "생각한다."라고 말하기도 하고 "생각이 떠오른다."라고 말하기도 한다. 어떤 때는 '내'가 생각하는 것 같고 어떤 때는 생각이 그냥 떠오르는 것 같다. 그럼, '내'가 생각하는 것일까? 아니면 생각이 그저 떠오르고 '내가 생각한다.'라는 또 하나의 생각이 떠오를 뿐일까?

좋은 생각이 떠오르기도 하고, 나쁜 생각이 떠오르기도 하고, 음울한 생각이 떠오르기도 하고, 어떤 극단적인 생각이 떠오르기도 하고, 행복한 생각이 떠오르기도 하고, 심각한 생각이 떠오르기도 하고, 생각이 떠오르고 떠오른다. 행복해지고 싶어서 기분 좋은 생각을 하려 한다. 그런데 잘 안 된다. 기분 좋은 생각을 하려 하면 자꾸 불안한 생각이 떠오른다. 어떤 때는 기분 좋은 생각이 계속 떠오를 때도 있다. 늘 그렇게만 되면 얼마나 좋으랴? 도대체 생각은 종잡을 수 없다.

처음 설레는 이성을 만나서 가슴이 콩닥콩닥할 때는 기분 좋은 생각이 꼬리에 꼬리를 물고 이어진다. 상대가 약간의 호감만 표시했을 뿐인데 이미 생각은 행복한 연애를 꿈꾸고 있다. 행복하다. 그러다 연락이 갑자기 안 되면 나쁜 생각이 꼬리에 꼬리를 문다. 생각 속에서는 이미 싸우고 헤어지고 온갖 영화에서 보았던 장면들이 한바탕 다 지나간다. '별일 없을 거야.' 하는 생각으로 생각을 고쳐먹으려 한다. 그런데 또 불안한 생각은 꼬리에 꼬리를 문다. 부정적 생각으로 한참을 달리고 있는데 이성에게서 연락이 온다. 다시 좋은 대화를 나누다

진리는 바로 지금, 바로 여기 있다

보니 조금 전 꼬리에 꼬리를 문 불안했던 생각이 바보 같았다는 생각이 든다. 다시 행복한 생각이 꼬리에 꼬리를 문다. 이런 너무도 흔한 일상에서 우리는 생각을 '내' 마음대로 할 수 없다는 사실을 너무도 잘 알고 당연하게 받아들이지만, 여전히 생각은 '내' 것이고 '내'가 통제할 수 있다는 믿음은 왜 내려놓지 못할까?

'내 생각이다.'도 하나의 생각,
'생각을 통제할 수 있다.'도 하나의 생각,
반복이 되든 안 되든, 다 왔다 가는 하나의 생각.

우리는 생각한다. 생각하지 않는 사람은 없다. 우리는 늘 생각하는데 도대체 생각이 뭘까? 생각은 어디서 올까? 이런 의문을 던지는 생각을 해 본 적이 있는가? 생각의 실체는 찾음이 끝나면서 확연히 드러나지만, 그전에 생각의 속성들은 한번 살펴볼 필요가 있다. 생각의 속성을 알면 찾음이 쉽다.

결국, 찾음은 생각의 실체를 찾아가는 일이다. 우리는 생각을 포함해서 다양한 개념을 살펴보며 그 실체에 접근하려 하는데, 이 모두의 실체가 다 같기 때문이다. 다양한 주제를 말하는 것 같지만 결국 다 만난다. 다양한 방향에서 가리키지만, 다 같은 무엇을 가리킨다. 이 사실을 잘 염두에 두면 따라가기 수월하다.

다시 한번 살펴보자. '내'가 생각하는가? 아니면 생각이 떠오르는가? '내'가 생각의 근원인가? 아니면 생각은 '나'와 상관없이 그냥 일어나는가? 생각은 그냥 일어나고 '내가 생각한다.'라는 또 하나의 생각이 따라올 뿐인가? '나의 생각', '내가 통제한다.', '내가 생각을 일으킨다.'라는 생각도 끊임없이 일어났다 사라지는 생각들 가운데 하나에 불과하지 않을까?

　가만히 잘 살펴보라. 당신이 믿어왔던 '나'와 생각에 관한 믿음을 내려놓고, 지금 이 순간 여기서 일어나는 일을 직접 살펴보라. 지금껏 배워왔던 모든 것을 다 내려놓고 한번 살펴보라. 열린 마음으로 있는 그대로를 살펴보라. 아주 조심스럽게 세심하게 살펴봐야 한다. 그렇지 않으면 기존의 믿음이 생각으로 일어나며 당신의 눈을 흐릴 수 있다. 믿음이 생각으로 일어나면 그 내용이 사실인지 아닌지 살펴보고 사실이 아니면 그냥 흘러가게 놔두라. 사실인지 아닌지 확실히 뚫어보면 아무리 같은 생각이 반복해서 일어나도 문제 되지 않는다.

'내'가 생각하는가? 아니면 생각이 떠오르는가?
독립적으로 존재하는 '나'의 실체가 있을까?
아니면, '나' 또한 일어났다 사라지는
하나의 생각에 불과할까?

　가만히 앉아 눈을 감고 명상하면 생각의 활동이 더 잘 보인다. 생각은 늘 일어나지만, 평상시에는 신경 써서 보지 않기에 얼마나 많은 생각이 일어나는지 잘 모른다. 또한 '내'가 생각하는지 아니면 생각이 그냥 일어나는지 알아차리기 쉽지 않다. 그런데 누구든 명상해 본 사람은 생각의 속성을 안다. 잘 모르겠으면 명상을 한번 해 보라.

　명상하려고 눈을 감고 앉았다. 보통 명상 선생들이 가르치듯, "잡념을 없애고 들숨과 날숨, 호흡에 집중하라."라는 말을 따라서 해 본다. 그런데 자꾸 딴생각이 들어서 호흡에 집중이 안 된다. 딴생각이 일어

　　　　　　　　　　　　　　진리는 바로 지금, 바로 여기 있다

나는 걸 알아차리고 호흡으로 돌아오지만, 언제 호흡을 보고 있었는지도 모르게 또 딴생각을 하고 있다. 생각을 멈추려 하니 생각이 더 든다. 학교, 친구, 자녀, 낮에 있었던 일, 먹고 싶은 음식, 회사 프로젝트, 까먹고 안 사 온 물건 등 셀 수 없이, 또 너무 어이없게 말 같지도 않은 생각들이 무작위로 튀어나온다. 집중하려다 보면 어느새 또 생각 속이다.

명상하면서 일어나는 생각을 가만히 보면 한 가지는 분명히 확신할 수 있다. '생각은 내 마음대로 안 된다.'라는 사실이다. 자세히 보면, 생각은 '나'의 의지와는 전혀 상관없다. 더 자세히 보면 '나'의 의지라는 것도 하나의 생각에 불과하다는 사실이 보인다. 명상하면서 생각의 속성이 잘 보이면 일상생활에서도 살펴보라. 생각을 살피는 일이 습관이 되면 생각의 속성이 잘 보인다.

만일 '내가 생각한다.'라는 생각이 일어나면 '내가 생각을 일으키고 내가 생각한다.'라고 믿게 하는 그 생각이 시작되는 곳을 잘 살펴보라. '내'가 일으킨 생각인지, 아니면 이 생각도 일어나는 일련의 생각들 가운데 하나일 따름인지. '내'가 생각한다는 생각이 일어날 때 '나'는 도대체 어디에 있는지 살펴보라.

생각들은 그저 일어났다가 사라지고 '내가 생각한다.'라는 또 하나의 생각이, 일어나는 일련의 생각들 가운데 하나로 일어났다가 사라지는 건 아닐까? 만일 그렇다면 독립된 '나'라는 실체가 따로 있어서 생각을 일으키는 것이 아니라, 이 '나'라는 것도 그냥 일어났다 사라지는 생각 속에만 존재하는 것은 아닐까? 정말 일어나는 일이 어떤지 가만히 생각을 들여다보며 살펴보기 바란다. '내'가 생각한다는 믿음이 정말 사실인지, 아니면 그냥 나의 오래된 믿음이고 편견일 뿐인지.

꼬리에 꼬리를 무는 생각, 다 일어났다가 사라지는 생각이다.
어디 머무는 것이 있는가?

보통 우리는 "생각이 꼬리에 꼬리를 문다."라고 말한다. 맞다, 생각은 꼬리에 꼬리를 문다. 그런데 한 가지 흥미로운 사실은 생각은 일렬로 꼬리에 꼬리를 물지만, 병렬로 동시에 여러 가지 생각이 한꺼번에 일어나지는 않는다는 사실이다. 우리는 매 순간 한 가지 생각밖에 하지 못한다. 자기가 이것저것 여러 가지 생각을 동시에 한다고 생각한다면 잘 살펴보라. 정말 이것저것 여러 생각을 동시에 하는지, 아니면 이런저런 생각을 빠르게 왔다 갔다 하기에 동시에 생각하는 것처럼 보일 뿐인지.

생각이 일어나는 방식은 마치 컴퓨터의 CPU 같아 보인다. 컴퓨터를 보면 많은 일을 동시에 하는 것처럼 보인다. 시계가 돌아가고 알림이 울리고 동시에 영상도 본다. 정말 많은 일을 동시에 하는 것 같다. 하지만 아주 낮은 단계로 내려가서 보면 병렬로 동시에 여러 일을 처리하는 것이 아니라, 줄 서서 기다리는 일들을 하나씩 처리한다. 그런데 속도가 아주 빨라서 여러 일을 동시에 하는 것처럼 보일 뿐이다. 생각도 보면 마찬가지다. 다양한 생각이 지나가지만, 매 순간 일어나는 생각은 한 가지다. 지나간 생각이 이 생각, 저 생각으로 다양하면 우리는 여러 생각을 동시에 했다고 느낀다. 그래서 생각은 꼬리에 꼬리를 문다는 말이 맞다. 이 사실을 잘 보면 어떤 생각이든, 어떤 가치든, 어떤 믿음이든, 꼬리에 꼬리를 무는 생각들 가운데 한순간 일어났다가 사라지는 하나의 생각일 따름이라는 사실이 눈에 들어온다. 비슷한 생각이 몇 번을 반복해서 떠오르든 본질은 다르지 않다.

진리는 바로 지금, 바로 여기 있다

어떤 생각도 머물지 않는다. 그저 머문다는 생각만 일어났다가 사라진다.

우리는 환경에 영향을 받는다. 생각도 환경에 영향을 받는다. 주어진 조건에 따라 생각은 다르게 일어난다. 생각은 마치 주변 환경을 반영하는 거울 같다.

아인슈타인에게 일어난 과학적 생각은 과학에 관심 없는 철도 노동자에게는 일어나지 않는다. 어떤 유전자를 가지고 어떤 가정환경에서 태어나 어린 시절을 보내며 자랐는지, 어떤 교육을 받고 어떤 사회에서 생활하며 살았는지, 어떤 사람들에게 영향받았는지 등에 따라 생각이 다르다. 같은 일을 보고도 남자와 여자의 생각이 다르고, 어른과 아이의 생각이 다르고, 도시와 농촌 사람의 생각이 다르고, 진보주의자와 보수주의자의 생각이 다르다.

같은 사람의 생각도 바뀌는 환경에 따라서 계속 바뀐다. 며칠을 매일 긍정적인 책을 읽고 밝은 음악을 듣고 자기에게 좋은 말을 하며 긍정적인 사람들과 교류하면서 지내다 보면 드는 생각도 긍정적으로 바뀐다. 며칠을 부정적이고 우울한 영화만 보고, 세상의 온갖 범죄 뉴스만을 접하며 매일 욕하고 싸우는 사람들과 같이 지내다 보면 생각도 우울해질 것이다. 거기다 몸까지 아프면 더 우울해진다.

생각은 정해져 있지 않다. 지금 당신의 생각에 영향을 주는 요소는 무궁무진하다. 방이 덥거나 추운지에 따라서 생각이 달라진다. 배가 고프거나 부른지에 따라 생각이 달라진다. 몸의 호르몬 작용이나 혈당의 농도에 따라서도 생각이 달라진다. 날씨가 맑고 햇볕이 따뜻하고 공기가 상쾌하거나, 날씨가 흐리고 미세먼지가 많이 있느냐에 따라서도 생각은 달라진다. 생각은 세상을 비추는 거울이다. 거울은 특정한 것만 골라서 비추지 않는다. 끊임없이 변하는 세상이 온전히 비치면서 생각이 일어난다. 세상이 변하기에 생각도 변한다. 끊임없이 움직인다. 그렇게 생각은 일어났다 사라지며 꼬리에 꼬리를 문다.

自然人은 생각을 통제하는 사람이 아니라,
생각의 실체를 아는 사람이다.

생각을 살펴볼 때 한 가지 조심할 것이 있다. 생각을 부정적으로 묘사하는 스승의 말을 오해해서 누구는 생각하지 말아야겠다며 생각을 끊으려고 노력한다. 우리가 살펴봤듯이 생각은 끊고 말고 할 수 있는 대상이 아니다. 이때 스승이 가리키고자 하는 것은 생각의 내용이다. 여기서 거짓 믿음이라는 말로 가리키고 있는 생각의 내용이다.

생각과 생각의 내용은 조금 다르다. 생각은 늘 일어나는 현실이고 일어나는 생각을 막을 수는 없다. 하지만 생각의 내용은 사실인지, 아닌지 들여다보고 사실이 아니면 그냥 흘려보내면 된다.

생각의 내용은 다양하다. 생각의 내용은 다른 생각을 가리킬 수도 있고, 눈에 보이는 사물을 가리킬 수도 있으며, 아니면 전혀 사실이 아닌 환상을 가리킬 수도 있다. 주어진 조건에 따라 일어나는 생각의 내용은 다양하다.

일어나는 생각이 나의 도덕적 기준에 맞지 않는다고 이런 생각이 일어나지 말았어야지 하고 집착하면 괴롭기만 하다. '내'가 일으키는 생각이 아니기에 생각의 내용이 좋든, 싫든 집착할 까닭이 없다. 생각을 '내'가 일으킨다고 믿으면 집착하게 된다. '내' 의지로 일으키고 '내'

진리는 바로 지금, 바로 여기 있다

가 선택한 생각이기에 '내' 의지로 멈출 수 있어야 한다고 믿고 잘못된 생각이 일어나지 않게 노력하며 생각에 집착한다. 노력대로 될 때도 있고 안 될 때도 있다. 잘 안되면 죄책감과 괴로움은 그 믿음을 먹고 자란다. 죄책감이 들 때면 그 믿음을 잘 살펴보라. 믿음이 사실이 아니면 내려놓으면 된다. 내가 원하지 않는 생각이 일어나면 '일어나는구나.' 하고 내버려 두면 된다. 그러면 자연히 지나간다. 바다 위에 파도가 끊임없이 일어났다 사라지기를 반복하듯 왔다 갔다, 일어났다 사라지는 것이 생각이다. 인간에게 자연스럽게 일어나는 현상에 괴로울 까닭이 없다. 다 있는 그대로다.

> "앞문, 뒷문 열어놓고 생각이 왔다 가게 놔두라.
> 차만 대접하지 않으면 된다."
>
> - 스즈키 순류 선사(鈴木 俊隆)

○○○○○○○

생각은 꼬리에 꼬리를 물고 끊임없이 일어났다 사라진다. 머무는 생각은 없다. '머문다고 느끼는 생각'만 일어났다 사라진다. 그런데 이 생각의 실체가 뭘까? 생각이 일어나고 사라지는 것을 알아차리는 것이 뭘까? 머물지 않고 일어났다 사라지는 생각을 알아차리려면 무언가가 늘 여기 있어야 한다. 그럼, 늘 여기 있는 그 무엇의 정체는 뭘까?

한 발짝 더 들어가서 살펴보자. 우리는 이것을 가리켜 인식이라고 부른다. 그래서 인식이 생각을 알아차린다고 말한다. 하지만 이것도 맞는 표현은 아니다. 좀 더 정확히 "생각의 실체는 인식이다."라고 말할 수 있다. 생각과 인식은 둘이 아니기 때문이다.

인식은 늘 여기 있다. 모든 것의 실체다. 그리고 인식은 나타나는 세상 모든 생명체와 만물의 실체이기도 하다. '너'의 인식, '나'의 인식이란 없다. 생각 속에 '내'가 있을 뿐이다. '나'는 일어났다가 사라지는 하나의 생각이고 생각의 실체는 인식이다. 인식에는 '나'와 '너'의 구분이 없다. 오직 인식만 있다. 그래서 여기에 '참'을 덧붙여 '참인식'이라 이름 붙이고 '나'의 인식이라는 잘못된 믿음과 구분하며 가리킨다.

지금 이 순간 여기 있는 실체는 참인식이다. 그래서 "있는 모두가 참인식이다."라고 말하고 "진정한 나의 정체는 참인식이다."라고 말한다. "나는 참인식이다."라는 깊디깊은 확신이 있으면 찾음은 끝난다.

'생각'을 꼬투리 삼아 느닷없이 핵심으로 훅 들어가 봤다. 아마 논리적으로 맞지 않는 모순이 보이고 혼란스러울 수 있다. 찾음이 끝날 때까지는 모순이 보일 수밖에 없다. 늘 독립된 '나'라는 믿음에 집착해서 보기 때문이다. 이 믿음에 대한 집착을 일컬어 '거짓 나', '나', '에고' 또는 '거짓 주체 의식' 등으로 부르는데, 이것이 완전히 소멸할 때까지 찾음은 계속된다.

» 어떻게 벤자민 버튼이 데이지를
   만나게 됐을까?

　우리는 어떤 일이 일어나면 특정한 원인이 있다고 믿는다. 특정한 원인과 결과를 이어 주는 연결 고리를 믿는다. 이렇게 일어나는 일을 이해하며 살아간다. 이런 연결 고리는 생존과 직결된 문제이기도 하고 살아가는 데 아주 중요한 부분이다. 그래서 어떤 일이 일어나면 우리는 원인을 설명하려 한다. 좋은 일은 원인을 강화해서 일어날 기회를 높이고, 나쁜 일은 원인을 찾아서 없애 예방하고자 한다. 사회적으로 큰일이 일어나면 전문가들은 각종 매체를 통해 자기가 분석한 원인을 사람들에게 알려 주고 일반 사람들도 소셜 미디어에 나름의 분석을 공유하며 사람들과 만나면 자기가 분석한 내용을 나누기에 바쁘다. 이런 과정을 통해서 각자 나름대로 일어난 일의 원인을 정해서 믿는다. 그 원인이 그 일을 일으켰다고 믿는 것이다.

　이렇게 믿으며 우리는 몇 가지 원인과 결과를 연결해 세상에서 일어나는 일을 이해한다. 이렇게 이해하는 습관이 굳어지면서 원인과 결과를 이어주는 연결 고리에 대한 믿음도 굳어진다. 그리고 세상을 보는 우리의 시각도 그대로 굳어진다.

　분명 세상에는 원인과 결과의 연결 고리가 있는 것처럼 보인다. 이런 원인이 있으면 예상되는 결과가 나와야 한다. 그런데 그럴 때도 있고 그렇지 않을 때도 있다. 그렇지 않을 때 우리는 연결 고리를 잘못 찾아서 그렇다고 믿고 연결 고리를 수정한다. 여전히 특정한 원인이 특정한 결과를 이끌어낸다는 믿음에는 의심이 없다. 그런데 얼마간은 예상되는 결과가 나오다가 어느 순간부터 그렇지 않을 때를 만난다. 그럼 또 연결 고리를 수정한다.

과학 분야에서도 이런 일은 비일비재하다. 그래서 늘 새로운 가설과 이론이 나오고 증명이 나오며 논문이 계속 나온다. 새로운 논문이 나와서 기존 이론을 수정하거나 완전히 뒤엎기도 한다. 학문에서 이런 일은 일상이다. 모든 분야가 마찬가지다. 영원한 연결 고리는 없다. 언젠가는 수정해야 할 때가 찾아온다.

우리가 살아가는 인생도 마찬가지다. 여러 철학에서, 종교에서, 사회 문화에서 다양한 연결 고리 이론을 제공한다. "당신의 삶은 이렇게 하면 이렇게 될 것이다."라고 마치 진리인 듯 말한다. 그런데 가만히 보면 이 이론들도 계속 변해 왔다. 물론 늘 지금 것이 진리라고 광고한다. 우리는 다들 알게 모르게 그중 몇 가지를 선택해서 나의 믿음을 형성하고 살아간다.

그런데 이런 믿음대로 인생이 돌아가지 않는 상황을 종종 마주친다. 아무리 믿음에 맞춰 해석하려 해도 도저히 이해가 안 가는 상황에 당황스럽다. 연결 고리를 분석하고 노력하지만, 결과는 예상과 다르다. 연결 고리를 조금 수정하고 다시 노력해도 안 될 때가 많다. 하다 하다 안 되면 내 노력을 탓하고 세상을 원망하면서 괴로움이 시작된다. 연결 고리에 관한 믿음은 의심조차 못 한다.

대부분은 괴로움이 오해에서 비롯됐는지도 모른다. 믿음이 믿음인지도 모른다. 너무나 익숙해서 의심조차 못 한다. 그런데 이때 누군가는 의문을 품는다. 그리고 묻는다. "나의 믿음이 사실일까?", "세상이 우리가 믿는 대로 움직일까?", "내가 믿고 있는 연결 고리들이 사

진리는 바로 지금, 바로 여기 있다

실일까?" 찾는 이는 답을 찾아 나선다.

원인과 결과에 대한 믿음이 사실인지 살펴보려면 우리가 사는 세상의 본질을 살펴봐야 한다. 하나의 연결 고리만 붙들고, '사실이다, 아니다.' 논쟁하면 답이 없다. 그 대신 세상의 본질을 이해하면 자연히 오해가 풀리고 거짓 믿음은 사라진다. 의문도 사라지고 괴로움도 발붙일 곳이 없다.

원인과 결과에 대한 믿음은 곧 '내'가 창작자고, '나'의 생각이고, '나'의 선택과 행동이라는 믿음과도 같은 이야기다. 왜냐하면, 이것은 '내'가 원인이라는 믿음이기 때문이다.

세상에서 일어나는 일들이 정말 어떻게 일어날까? 믿음 말고 정말 있는 그대로의 세상은 어떨까? 우리가 믿는 대로 특정한 원인과 결과를 이어주는 연결 고리가 가능하기나 할까? 한번 잘 살펴보자.

세상의 모든 것이 서로 영향을 주고받는다.
무엇이 무엇에 영향을 주고받을까?
그 사이에 틈이 있기나 할까?
틈이 없으면 둘이라고 말할 수 있을까?

영화 〈벤자민 버튼의 시간은 거꾸로 간다(The Curious Case of Benjamin Button, 2008)〉에 나오는 한 장면에서 우리의 의문을 풀어줄 실마리를 찾을 수 있다. 벤자민 버튼이 데이지를 만나게 되는 장면인데, 이 두 주인공의 운명적 만남이 어떻게 일어나는지 영화는 아주 섬세하게 잘 묘사한다. 하나의 일이 일어날 때 알게 모르게 얼마나 많은 일이 읽히고설켜 영향을 주고받는지 알 수 있다.

영화는 벤자민과 데이지의 사랑을 그린다. 어릴 적에 친구였던 이 두 사람이 다시 만나게 되는 사건은 운명적이다. 서로 다른 길을 가던 두 사람이 데이지의 교통사고를 계기로 다시 만나면서 앞으로의 이야기에 중요한 변곡점을 만든다. 발레리나의 꿈을 키우던 데이지가 차 사고를 겪어 생명과도 같은 다리를 다치는 바람에 어릴 적 친구 벤자민에게 연락이 가고 벤자민은 병실에 누워있는 데이지를 찾아온다. 영화는 벤자민 버튼의 해설로 데이지가 사고를 겪게 되는 과정을 이렇게 설명한다.

"우리는 살아가면서 때로 전혀 예상하지 못한 일을 겪지만, 어떻게 그런 일이 일어났는지 전혀 눈치 못 채고 지나친다. 우연이든, 누가 의도해서 일어났든, 그 일을 피하기 위해 우리가 할 수 있는 일이라고는 아무것도 없다.

파리에서 한 여자가 쇼핑하러 나가던 참이다. 코트를 깜빡 잊고 나와 다시 집으로 들어갔다. 코트를 챙겨 나가려던 참에 전화가 와서 몇 분간 통화한다. 이 여자가 통화하는 동안 데이지는 파리의 한 오페라 극장에서 공연 예행연습 중이었다. 데이지가 예행연습을 하는 동안 쇼핑하러 가려던 여자는 전화를 끊고 밖으로 나와 택시를 잡으려 한다. 이때 카페에서 한 택시기사가 손님을 예상보다 일찍 내려준 덕분에 잠깐 시간이 남아 커피를 사고 있었다. 이런 와중에 데이지는 여전히 예행연습 중이었다.

쇼핑하러 가려던 여자가 택시를 잡았다. 현관문을 잠그고 돌아서는 잠깐 그사이에 다른 사람이 택시를 먼저 타고 가버린다. 이때 카페에서 커피를 샀던 택시기사의 택시가 지나가고 여자는 이 택시를 잡아탔다.

택시가 가던 길에 한 남자가 불쑥 길을 건너기에 급정거하는데, 이 남자는 오늘따라 알람 맞추는 것을 까먹어서 평소보다 5분 늦게 출근하던 길이었다. 남자가 길을 건너길 택시가 기다리고 있을 때 데이지는 예행연습을 마치고 샤워하고 있었다.

데이지가 샤워하는 동안 택시는 한 작은 가게 앞에서 여자 손님이 주문한 물건을 찾아 나오기를 기다리고 있었는데, 주문한 물건이 포장되어 있지 않아 시간이 늦어졌다. 가게 여자 직원이 어젯밤 남자 친구와 헤어지는 바람에 정신이 없어서 부탁한 포장을 깜빡했었다.

포장이 끝나고 물건을 찾아서 들고나온 여자를 다시 태운 택시는 가는 길에 배달 트럭에 가로막혔다. 잠시 멈춰 서 있는 동안 데이지는 옷을 입고 있었다. 길을 막던 배달 트럭이 비키고 택시가 가던 길을 가기 시작했다. 이때 데이지는 단원 중 마지막으로 옷을 입고 나오다가 신발 끈이 끊어져 잠시 늦어진 친구를 기다리고 있었다. 택시가 신호등에서 멈춰 서 있었을 때 데이지와 친구는 극장 뒤편 찻길로 나오고 있었다.

그런데 만일 이 모든 일 가운데 단 한 가지만이라도 달라졌다면. 친구의 신발 끈이 안 끊어졌거나, 배달 트럭이 조금만 빨리 길을 비켰더라면, 여자 점원이 전날 남자 친구와 헤어지지 않고 물건을 미리 포장해 놓았더라면, 아니면 길을 건너던 사람이 평소대로 알람을 맞춰놓고 5분 일찍 일어났더라면, 택시기사가 커피를 사지 않았더라면, 아니면 여자가 코트를 까먹지 않고 챙겨 나와서 그전에 지나가던 택시를 탔더라면, 데이지와 친구는 무사히 길을 건넜을 테고 택시도 아무 일 없이 그냥 지나갔을 것이다.

하지만 삶은 있는 그대로 그렇게 흘러가고 서로 맞물려 돌아가는 각자의 일상과 일들은 그 누구도 어찌할 도리 없이 일어나기에, 택시는 그냥 지나가지 못하고 택시기사가 잠시 딴 곳을 본 사이 택시는 데이지를 치고 데이지의 다리는 부러졌다."

세상 모든 것이 맞물려 돌아간다.

영화는 벤자민과 데이지, 두 주인공이 어떻게 처음 만나고 헤어졌다가 다시 만나서 사랑을 이어가는지에 관한 일대기를 보여 주기에, 어릴 때 헤어진 두 주인공이 다시 만나는 이 장면은 이들의 인생에 있어서 큰 변곡점이다. 우리는 이런 만남을 운명적인 만남이라고 말하는데, 영화의 이 장면은 그 운명이라는 것이 어떻게 일어나는지 보여 준다. 하나의 사건이 얼마나 많은 일이 엮이고 엮여서 조금의 오차도 없이 일어나는지를 보여 준다. 좀 더 정확히 말하면, 어떤 일을 일어나게 하려고 다른 일들이 일어나는 것이 아니라, 모든 일이 그렇게 일어났기에 필연적으로 그 일이 일어날 수밖에 없다는 말이다. 하나의 일이 일어날 때는 세상 모든 일이 얽히고설켜서 필연적으로 일어난다는 말이다. 영화에서 두 사람이 만나기 위해서 일어난 각각의 일을 들여다보면, 일 하나하나가 또 다른 수많은 다른 일들과 엮여 있다. 일어난 일은 필연적으로 그렇게 일어날 수밖에 없었다.

특정한 원인과 결과의 연결 고리가 있을 수나 있는가?

진리는 바로 지금, 바로 여기 있다

만일 당신이 이런 설명을 영화에서 처음 접했다면, 하나의 일이 일어나는데 연관된 일을 아주 많이 보여준다고 생각할 수도 있겠지만, 사실 영화에서 보여주는 일들은 극히 일부다. 실제로 일어나는 일은 훨씬 더 복잡하다. 조금만 살펴보면 말 그대로 온 우주가 연관되어 있다는 사실을 어렵지 않게 눈치챌 수 있다.

택시기사가 산 커피를 보라. 그곳에 그 시간에 커피가 있기 위해서 필요한 모든 일을 살펴보라. 커피를 파는 사람들과 커피를 재배한 사람들은 잠시 놔두더라도 커피 열매를 맺는 데 필요한 땅과 대기와 태양, 태양이 있기 위해서 필요한 모든 것 등을 상상이나 할 수 있겠는가? 너무나 당연히 있는 것들이라 생각하지 못했을 수도 있지만, 너무도 당연한 것들이 없으면 결코 커피는 거기 있을 수 없다. 이렇게 하나씩 살펴보라. 그러면 모든 일에, 아무리 사소한 일이라도 온 우주가 연관될 수밖에 없다는 결론에 도달한다.

기존의 믿음이 어떠했든 모든 편견을 내려놓고 세상을 있는 그대로 한번 살펴보라. 자기에게 일어난 일 가운데 인생의 방향을 좌우했다고 생각하는 일 하나를 가만히 살펴보라. 그 일이 일어나게 되기까지 연관된 것을 하나씩 살펴나가 보라. 또, 각각의 일이 연관된 것들도 살펴보라.

지나간 일을 살펴보고 나면 지금 이 순간 여기와 관련된 모든 것도 살펴보라. 지금 내가 여기 있을 수 있게 하는 연관된 모든 것을 살펴보라. 연관성이 보이는가? 고개를 끄덕여도 가슴에 와닿지 않을 수 있다. 처음 이런 시각을 접하면 익숙하지 않아서 와닿는 데 시간이 걸린다. 익숙해지는 것이 중요하다. 익숙해야 가슴에 와닿고, 알게 되고, 이해가 꽃핀다. 안다는 것은 익숙해진다는 뜻일지도 모른다. 시간을 갖고 살펴보라. 중요한 일부터 사소한 일까지, 일상에서 습관처럼 살펴보라. 아무리 사소한 것처럼 보여도 그것 또는 그 일이 없었다면 인생의 방향이 지금과 같지 않을 수도 있다. 당신이 지금 이 순간 존재하지 못할 수도 있다.

도가의 한 선사가 "풀잎을 뽑아 흔들며 온 세상을 흔든다."라고 한 말은 은유나 비유가 아니라, 말 그대로다. 잘 살펴보면 직접적인 영향과 간접적인 영향의 구분은 본질적으로 없다. 제한된 보는 사람의 시점에서 구분하고 이야기를 얹을 뿐이다. 인간의 사고나 마음의 한계를 뛰어넘어 세상은 상상하기 어려울 정도로 긴밀히 연결돼 있다. 좀 더 자세히 살펴보면, 영향을 주는 일과 일 사이, 이것과 저것 사이, 어디에도 틈이 없다. 틈이 없기에 영향을 준다는 말도 성립하지 않는다. 틈이 없기에 구분할 수 없고, 구분할 수 없기에 "둘이 아니다."라고 말할 수 있다.

> *여럿으로 나타나 보이는 세상의 본질은 둘이 아니다.*
> *이 사실을 알면 그것이 궁극적 깨달음이다.*

○○○○○○○

세상에 일어나는 일이 어떻게 일어나는지, 또 내 주위에 일어나는 일이 어떻게 일어나는지 보이는가?

아무리 세상의 일이 서로 연결되어 있고 틈 없이 영향을 주고받는

진리는 바로 지금, 바로 여기 있다

디는 사실을 알아도, 깊이 이해하지 못하면 틈이 남기 마련이다. 이 틈 사이로 '나'의 생각과 '나'의 선택과 '나'의 행동이라는 믿음이 숨을 쉰다. 그리고 '나'와 세상으로 나누고 세상 만물로 나눈다. 계속 살펴보라. 세상이 어떻게 영향을 주고받으며 움직이는지를. 계속 살펴보다 보면, 틈이 사라지고 둘이 아닌 세상을 볼 것이다. 그리고 마침내 '나'와 세상을 나누는 틈도 사라진다. 그러면 둘로 나뉠 수 없는 있는 그대로가 드러나고 찾음이 끝난다.

» 찾음이 시작됐다

살아오면서 배우고 들어온 이야기들이 쌓이고 쌓여서 믿음이 된다. 믿음은 오해를 부르고, 너무나 당연한 믿음 때문에 심지어 믿음인지, 오해인지도 모르고 살아간다. 그런데 우리는 살아가면서 오해와 부딪힌다. 오해는 필연적으로 있는 그대로의 세상과 부딪히고 의문을 낳는다. 자기 믿음이 오해일지도 모른다는 의문이 일어난다. 그리고 오해의 바탕이 되는 자기 믿음을 들여다본다. 당연하다고 여겨왔던 믿음을 거슬러 의문을 던진다. '정말 사실일까?', '도대체 이 뭐지?'

거의 모든 사람이 살아가면서 이런 의문과 마주하지만, 대부분은 크게 신경 쓰지 않는다. 뭔가 이상한 것은 느끼지만, 딱히 관심이 없다. 소수의 사람만 이 의문에 관심을 둔다. 그런데 이들 중 대부분은 의문을 직접 해결하려 하지 않고 다른 사람에게 맡기고 기댄다. 직접 찾는 대신 다른 사람들이 주는 답을 믿고 거기에 안주한다. 그런데 몇몇은 다른 사람이 들려주는 답에 안주하지 못한다. 직접 찾아야 한다. 찾음의 시작이다.

'어쩌다' 찾음이 시작됐다.

찾고 있다. 어쩌다 보니 찾고 있다. 뭔지 모르지만, 가슴 속에서 답을 찾고 싶은 욕구가 끓어오른다. 다른 사람이 들려주는 답으로 충

진리는 바로 지금, 바로 여기 있다

분하지 않다. 다른 사람들이 하는 말은 그저 이야기에 지나지 않는다. 아무리 대단한 사람이 이러저러하다고 설명해도 말만으로는 마음에 안 찬다. 들려주는 말은 믿거나 말거나 하는 믿음의 문제지, 내가 아는 앎이 아니다. 알고자 하는 사람은 믿음으로는 마음에 안 찬다. 직접 봐야 한다.

어떤 때는 너무 답답하고 힘들고 고통스럽지만, 멈출 수 없다. 도대체 왜 이렇게 힘들게 찾아야 하는지 알 수 없지만, 멈춰지지 않는다. 그냥 이것이 인생을 사는 목적인 것만 같다. 단단히 코가 꿰었다. 그래서 답을 찾아다닌다. 답을 찾을 방법을 찾아다닌다. 세상 저 끝까지 어디든 달려간다. 이것저것 효과가 있다는 것은 다 해 본다.

그렇다. 당신은 찾는 이다. 어쩔 수 없이 찾아야 하는 숙명을 가진 당신은 '찾는 이'다.

찾는 이들은 다 어쩔 수 없이 찾는다. 자기가 선택한 일이 아니다. 이 사실을 잘 알아야 한다. 당신은 어쩔 수 없이 찾고 있다. 당신이 자기 의지로 태어난 것이 아니듯이 찾음도 자기 의지로 시작된 것이 아니다. 그래서 찾음이 끝나는 일도 당신에게 달려 있지 않다. 당신을 이 세상에 불러내서 찾음을 시작하게 만든 그 무엇이 찾음도 끝낸다.

처음부터 이 게임은 당신 손에 달려 있지 않다. 그러니 긴장하거나 걱정하지 말고 나아가라. 그냥 찾음이라는 게임을 편안하게 즐기면 된다. 당신이 시작하고 해나가는 게임이 아니니 걱정할 것 하나 없다. 이 게임에는 승자도, 패자도 없다. 어차피 당신의 게임이 아니다. 당신의 게임이 아니기에 당신은 승자도, 패자도 될 수 없다. 걱정하지 말고 재미있게 즐기면 된다.

찾음은 답을 찾는 과정이 아니라 의문을 다듬어가는 과정이다.

다들 처음에는 의문이 확실하지 않다. 뭐가 의문인지도, 무엇을 모르는지도 분명하지 않다. 무엇을 어떻게 물어야 할지도 난감하다. 하지만 분명히 뭔가 이상하다는 것은 안다. 사람들이 하는 말이, 내가 믿어 온 것들이 사실이 아닐지도 모른다는 느낌이 계속 든다. 그래서 무엇을 물어야 할지 찾아야 한다. 답을 찾는 것이 아니라, 의문을 찾는 것이다. 정해져 있는 답을 찾는 것이 아니라, 자기 내면의 의문을 파고 들어가는 것이다.

우리는 진리를 찾는다, 인생의 답을 찾는다, 진정한 나를 찾는다고들 하면서 찾는다. 그러면서 진리가 무엇인지, 인생의 답이 무엇인지, 진정한 내가 무엇인지, 대상을 정해놓고 답을 끊임없이 묻는다. 그런데 여기서 혹시 핵심을 놓치고 있지는 않은지 돌아봐야 한다. 찾음에서 중요한 점은 찾는 대상을 설정해 놓고 찾는 것이 아니라 찾는 대상이 무엇인지 모르기 때문에 찾는다는 사실이다. 아주 미묘하지만 큰 차이다.

수많은 사람이 찾는 대상을 다양한 형태로 설정해서 찾는 이들에게 제공한다. 많은 찾는 이가 이를 받아들이고 찾는 대상을 설정한다. 그러면서 찾는 대상이라는 새로운 믿음에 갇혀버린다. 찾는 대상을 설정하고 틀을 만들어서 거기에 맞는 답을 찾는다. 이렇게 되면 찾음은 끝이 없다. 찾아지는 것은 어떤 틀도 없기 때문이다. 틀을 만드는 순간 그 틀에 갇혀버린다. 만일 오랫동안 찾음이 계속되고 있다면, 혹시 틀에 갇혀 있지는 않은지 살펴봐야 한다. 찾음은 답을 찾는 과정이 아니라 이런 틀을 깨면서 올바른 의문을 다듬어가는 과정이

진리는 바로 지금, 바로 여기 있다

다. 늘 틀을 찾아서 깨야 한다. 조금만 방심하면 틀에 갇히기 쉽다.

　찾음은 어디도 갈 필요가 없다는 사실을 받아들이는 일이다. 처음에는 받아들이기 힘든 말이다. 이것은 파랑새를 찾아 세상을 돌아다녔지만, 결국 파랑새는 집에 있었다는 동화의 내용과 닮았다. 찾음은 바로 지금 바로 여기, 있는 그대로에 도달하는 과정이다. 이미 완전한 '있는 그대로'를 이해하고 받아들이는 과정이다. 찾음은 무언가를 더 알고 더 얻는 것이 아니라 이미 쌓여 온 오해와 편견을 벗겨내고 거짓 믿음을 바로 보면서 있는 그대로가 드러나는 과정이다. 그러니 얼마나 쉬운 일인가? 너무 쉬운데 어렵게 느껴지는 것은 익숙하지 않아서다. 익숙해지면 어려울 것 없다.

　너무 쉬운 이 일을 어려워한다. 뭘 하려 하지 말고 그저 받아들이라는 말을 참 어려워한다. 다들 뭔가 하려고 안달이다. 어딜 가려 하지 말고 "지금 바로 여기를 보라."라고 하지만 다들 먼 곳을 바라보고 여행한다. 어찌 보면 운동을 배우는 사람에게 "힘을 빼라."라고 말하는 것과 다르지 않다. 가르치는 사람은 그 말이 맞기 때문에 말하지만 배우는 처지에서는 참 알아듣기 힘든 말이다. 알고 나면 참 쉽지만, 알기 전까지는 참 어렵다.

　대부분의 찾는 이에게는 참 쉽지 않은 과정이다. 혼자 열심히 하겠다고 달려들어도 잘 안 된다. 믿음을 내려놓겠다고, 마음을 활짝 열겠다고 각오해도 잘 안 된다. 어떤 것이 살펴봐야 할 믿음인지조차 알기 힘들다. 이미 틀 속에 있으면 무엇이 틀인지조차 알기 힘들다. 그래서 스승의 안내가 필요하다. 어떤 믿음을 살펴봐야 할지, 어떤 틀을 살펴봐야 할지에 관한 안내가 필요하다.

안내를 따라가도 쉽지 않은 일이다. 아무리 다짐해도 마음이 안 따라올 때가 있다. 머리로는 아는 것 같은데 가슴에 와닿지 않는다. 또 언젠가, 온 존재를 내던질 용기가 필요할 때가 온다. 의식 혁명이라 할 만큼 내가 붙들어 왔던 모든 믿음을 완전히 뒤집어야 할 때도 온다. 세상의 모든 적을 물리치고 세계를 지배하는 것보다, 내 습관 하나, 편견 하나, 믿음 하나 바꾸는 일이 훨씬 더 어려울지 모른다. 어떤 때는 생각 하나 바꾸는 일이 세상 무엇보다 어렵다. 하지만 찾는 이는 어쩔 수 없이 이 어려운 길을 가야 한다. 그럼에도 불구하고 쉬워야 한다. 힘을 빼야 한다. 이것이 사실이어야 한다. 그리고 사실이다. 이렇게 말하는 까닭은 바른길을 제시하기 위해서다. 올바른 방향으로 가도록 가리키기 위해서다. 이해도 잘 안 되고 듣기 싫은 말을 어쩔 수 없이 반복하며 가리키는 까닭은 방향이 맞기 때문이다.

이 가리킴은 오직 찾음을 끝내도록 하기 위함이다. 누구든 찾고자 하는 이에게 길을 제시해서 바로 여기 이 순간 찾음을 끝내도록 하는 목적뿐이다. 그래서 바른 방향을 가리킨다. 바로 갈 수 있도록. 방향이 틀리면 빨리 가는 것은 아무 의미가 없다. 간만큼 다시 돌아와야 할지도 모른다. 내려놓아야 할 편견만 더 쌓인다.

찾아지는 것은 내면의 확신이다. 앎이다. 그래서 스승의 가리킴에 따라 직접 살펴보고 스스로 알아야 한다. 내면의 확신이기에 스승은 계속해서 자기 내면을 살펴보라고 말한다. 수많은 가리킴을 도구 삼아 쌓인 오해와 편견을 씻어내고 나아가다 보면 있는 그대로의 이해가 일어난다. 사실로 알았던 '나'에 대한 거짓 믿음이 씻겨나가고 진정한 나의 실체가 드러난다. 당신의 정체를 알게 된다. 세상의 실체가

진리는 바로 지금, 바로 여기 있다

무엇이고 세상이 어떻게 존재하는지 알게 된다. 나와 세상이 둘이 아니라는 사실을 알게 된다. 세상 어느 것도 둘이 아니라는 사실을 알게 된다. 이 글을 읽는 당신도, 이 글을 쓰는 나도, 내가 앉아 있는 책상도, 글을 쓰는 컴퓨터도, 창문 밖의 차도, 나무도, 사람들도, 둘로 나뉠 수 없는 존재라는 사실을 알게 된다.

시간과 공간의 개념을 바탕으로 겉으로 떨어져 존재하는 것처럼 보이며 상대적인 세상이 일어나는 것일 뿐, 지금 이 순간 그 실체는 결코 둘로 나뉠 수 없는 존재라는 사실을 알게 된다. 둘로 나눈다는 개념 자체가 성립 안 된다는 사실을 알게 된다. 세상이 나이고 내가 세상임을 알게 된다. 지금 이 순간 그렇게 존재하고 있음을 알게 된다. 둘이 아님을 알게 된다.

당신의 눈을 통해서 세상을 인식하는 존재가 있다. 둘로 나뉠 수 없는 이 존재는 이름이 없다. 모든 것이 여기서 나오기 때문이다. 모든 것 그 자체다. 이름 붙일 수 없지만 찾는 이를 안내하기 위해서 스승은 어쩔 수 없이 이름을 붙이며 가리키는데, 노자는 도(道)라고 이름 붙였다. 이름은 그저 관념이고 그 무엇을 가리키는 하나의 가리킴일 뿐이기에 노자는 "도를 도라 하면 도가 아니다."라고 첫 문장에 선언하며 글을 써 내려가야 했다. 우리는 이름 없는 그 무엇을 찾는다. 이 글을 읽고 있는 그 이름 없는 무엇을 찾고 있다.

찾음에 관해 대략적인 줄거리는 말한 것 같다. 누군가에게는 아마 이것으로 충분할 것이다. 또 누군가에게는 이것으로 충분하지 않다. 상황에 맞는 좀 더 다양하고 자세한 방향 표지판이 필요하다. 박혀있는 믿음이라는 가시들이 다양하기에 이들을 뽑아내려면 좀 더 다양한 도구가 필요하다. 그래서 여기 여러 방향 표지판을 세우고 여러 도구를 준비했다. 어디로 가야 할지 몰라서 길을 잃고 헤매지 않도록 여러 가리킴이라는 도구를 가지고 기존에 박혀 있는 믿음이라는 가시를 뽑아내도록. 그리고 마지막 이해의 꽃봉오리를 틔우고 찾음이 끝날 수 있도록. 부디 도움이 되길 바란다.

찾음이 시작됐다. 진정한 나를 찾아가는 여정을 계속 즐겨보자.

이제 눈을 뜰 때다.

3장

찾음

찾음이 시작됐다. 당신은 찾는다. '나는 진리를 찾는다.'라고 당연하게 생각할지도 모르겠다. 여러 스승의 가르침을 따라 배우고 진리를 찾아간다고 믿고 있을지도 모르겠다. 이런 찾음에 관한 믿음이 사실인지, 찾음의 본질이 무엇인지 살펴봐야 한다. 찾음의 본질을 바로 알면 길을 잃지 않는다.

찾음이다.
'누가 무엇을 찾는다.'가 아니다.
그저 찾음이다.

진리는 바로 지금, 바로 여기 있다

» 찾는 이가 찾아진다

찾는 이가 찾아진다.

그럴 수밖에 없다.

이들은 둘이 아니기에.

큰 원을 그리며

한 바퀴를 돌아 제자리로 돌아왔다.

한 바퀴를 돌았다고 생각했는데,

알고 보니 움직인 적이 없더라.

원인지 알았는데 점이더라.

원래부터 점이라 움직일 수조차 없더라.

세상만사가 모두 이 점 안에 있더라.

» 이미 찾아졌다

"나는 누구인가?"라고 묻는가? 찾는 이들에게는 유명한 물음이다. 찾음에서 가장 핵심적인 물음이다. 아마 다들 이렇게 물어봤을 것이다. 돌아갈 것 없이 바로 이 물음의 답을 찾아보자.

여정은 지금 여기서 끝날 수도 있다. 오래 멀리 돌아갈 필요는 없다. 아니, 지금 여기서 바로 찾아져야 한다. 돌아갈 원은 없다. '바로 지금, 바로 여기'라는 점에서만 찾음이 끝난다. 내일, 나중에, 언젠가 일어날 궁극적 깨달음이란 없다. 진리는 저 멀리 천국이나 정토에 따로 모셔져 있는 것이 아니다. 지금 여기가 아니면 다 허상이다. 어떤 수행이 필요하고 무엇을 알아야 한다며, 지금 여기가 아닌 '언젠가, 다른 곳'을 이야기하는 말은 다 속임수다. 바로 지금, 바로 여기! 오직 지금 여기 찾음을 끝내려 하라.

바로 지금, 바로 여기!

잠시 눈을 감아보자. 조용한 곳도 필요 없고 가부좌를 틀고 앉을 필요도 없다. 그저 잠시 눈을 감고 집중할 수만 있으면 된다. 잠시 눈을 감고 살펴보라. 생각하지 말고 눈을 감자마자 느껴지는 대로 바로 답해야 한다.

진리는 바로 지금, 바로 여기 있다

잠시 눈을 감고 답하라.

무엇이든 느껴지는 존재가 있는가?

느끼고 있는 존재가 있는가?

무엇이든 존재하는 것이 있는가?

바로 그것이다.

바로 그것이 당신이다. 당신의 참모습이다. 그토록 찾아 헤매던 진정한 당신이다. 느껴지는 무엇, 느끼고 있는 무엇, 바로 그 무엇인 존재, 바로 그것이 당신이다. 그것 이외에는 어떤 것도 당신이 될 수 없다. 그것이다. 그것을 생각해서 답하지 마라. 그것을 생각하면 그것이 아니다. 생각해서 찾은 답은 그것에 관한 생각이지, 그것이 아니다.

이제 당신은 찾았다. '나는 누구인가?'에 대한 답을 찾았다. 바로 지금, 바로 여기 늘 답은 있다. 느끼고 싶으면 느낄 수 있다. 늘! 잃어버릴 수가 없다. 모를 수가 없다. 또다시 "나는 누구지?"라고 묻는다고 해도 묻는 그것이 없으면 물을 수도 없다. 묻는 그것이 바로 지금 여기 늘 있는 당신의 실체다.

"너희가 기다리는 것은 이미 와 있다.
단지 너희가 그것을 깨닫지 못할 뿐이다."

- 도마복음 51장

이것으로 여정은 끝났다. 이보다 더 가야 할 길은 없다. 이미 도착해 있으므로 어디를 더 갈 수 없다. 이미 도착해 있다는 사실을 알겠는가? 무엇을 더 찾는다는 말인가? 이미 찾아졌는데. 물어보는 그것이, 찾으려는 그것이 바로 당신이다. 당신은 바로 그것이다. 확신이 든다면 책을 덮고 인생을 즐겁게 살기 바란다.

> "찾는 이가 없으면 괴로움도 없다."
>
> — 로버트 울프

내가 누구인지는 이미 찾아졌다. 이것은 사실이다. 잃어버릴 수도, 놓일 수도 없다. 변하지 않는 사실이다. 그런데 도대체가 무슨 말인지 이해가 안 되는가? 무슨 말인지는 알겠는데 확신이 안 서는가? 여전히 의문이 남아 있는가? 아직도 찾지 못했다는 '생각'이 드는가?

괜찮다. 다들 그렇다. 그래서 이렇게 책을 읽고 스승을 찾아다니며 찾는다. 그 답답한 마음을 가슴 깊이 안다. 하지만 그 답답함을 위로하고 공감하는 데 그칠 수 없다. 수술하는 의사처럼 그 답답한 마음을 칼로 째고 열어 모든 문제의 근원을 제거해야 한다. 위로가 아니라 당신의 찾음을 끝내는 것이 이 책의 목적이다.

그러면, 모든 의문이 사라질 때까지, 찾지 못했다는 생각이 멈추고 찾음이 끝났다는 선언이 일어날 때까지 찾음의 여정을 같이 가보자.

하지만 잊지 마라. 이미 찾아졌다. 이미 찾아졌는데 이 사실에 확신이 서지 않아서, 받아들일 수가 없어서, 도대체 무엇이 이 사실을 보지 못하게 가로막고 있는지 찾는 것이다. 어떤 믿음에, 어떤 오해에, 어떤 편견에 속고 있는지 알아보려 할 뿐이다. 이것이 찾음의 핵심이다. 잃어버린 뭔가를 찾는 것이 아니다. 진리를 찾는 것이 아니다. 진정한 나를 찾는 것이 아니다. 이미 완전하다. 잃어버린다는 것은 불가능하다. 찾는 것도 불가능하다. 찾으려면 대상이어야 하는데 진리

진리는 바로 지금, 바로 여기 있다

는 대상이 아니다. 진리는 늘 여기 있다. 찾을 수 있는 대상이 아니다. 이것이 "찾는 이가 찾아진다."라는 말이 가리키는 핵심이다.

분명히 기억하라, 이미 찾아졌다는 사실을. 분명 모든 의문이 사라지고 찾음이 끝났다고 선언되는 때가 온다. "내가 누구인지는 이미 찾아졌다."라는 말에 웃으며 고개를 끄덕이는 때가 온다. 왜 그렇게 찾아왔는지 어이가 없어 웃음이 터질 날이 온다. 그때까지 뭔지 모를 찾음은 계속된다. 그리고 이 찾음은 '지금 여기'를 보지 못하게 가리고 나를 속이는 여러 믿음과 오해와 편견을 찾아 바로 보고 씻어내는 과정이라는 사실을 잊지 마라.

> 깨닫지 못한 것은 없다.
> 깨닫지 못했다는 생각만 있다.

» 용어 정리

먼저 여기서 쓰는 몇 가지 용어를 설명하고 가려 한다. 어떤 용어는 생소할 수도 있고, 어떤 용어는 오해가 있기 때문이다. 세상 사람들이 쓰는 용어 자체에는 문제가 없다. 다만 거기에 쌓인 오해가 문제다. 이런 오해를 걷어내려는 노력으로 몇 가지 용어를 먼저 정의하고 쓰려 한다.

각 용어에 관련된 내용이 앞으로 더 자세히 나오겠지만, 여기서는 일단 앞으로 할 말들에 오해가 없도록 하기 위해서만 간단히 설명한다.

"둘이 아니다."라는 말은 나눌 수 없다는 말이다.

"둘로 나눌 수 없다."라거나 "둘이 아니다."라는 말을 어떻게든 나눌 수 없다는 뜻으로 관용어구처럼 쓴다. 여기서 '둘'은 하나 이상의 여럿을 의미한다. "여럿이 아니다.", "여럿으로 나눌 수 없다.", "수많은 것들로 나뉠 수 없다."라고 말하는 대신 그냥 '둘'이라는 말을 써서 "둘이 아니다."라고 쓴다.

"하나다."라는 말보다 "둘이 아니다."라는 말을 주로 쓰는데, 나뉠 수 없으니 '하나'라고 해도 상관없다. 다만 '하나'라고 하면 어떤 대상으로 오해하면서, 자연히 대상을 보는 이를 따로 만들어내서 보는 이와 보는 대상, 둘로 나누어 생각하게 된다. 또한, '하나'라고 하면 둘,

진리는 바로 지금, 바로 여기 있다

셋을 자연히 떠올리며 여럿 중 하나로 오해한다. 이런 오해를 피하려고 부정문을 쓰는 전통에 따라 "둘이 아니다."라고 한다.

'찾음'이라 하고 '찾는 이'라고 한다.

그저 찾음이다. 편견을 가능하면 피해 보고자 가장 기본이 되는 말을 쓴다.

구도나 구도자라는 말을 안 쓴다. 여기서 다루는 찾음에 관한 주제를 보통 '영적(靈的, Spiritual)'이라고들 부르고 이런 영적 문제에 관심을 가진 사람을 구도자라 부른다. '구도'는 '도(道)'라고 이름 붙여진 진리를 구한다는 뜻인데, '도'를 찾는 대상으로 설정해 놓았다. 물론 도가 무엇인지 알아가는 과정이라 구도라는 말 자체에는 전혀 문제가 없다. 하지만 대상을 '도'라고 한정하면서 따라오는 편견과 '도'라는 말에 쌓여온 선입견을 피해 보고자 여기서는 구도라는 말을 피하기로 한다.

수행이나 수행자라는 말을 안 쓴다. 찾음에는 수행이 필요하지 않기 때문이다. 뭔가를 해서 깨달음이라는 목표를 이루려 하는 당신에게는 이 말이 가장 뼈아플 수 있다. 여기저기서 수행하라고 부추긴다. 뭔가를 해야 한다고 부추긴다. 다 오해다. 수행만큼 오해가 많은 말도 없다. 스승이 말하는 수행의 참뜻을 잘못 이해하고 뭔가를 '내'가 해야 한다고 오해한다. '내'가 뭔가를 닦고 행해서 목표에 도달하려는 수행은 찾음의 길과 반대다. 그래서 무엇을 해야 한다는 믿음을 피하려고 '수행자'라는 말을 쓰지 않는다.

그저 찾음이다. '내'가 '무엇'을 '찾는다'가 아니다. 찾음은 주어와 목적어와 동사로 구분되는 문장이 아니다. 주어와 목적어와 동사가 둘이 아니라는 표현으로 그저 '찾음'이라고 한다.

'궁극적 깨달음'이라 하고 '깨우침'과 구별한다.

찾음이 끝나는 일을 '궁극적 깨달음'이라 하고 그전까지 일어나는 깨달음을 '깨우침'이라는 말로 구별해서 쓴다.

일상에서 우리는 많은 것을 깨닫는다. 깨달음이란 말은 가슴 깊이 무언가를 이해한다는 말이다. 다른 사람에게 의지하지 않고 스스로 확신하는 이해다. 사실 깨우침도 깨달음과 다른 말이 아니다. 구분 없이 다들 쓴다. 그런데 여기서는 조금 다른 의미로 쓰려 한다. 우리는 "깨달았다."라는 말을 많이 한다. 틀린 말이 아니다. 태어나면서부터 죽을 때까지 우리는 계속해서 무언가를 깨달으며 살아간다. 깨닫는다는 말은 흔한 말이다.

그런데 여기서 '깨달음'이라는 말은 모든 의문이 사라지며 찾음이 끝나게 되는 특정한 일을 일컫는다. 우리가 흔히 말하는 일상에서의 깨달음과 의미가 조금 다르다. 이 차이를 잘 몰라서 많은 이가 혼란스러워 한다.

한 스님이 법문에서 석가모니 부처로 인해 제자들도 깨닫고 예전 아내도 깨닫고 아들도 깨닫고 부처님의 가르침으로 다 깨달았다며 말을 이어간다. 어떤 의도로 이렇게 말하든 사람들은 '아, 그들도 부처님과 같은 깨달음을 이루었구나.'라고 오해하거나 깨달음에 여러 단계가 있다고 오해한다. 라마나 마하리쉬의 제자로 유명한 스승인 슈리 뿐자 파파지는 어느 정도 수준에 오른 제자들에게 "너는 깨달았다."

라고 종종 말했다 한다. 분명 스승은 하나의 가리킴으로 이 말을 했지만, 이 말을 많은 사람이 오해한다. 자기가 만든 틀에 맞는 답을 찾으면 그것을 깨달음이라 하고 찾음을 멈춘다. 하지만 혼란스럽다. 여전히 의문이 일어나기 때문이다. 찾음이 어디가 끝인지 혼란스럽다. 스승이 말하는 깨달음이 일어난 것 같은데 여전히 의문이 있다. 또는, 분명 깨닫고 의문이 없었는데 시간이 지나고 다시 의문이 일어나면 혼란스럽다. 이 때문에 깨달아도 수행을 멈추면 안 된다는 이야기가 나온다. 찾음이 끝나지 않았는데 찾음이 끝났다고 혼동해서 그렇다.

여기서는 이런 오해를 피해 보고자 '궁극적 깨달음'이라는 말을 써서 사람들이 말하는 깨달음과 구별해서 쓴다. 그리고 사람들이 말하는 깨달음은 '깨우침'이라는 말을 쓴다. 찾음이 끝나기 전까지 '깨우침'은 수없이 많이 일어날 수 있지만, '궁극적 깨달음'은 오직 한 번이다. 찾음의 끝은 오직 한 번이다. 앞으로 여기서 특별한 설명 없이 그냥 '깨달음'이라고 하면 궁극적 깨달음을 일컫는다.

'스승'과 '선생'을 구별해서 쓴다.

찾음이 끝나고 가르침을 전하는 분을 여기서는 '스승'이라 하고 찾음이 끝나기 전에 가르침을 전하는 분은 '선생'이라는 말을 써서 구분한다.

찾음이 끝나지 않아도 세상을 이롭게 하는 가르침을 전하는 선생도 많다. 이런 진정성 있는 선생은 물어보면 자기도 아직 찾고 있다고 솔직히 말한다. 숨길 것이 없기 때문이다. 스승과 선생의 구분은 누가 더 높고 낮고, 누가 진짜고 가짜냐의 문제가 아니다. 그저 여기서 가리킴을 좀 더 선명하게 하고 오해가 없게 하려고 쓰는 도구일 뿐이다. 높고 낮음도, 진짜도 가짜도 사실 없다.

'자연인'이라 하고 **'보통 사람'**과 구별한다.

궁극적 깨달음이 일어난 사람을 '자연인'이라 하고 그렇지 않은 사람은 '보통 사람'이라 부른다. 궁극적 깨달음이 일어났다고 다 가르침을 전하진 않는다. 가르침을 전하고 가르침을 받아들이는 이가 스승이라고 여겨야 가르침을 전하는 사람이 스승이 되기 때문이다.

찾음이 끝났다고 다 스승은 아니기에 찾음이 끝난 사람을 가리키는 말이 필요했는데 마땅한 단어가 없었다. 불교에서 말하는 부처라는 말이 정확히 그렇지만, 종교적 색채가 너무 강하고 그 말에 입혀진 편견이 너무 두꺼워 쓰기 부담스럽다.

스승 라메쉬는 영어로 세이지(Sage)라는 말을 주로 썼는데 라메쉬의 책 『참의식이 말하다』를 번역하면서 '현자(賢者, sage)'라는 말로 번역했다. 그런데 지나고 보니 현자라는 말이 마땅치 않았다. 현자는 현명한 지혜를 가진 사람을 말하는데, 이 앎은 사람들이 생각하는 지혜를 뜻하지 않는다. 사람들이 말하는 지혜는 결국 다 상대적인 가치다. 또 어떤 집단에서는 성자에 다음가는 사람으로 계급을 매길 때 현자라는 말을 쓰기도 한다.

많은 책에서 '성자(聖子)'나 '성인(聖人)'이라는 말을 종종 쓰는데 이 말은 어떤 특정 집단이 추구하는 가치와 행동 양상을 따르는 사람을 가리키는 말로 주로 쓰인다. 찾음과 전혀 상관없는 경우가 대부분이라 오해가 참 많은 말 가운데 하나라 쓸 수가 없다.

진리는 바로 지금, 바로 여기 있다

마땅한 이름이 없어 찾다가 스승 리사 카하레가 주로 쓰던 '자연인'과 '보통 사람'이라는 말을 써 보기로 했다. 자연인은 있는 그대로를 받아들인다. '내가 받아들인다.'라는 믿음이 없기에 단순히 있는 그대로다. 자연스럽다는 말은 있는 그대로라는 말이다. 자연인은 있는 그대로 자연스러운 사람이다.

보통 사람과 자연인 사이에는 어떤 구분도 없다. 보통 사람이 '아, 원래부터 난 자연인일 수밖에 없구나.'라고 아는 순간 그는 자연인이다.

'고통'과 '괴로움'을 구별한다.

거짓 믿음 때문에 있는 그대로를 받아들이지 못해서 일어나는 고통을 괴로움이라고 한다.

고통(Pain)과 괴로움(Suffering)은 사실 구분이 없다. 몸과 마음이 아파서 힘든 것이 똑같고 일상에서는 구분 없이 섞어서 쓴다. 하지만 가리킴을 좀 더 효과적으로 설명하고 오해를 피하기 위해서 두 가지 개념으로 구별해서 쓰기로 한다.

사람들은 이 두 개념의 명확한 구별 없이 "진리가 괴로움에서 자유롭게 한다."라는 말을 들으면 세상의 모든 아픔이 다 사라질 거라고 오해하고, 늘 즐거움만 있는 세상을 마음속에 그리며 깨달음의 목적으로 삼는다. 깨달은 스승을 보면서 어떤 아픔도 없이 늘 평화로울 거라 오해한다. 그래서 혹, 스승이 몸과 마음이 아파 힘들어하면 혼란스럽다.

고통은 몸과 마음이 아픈 것으로 삶의 일부다. 깨달음이 있든, 없든 살아가는 모든 사람이 고통을 경험한다. 상대적인 세상에서는 누구도 고통을 벗어날 수 없다. 즐거움이 있으면 고통이 있다. 자연인도 병에 걸려 몸이 아프면 고통스럽다. 소중한 사람을 잃으면 마음이 아프고 고통을 겪는다. 고통은 있는 그대로의 삶의 일부다.

반면에 여기서 괴로움은 있는 그대로를 받아들이지 못해 일어나는 증오나 죄책감 때문에 겪는 아픔을 일컫는다. 고통은 삶의 자연스러운 현상이나 괴로움은 자연스러움을 거스르기에 일어난다. 괴로움의 원인은 자신의 믿음이다. 이미 일어난 일이 다르게 일어났어야 한다고 믿기 때문에 괴로움이 일어난다. 고통스러운 어떤 일이 일어났을 때 받아들이지 못하고 이미 일어난 일에 대해 '일어나지 말았어야 해.'라고 믿으며, 다른 사람에게 원인을 돌리면 증오가 되고 그 원인을 자기에게 돌리면 죄책감이 되면서 괴로움이 일어난다. 있는 그대로의 현실이 달라야 한다고 믿으면, 필연적으로 현실과 믿음에 간격이 벌어지고 간격이 커지는 만큼 괴로움도 커진다. 거짓 믿음을 내려놓고 있는 그대로를 받아들이기 전까지 괴로움은 계속된다. 이때 용서는 이 괴로움을 내려놓는 하나의 방법이 된다. 용서는 '내가 너의 행위를 벌하지 않는 관용을 베풀겠다.'가 아니라 '있는 그대로를 받아들인다.'라는 말이다. 그래서 진정한 용서는 '너' 또는 과거의 '나'와 같은 대상이 없다.

괴로움이라는 개념은 그 원인이 되는 믿음을 가리키기 위한 도구다. 일어났다가 사라지는 자연스러운 고통에 더해서, 필요 이상 큰 아픔을 겪으며 괴로운 삶을 살아가는 사람에게 바탕에 깔린 믿음을 가리키며 직접 그 원인을 살펴보라고 알려주는 스승의 가리킴이다. 이미 일어났거나 일어나고 있는 일이 달라야 한다는 믿음이다. 이 믿음을 집착이라 부른다. 이 때문에 "집착이 괴로움의 근원이다."라는 말

진리는 바로 지금, 바로 여기 있다

이 나온다.

말은 문제가 없다. 말에 담긴 편견이 문제다.

모든 구분은 생각 속에 있다. 어디에도 구분은 실체가 없다. 여기서 여러 용어로 개념을 구분해서 쓰지만, 오직 당신 생각 속에 존재하는 그 구분을 없애기 위해 쓰는 도구에 지나지 않는다는 사실을 잊지 말기 바란다.

이름은 그저 이름일 뿐이다. 이름은 무언가를 가리킬 뿐이다. 어떤 이름을 쓰든 이름 자체에는 문제가 없다. 이름에 드리운 편견이 문제다. 어떤 이름을 쓰든 편견은 따라오기 마련이고, 또 그 편견을 없애려 새로운 이름을 만들어 낸다. 다 있는 그대로다.

» 무엇을 찾는가?

찾음에는 대상이 없다고 했지만, 아직 무언가를 찾는다는 생각이 사라지지 않는다. 그럼 도대체 내가 무엇을 찾으려 하는지 한번 깊이 살펴보자. 살펴봐야지 바로 볼 수 있다. 바로 봐야지 틀을 깰 수 있다. 틀이 깨지고 찾을 대상이 다 사라져야 있는 그대로가 드러난다. 당신이 설정한 찾는 대상이 사실은 당신과 진리 사이를 가로막고 있는 장애물이기 때문이다.

'무엇'을 찾는가? 무엇이 뭔가?

당신은 무엇을 찾는가? 무엇이든지 간에 찾는 것이 있는가? 책을 잠시 내려놓고 자기가 무엇을 찾는지 한번 적어보자.

대부분 찾는 이들이 진리나 진정한 나를 찾는다고 말하지만, 잘 살펴보면 진리나 진정한 나라는 말 뒤에 숨겨진 기대가 따로 있을 수 있다. 이렇게 숨겨진 기대를 까발려서 바로 봐야 한다. 먼저, 정말 그런 기대가 가능하거나 한지 환상에 불과한 것은 아닌지 살펴봐야 한다.

아무리 당신이 무엇을 찾는지 확신하고 오랫동안 수행해서 높은 경지에 올랐다 해도 아직도 수행하고 공부하며 찾고 있다면, 찾음을 오해하고 있는지도 모른다. 많이 아는 사람일수록, 높은 경지에 올랐다는 사람일수록 찾음이 더 힘들 수 있다. 그만큼 오랜 세월 동안 만들

진리는 바로 지금, 바로 여기 있다

어 온 틀이 견고하기 때문이다. 이 틀에 갇혀서 정말 자기가 무엇을 찾고 있는지 모를 경우가 많다.

찾음에서는 철저히 자기 자신에게 솔직해야 한다. 아무리 자기가 솔직하다고 생각해도 자기도 모르게 찾음의 목적을 마음속에 숨겨 놓고 있을 수도 있다. 이것을 끄집어내야 한다. 잘 살펴봐야 한다. 이 과정이 끝날 때까지 계속 살펴봐야 할 일이다.

구하라, 그러면 얻을 것이요,
찾으라, 그러면 찾을 것이요,
두드려라, 그러면 열릴 것이다.
그런데, 당신은
무엇을 구하는가?
무엇을 찾는가?
두드리는 곳이 문이 맞기는 한가?

» 안전의 보장을 찾는가?

사람들은 절이나 교회에 가서 기도한다. 또는 철학관이나 무당을 찾아가서 기도한다. 나와 내 가족을 위해 기도한다. 나와 가족의 일에서부터 국가의 운명을 가르는 중대한 일까지, 자기 힘만으로 해결하기 힘든 일에 부닥치면 더 큰 힘을 가진 존재에게 잘 좀 봐달라고 부탁하러 간다.

가만히 세상살이를 살펴보면 내 힘으로 되는 것이 하나도 없다. 안 그런가? 대부분의 일이 자기 힘으로 되는 것처럼 보이지만 우리는 가슴 깊이 안다. 내 힘만으로 되지 않았다는 사실을. 또한, 지금까지 잘 됐다고 다음 순간 내 뜻대로 잘 될지 아무도 모른다. 우리는 이 사실을 겉으로 외면하려 해도 경험을 통해 가슴 깊이 알기에 불안하다. 삶에서 보장되는 것은 하나도 없다. 나와 내 가족의 안전이 늘 불안하다. 내 직장도 불안하고, 내 사업도 불안하고, 내 재산도 불안하고, 행복한 순간도 사라질까 불안하고, 사랑하는 사람도 떠날까 불안하고, 아무리 준비를 열심히 해도 실패할까 불안하고, 불안하고 불안하다. 하나부터 열까지 다 그렇다. 그래서 가서 빌어야 한다. 내 의지와 힘으로 되는 일이 아니라는 사실을 알기에 안전을 보장해 줄 힘 있는 존재를 찾아서 빌어야 한다. 빌어야 할 것이 한둘이 아니다. 어떤 것도 안전하지 않다.

진리는 바로 지금, 바로 여기 있다

너무도 예측 불가능한 이 삶 속에서 우리의 안전을 보장해줄 누군가는 능력이 있어야 한다. 그것도 아주 큰 능력이 있어야 한다. 삶이 안전하지 않다는 사실을 잘 알고 불안한 만큼 안전을 지켜줄 누군가는 능력이 커야 한다. 우리는 이 누군가를 찾는다. 못 찾으면 만들어내야 한다. 만들어내서 큰 능력을 부여한다. 그리고 우리는 이를 신이라 부른다.

오랜 역사를 통해서 인간은 안다. 아무리 신을 모셔도 안전의 보장은 늘 저 멀리 있다는 사실을. 하지만 늘 불안한 인간은 안전의 보장을 포기하지 못하고 아는 방법이라고는 신에게 기대는 일이다. 불안한 삶 속에 시간이 지날수록 신에게 더 큰 능력을 부여하고 신은 어느새 전지전능해진다.

신이 전지전능해서만은 안 된다. 내 편이어야 한다. 이해관계가 얽혀있는 삶 속에서 신은 내 말을 들어야 한다. 다른 사람의 말을 들어서는 안 된다. 특히 내 안전을 위협하는 적의 말을 들어서는 큰일이다. 그래서 우리는 어떤 누구에게도 뒤지지 않는 나만의 신을 만든다. 신에게 능력을 부여하고 논리를 부여하고 내 편일 수밖에 없는 이야기들을 지어 넣는다.

때로는 영적 스승이 신이 되기도 한다. 위대하다고 칭송받는 영적 스승일수록 안전을 부탁하는 대상이 되는 건 시간문제다. 영적 스승의 가르침은 안전을 보장하는 논리와 이야기로 바뀌고 왜곡된다. 애초에 영적 스승이 말하고자 한 의도는 중요하지 않다. 머리만 아프다. 내가 믿고 원하는 것이 아니다. 내가 원하는 안전의 보장이 우선이다. 먼저 이 불안한 마음을 가라앉히는 것이 우선이다.

안전의 보장을 추구하는 일은 인간의 당연한 본성이다. 그것이 환상이든 아니든 상관없다. 안전의 보장이 가능하다고 믿고 추구하는 것도 있는 그대로의 삶이다. 문제 될 것이 전혀 없다. 그런데 환상이 아니라 진실을 찾는다면 이 믿음이 사실인지 살펴봐야 한다.

진리를 찾는다고 생각하는 사람들 대부분이 사실 안전의 보장을 찾는다. 힘든 세상사를 살아가는 데 도움을 얻고자 한다. 불안한 마음을 달래야 한다. 그래서 스승과의 대담에서 나오는 질문의 대부분이 찾음에 관한 의문이 아니라 일상생활에 관한 질문들이다. 스승에게 어떻게 안전을 보장할지, 어떻게 불안을 달랠지 묻지만, 원하는 답을 얻지 못한다. 원하는 답을 주지 않는 이런 친절하지 못한 스승을 멀리하고 원하는 답을 해줄 곳을 찾아 여기저기 헤매고 다닌다. 혹시 당신도 안전의 보장을 찾아서 헤매고 있지는 않은가? 안전의 보장이 있다는 믿음으로 틀을 만들고 거기에 맞는 답을 찾고 있지는 않은가?

찾는 이는 좀 더 근본적인 질문을 던져야 한다. 늘 그렇듯, "이것이 사실일까?"라고 물어야 한다. 그런 믿음이 가능하기나 한지, 아니면 환상에 불과한 것은 아닌지 살펴봐야 한다. 안전의 보장이 가능하기나 할까?

세상 모든 일은 얽히고설켜서 일어난다. 하나의 일이 일어나는데 얽힌 일들을 따라가다 보면 우주 전체가 얽혀 있다. 앞으로 어떤 일이 어떻게 일어날지 아무도 모른다. 자기 몸도 예외가 아니다. 몸속에서 일어나는 일도 언제, 어떻게 일어날지 모른다. 이런 세상에서 안전의 보장이 가능하기나 할까? 깊이 살펴보지 않아도 사람들은 이미 잘 안다. 너무도 잘 알기에 신에게 가서 비는 것이다.

진정으로 안전을 보장받을 방법이 하나 있다. '안전의 보장', 그 본질을 꿰뚫어 보는 것이다. 진정한 안전은 자기의 본성을 알게 되면서 삶이 있는 그대로 받아들여지게 될 때 완성된다. 안전을 보장받을 '누구'란 원래부터 없다는 사실을 안다. 안전을 해치는 누구도, 안전을 보장받을 누구도, 안전도, 안전을 보장받는 일도 없다는 사실을 안다. 안전의 보장이라는 개념 자체가 설 곳이 없다.

» 능력을 찾는가?

영적 스승이라면 뭔가 특별한 능력이 있다고 믿고 그렇기를 바란다. 위대하다고 칭송받는 스승은 오랜 세월이 지나면서 오해가 쌓이고 쌓여 어느새 전지전능한 신이 되기도 한다. 신까지는 아니더라도 영적 스승이라 하면 보통 사람들에게는 없는 뭔가 특별한 능력이, 뭔가 특별함이 있을 거라고 믿는다. 이렇게 사람들은 자신의 바람을 스승에게 투영한다.

능력을 가질 '나'의 실체가 있기나 한가?

불교에서는 능력에 관한 믿음을 잘 정리해서 육신통(六神通, Abhijñā, अभिज्ञा)이라는 여섯 가지 신비한 초능력을 말한다. 신족통(神足通)은 어디든 마음대로 갈 수 있는 능력인데, 물 위를 걷고 하늘을 날고 벽을 통과해서 원하는 어느 곳이든 갈 수 있고 무엇으로든 변신이 가능한 능력이다. 천이통(天耳通)은 어떤 소리든 다 들을 수 있는 능력인데, 아무리 멀리 있는 소리라도 듣고 다른 언어나 지방 말이든 다 알아듣고 동물의 말도 알아듣고 귀신같은 존재의 말까지 다 알아들을 수 있는 능력이다. 타심통(他心通)은 다른 사람의 생각이나 마음을 읽는 능력인데, 표현하지 않아도 다른 사람의 생각을 읽고 그 사람 자신도 잘 모르는 마음마저 꿰뚫어 보는 능력이다. 숙명통(宿命

通)은 전생을 아는 능력인데, 자신뿐 아니라 다른 사람의 전생와 과거를 훤히 알 수 있는 능력이다. 누구든 지금까지 무슨 일이 일어났고 그 사람의 머릿속 기억까지 다 아는 능력이다. 천안통(天眼通)은 무엇이든 다 볼 수 있는 능력인데, 세싱 어디든 막힘없이 다 볼 수 있고 인간의 눈으로 볼 수 없는 모든 것을 보고 모든 사람의 미래를 훤히 내다보는 능력이다. 이렇게 다섯 가지 능력은 오랜 수행 끝에 명상의 최고봉으로 여겨지는 사마디(Samādhi)를 통해서 얻어지는 능력으로 부처가 되기 전에 얻을 수 있는 능력이다. 마지막 여섯 번째 능력은 누진통(漏盡通)으로 모든 번뇌가 끊어지고 윤회의 바퀴에서 벗어나서 더는 환생하는 번거로움이 없게 되는 능력인데, 오직 궁극적 깨달음이 일어나고 부처가 됨으로써만 얻을 수 있는 능력이다. 앞의 다섯 능력을 오종통(五種通)이라 하고 마지막 누진통과 구분해서 보는데, 오종통은 그냥 잡기로 치부한다. 부처가 이루는 누진통만이 최고의 능력이고 유일하게 얻어야 할 능력이라 말한다. 여기에 믿음을 넘어서 가리키는 스승의 해학이 있다.

다섯 가지 신통을 보면 요즘 슈퍼 히어로 영화들에서 나오는 능력들과 차이가 없다. 우리가 인간의 감각을 바탕으로 상상할 수 있는 거의 모든 능력이 다 들어있다. 수천 년 전의 사람이든, 과학 문명이 발달해 가는 현대를 사는 사람이든 바라는 바는 다르지 않다. 삶이 힘들고 힘든 삶에서 느껴지는 한계가 뼈아프기에 한계를 극복하는 데 도움이 되는 신기한 능력을 바란다. 이 신통들에 인간이 바라는 바가 잘 반영되어 있다. 그리고 바람은 믿음으로 이어진다.

육신통의 근거는 『사문과경(沙門果經)』이라는 불교 경전이다. 출가해서 수행하는 사람이 얻는 결실이 무엇인지 묻는 질문에 석가모니가 답하면서 여섯 가지 능력을 언급했다고 전한다. 이를 바탕으로 사람들은 이 신통들이 정말로 있고, 수행하다 보면 얻어지는 능력이라 믿는다. 석가모니가 직접 말했다고 하니 솔깃하지 않은가?

적지 않은 수행자들이 이런 능력에 마음이 빼앗겨 수행의 목적을 일단은 오종통의 수준으로 설정한다. 물론 다들 최상의 능력인 누진통을 마지막 목표로 남겨두지만, 일단은 그 과정에서 다섯 가지 능력을 얻고자 한다. 아니면, 누진통을 얻기 위해서 앞의 다섯 가지 능력을 먼저 얻어야 한다고 믿는다. 이런 믿음을 바탕으로 수행하다 보면 '나'의 능력에 초점이 맞춰진다. '나'의 능력을 얻으려 노력한다. 이런 능력이 명상을 깊이 해서 이르는 사마디의 경지에서 얻어진다고 말하기에 특정한 명상에 초점을 둔다. 가부좌를 틀고 앉아서 생각이 멈추고 외부 자극에 전혀 반응하지 않는 사마디라는 정신 상태에 이르려고 노력한다. 이런 사람들의 이야기는 어렵지 않게 만날 수 있다. 불교라는 특정 종교에 한정된 것도, 종교에 한정된 것도 아니다. 한계를 극복하려는 인간의 믿음은 어디에나 있다. 이야기만 다를 뿐이다.

경전에 나오는 다섯 가지 신통도 오랜 수련을 거쳐 높은 단계에 이르러야 이룰 수 있는 대단한 것이다. 오랜 수행을 해야 한다. 세속의 삶을 버리고 출가해서 집중적으로 수행해야 한다. 계율을 엄격히 지키는 초보적인 단계는 말할 것도 없고 정해진 수행을 꾸준히 해야 한다. 환생의 이야기가 더해져 이번 생에서 몇 년, 몇십 년 동안 하는 수행은 기본이다. 수많은 생을 거쳐서 수행해야 한다. 그래야지 그런 단계에 도달할 수 있다. 그러니 마지막 누진통은 얼마나 대단한 것이겠는가? 누진통은 당신이 함부로 넘볼 수 없는 수준이 되어 버린다. 부처의 수준이 얼마나 대단한 것인가? 모든 과정을 거쳐 누진통을 이

진리는 바로 지금, 바로 여기 있다

룬 부처와 보살은 신의 존재가 될 수밖에 없다. 석가모니가 이룬 부처의 수준은 다른 보살보다 또 한 단계 위라고 묘사한다. 이거 뭐, 너무 대단해서 수행이나 시작하겠는가? 이런 믿음으로 절에 가서 부처상을 보면 자기도 모르게 바닥에 엎드려 절하게 된다. 누진통은 너무 대단해서 모자란 내가 넘볼 수 있는 수준이 아니다. 아주 낮은 단계부터 시작해야 한다. 수많은 사람이 자신을 수행자라 여기고 이런 과정을 간다고 믿는다. 언제 어떤 수준에 이를지도 모르면서 막연한 믿음을 붙들고 오늘도 명상에 잠긴다.

여기서 한 가지 분명히 말해줄 수 있는 사실은 누진통에 관한 것이다. 모든 자연인은 누진통을 완성했다. 궁극적 깨달음이 일어나고 찾음이 끝나면 정확히 석가모니가 말한 누진통이 완성된다. 그 대단한 누진통이 완성된다. 석가모니 부처와 다르지 않다. 불교 신도들이 '믿는' 석가모니와는 다를 수 있을지 모르지만, 석가모니가 가리킨 누진통과 다르지 않고 석가모니가 말한 부처와 다르지 않다. 만일 당신이 수많은 생의 수행을 요구하는 그런 대단한 과정을 믿고 까마득히 보이지도 않는 부처의 세계를 바라보며 오늘도 수행하고 있다면, 여기서 바로 부처의 세계로 갈 수 있는 지름길을 알려주겠다. 석가모니가 직접 말했다고 전해지는 그 경전에 석가모니가 숨겨 놓은 비밀이 있다. 둘러 갈 필요 없다. 수많은 생을 거칠 필요가 없다. 지금 이 순간 바로 여기 모든 것이 이루어질 수 있다. 누진통을 이룰 수 있다. 누진통은 오직 지금 여기에서만 이루어진다.

스승이 육신통을 통해서 가리키려 한 것은 오직 누진통이다. 그래서 스승은 다섯 가지 신통을 따로 구분해서 말하며, 이런 능력들을 보잘것없는 잡기로 치부하며 수행하는 가운데 나타날 수도 있는 하나의 현상이라 말한다. 그 현상이 어떻든, 어떤 능력이든 누진통을 이루는 데 오히려 방해가 될 수 있기에 경계하라고 말한다. 불교의 스승들은 경전의 이야기에서 나오는 스승 석가모니가 가리키고자 하는 의도를 정확히 안다. 늘 그렇듯 그 당시에도 사람들은 힘든 삶 속에서 한계를 벗어나기 위해 다양한 능력을 믿고 갈구했다. 이런 믿음과 수행이 뒤죽박죽되면서, '나'의 능력을 향상해 그런 한계에서 벗어나고 싶은 마음에 스승의 가리킴을 오해했을 것이다. 스승 석가모니는 이를 안타깝게 여겨 이런 믿음에 집착하지 말고 오직 진리를 보는 일에만 힘쓰라고 육신통이라는 이야기를 통해 가리킨 것이다. 그런 능력이 존재하고 당신이 그런 능력을 얻을 수 있다고 말하는 것이 아니라 그런 능력에 대한 믿음과 집착을 내려놓으라는 말이다.

누가 와서 스승에게 "수행을 하면 미래를 보는 눈이 생기나요?"라고 물을 때 스승이 "지금 이 순간도 보지 못하는데 미래를 보는 눈 따위가 무슨 소용입니까? 그런 능력에 집착하지 말고 오직 지금 이 순간 여기 무엇이 있는지 보는 데 집중하십시오."라고 답했다. 그런데, 질문한 사람은 '부정하지는 않는 걸 보니 미래를 보는 눈이 있기는 한가 보군.' 하고 받아들인다. 어처구니없이 보이지만 늘 일어나는 일이다. 그래서 다들 오종통에 목을 맨다. 사람들은 대부분 자기가 듣고 싶어 하는 부분만 원하는 대로 듣는다. 아무리 스승이 가리켜도 오해하기 마련이다. 이를 잘 아는 뒤를 잇는 스승들이 이를 계속해서 일깨워준다. 오직 진리를 보는 일이 아니면 다 잡스러운 능력이고 수행에 방해만 될 뿐이라고 누누이 말한다.

수행을 하다 보면 이런저런 신기한 경험을 할 수도 있다. 스승은 이

진리는 바로 지금, 바로 여기 있다

를 경계하라고 말한다. 왜냐하면, 신기하기에 집착하는 마음이 일어나기 쉽기 때문이다. 유혹이 엄청나다. 사람들에게 자랑하고 싶다. 이런 경험이 수행의 정도를 나타내는 척도인 것만 같다. 좀 더 이런 경험을 향상시키면 뭔가 이루어질 것만 같다. 하지만 이것은 함정이다. 수행의 척도로 일어나는 일이 아니다. 스승은 이런 경험을 큰 장애물이라고 말하고 집착하지 말라고 일러준다. 이런 일이 일어나면 그냥 그런가 보다 하고 지나가야 한다. 집착하도록 끌어당기는 위험한 일이기에 조심해야 한다. 어떤 경험도 배척할 필요가 없지만, 집착도 말아야 한다. 누진통은 경험을 넘어서 있다. 경험이 아니다. 경험에 집착하지 말고 스승이 가리키는 곳을 보려 해야 한다.

아직도 '그럼 그런 능력이 있기나 한 건가?'라며 마음이 동하는가? 오직, 눈을 뜨고 있는 그대로를 보려 하라. 그러면 능력이라는 개념의 본질을 바로 보게 된다. 다섯 가지 능력을 포함해, 세상 모든 능력에 대한 믿음이 발붙이고 있는 근본적인 믿음의 실체를 바로 보게 된다. 누가 있어 능력이 필요한지, 누가 있어 그런 능력을 얻을 수 있는지 바로 보게 된다.

누진통은 '내'가 얻는 능력이 아니다. 어디에도 능력을 얻을 '내'가 없다는 사실을 바로 보는 일이다. 어디에도 윤회하며 생을 반복할 '내'가 없다는 사실을 바로 보는 일이다. 그래서 해탈이 여기 있다는 사실을 아는 일이다. '나'를 육체와 동일시하는 믿음이 사라지면서 어디에도 한계가 남지 않는 일이다. '나와 세상의 구분이 없다는 사실을 바로 보는 일이다. 세상과 구분된 '나'란 존재하지 않는다는 사실을 알기에, 지구와 태양과 은하와 우주 모든 존재를 움직이는 능력도 나의 능력과 다르지 않다는 사실을 바로 아는 일이다. 있는 그대로 완전하기에 다르게 바뀌어야 할 변화가 필요 없고 그런 변화를 일으킬 어떤 능력도 필요 없다는 사실을 바로 아는 일이다. 이 사실만 알면 된다.

나와 하나님은 둘이 아니다.
하나님의 모든 일이 나의 일이다.

당신은 혹시 이런 능력을 찾고 있지는 않은가? 수많은 사람이 자기의 능력을 키우기 위해 수행한다. 하지만 '나'의 능력을 키우려는 일은 정확히 찾음의 반대 방향이다. 이 찾음에서는 어떤 능력도 얻을 수 없다. 심지어 이미 '내'가 갖고 있다고 믿는 능력들까지도 정말 당신의 것인지 묻는다. 미미한 당신의 능력들까지도 다 잃어버릴 것이다. 마침내 능력이 머물 수 있는 '나'마저 사라져 버릴 것이다.

'내'가 어떤 존재인지 정확히 안다면 도대체 무슨 능력이 필요하겠나? 어떤 능력을 원한다면 자신에게 물어보라. 누구에게 필요한 능력인지. 우리는 그런 능력을 필요로 하는 '나'의 실체가 있거나 한지 깊이 살펴볼 것이다.

능력에 대한 믿음은 '나'에 대한 거짓 믿음을 강화하기만 한다. 능력에 대한 믿음은 당신 바로 앞에 있는 진리를 신기루처럼 만들어서 찾을 수 없게 만든다. 찾음에 이런 기대가 녹아 있으면 찾음은 절대 끝나지 않는다. 오늘도 이런 신기루를 좇아 자기 노력만을 탓하며 수행에 정진하는 사람들이 세계 곳곳에서 실패를 경험한다. 삶이라는 스승은 '실패의 경험'을 통해 그들에게 올바른 방향을 가리키고 있다.

진리는 바로 지금, 바로 여기 있다

» 영생을 찾는가?

대부분의 사람이 극복하기 힘든 문제 중 하나가 죽음에 대한 막연한 공포다. 너무나 당연하게도 산 사람은 죽음이 두렵다. 하지만 누구도 죽음을 피할 수 없다. 그래도 죽음을 받아들이지 못하는 사람들은 해결책을 꿈꾼다.

중국 최초의 황제라고 일컫는 진시황은 늙지도 않고 죽지도 않는 불로불사(不老不死)를 꿈꾼 것으로 유명하다. 아무도 하지 못했던 천하를 통일하고 세상을 다 가졌다고 생각하니 죽고 싶지 않았나 보다. 그럼, 진시황만 불로불사에 매달렸을까? 진시황은 누구에게나 잠재된 욕망을 능력껏 자기 방식대로 표출한 것뿐이다. 인간은 다들 이런 욕망이 있다. 다들 누구도 알 수 없는 미지의 세계인 죽음에 대한 두려움 때문에 각자 자기 방식대로 불로불사의 명약을 찾는다.

"내가 진실로, 진실로 너희에게 이르노니 내 말을 듣고 또 나 보내신 이를 믿는 자는 영생을 얻었고 심판에 이르지 아니하나니 사망에서 생명으로 옮겼느니라." 요한복음의 한 구절이다. 성경에는 영생에 관한 말이 많다. 많은 사람이 지금의 삶이 어떻든 하나님을 믿으면 영생을 얻는다고 믿는다. 또 어떤 사람들은 이미 죽었다 하더라도 예수께서 다시 세상에 오시면 죽음에서 일어나 하늘나라로 가서 영생을 누릴 거라고 믿는다. 많은 사람이 영생을 믿지만, 신기하게도 예수가 말한 영생의 참뜻이 무엇인지, 영생하는 그 존재가 무엇인지는 묻지 않는다. 당연히 '내'가, '나'의 육체가 다시 살아나서 죽지 않고 영원히 살 거라고 은연중에 믿으면서 묻지도, 따지지도 않는다.

절에 가면 아미타불이 있고 불을 밝힌 등이 많이 달려있다. 등에 극락왕생이라는 말을 새겨 달고 사랑하는 이들의 극락왕생을 기원한다. 극락왕생이란 죽어서 다음 생에서 태어날 때 아미타불의 도움으로 아무런 번뇌나 괴로움이 없는 평안하고 청정한 세상이라 알려진 정토라는 곳에서 태어난다는 뜻이다. 불교 신자들은 죽어서 극락왕생하기를 바란다. 하지만 사람들은 '번뇌나 괴로움이 없는 평안하고 청정한 세상이라 알려진 정토'가 진정 무슨 뜻인지는 관심이 없다. 정말 환생하는 '내'가 무엇인지, 환생의 본질에 관해서는 관심이 없다.

어느 종교를 막론하고 사람 사는 세상의 믿음은 그리 다르지 않다. 당신도 이런 믿음을 바탕으로 혹시 영원히 살 방법을 찾는 것은 아닌가? 지난날 진시황의 간절한 염원처럼 그렇게 영원히 사는 방법을 찾고 있지는 않은가? 만일 그렇다면 반은 맞고 반은 틀리다. "반은 맞다."라는 말은 찾음이 끝나면 태어남과 죽음에 관한 의문이 더는 당신을 괴롭히지 않는다는 뜻이다. "반은 틀리다."라는 말은 당신이 생각하는 그런 태어남과 죽음이 아니라는 뜻이다.

죽고 나서 영생을 찾기 전에 지금 이 순간 무엇이 여기 살아 숨 쉬고 있는지를 알면 영생에 관한 의문이 다 풀린다. 지금 살아 숨 쉬고 이 글을 읽고 있는 당신의 진정한 정체가 뭘까? 도대체, 영생이라는 개념이 필요하기나 할까? 영생에 관한 믿음에는 필연적으로 영생을 누릴 독립적으로 존재하는 '내'가 있다는 전제가 깔려있다. 이 전제를 살펴보는 일이 찾음이다.

바로 지금 바로 여기, 무엇이 숨 쉬고 있는가?

진리는 바로 지금, 바로 여기 있다

» 마음의 평화를 찾는가?

우리는 함께 살아간다. 그리고 필연적으로 관계에서 오는 마음의 문제를 겪는다. 상처받고 상처를 주며 살아간다. 어릴 때는 조금만 더 크면 마음이 웬만한 문제에 상처받지 않고 괜찮을 것처럼 보인다. 그런데 성인이 돼서도 마음은 여전히 여리다. 어린아이의 마음이든, 어른의 마음이든 나이에 상관없이 마음의 상처는 그리 다르지 않다. 나이가 들어도 마음은 여전히 여리다. 그저 상처를 포장하고 표현하는 방식만 다를 뿐이다. 아무리 여러 번 겪어도 마음에 새겨지는 깊이는 크게 다르지 않다. 좀 더 익숙해질 뿐이고 견딜 수 있는 맷집이 좀 더 늘 뿐이다.

마음이 괴로운 것만큼 힘든 것도 없다. 사실 모든 괴로움은 마음의 괴로움이다. 우리는 모두 살아가면서 마음의 문제를 겪고 괴로울 때면 마음의 평화를 갈망한다.

자신을 수행자라고 하는 사람들 대부분은 마음의 평화를 찾는다. 특히 수행한 지 오래된 사람일수록, 영적으로 높은 단계에 있다고 믿는 사람일수록, 똑똑한 사람일수록, 마음의 평화를 찾음의 대상으로 삼는다. 영리한 선택이다. 다른 것을 찾아도 마음의 평화가 없으면 무의미하다는 사실을 터득했다. 아무 일 없이 안전한 삶이 이어져도, 대단한 능력이 있어도, 죽지 않고 영생을 해도 마음이 괴로우면 다 필요 없다. 괴로운 삶을 살고 싶은 사람은 없다. 세상은 평화로운데 내 마음이 괴로우면 지옥이 따로 없다. 아무리 대단한 능력도 마음이 괴로우면 다 부질없다. 마음이 괴로우면 영생은 고사하고 지금 이 순간의 삶도 포기하고 싶은 것이 인간이다. 그래서 다들 마음공부를 한다, 마음 수행을 한다, 마음을 닦는다고들 한다. 어떤 순간에서도 마음의 평화가 지켜지기를 바란다. 진리를 찾고 찾음이 끝나면 마음의 평화를 얻을 수 있다고 믿는다. 해탈하고, 하나님의 나라에 들어가면 모든 괴로움에서 벗어나 마음의 절대 평화를 얻는다고 믿어 의심치 않는다. 그런데 이것이 사실일까? 스승이 말하는 마음의 평화가 당신이 믿는 마음의 평화일까? 당신이 생각하는 마음의 평화는 뭔가?

마음의 평화가 뭔가?

마음의 평화에 반대되는 이미지로 사람들은 화를 떠올린다. 보통 화가 나면 마음의 평화가 깨진다고 생각한다. 화가 나면 마음의 평화고 뭐고 없다. 화내는 사람도 힘들고 화가 표출되는 대상도 힘들다. 많은 사람이 찾음이 끝난 스승의 이미지를 그릴 때 마음이 평온하고 사랑이 넘치는 모습을 상상하지, 화내는 스승의 모습은 생각하지 않는다. 만일 영적 스승이 별것 아닌 일로 화내면, 대부분은 아마 '어떻게 영적 스승이 화를 낼 수가 있지? 자기 마음도 다스리지 못하는 사람이 어떻게 영적 스승이야? 가짜야!'라고 생각하고 떠날 것이다. 영적 스승은 마음의 평화를 얻었기에 마음을 잘 다스려 어떤 일에도 화내지 않는다고 믿기 때문이다. 이런 관점에서 보면 소리를 지르며 자주 화를 냈다는 니사르가다타 마하라지는 스승이 아니고 차분하고 평온한 성격으로 알려진 라마나 마하리쉬는 최고의 스승이다. 라

진리는 바로 지금, 바로 여기 있다

마나 마하리쉬에 관해서 전해져 오는 이야기를 들어보면 라마나는 조용하고 평온한 성격 같다. 마치 부처의 성품을 연상시킨다. 그래서일까? 그는 가장 사랑받는 스승 중 한 명이다. 반면 그 시대의 위대한 또 한 명의 스승으로 어거지는 니사르가다타 마하라지의 일상을 들어보면 완전히 반대다. 담배를 피워 물고 성질을 버럭 낸다. 웃다가 버럭 소리를 지른다. 니사르가다타 옆에서 통역했던 제자 라메쉬에 따르면 라메쉬는 종종 니사르가다타를 모시고 차로 드라이브를 시켜드렸는데 늘 약속한 시각보다 15분씩 일찍 갔다고 한다. 그러다 한 번은 약속 시각 5분 전에 갔더니 니사르가다타가 늦게 왔다고 버럭 화를 냈다고 한다. 니사르가다타는 화내는 척만 한 걸까? 라메쉬에 따르면 전혀 아니다.

스승으로 예수는 좀 애매하다. 제자들은 예수가 화내는 모습을 본 적이 없었는데 예루살렘을 둘러보다가 헤롯의 성전에서 예수가 환전상들과 상인들에게 엄청나게 화내면서 난동 피우는 모습을 보게 된다. 어떤 역사학자는 이 일이 예수를 십자가에 못 박는 형벌의 빌미를 제공한 결정적 사건이라고 말한다. 오직 화내는 것에 대한 비판적 입장에서만 본다면 화를 참지 못해서 법을 어기고 급기야 죽임까지 당하는 예수의 모습은 니사르가다타와 마찬가지로 사람들이 믿는 스승의 모습이 아니다.

많은 사람이 영적 스승이라면 어떠한 일이 일어나도 부처의 엷은 미소를 잃지 않아야 한다고 믿는다. 화를 내지도 않고 슬픔에 잠겨 우울해하지 않고 짜증 내지 않고 늘 마음의 평화를 유지해야 한다고 믿는다. 그런데 정말 그럴까? 예수는 친구 나사로의 죽음을 마주하고 우셨다고 전해진다. 또 예루살렘을 보고 우셨다고 한다. 그리고 십자가 수난을 앞두고도 우셨다고 한다. 사람들이 생각하는 마음의 평화가 예수에게서 보이지 않는다.

스승 웨인이 자기 스승 라메쉬와 함께 있을 때 라메쉬가 큰아들의 사망 소식을 들었다고 한다. 그때 라메쉬는 괴로워하면서 오열했다고 한다. 대단해 보였던 영적 스승이 한순간 무너지는 한 남자로 보였다고 한다. 분명 라메쉬는 사람들이 생각하는 마음의 평화가 깨진 것처럼 보인다.

종종 영적 스승은 사람들이 믿는 마음의 평화가 깨진 것 같은 모습을 보인다. 이런 모습을 보면 혼란스럽다. 자기가 원하는 마음의 평화에 대한 믿음이 깨질까 두렵다. 그럼 선택해야 한다. 스승을 가짜라고 하든지 아니면 스승의 단계를 나누어야 한다. 뭔가 있어 보이니 가짜는 아니더라도 아직 완전한 수준에 도달하지 못한 중간 단계 어디 즈음으로 설정해야 한다. 이런 설정도 아니면 스승이 보이는 모습을 다르게 해석해야 한다. 스승은 보통 사람이 아니기에 그냥 화내는 척하고 슬퍼하는 척하는 것이지, 마음은 늘 평화롭다고 설명해야 한다. 겉으로 보이는 스승의 모습이 아니라 그 내면에 있는 깊은 뜻을 보라고 말해야 한다. 그런데 이것이 사실일까? 스승이 가짜일까? 스승에게 여러 단계가 있을까? 스승은 보통 사람이 아니기에 그런 척만 한 걸까?

예수는 웃기도 한다. 예수가 크게 기뻐한 일화는 성경에도 여러 번 나온다. 또 예수가 사랑으로 사람들을 대하는 장면도 많이 있다. 이렇게 웃고 사랑으로 친절하게 사람들을 대하는 모습은 사람들이 문제 삼지 않는다. 이런 모습이야말로 마음의 평화가 나타나는 것 같다.

늘 평온해 보이는 석가모니 부처의 불상들을 보면 사람들이 생각하는 마음의 평화가 잘 엿보인다. 그런데 그런 불상처럼 정말 석가모니, 싯다르타는 살아 있을 때 어떤 일이 일어나도 늘 엷은 미소만 짓고 있었을까? 싯다르타의 성격상 또 상황이 그러하여 화를 낸 적이 없었을지도 모른다. 성자가 아니더라도 화를 안 내는 성격의 사람이 더러 있다. 최고의 단계로 여겨지는 부처가 되면 석가모니처럼 그전의 성격에 상관없이 늘 이렇게 미소만 짓게 될까? 아마 불교 신자 대부분은 그렇게 믿을지도 모른다. 무섭게 화내는 일은 등급이 낮은 절을 지키는 신장(神將)들의 몫으로 돌리고 말이다.

솔직히 마음의 평화를 찾지 않는다고 말할 사람이 몇이나 될까? 마음의 평화를 원하지 않는 사람은 없다. 그럼 이것이 진정한 찾음의 대상인가? 정말 당신이 궁극적으로 찾으려 하는 것이 마음의 평화인가? 진리를 깨달아 당신이 생각하는 그런 마음의 평화를 얻으려 하는가? 그런데 깨달음이 일어나면 그런 마음의 평화를 얻을 수는 있을까?

먼저 한 가지 자신에게 물어보자. 만일 당신이 믿고 얻으려 하는 마음의 평화가 찾음과 상관이 없다면 그래도 계속 찾을 것인가? 마음의 평화가 오지 않더라도 계속 찾을 것인지 자신에게 물어보라. 당신이 무엇을 찾는지 알기 위해서는 스스로 깊이 물어봐야 한다. 깊이 물어 무엇을 찾는지 알아야 엉뚱한 믿음에 속아 넘어가지 않는다.

사람들은 각자 큰 의문을 품고 진리를 찾는다고 생각한다. 그런데 정말 있는 그대로의 진리를 찾는 것인지, 아니면 다른 무언가를 찾기 위해서 진리를 찾아야 하는 것은 아닌지 살펴봐야 한다. 다른 사람들이 다들 그렇게 하니까 따라 하는 것은 아닌가? 대단한 스승이 그렇게 말했다고 하니까 따라 하는 것은 아닌가? 당신이 정말 찾는 것은 진리가 아니라 마음의 평화는 아닌가? 진리를 수단 삼아 마음의 평화를 얻고자 하는 것은 아닌가? 그저 괴로운 삶에서 벗어나고 싶은 것은 아닌가?

그렇다고 해도 괜찮다. 전혀 문제가 아니다. 당연한 인간의 본성이다. 찾는 이도 인간이다. 우리는 인간의 본성을 벗어날 방법을 찾는 것이 아니다. 그럴 수도 없고 그럴 필요도 없다. 다만 이런 믿음으로 찾음의 틀이 생기지 않도록 조심하면 된다. 틀이 생기면 바로 보고 깨면 된다.

마음의 평화도 깨야 할 믿음이고 틀이다.

당신이 믿는 마음의 평화의 본질이 뭔가? 그것이 가능하기나 한 것일까? 사람들은 괴로운 부정적인 감정을 싫어하고 평화로운 긍정적인 감정을 원한다. 화나고 슬프고 불안하고 미워하고 질투 나는 부정적인 감정은 마음을 괴롭힌다. 이런 감정이 일어나지 않기를 바란다. 반면에 즐겁고 사랑스럽고 감사하고 고요한 긍정적인 감정은 마음을 행복하게 만들어 주기에 참 좋다. 이런 좋은 감정이 일어나기를 바란다. 부정적인 감정은 싫고 긍정적인 감정은 좋다. 여기까지는 당연한 인간의 본성이지만, 사람들은 여기에 머물지 않는다. 오직 긍정적인 감정만 일어나길 바란다. 좋은 것만 원한다. 좋은 것만 영원했으면 좋겠다. 좋은 것만 영원히 누릴 방법이 있다고 믿는다. 그래서 좋은 것만 영원히 누릴 방법을 찾는다. 성인이나 영적 스승에게 자기가 원하는 좋은 이미지를 씌우고 경배하며 깨달음을 얻으면 그들처럼 자기가 믿는 마음의 평화를 얻을 수 있을 거라 믿는다.

진리는 바로 지금, 바로 여기 있다

삶이란 희로애락의 춤이다. 기쁨이 있으면 노여움이 있고, 노여움이 있으면 기쁨이 있다. 슬픔이 있으면 즐거움이 있고, 즐거움이 있으면 슬픔이 있다. 이들이 오가며 춤춘다. 살아 있다는 증거다. 이것이 삶이다. 기쁨만 있는 삶은 불가능하다. 상대적 세상에서는 기쁨이 있는 순간에 노여움도 있기 때문이다. 즐거움만 있는 삶은 불가능하다. 즐거움이 있는 순간 슬픔이 준비되어 버리기 때문이다. 슬픔이 없으면 즐거움은 있을 수 없다. 즐거움만 있으면 누구도 그것이 즐거움인지 모른다. 슬픔이 있기에 즐거움이 존재할 수 있다. 표현 방식만 성격에 따라 다를 뿐 희로애락의 삶을 살아가는 것은 다 똑같다.

인간은 아픔을 싫어한다. 그래서 기쁨과 즐거움만을 원한다. 행복하고 싶다. 이것은 지극히 당연한 인간의 본성이다. 있는 그대로의 삶이 어떠하든 기쁨과 즐거움을 원하고 노여움과 슬픔을 원하지 않는 것이 인간의 본성이며 이 또한 있는 그대로 삶의 일부다. 헛되더라도 사실이라고 믿으며 집착하는 것이 인간의 마음이지만, 찾으려면 무엇이 헛된 믿음이고 집착인지 바로 봐야 한다. 찾음이 끝나려면 이런 헛된 믿음과 집착을 내려놓아야 한다. 즐거움만 원하는 생각을 내려놓으라는 것이 아니라 삶이 희로애락을 포함한다는 사실을 바로 보라는 말이다. 상대적인 세상에서 동전이 한 면만 있기를 바라는 것이 불가능한 환상이듯이, 한쪽의 가치만을 추구하는 마음의 평화도 불가능한 환상에 불과하다는 사실을 바로 보라는 말이다. 환상은 찾음의 대상이 될 수 없다는 사실을 바로 봐야 한다. 그래야지 찾음이 바른 방향으로 간다.

다른 것은 몰라도 마음의 평화까지 환상에 불과한 믿음이라며 내려놓으라니 도저히 받아들이기 힘들지도 모른다. 이런 찾음이라면 차라리 그만두고 마음의 평화를 계속 찾고 싶을지도 모른다. 아마 대부분이 실제로 그럴 것이다. 여기서 하는 말을 못 믿겠다고 느낄 것이다. 책을 내려놓고 싶을지도 모른다. 그러면 여기서 하는 말을 믿지 말고 직접 살펴보라. 당신이 생각하는 마음의 평화가 한쪽의 가치만을 얻고 싶어 하는 것은 아닌지 살펴보라. 그런 마음의 평화가 가능하기나 한지 직접 살펴보라.

찾음의 길은 때로 큰 용기가 필요하다. 조금 살짝 숨겨 놓고 대충해서 넘어갈 수 있는 문제가 아니다. 나의 모든 것을 내던져야 한다. 불편하다고 해서 그냥 덮고 넘어갈 수가 없다. 그러면 찾음은 끝이 없다. 찾음을 핑계로 달콤한 믿음을 즐길 뿐이다. 찾음이 아니다. 여기서 안내하고자 하는 바가 아니다. 여기서의 안내는 오직 찾음이 끝나도록 하는 데 그 목적이 있다. 어떤 수준에 도달하게 이끄는 안내가 아니다. 오직 찾음이 끝나야 한다. 찾음을 끝내고 싶은 이가 아니면 이 안내가 필요 없다. 찾음을 끝내고 싶다면 아무리 뼈아픈 믿음이라도 살펴보고 극복해야 한다.

마음의 평화란 있는 그대로와 어떤 갈등도 없는 일이다.
희로애락의 삶이 주는 고통은 있으나 괴로움은 없다.

많은 스승이 마음의 평화를 이야기한다. 그런데 스승이 가리키는

진리는 바로 지금, 바로 여기 있다

마음의 평화는 보통 사람들이 생각하는 마음의 평화가 아니다. 하지만 사람들은 스승의 말을 오해해서 받아들인다. 그렇다면 스승이 가리키는 마음의 평화는 뭘까?

스승의 말은 가리킴이다. 스승은 마음의 평화라는 말을 통해서 있는 그대로를 가리킨다. 스승이 어떤 말을 쓰든지 가리키는 곳은 다르지 않다. 우리가 사는 상대적 세상에서는 늘 두 개의 가치가 공존하기에 삶에는 희로애락이 늘 같이 간다. 심지어 이런 가치들마저도 고정되어 있지 않고 늘 변한다. 이것이 있는 그대로의 삶이다. 그래서 한쪽의 가치만을 바라는 일은 헛된 일이고 여기에 집착하면 필연적으로 있는 그대로의 희로애락에 더해서 자기의 믿음과 집착이 만들어내는 괴로움이 일어난다. 있는 그대로의 희로애락이 춤추는 삶을 받아들이고 살아가면 괴로움이 없다. 일어나는 모든 감정을 그대로 받아들이는 것이다. 일어나는 모든 일을 있는 그대로 받아들이는 것이다. 물론 여기에는 어떤 예외도 없다. 자기 자신까지 다 있는 그대로다. 그렇게 받아들이면 헛된 믿음에 집착해서 일어나는 괴로움이 없다. 있는 그대로와 어떤 갈등도 없다. 스승은 이것을 가리켜 마음의 평화라 한다.

마음의 평화가 가리키는 곳은 여기에 머물지 않는다. 스승은 찾는 이가 준비되어 있으면 여기서 조금 더 깊이 들어간다. 진정한 평화는 그 너머에 있음을 말한다. 상대적 세상이 일어나는 그 근원을 가리킨다. 그 본질을 가리킨다. 삶의 실체와 삶 속에서 일어나는 희로애락이라는 가치의 실체를 가리킨다. 지금 이 순간 여기에 정말로 실재하는 것이 무엇인지 알기에, 모든 희로애락이 다 꿈같다고 말하기도 하고, 현실이 아니라고 말하기도 하고, 실체가 없다고 말하기도 한다.

영화에 비유해서 온갖 괴로움은 스크린에 비치는 영화처럼 일어나기에 아무리 영화 속 인물이 괴로움을 겪어도 그저 영화일 뿐이고 실체가 없다고 말하기도 한다. 또한, 꿈에 비유해서 지금 상대적 세상의 실체가 마치 꿈과 같아서 꿈속에서 아무리 희로애락의 거친 삶이 일어나도 결국 꿈일 따름이며 실체가 없다고 가리킨다.

이 사실을 알면 지금 일어나는 삶에 어떤 집착도 없기에 어떤 괴로움도 없다. 여기 진정한 평화가 있다. 지금 이 순간 평화는 늘 여기 있다. 이것이 '참평화'다. 있는 그대로의 삶이다.

진정한 마음의 평화는 앎이다.

참평화는 당신이 얻는 것이 아니다. '내'가 평화를 누리는 것이 아니다. 육체와 자기를 동일시하면 이 가리킴은 이해되지 않는다. 당신의 육체, 또는 당신이 생각하는 '나'는 희로애락의 삶을 살아가는 하나의 인물일 뿐이다. 영화 속 한 인물이고 꿈속의 한 인물이다. 당신의 진정한 정체가 아니다. 스승은 '마음의 평화'를 통해서 당신의 진정한 정체를 가리킨다. 당신의 진정한 정체는 육체나 영혼이 아니다. 당신의 진정한 정체는 지금 자신이라고 믿는 그 인물이 나오고, 그 인물이 속해 있는 이 상대적 세상이 나오는 근원이다. 그것이 당신의 정체일 수밖에 없는 이유는 실재하는 것은 오직 그것뿐이기 때문이다.

영화에서 불이 난다고 해서 스크린이 타지는 않는다. 꿈에서 온갖 희로애락을 겪어도 깨고 나면 그저 꿈이다. 당신의 진정한 정체인 그것에는 어떤 영향도 없다. 그래서 평화가 늘 있다. 평화는 늘 여기 있다.

진리는 바로 지금, 바로 여기 있다

» 내려놓기 게임과 받아들임의 예술

찾음은 내려놓는 과정이다. 누가 먼저 비우느냐의 게임이다. 그래서 영적인 내용을 많이 배운 사람일수록 불리하다. 지식으로 배운 사람일수록 불리하다. 지식에 권위를 더한 사람일수록 더욱더 불리하다. 권위는 가진 지식에 무게를 더하기 때문에 내려놓기 어렵다.

스승의 말에는 비밀이나 속임수가 없다. 말 그대로다. 준비된 찾는 이는 스승의 말 한마디에 눈을 뜬다. 스승의 말이 비밀스럽거나 뭔가 다른 뜻이 있는 것처럼 들리는 것은 복잡한 제자의 마음이 이를 받아들일 수 없어서 자꾸 도망가기 때문이다. '내가 아는 지식은 이런데, 내가 들은 위대한 스승은 이렇게 말했는데, 내가 읽은 위대한 말씀은 이러했는데, 뭔가 맞지 않아.' 마음은 이미 있는 지식으로 가득차 있어서 스승의 가리킴을 바라볼 여유가 없다. 자꾸 기존의 지식과 비교하게 된다. 자꾸 다른 스승과 비교한다. 이미 꽉 차 있는 사람은 가리킴이 들어설 자리가 없다. 가리킴을 지식으로 받아들여 쌓아놓으려 한다. 찾음의 본질을 모르기 때문이다.

찾음은 있는 그대로가 드러나게 하는 과정이다. 이미 쌓인 지식과 믿음을 내려놓고 편견과 오해를 씻어내서 있는 그대로가 드러나게 하는 과정이다. 더하는 것이 아니라 덜어내는 과정이다. 모든 것을 내려놓고 가야 한다. 위대한 스승들의 모든 말씀, 위대한 경전의 모든 말씀, 그 말씀들을 듣고 알아들었다고 생각하는 배움, 세상 사람들이 사실이라 믿는 모든 것, 나 스스로 사실이라고 믿는 모든 것이다. 스승의 가리킴도, 나의 이해도, 나의 세상도, 나 자신도 모두 다 내려놓아야 한다. 결국, 궁극적 깨달음에 대한 믿음까지도 모두 내려놓아야 한다. 바로 지금, 바로 여기서. 다른 때, 다른 곳은 없다. 지금 여기서 바로 내려놓으라.

비우면 있는 그대로의 공간이 드러난다.

내려놓는다는 것은 집착하지 않는 것이다. 자신의 믿음을 살펴보고 사실이 아님을 바로 아는 것이다. 바로 알고 믿음을 내려놓는다고 선언하면 내려놓는 것이다. 정말 내려놓아지고, 아니고는 그다음 문제다. 먼저 바로 보고 "내려놓습니다."라고 선언하라. 이렇게 내려놓음은 시작된다.

움켜쥔 손에 힘을 풀고 내려놓겠다는 마음을 어렵게 내어도 쉽지 않다. 내려놓고 싶다고 해서 바로 내려놓아지는 것도 아니다. 그래서 내려놓고 또 내려놓고, 비우고 또 비워야 한다. 아무리 내려놓고 비워도 마음은 참으로 교묘하게 다시 채워놓는다. 잠시만 방심하면 새로운 논리로 다시 채운다. 스승 앞에서 "아하!" 하면서 깨어지고 내려놓고 나면 마음이 받아들인 듯하다가 어느새 "그런데 말이지…", "그건 맞지만, 이건…", "가만히 생각해보니 이게 빠져서…" 등 늘 '하지만'으로 돌아온다. 거짓된 믿음은 끝까지 반격한다.

믿음은 생각으로 다시 찾아올지 모른다. 일어나는 생각을 막을 수는 없다. 생각이 일어날 때 그 믿음이 환상에 지나지 않고 거짓임을 알아차리기만 하면 된다. 그리고 흘러가도록 내버려 두라. 생각이 아

진리는 바로 지금, 바로 여기 있다

무리 반복해서 일어나도 알아차리고 끌려가지 않으면 상관없다. 소금 끌려가도 금방 다시 알아차리면 된다. 어떤 때는 이미 거짓임을 알아차린 믿음이 마치 사실인 것만 같이 다시 느껴질 때가 있다. 머리로는 아는데 자꾸 집착한다. 그러면 다시 처음부터 살펴보면 된다. 살펴보고 알아차리면 된다. 믿음마다 쌓여 온 에너지가 있다. 그 에너지가 다할 때까지 게임은 계속되기 마련이다. 원래 그렇다. 그러다 보면 어느새 사라지고 없다. 이것이 내려놓는 것이다. 내려놓기 게임이다.

내려놓고, 다시 일어나면 또 내려놓는다. 이런 일은 찾음이 끝나기 직전까지 계속되기 마련이다. 내려놓는 것 자체에 집착할 필요가 없다. 무엇이든 집착하면 내려놓아야 할 짐이 하나 더 생기는 거다. 대신 게임처럼 즐겨야 한다. 힘을 빼고 즐겨야 한다. 게임은 즐기면서 하는 것이다. 그래야 잘한다.

찾음은 받아들임의 예술이다.

찾음의 과정은 있는 그대로를 받아들이는 과정이다. 내려놓기 게임이자 받아들임의 예술이다.

대부분은 받아들임이 쉽지 않다. 익숙한 편견과 오래된 믿음 때문에 새로운 시각을 받아들이기 쉽지 않다. 세상 모든 사람이 말하는 믿음을 거슬러 올라가야 하기 때문이다. 막상 받아들이고자 해도 오래된 편견에 젖은 마음은 늘 교묘히 방해한다. 그리고 이해가 깊어갈수록 내면의 저항도 거세진다. 온갖 믿음과 에고의 저항을 뚫고 진정으로 있는 그대로를 받아들이는 것은 참으로 받아들임의 예술이라 하겠다. 예술은 그냥 배워서 되는 것이 아니라 스스로 터득해야 하기에 예술이다.

만일 당신이 찾기 시작한 지 얼마 안 되고, 이 책에 나오는 말들이 낯설고 처음 듣는 말이라면 기죽을 필요가 전혀 없다. 내려놓을 것이 적고 편견과 믿음이 적기에 받아들이기 더 쉬울지 모른다. 받아들이는 데는 필요한 것이 없다. 빈 공간만 있으면 된다. 수행도 필요 없다. 받아들일 자세만 있으면 된다. 열린 마음으로 족하다. 그래서 스승은 초심자의 마음을 강조한다. 늘 겸손하고 받아들일 준비가 된 초심자의 마음으로 찾아야 한다.

초심자의 마음으로 찾는다.

진리는 바로 지금, 바로 여기 있다

» 그저 찾음이다

참으로 실망스럽지 않은가? 여기에는 내가 생각하는 좋은 것이 하나도 없다. 나의 믿음을 지지해줄 것이 하나도 없다. '내'가 얻을 것이 아무것도 없다. 스승은 당신에게 아무것도 주지 못한다. 심지어 당신이 원하는 답도 주지 않는다. 계속 직접 살펴보라고만 한다. 누가 아무것도 얻을 것이 없는 스승을 따르겠는가? 궁극적 깨달음의 의미를 제대로 알면 찾음의 길을 걸을 사람이 몇이나 될까? 어쩔 수 없이 찾아야 하는 몇몇 찾는 이들만 어쩔 수 없이 이 길을 갈 것이다. 예전에 비해 아무리 많은 이들이 눈을 뜨고 있다고 해도 여전히 아주 드문 일이다. 찾음의 길이 힘들기 때문이 아니라 정말 찾고자 하는 사람이 적기 때문이다.

유명한 스승의 삿상이나 명상 캠프에는 많은 사람이 몰린다. 다들 스승의 가르침을 따른다고 하지만, 사실 대부분은 스승이 전하는 가리킴에는 그리 관심이 없다. 스승을 통해 찾는 것은 자기 믿음을 지지해줄 거리다. 스승이 어떤 말을 하든지 자기가 믿고 싶은 대로 해석해서 받아들이고 스승이 자기 믿음을 지지한다고 착각하고 스승에 열광한다. 만일 스승이 자기 믿음을 지지한다고 생각한다면 스승에게 직접 가서 자기가 해석한 스승의 가리킴을 설명해보라. 아마 당신의 해석은 철저히 깨질 것이다. 스승은 당신의 믿음을 깨기 위해 한 말이지, 그 믿음을 지지하기 위해 한 말이 아니기 때문이다. 그래서 스승 오쇼 라즈니쉬는 스승의 현존이 중요하다고 했을 것이다. 그냥 확인 없이 스승의 말을 듣기만 하면 자기가 원하는 대로 해석하고 받아들일 수 있기 때문에 자기 믿음을 강화하기 쉽다. 이 때문에 스승에게 직접 확인해야 한다. 이러면 바로 갈 길을 돌아가지 않는다. 직접 묻고 확인할 수 있는 스승이 있으면 찾는 이에게는 참 행운이다.

내가 원하는 것을 얻을 수 있다는 약속이나 희망을 얻고 싶거든 스승을 찾아가면 안 된다. 어떻게든 피해야 한다. 스승은 정확히 반대로 한다. 나의 달콤한 믿음들을 깨고 아무것도 얻을 것이 없다는 사실을 보게 해서, 꿈에서 깨운다. 내가 믿어 왔던 세상을 없애버리고 내가 믿어 왔던 '나'의 존재 자체를 없애버린다. 내가 믿는 '내'가 살고 싶다면 찾지 않는 다른 사람들처럼 스승을 피해야 한다.

세상에는 '내'가 뭔가를 얻을 수 있다고 말하며 희망을 주고, 약속하고, 심지어 증거를 제시하는 곳이 널려있다. '내'가 원하는 달콤한 답을 해줄 곳이 세상에는 널려있다. '내'가 무슨 말을 듣고 싶어 하는지 정확히 안다. 그런 곳에는 사람들이 가득 찬다. 믿음과 환상으로 가득 찬다. 돈과 권력이 넘쳐난다.

어쩔 수 없이 찾는다.

얻을 것이 아무것도 없다고 해도 누군가는 어쩔 수 없이 찾아야 한다. 나의 의지로 태어난 것이 아니듯이 찾음도 나의 의지로 시작되지 않았고 찾음의 끝도 나의 의지로 안 된다. 찾지 않을 수 없어서 어쩔 수 없이 찾을 때 진정한 찾음이 시작된다. 이것이 핵심이다. 어쩔 수 없이 찾는다. 아무리 달콤한 말도 믿음도, 약속도, 희망도 와닿지 않는다. 직접 내 눈으로 보고 싶다. 진리가 무엇이든 꼭 찾고 싶다. 뭘

　　　　　　　　　　　　진리는 바로 지금, 바로 여기 있다

얻지 못해도, 내 존재를 다 내던져서라도 찾아야 한다. 왜 이러는지 모르지만, 그냥 찾는다. '내'가 찾는 것이 아니라 찾음이 나를 끌고 간다. 그냥 찾음이다. 이것이 진정한 찾음이다. '내'가 무엇을 찾는 것이 아니다. 그저 찾음이다. 찾음은 세상 모든 일이 그렇듯이 그냥 일어난다. '내'가 찾는 것이 아니다. 찾는 대상을 정해놓고 찾는 것이 아니다. 모르니까 찾는 것이다. 그저 찾음이다.

찾음은 찾는 대상을 내려놓는 과정이다.

찾는 대상이 사라지면 대상(객체)에 바탕을 둔 주체가 사라진다. 틀을 정해놓고 무언가를 찾던 주체인 찾는 이가 사라진다. 그러면 오직 '찾음'만 남는다. 주체와 객체가 사라지고 찾음만 남는다. 궁극에는 이 찾음도 사라진다. 찾는 이도, 찾는 대상도, 찾음도 그저 이야기일 뿐이라는 사실이 드러난다. 늘 있던, 늘 있는, 늘 있을 그대로가 드러난다. 이렇게 찾음은 끝난다.

'무엇'을 찾는 한, 찾음은 끝나지 않는다. 찾는 대상이 한정되어 있으면 찾아져도 그 대상에 맞지 않기 때문에 찾음이 끝나지 않는다. 앞에서 이미 찾아졌다고 말했지만 받아들여지지 않는 까닭이 여기 있다. 대상이 한정되고 그 무엇이 어떠할 거라는 고정된 생각이 있으면 찾아지는 것은 그 틀에 맞지 않기 때문에 찾음이 끝날 수 없다. 찾고자 하는 무엇은 사실, 이미 여기 지금 있다. 찾고 말고 할 것이 없다. 궁극적으로 찾음은 허상이다. 이 사실을 알아가는 과정이 찾음이다.

그저 찾음이다.

4장

가리킴

가리킴의 본질을 잘 알아야 한다. 그래야 오해가 적다. 가르침이 아니라 가리킴이다. 목적이 아니라 도구다. 진리가 아니라 일회용이다.

» 가리킴의 본질

가리킴은 달을 가리키는 손가락이다. 박혀있는 가시를 뽑기 위한 도구다. 방향을 가리키는 방향 표지판이다.

가르침이 아니라 가리킴이다.

스승은 달을 찾고 있는 이들을 위해서 달이 어디 있는지 손가락으로 가리킨다. 배워서 아는 가르침이 아니라 직접 보라고 가리키는 가리킴이다. 손가락이 아니라 달을 보라는 거다. 달은 하나지만, 가리키는 방법은 무수히 다양하다. 어떤 가리킴이든지 일단 달을 보면 더는 가리킴은 필요 없다.

달을 진리에 비유해서 "손가락으로 달을 가리킨다."라는 말은 유명한 비유다. 스승 혜능(慧能, 638~713)처럼 달이 어디 있는지 이미 알면 어떤 손가락도 필요 없다. 하지만 달이 어디 있는지 모르는 사람이 와서 달을 찾고 싶다고 도움을 청하면 스승은 손가락으로 달을 가리켜 알려 준다. 묻는 사람이 손가락이 가리키는 방향으로 고개를 돌려 달을 보면 더는 손가락이 필요 없다. 그리고 달을 본 적이 없는 사람에게 달에 관해서 말하고 가르쳐 줄 수 있다.

배우는 사람은 달에 '관한' 지식을 얻게 된다. 이런 지식이 쌓여갈수록 달에 관한 자기만의 관념을 가지게 된다. 그리고 달에 관한 지식일 뿐인데 달을 안다고 착각한다. 서울 가본 사람과 안 가본 사람이 싸우면 안 가본 사람이 이긴다는 속담처럼, 달을 보지 못한 사람의 목소리가 더 클 때가 있다. 이런 사람은 달을 본 사람이 달을 가리키면, 가리키는 손가락을 분석하고 지적하며 자기 지식을 자랑하기에 바쁘지, 달을 보려 하지 않는다. 자기가 만든 틀에 갇혀 산다. 이렇게 갇혀버리면 틀을 깨고 나오기 힘들다. 머리가 굳고 가슴이 닫힌다. 스승의 가리킴을 가르침으로 오해해서 그렇다.

달에 관해 아무리 오래 많이 배워도 달을 안다고 할 수 없다. 그것은 달에 관한 지식이지, 앎이 아니다. 달은 오직 직접 보고 알아야 한다. 달을 직접 보면 달에 관한 지식이 아니라 달을 알게 된다. 직접 보고 달을 아는 것이다. 그러면 어디에도 기댈 필요가 없다. 그냥 알기에 믿을 필요가 없다. 달에 관한 지식은 다른 사람에게 들어서 배운 것이다. 지식의 본질은 "누가 그러더라."라고 하는 다른 사람의 이야기다. 그래서 믿어야 한다. 자신이 직접 보고 아는 것이 아니기에 믿어야 한다. 그래서 찾음에서 믿음에 기반한 지식은 내려놓아야 할 또 하나의 짐밖에 안 된다.

스승은 오직 달을 가리킨다. 스승은 달은 직접 보고 알아야 하는 것이지 배우는 것이 아니라는 사실을 잘 알기에 가리킨다. 그래서 손가락에 집착하지 말고 손가락이 가리키는 달을 보라고 말한다. 하지만 아무리 말해도 달을 보기 전까지는 손가락에 집착하기 마련이다. 찾는 이의 입장에서는 아무리 보려 해도 보이지 않기에 "내가 뭘 잘못해서 안 보이나?" 하며 손가락을 살펴보기 마련이다. 보이는 것이 손가락뿐이기 때문이다. 그래서 손가락을 분석해서 어느 방향을 가리키는지 보려 한다. 일반적이고 당연한 과정이다. 그래서 손가락이

진리는 바로 지금, 바로 여기 있다

가리키는 도구일 뿐이라는 가리킴의 본질만 잊지 않고 계속해서 가리키는 방향을 보려 하면 된다. 그러면 방향을 잃지 않는다.

달은 같은 달이지만 가리키는 방법은 무수히 많다. 스승의 위치에 따라 가리키는 방향도 다르다. 물어보는 사람의 위치에 따라 가리키는 방향이 또 다르다. 스승에 따라 가리키는 손가락도 다 다르다. 언어가 다르고 문화가 다르고 성격도 다르고 걸어온 길도 다르고 그때그때 상황도 다 다르다. 묻는 사람도 마찬가지로 다 다르다. 그래서 달을 가리키는 가리킴은 다양할 수밖에 없다. 겉으로 보기에 전혀 다르게 보일지라도 다 같은 달을 가리킨다. 그런데 가리킴들을 서로 비교하며 뭐가 더 좋고 대단한지 묻고 왜 가리킴이 다른지 따지는 것은 가리킴의 본질을 완전히 오해하기 때문에 생기는 일이다. 그냥 가리키는 곳을 보면 된다.

가리킴이든, 가르침이든 어떤 말을 쓰든 상관없다. 늘 그렇듯 말은 문제가 없다. 말이 가리키는 본질만 알면 된다.

가시로 가시를 빼고 둘 다 버린다.

스승 라마나 마하리쉬는 가리킴을 가시에 비유해서 그 본질을 설명했다. 스승의 모든 가리킴은 그때그때 맞게 쓰고 내려놓는 도구다. 찾는 이가 달을 보지 못하는 까닭은 몸에 박혀있는 여러 믿음이라는 가시들이 자신을 속이기 때문이다. 믿음이라는 가시가 박혀있다. 스승은 찾는 이에게 어떤 가시가 박혀있는지 보고 뽑기 쉽게 거기에 맞는 가리킴이라는 가시를 준다. 찾는 이는 스승이 준 가시를 들고 기존에 박혀있는 믿음을 바로 보고 뽑아내야 한다. 뽑아내고 나면 박혀

있던 가시와 도구로 썼던 가시, 둘 다를 버려야 한다. 한 번 쓰고 버리는 일회용이다. 버리지 않고 들고 있으면, 잘못하면 다시 박힌다. 아주 효율적인 가시고 위대한 가시라고 몸에 다시 박아 놓을 필요는 없다. 괴롭기만 하다.

가리킴은 도구다. 그때그때 상황에 따라 다른 도구가 필요하다. 도구는 정해진 용도가 있다. 모든 상황에 다 쓸 수 있는 도구는 없다. 배관 파이프를 조이는 데 톱을 들고 있으면 아무 소용없다. 도구는 쓰고 나면 내려놓아야 한다. 모든 도구를 다 짊어지고 다닐 필요는 없다. 어느 가리킴에 공감하고 가슴이 열리고 이해가 일어나면 그 가리킴이라는 도구가 할 일을 다한 것이다. 아무리 좋은 가리킴이라도 내려놓고 가야 한다. 집착할 필요가 전혀 없다. 가리킴에 집착해서 짊어지고 가면 몸만 고달프다. 내려놓아야 할 짐만 더 는다.

> 산에 수많은 방향 표지판이 있다.
> 오직 그곳에서만 맞는 방향을 가리킨다.

찾음의 길이 산을 오르는 일과 같다면 가리킴은 방향 표지판이다. 산 곳곳에서 갈 방향을 가리킨다. 같은 정상을 가더라도 한 번은 동쪽을, 한 번은 서쪽을 가리킨다. 그때그때 당신이 가는 위치에 따라 다 다르다. 스승에게 길을 물으면 당신이 어디 즈음 어느 쪽으로 가고 있는지를 봐서 거기에 맞는 방향을 가리킨다. 그런데 왜 저번에는 이렇게 가리켰는데 오늘은 반대로 가리키냐고, 일관성이 없다고 불평하면 방향 표지판이 뭔지 전혀 모르고 하는 소리다.

산을 오르는 사람마다 위치가 다르기에 다르게 말해줘야 한다. 정

진리는 바로 지금, 바로 여기 있다

상 근처에 있으면 바로 정상을 가리키면서 저리 가라고 하면 되지만 산 밑에서 정상이 보이지도 않는 사람에게 이렇게 가리킬 수는 없다. 그럼 일단 거기서 보일 만한 곳을 가리켜 그쪽으로 안내한다. 가리킴이 가리키는 곳에 다다르면 더는 그 가리킴은 필요 없다.

　산의 정상은 한 곳이지만, 오르는 길은 무궁무진하다. 누구는 암벽을 타고 오르고 누구는 산을 둘러서 비스듬하게 천천히 올라간다. 누구는 계곡을 따라가고 누구는 산등성이를 따라간다. 누구는 이미 간 사람의 길을 따라가고 누구는 길을 개척하며 간다. 다들 가는 길이 다르다. 비슷해 보이는 길은 있지만, 같은 길은 없다. 각자 가는 길이 다 유일하다. 시대에 따라, 문화에 따라, 개인의 성격에 따라 스승의 안내에 따라가는 길이 다 다르다. 스승도 지나온 길이 있지만 모든 길을 다 알지 못한다. 스승도 자기가 잘 아는 길이 있고 선호하는 길이 있다. 그래서 한 스승의 가리킴이 모든 사람에게 공감을 얻거나 도움이 되는 것은 아니다. 다들 각자가 선호하는 길이 있고 공감 가는 가리킴이 있고 가슴을 울리는 스승이 따로 있다. 누가 더 훌륭하고 대단한가의 문제가 아니라 그저 다를 뿐이다.

"스승은 물을 주는 사람이 아니라 더 목마르게 하는 사람이다."

- 어느 스승

　스승에게 질문하면 기대하던 딱 떨어지는 답이 아니라 더 큰 의문만 얻게 되는 경우가 있다. 사실 대부분이 그렇다. 찾음에서 주어지는 답은 있을 수 없다. 오직 직접 볼 수만 있다. 그래서 가리킴은 당신에게 호기심을 불러일으키고 더 큰 의문이 타오르도록 만드는 미끼의 역할을 한다. 찾음이 흐지부지되며 일상의 믿음에 젖어갈 때 즈음 문득 가리킴이 떠오르며 갈증을 부추긴다. 갈증을 부추기기만 하지, 속 시원하게 물을 떠먹여 주는 일이 없다. 갈증 나게 해서 목이 더욱더 타들어 가게 한다. 도저히 목이 타서 자리를 박차고 물을 찾아 나서지 않으면 안 되도록 몰아붙인다.

"너의 참모습이 무엇인가?", "너는 태어나기 전에 어디에 있었는가?", "너는 죽으면 어디로 가는가?"라고 계속해서 묻는다. "환생이 있습니까?"라고 묻는 말에 "누구의 환생을 말하는지 살펴보라."라고 의문을 되돌려 준다. 가리킴은 찾는 이에게 좀 더 근본적인 의문으로 안내한다. 무엇을 물을지 막막하던 찾는 이에게 바른 의문으로 안내한다. 답은 중요하지 않다. 어떤 의문을 품느냐가 중요하다. 답은 찾음을 죽게 만든다. 답을 정하는 순간 더는 나아가지 못한다. 스승 장자(莊子)의 호접몽(胡蝶夢)은 이런 가리킴이다. 사람들 가슴 속에 뿌려져 갈증을 일으키는 찾음의 씨앗이다.

가리킴의 본질은 가리키는 것이다.

이 책에서 답처럼 들리는 어떤 말도 답으로 받아들이지 마라. 답으로 주어진 것이 아니다. 당신이 직접 확인하고 더 제대로 된 의문을 품게 도와주는 가리킴이다. 길을 안내하는 방향 표지판이다. 박혀 있는 가시를 뽑을 도구다. 직접 그 말이 맞는지 확인하라. 맞지 않을 수도 있다. 누군가에게는 전혀 말이 안 될 수도 있다. 사람마다 가진 오해와 믿음이 다 다르고 가는 길의 방향이 다르기 때문이다.

가슴에 와닿고 큰 울림이 일어나는 가리킴을 만나는 일은 참 은혜로운 일이다. 울림이 다하고 나면 흘려보내라. 어느 가리킴도 보편적인 것이 없다. 붙들고 집착하는 순간 다람쥐 쳇바퀴에 올라탄다. 길을 간다는 환상만 즐길 뿐이다.

지금 이 순간도 스승은 늘 가리키고 있다.

가리킴의 본질을 잘 알아도 도대체 어느 가리킴이 맞는지 알 수가 없다. 도대체 내가 어디쯤에 있는지도 알 수 없다. 지금 가고 있는 나의 길에 뭐가 올바른 방향을 가리키는지 도저히 알 수 없다. 혹여 가는 길과 전혀 맞지 않는 정반대 방향의 가리킴을 잘못 따를까 두렵다.

세상에는 수많은 가리킴이 있다. 수천 년을 거쳐 쌓이고 쌓였다. 오늘도 새로운 가리킴이 쏟아진다. 스승이 직접 쓰고 확인해서 왜곡 없는 가리킴도 있고 수천 년을 거치며 왜곡된 가리킴도 있다. 오래된 가리킴일수록 왜곡 가능성이 크지만, 쌓인 명성도 높다. 문제는 명성은 잘 알 수 있지만, 어느 가리킴이 왜곡됐는지, 어느 가리킴이 그렇지 않은지 알기는 힘들다는 것이다. 다들 자기 가리킴이 진짜고 최고라고 주장한다. 이쪽에서는 저쪽 가리킴이 가짜라고 하고 저쪽에서는 이쪽이 가짜라고 한다. 너무 많은 가리킴 속에서 뭐가 뭔지 어지럽다. 뭐가 진정한 가리킴인지, 나에게 꼭 맞는 가리킴인지 알고 싶을 것이다. 어떻게, 어떤 가리킴을 선택해야 할지 묻고 싶다.

이렇게 묻는 마음속에는 어떤 특정한 가리킴이 내게 도움이 될 수 있다는 믿음이 있다. 좀 더 나아가서 깨달음에 특별한 비법이 있다는 믿음이다. 어떤 일이든 지나온 세월을 돌아보면 눈에 띄는 일들이 있고 그런 일들이 정말 도움이 된 것처럼 느껴진다. 이런 일들을 사람들과 나누면서 "그게 정말 중요해."라고 말한다. 스승들도 지나온 뒤에 도움 됐던 일들을 나누고 여러 방법을 이야기한다. 하지만 이것은 다 결과론적인 이야기다. 이미 일어난 일에 덮어씌워진 이야기일 뿐이다. 정말 그때 도움 된 것이 아니라 도움이 된 것 같다고 지금 느껴져서 하는 이야기다. 지금 이 순간 어떤 스승의 어떤 가리킴이 당신에게 도움을 줄지는 아무도 모른다. 스승도 모른다. 어떤 비법을 찾고 싶은 마음은 당연하다. 하지만 미리 정해진 비법이란 없다. 만일 비법을 찾고 싶은 마음이 있다면 다시 잘 살펴보라. 세상이 어떻게 얽히고설켜서 돌아가는지, 찾음의 본질이 무엇인지. 이미 도착한 곳에 더 잘 도착할 비법이란 없다. 굳이 비법이라면 이런 믿음이 찾음을 끝내지 못하게 계속 부추기기에 이런 믿음을 내려놓는 것이다. 다시 잘 살펴보라. 그런 비법이 필요하기나 한지, 그런 비법이 누구에게 필요한지. 이 또한 가리킴이다. 바른 방향을 가리키려 하는 가리킴이다.

당신 안에 있는 스승, 가슴이 가리키는 가리킴을 따라가라.

"그래도 찾음이 계속된다. 비법을 찾고 싶은 믿음을 내려놓고 나아간다. 비법을 찾고 싶은 생각이 떠오르면 그런가 보다 하고 흘러가게 놔둔다. 그런 비법에 대한 믿음이 환상에 지나지 않는다는 사실을 알기 때문이다. 그래서 어떤 가리킴에도 집착이 없다. 가리킴의 본질을 바로 보기 때문이다. 가슴이 이끄는 대로 가리킴을 따라간다. 스승을 찾아가서 가리킴을 받고 안내를 받는다. 여러 스승을 찾아다니기도 한다. 이 삿상 저 삿상, 이 책 저 책, 이런저런 명상 캠프, 동영상을 찾아보고, 인터넷에서 글

진리는 바로 지금, 바로 여기 있다

을 읽고 하며 여러 가리킴을 접하며 나아간다. 어떤 순간, 어떤 가리킴이 가슴을 울린다. 감사한 순간이다. 시간이 지나면서 울림이 끝난다. 또 다른 가리킴을 접하며 나아간다. 어떤 때는 내리막을 걸으며 뒷걸음질 치는 것 같다. 퇴보하는 것 같다. 산을 오를 때도 계속 오르막만 있는 것이 아니기에 걱정은 되지만, 그런가 보다 한다. 그렇게 가다 보면 또 오르막이 나온다. 어느 순간 정상이 힐끗힐끗 보이기도 한다. 처음 정상이 보일 때는 참 감격스럽다. 정상이 보였다가 안 보이면 걱정이 되지만, 그런가 보다 하고 계속 나아간다. 가슴이 이끄는 대로 그렇게 계속 나아간다."

이렇게 가슴이 이끄는 대로 계속 나아가라. 왜냐하면, 그 방법밖에 없다. 사실 일어나는 일은 이것뿐이다. '내'가 찾는다고 생각하면 오산이다. 찾음은 그저 일어난다. 당신이 시작한 찾음이 아니다. 어쩌다 시작된 찾음이다. 그래서 끝도 어쩌다 일어난다. 그래서 가슴이 이끄는 대로 가는 것뿐이다. 가슴이 이끈다는 말은 '내'가 찾는다는 말의 반대말이다. 그저 찾음이 일어난다는 말이다. 또, 언제 무슨 일이 어떻게 일어날지 모른다. 스승도 그저 가리킬 뿐이다. 가리킴이 누구에게 어떻게 도움이 될지 모른다. 당신에게 직접 가리켜도 도움이 될지, 아니면 도리어 역효과가 날지 모른다. 그저 가리킬 뿐이다. 그리고 그저 가리킴을 따라갈 뿐이다. 실제로 일어나는 일이 이렇다. 그러니 가슴이 이끄는 대로 갈 수밖에.

지금 이 순간 스승은 당신 안에 있다. 당신 안에 있는 스승이 가슴으로 이끈다. 늘 지금도 가리키고 있다. 겉으로 보기에는 밖에서 다른 스승이 가리키는 것 같지만, 사실 어떤 가리킴도 당신이 받아들이지 않으면 아무 소용없다. 결국, 모든 일은 당신 안에서 일어난다. 가슴을 따라가라. 당신의 가슴이 유일한 스승이다. 내면의 스승이 가리키는 대로 따라가라. 효과가 있다 없다, 좋다 나쁘다는 그때그때 일어나는 생각일 뿐이다.

한 걸음 더 들어가서 살펴보자. 결국, 찾는 이가 찾아진다. 결국, 찾음도 다 환상이다. 이미 도착해 있는데 뭘 찾고 말고가 있을까? 세상의 본질은 점인데 가는 길이 어떻게 있을 수 있을까? 이미 도착한 곳을 가리키는 가리킴이 어떻게 있을 수가 있을까? 바로 지금 바로 여기를 가리키는데 무슨 더 좋고 나쁜 가리킴이 있을 수 있을까?

그저 더 좋고 더 나쁜 가리킴이라는 생각만 일어날 뿐이다. 자신이 찾는 이라는 생각만 일어날 뿐이다. 찾고 있다는 생각만 일어날 뿐이다. '내'가 길을 가고 있다는 생각만 일어날 뿐이다. 이 사실이 불현듯 선명해지고 흔들림이 없으면 찾음이 끝난다. 찾음이 환상이라는 사실을 바로 본다. 이때 가리킴의 본질이 드러난다.

삶이 이끄는 대로 가라.
왜냐하면, 그 길밖에 없다.

진리는 바로 지금, 바로 여기 있다

» 스승이 가리키다

스승이 가리킨다. 찾는 이는 가리킴을 얻기 위해서 스승을 찾아다
닌다. 그런데 스승은 정해져 있지 않다. 찾는 이가 준비되어 있지 않
으면 어떤 스승도, 가리킴도 아무런 의미가 없다. 왜냐하면, 스승은
찾는 이가 만들기 때문이다.

스승은 제자가 만든다.

스승의 사전적 의미는 '자기를 가르쳐서 인도하는 사람'이라고 되어
있다. 찾음에서 스승은 사전의 정의처럼 사람으로 한정되지 않는다.
그래서 여기서 스승을 '자기를 가리켜서 안내하는 무엇'으로 정의해
보면 어떨까 한다. '자기를 가리켜'라는 정의에서 보듯이 스승을 결정
하는 것은 당신이다. 원래부터의 스승은 없다. 스승은 스스로 생기는
것이 아니다. 당신이 어떤 대상을 스승이라고 여기면, 그때 그 대상은
스승이 되고 자신은 제자가 된다. 스승을 만드는 것은 제자다.

스승 로버트 울프에게 찾음이 끝난 일을 보고하러 갔던 날 로버트
는 내게 이렇게 말했다. "난 스승이 아니네." 그래서 난 이렇게 답했
다. "제가 스승으로 여기기에 제게 스승님이십니다." 스승은 입가에
미소를 머금으며 받아주었다. 로버트는 자신을 스승이라고 여기지 않
는다. 제자가 스승으로 여기는 것이다.

스승 웨인 리쿼만을 처음 찾아갔을 때의 이야기다. 나는 스승이 절실히 필요했다. 스승이 너무도 간절했기에 웨인을 보자마자 물었다. "제게 스승이 되어 주시겠습니까?"라고. 웨인은 흔쾌히 "자네가 원하는 한 그렇게 하게나."라고 허락했다. 웨인의 말은 자기가 스승이 되겠다는 말이 아니라, 묻는 내가 스승으로 여기고 싶으면 원하는 한 그렇게 하라는 말이다. 웨인의 가리킴은 이때부터 시작됐다.

궁극적 깨달음이 일어나면서 찾음이 끝나면 자연인이다. 하지만 자연인이라고 다 가리키는 것은 아니다. 가리킴 없이 남아있는 생을 잘 살아가는 이도 많다. 아마 드러나지 않는 자연인도 많을 것이다. 또 가리킨다고 해서 스승이 되는 것도 아니다. 찾는 이가 스승으로 여기면 그때 자연인은 스승이 된다. 자연스럽게 찾는 이는 스승의 반대 개념인 제자가 된다. 찾는 이가 더는 스승으로 여기지 않으면 스승과 제자의 관계는 사라진다. 스승과 제자의 관계는 제자가 중심이다. 그리고 가리킴을 따르는 것도 제자가 중심이다. 스승과 가리킴이 필요한 이는 제자이기 때문이다.

내게 배움을 불러일으키면 무엇이든 스승이 된다. 스승이라고 여기면 무엇이든 스승이다. 궁극적 깨달음이 일어났든 아니든, 어른이든 아이든, 여자든 남자든, 천한 사람이든 고귀한 사람이든, 사회적 지위가 높든 낮든, 사람이든 동물이든, 생물이든 사물이든, 실재하는 것이든 추상적인 것이든 상관없다. 스승을 결정하는 것은 그 대상이 아니기 때문이다.

찾음의 과정에서 다양한 사물을 통해서도 많은 가리킴이 일어난다고들 말한다. 떨어지는 낙엽이 갑자기 깊은 이해를 일으키기도 하고 늘 바라보던 흐르는 강물이 깊은 이해로 안내하기도 한다. 라마나 마

진리는 바로 지금, 바로 여기 있다

하리쉬가 아루나찰라(Arunachala)산을 스승으로 삼은 일은 잘 알려져 있다. 마하리쉬는 사람 스승이 없었다. 그 산과 공명하며 스승으로 삼고 평생 그 산을 떠나지 않았다 한다.

샷상, 살아 있는 가리킴에서 길을 묻는다.

스승은 언제, 어디든, 어떤 형태로도 나타날 수 있지만, 찾는 이의 대부분은 살아 있는 인간 스승에게서 가장 큰 영향을 받는다. 직접 스승에게 묻고 오직 자기만을 위한 가리킴을 얻으며 계속해서 제대로 가는지 확인받을 수 있어 찾아뵐 수 있는 스승이 있으면 찾는 이에게 이보다 큰 행운이 있을까? 그래서 다들 스승을 찾아 샷상에 참석한다.

샷상(Satsang, सत्संग)은 옛 인도의 언어인 산스크리트어에서 유래한 말로 진리와 함께하는 모임이라는 뜻이다. 주로 스승과 함께하는 모임을 말한다. 꼭 스승이 없어도 샷상이라 할 수 있지만, 대부분은 살아 있는 스승을 주축으로 모인다. 보통 스승이 가리킴을 말하는 모임을 열 때 "샷상을 연다."라고 말하고 사람들이 참석한다. 그래서 샷상은 스승의 가리킴이 살아 숨 쉬는 곳이라고 말할 수 있다. 스승이 강연하기도 하고, 참석자의 질문에 스승이 답하면서 대담을 나누기도 한다. 때로는 스승과 함께 가만히 침묵 속에 있기도 한다. 스승과 제자 둘만 있을 수도 있고 몇 명의 방문객만 모일 수도 있으며 명상 캠프처럼 많은 사람이 모이기도 한다. 스승마다 하는 방식이 다 다르고 모임의 크기에 따라 진행 방법도 다 다르다. 요즘은 샷상이 인터넷으로 중계돼서 어디서든 참석할 수 있다. 실시간으로 중계되는 샷상에 참석해서 직접 질문하고 스승의 답을 들을 수도 있다. 아예 인터넷으로 화상채팅만을 하기도 한다. 누구나 스승과 직접 소통할 수 있다. 세계 어디서든 직접 가 보지 않아도 스승을 접할 수 있어 찾는 이에게는 너무도 좋은 세상이다.

삿상에서 스승은 대화를 통해 질문하는 이가 산 어디 즈음 어디를 보고 가고 있는지 알 수 있기에 질문하는 이에게 맞는 방향을 가리켜 줄 수 있다. 찾는 이에게 이보다 좋은 일이 없기에 다들 삿상을 찾아다닌다.

찾음이 끝나기까지 한 스승만을 따르기도 하고 여러 스승을 따르기도 한다. 따르는 특정한 스승이 있어도 다른 여러 스승의 가르침을 같이 접하면서 동시에 영향을 받는 경우가 대부분이다. 라메쉬는 공식적으로 니사르가다타의 제자지만, 만나본 적 없는 라마나 마하리쉬도 스승으로 여겼다. 아디야샨티는 강연에서 말하길 자신은 스승 아비스 저스티(Arvis Joen Justi) 아래서 오랫동안 가르침을 받았지만 어느 순간부터 더는 진전이 없다가, 한 다른 스승의 책을 보고 완전히 빠져버렸다 한다. 이 새로운 스승의 가르침에 깊은 사랑을 느끼고 이해의 깊이가 한층 깊어졌다고 한다. 아디야샨티는 다른 스승의 가르침에 영향을 받는 것이 마음에 걸려 스승 아비스에게 미안한 마음을 말했더니 아비스는 전혀 상관없다고 언제든지 그렇게 하라고 했다 한다. 아마 모든 스승이 다 이와 같을 것이다. 스승의 본질을 잘 알기 때문이다.

스승에게 집착할 필요 없다. 아무리 대단한 스승이라도 자신과 맞지 않을 수 있고 수십 년을 깊이 빠져서 가리킴을 따라도 어느 순간 교착 상태에 빠질 수도 있다. 다른 스승이 필요하다 느끼면 찾아라. 스승은 제자에게 집착하지 않는다. 원래부터 존재하는 스승이란 없

진리는 바로 지금, 바로 여기 있다

나는 사실을 잘 안다. 마음이 끌리는 스승에게 가라. 스승은 당신이 필요하기에 나타난 것이다. 중요한 것은 스승 그 자체가 아니라 제자의 필요이고 스승의 가리킴을 받아들이는 제자의 자세다. 스승을 정하는 것은 당신이다. 사실 스승은 묻지 않으면 딱히 할 말이 없다. 찾는 이가 찾아와서 달이 어디 있냐고 물어보니 저기 있다고 가리키는 것이다. 스승은 원래 스승도, 제자도 둘이 아니라는 사실을 잘 안다. 그리고 유일한 스승은 찾는 이의 내면에 있다는 사실을 잘 안다. 그래서 집착할 관계도 없다.

나 같은 경우는 찾음의 여정 마지막에 여러 스승을 거쳤다. 10년을 스승 웨인에 집중하다 마지막 1년간 참으로 많은 스승을 집중적으로 거쳤다. 참으로 운이 좋게 좋은 스승들을 많이 만날 수 있었고 그들의 도움으로 찾음이 끝날 수 있었다.

나는 도움을 줬던 분들을 스승으로 여겼다. 난 늘 모든 스승이 석가모니 부처와 다르지 않다고 여겼다. 사실 그렇다. 전혀 차이가 없다. 스승의 위대함은 제자의 가슴에서 나온다. 위대한 가리킴은 제자가 만든다. 원래부터 위대한 스승이나 가리킴은 없다. 나는 전적으로 스승을 신뢰하고 부처를 모시듯 극진히 삼배를 올렸다. 스승을 전적으로 신뢰하고 가슴을 열고 가리킴을 온몸으로 받아들이려 노력했다.

전적인 신뢰가 없으면 석가모니가, 예수가, 노자가 아무리 대단한 가리킴을 전한들 아무 소용없다. 관심이 없거나 준비가 안 된 사람에게는 아무 소용없다. 달마(達磨)가 팔을 잘라 가르침을 구하는 혜가(慧可)에만 가르침을 전한 까닭이 여기 있다.

당신이 스승을 찾는 것이 아니라
필요한 때 스승이 당신을 찾는다.

스승은 제자가 필요할 때 나타난다고 한다. 스승은 사람의 형태나, 산, 떨어지는 낙엽이 될 수도 있다. 궁극적 깨달음이 일어난 참스승일 수도 있고 설익은 깨우침에 좋은 언변을 얹혀 혼란으로 이끄는 일명, 거짓 스승일 수도 있다. 일어날 일은 일어난다. 그래서 찾는 이가 준비되면 어떤 형태로든 깨우침이 일어나고 결국에 궁극적 깨달음이 일어나며 찾음이 끝난다. 스승이 있든지 없든지, 어떤 형태인지는 중요하지 않다.

사실 스승과 가리킴에 관한 말들은 다 이야기일 뿐이다. 좀 더 정확히 말해서 일어날 일이 일어날 뿐이고, 일이 일어나는 과정 중에 나타나는 사람이나 사물을 스승이라 여길 뿐이다. 다시 말해서, 누가 스승이었고 어떤 도움을 받았는지는 일어난 일에 찾는 이가 인간의 관점으로 만들어내는 이야기일 뿐이다. 찾음이 끝나고 결과론적 관점에서 어떤 스승이나 일어난 어떤 일이 도움이 됐다고 추측하며 만들어내는 이야기다. 정해진 스승도 없고, 정해진 길도 없고, 정해진 도움 되는 일도 없다. 그냥 만들어내는 이야기다. 그래서 이렇게 당신과 이야기하고 가리킴을 나눌 수 있게 말이다.

어떤 수행이, 어떤 스승이 "내가 지나와서 보니 도움이 됐다."라는 말은 그냥 이야기지, 당신도 그런 수행을 하거나 같은 스승을 만나 가르침을 받는다고 해서 그것이 도움이 된다는 말이 전혀 아니다. 물론 도움이 될 수도 있고 도움이 안 될 수도 있다. 스승 싯다르타를 석가모니로 모시고, 예수를 성스럽게 여겨 숭배하고, 라마나 마하리쉬를

진리는 바로 지금, 바로 여기 있다

위내하게 여기며 ㄱ가 스승으로 여겼던 아루나찰라산을 성스럽게 여기는 일은 그 자체로 문제가 아니지만, 위대함이 그 스승에 내재하고 신성함이 그 산에 있다고 생각하면 이것은 철저히 오해다.

다른 모든 가치와 마찬가지로 신성함도 신성하다고 여기는 사람의 마음에 있는 것이지, 대상에 있는 것이 아니다. 사람들은 스승을 위대하다고 받들지만, 스승은 자기가 위대하다고 여기지 않는다. 위대함은 따르는 사람들의 존경하는 마음의 표현이지, 원래부터 내재하는 가치가 아니라는 사실을 잘 알기 때문이다.

사람들은 자꾸 밖에서 뭔가를 찾으려고 한다. 영화 〈인디아나 존스(Indiana Jones, 1981)〉에서 존스 박사가 깊은 밀림 속 숨겨진 비밀 장소에서 신성한 성배를 찾아내듯이 뭔가 저 멀리 우리가 모르는 어딘가에 진리가 묻혀있을 것만 같다. 그래서 멀리멀리 찾으러 돌아다녀야 할 것만 같다. 수행을 하고 대단한 비밀 수련을 하고 위대한 스승을 찾아 깨달음의 에너지를 받고 비법의 가르침을 받으면 신비스러운 힘이 나에게 없던 진리를 가져다줄 것만 같다. 인디아나 존스도 그렇고 『서유기(西遊記)』에서 천축으로 불경을 구하러 가는 삼장법사 일행도 그렇다. 십자군 원정이 그렇고 성지 순례가 그렇다. 파랑새는 밖에 있지 않다. 진리는 밖에 존재하지 않는다. 지금 이 순간 여기 있다. 진리는 밖과 안이 만나는 바로 여기 있다.

찾으러 돌아다니는 것이 문제가 아니다. 다만 찾고자 하는 것이 밖에 있다고 착각하는 것이 문제다. 위대함과 신성함을 찾으러 돌아다니는 모든 노력은 결국 지금 여기로 다시 돌아오는 과정에 지나지 않는다. 선불교의 심우도(尋牛圖)는 크게 한 바퀴를 돌며 원을 하나 그리는 일로 찾음의 완성을 표현한다. 그런데 제자리로 돌아와서 보면 알게 된다. 원도 없었다는 사실을. 처음부터 점이어서 움직일 수조차 없다는 사실을. 아무리 돌아다녀도 지금 여기를 벗어날 수 없고 늘 지금 여기에 머물러 있었다는 사실을 알게 된다. 늘 지금 여기에 머문다. 세상 아무리 멀리 돌아다녀도 당신의 인식은 늘 여기 있다. 세상을 '내'가 돌아다닌 줄로 알았는데, 세상이 모두 여기 참나 안에서 일어났다는 사실을 알게 된다. 마치 가상 현실처럼. 마치 꿈처럼.

> 찾음의 과정은 궁극적으로 점이다.
> 처음에는 직선으로 보이다,
> 찾음이 끝나면 원으로 보이고
> 다시 점이었구나 하고 안다.
> 직선도 원도 다 점안에 있다.
> 점, 바로 지금 바로 여기다.

궁극적 관점에서 보면 스승은 오직 하나다. 삶 그 자체다. 오직 삶이 스승이다. 진정 모든 것은 제자의 내면에서 일어나고 이를 이끄는 것은 오직 삶 그 자체다. 그래서 이를 가리켜 진정한 오직 하나의 스승이란 뜻으로 산스크리트어로 '삿구루(Satguru, Sadguru)'라 한다. 삿구루는 참의식, 참인식, 절대, 신, 도, 하나님, 절대, 관세음보살 등의 여러 이름으로 가리키는 그것과 다르지 않다.

오직 삿구루만 존재한다. 궁극적으로 스승도, 제자도, 삶도, 찾음도, 찾음의 길도, 찾음의 시작과 찾음의 끝남도 다 삿구루 안에 존재한다. 그래서 한바탕 꿈이라고도 말할 수 있고, 원이 아니라 점이라

진리는 바로 지금, 바로 여기 있다

고도 말할 수 있다. 어떤 사람들은 자신의 스승을 제일 위대한 스승으로 치켜세우고 싶어서 삿구루라고 표현하지만, 이것은 삿구루의 진정한 뜻을 모르고 오해해서 비롯된 표현이다. 만일 진정한 뜻을 알고 말한다면 틀린 말도 아니다. 삿구루 아닌 것이 없기 때문이다. 실제로 일어나는 일은 삿구루인 삶 그 자체가 찾는 이로 나타나고 스승으로도 나타나며 이 둘의 관계 속에서 찾음이라는 행위로도 나타난다. 이렇게 찾으며 일어나는 일들을 가리켜 찾음의 길 또는 사다나(Sadhana)라고 부르고, 원래 자신이 삶 그 자체였다는 사실을 알면서 찾음이 끝나는 일을 궁극적 깨달음(Enlightenment)이라고 부른다.

» 가리킴은 의사전달이다

스승의 말도 하나의 의사전달이다. 그런데 의사전달에는 한계가 있다. 내 의사가 정확히 전달된다거나, 전달된 의사를 내가 정확히 알거라고 믿는 것은 환상에 지나지 않는다. 이런 믿음이 있으면 스승의 가리킴을 자신이 직접 살펴봐야 할 가리킴으로 받아들이지 못하고 오해한다. 그래서 그런 믿음이 사실인지 알아보기 위해 의사전달의 한계와 그 본질을 살펴볼 필요가 있다. 의사전달의 본질을 살펴보면 세상이 존재하는 방식에 관한 힌트도 얻을 수 있다.

모든 말은 가리킴이다.

우리는 의사소통을 종종 오해한다. 내가 말하면 상대가 알아들어야 한다고 생각한다. 또 상대가 말하면 내가 알아들어야 한다고 생각한다. 말을 정확하게 잘하면 그 의미가 정확히 전달된다고 믿는다. 의사소통을 통해서 메시지가 정확하게 전달될 수 있다고 믿는다. 말을 통한 의사소통이 아니라, 글, 영상, 통화, 만남, 접촉 등 다른 여러 수단을 동원해도 별반 다를 것 없다. 우리는 종종 의사소통을 통해서 의사를 정확하게 전달할 수 있다고 착각하지만 사실 정확한 의사전달이란 없다. 얼마나 오류를 줄이냐의 문제다.

"물 좀 가져와 주세요."라고 오래 같이 지낸 사람에게 말하면 물을

진리는 바로 지금, 바로 여기 있다

가져온다. 하지만 이런 예처럼 나른 모든 상황에서도 의사가 정확히 전달되고 의도한 결과를 얻을 거라 짐작하는 것은 착각이다. '물을 가져오라.'라는 간단한 의사도 같은 환경에서 같은 사람에게 반복되었을 때는 잘 전달되고 의도한 반응을 얻을 가능성이 크다. 하지만 늘 이런 결과가 보장되는 것은 아니다. 어느 날은 먹는 생수가 떨어져 보리차를 가져올 수도 있고 수돗물을 가져올 수도 있으며 탄산수나 사이다를 가져올 수도 있다. 또 상대가 바뀌거나 환경이 바뀌면 의사가 어떻게 전달될지 모르는 일이다. 어떤 사람은 레몬이 포함된 물을 가져와서 레몬 알레르기 때문에 고생할 수도 있다. 어떤 사람은 물을 불로 잘 못 들어서 불을 들고 올 수도 있다. 같은 말을 둘이 같이 들어도 한 사람은 먹는 물을 가져올 수도 있고 다른 사람은 손 씻을 물을 가져올 수도 있다. 너무 당연한 소리 같지만, 이 너무도 당연한 소리를 우리는 너무도 당연하게 오해한다.

회사에서 프로젝트를 진행할 때 회의에서 의사를 결정하고 보면 참석자마다 다 다르게 말한다. 심지어 정확히 글로 받아 적고 그때 확인했어도 나중에 확인하면 해석이 다 다르다. 물론 수렴되는 부분도 많지만 다른 부분도 많다. 이미 확인하고 확실하다고 동의한 부분도 시간이 지나고 나면 또 말이 달라진다.

일을 오래 같이한 동료들의 경우에는 수렴되는 부분이 많지만, 새로운 프로젝트를 하다 보면 말이 또 다르다. 그런데 프로젝트를 진행하면서 왜 말이 다르냐고 추궁할 수는 없다. 늘 이런 현상은 일어나고 어찌 보면 너무도 당연한 일이다. 그래서 이런 의사소통의 한계를 당연하게 받아들이고 그에 맞게 프로젝트를 진행해야 한다. 늘 확인하고 다른 부분을 수렴하는 작업을 반복한다. 이것이 프로젝트를 관리하는 사람의 당연한 업무다. 수렴된다는 말은 사실 그 순간 결과에 이의가 없다는 뜻이지, 사람들의 생각이 같다는 뜻이 아니다. 경험 있는 프로젝트 관리자는 이 사실을 잘 안다.

의사소통의 한계를 방치하면 끔찍한 일이 일어날 수도 있다. 1967 년 베트남 전쟁 중에 한 미군 사령부(The 1st Cavalry Division)의 명령이 하달되면서 중요한 메시지가 완전히 다르게 바뀐 일이 있었다. 사령부에서 "어떤 상황에서도 마을을 불사르지 마라."라고 여단에 명령을 전달하고, 여단은 "베트콩이 있다는 완벽한 확신이 있지 않으면 어떤 마을도 불사르면 안 된다."라고 대대에 전달하고, 대대는 "마을에 베트콩이 있다는 생각이 들면 마을을 불사르라."라고 중대에 전달하고, 중대는 소대에 "마을을 불사르라."라고 최종 전달했다. 최초의 메시지가 정반대의 뜻으로 바뀌어 전달됐고 이 때문에 생겼을 처참한 결과는 상상만 해도 끔찍하다. 극단적인 예처럼 보이지만, 이런 극단적인 예는 늘 일어난다. 의사소통의 한계를 잘 알고 관리하지 않으면 의사가 180도 왜곡되는 일은 어찌 보면 당연하다. 한쪽 방향으로 여러 단계를 거쳐 전달될수록 왜곡은 더 커진다. 같은 메시지를 전달하는 것이 아니라 각자의 인식에 반영된 해석을 전달하기 때문이다.

전달된 의사를 확인하고 수렴한다지만 전달된 의사가 정확히 받아들여졌는지를 확인할 길은 사실 없다. 수렴하고 확인해도 가능성만 줄어드는 것이지 확실한 보장은 없다. 오직 나중에 돌아오는 결과가 전달한 사람이 예상했던 결과와 맞으면 의사가 잘 전달됐다고 추정하는 것이다. 다른 사람이 내 의사를 어떻게 받아들였는지는 알 수 없다. 다른 사람의 생각을 들여다볼 수 있는 길은 없다. 오직 전달된 의사의 결과로 돌아오는 반응을 내가 인식해서 판단할 뿐이다. 반대

진리는 바로 지금, 바로 여기 있다

로 의사를 전달받은 사람도 마찬가지다. 의사를 선한 사람이 무슨 생각으로 그 말을 했는지 추측할 뿐이지 완벽히 알 수는 없다. 이 추측의 간격을 줄이는 방법은 들은 것을 다시 묻고 확인하는 일이다. 전달된 의사에 대한 반응을 보여주고 따라오는 전달한 사람의 반응이 내가 예상한 결과와 맞는지 확인하는 일이다. 이렇게 반응하는 일은 사실상 의사를 다시 전달하는 일이다. 아무리 이렇게 확인한다고 해도 정확히 그 사람의 생각을 들여다보지 못하니 알 수 없는 노릇이다. 반응하는 사람도 똑같이 전달한 사람의 반응을 보고 내가 전달을 잘 받았는지 판단할 뿐이다.

의사의 전달은 오직 자기 인식에 의한 판단이기에 전달받는 사람마다 해석이 다를 수밖에 없다. 얼마나 똑똑한지의 문제가 아니라 다름의 문제다. 온갖 똑똑한 사람들이 모여 있는 청와대에서 수석들이 대통령과 회의를 하고 나서 서로 대통령의 뜻을 확인해보면 수석마다 해석이 다 달랐다고 한다. 전달된 의사를 다 다르게 들었다는 말이다. 이런 일은 늘 일어나는 일이라 전혀 놀랍지 않다. 뉴스는 매일같이 같은 사건을 두고 전혀 다른 해석과 의견을 내놓는 여러 정치 단체의 소식을 전한다. 같은 일을 두고 이해관계가 다르면 단체마다 전혀 다른 해석을 내놓는다. 이런 일은 정치 단체에만 해당하는 것이 아니라 모든 단체에 해당한다. 또 한 단체의 해석도 그 안에서 여러 무리로 나뉜다. 결국, 해석은 각 개인에게까지 나뉜다.

한계를 알아야 오해가 적다. 스승의 가리킴도 예외가 될 수 없다. 누구도 예외가 아니다. 이 글 또한 예외가 아니다. 아무리 위대한 스승의 말이나 경전이라도 예외가 될 수 없다. 왜냐하면, 왜곡은 의사전달에서 일어나는 자연스러운 현상이기 때문이다. 똑똑한 사람일수록 자기는 정확히 알아들을 수 있고 예외라고 생각하기 쉽다. 똑똑하고 힘 있는 사람일수록 다른 사람이 자기 말을 그대로 알아들어야 한다고 생각하기 쉽다. 위대한 스승의 말이나 경전은 예외 없이 진리를 그대로 전달한다고 믿는 경향이 있다. 위대한 신의 뜻을 전하는 신탁은 여기서 예외라고 믿고 싶어 한다.

불경이나 성경처럼 오래된 경전을 해당 종교에서는 위대하고 성스럽게 여긴다. 해당 가르침을 따르는 사람으로서 존경을 표하는 자세는 편견을 내려놓고 가르침을 받아들이는 데 큰 도움이 되지만, 사람들은 여기서 그치지 않는다. 위대하고 성스럽기에 의사전달의 한계에서 예외라고 여기면서 책에 나온 말 자체를 진리라고 믿는다. 말을 진리라고 믿으면서 말 토씨 하나하나에 집착한다. 하지만 이것은 오해다. 아무리 성스러운 책이라도 의사전달의 한계에서 예외일 수는 없다. 이것은 위대함이나 성스러움과는 전혀 다른 문제다. 의사전달의 본질에 관한 문제다. 결국, 모든 의사전달은 내가 받아들이기 때문이다.

사실 위대하다고 여기는 오랜 경전일수록 왜곡하는 요소가 더 많다. 석가모니나 예수, 노자나 장자가 살았던 시대에는 글을 직접 적을 방법이 지극히 드물었다. 그리고 실제 글로 적힌 때는 스승이 가르침을 전한 시점에서 몇십 년에서 몇백 년이 지난 뒤의 시점으로 학자들은 보고 있다. 대부분 구술로 내려오던 것을 종합해서 적은 것으로 알려져 있다. 이 또한, 여러 버전이 존재하고 시간에 따라 바뀐다. 새로운 내용이 들어가기도 하고 빠지기도 하며 이미 있던 내용이 바뀌기도 한다. 적는 사람의 성향과 이해 정도에 따라 변하기도 한다. 또한, 정치나 문화의 변화에 따라 조금씩 또는 많이 변하기도 한다. 다

진리는 바로 지금, 바로 여기 있다

른 언어로 번역되면 의미가 또 바뀐다. 같은 글도 집단의 관점에 따라 해석이 다양해진다. 종교가 다양하고, 또 각 종교 안에서도 종파가 참 많다. 큰 줄기가 작은 줄기로 나뉘고, 각 줄기는 나라와 문화에 따라 또 나뉜다. 정말 다양한 해석이 있다. 어떤 해석들은 서로 뜻의 차이가 엄청나다. 이렇게 같은 말에도 다양한 버전이 있고 해석이 다양하며 차이가 난다는 사실은 의사전달의 한계를 증명하는 것이기도 하다. 그런데 다들 자기의 해석이 신의 뜻이며 진리라고 믿는다. 그냥 자기만 이렇게 믿으면 문제가 없는데, 다른 사람의 해석은 틀렸다고 하고 인정하지 않으면서 문제가 일어난다. 결국, 나만 맞고 다른 사람은 틀렸다는 인식에서 비롯된다. 찾음에 이런 인식이 있으면 찾음은 길을 잃는다.

이해가 완전하지 않은 선생이 스승의 자격으로 옛 스승의 가리킴이나 경전을 다시 옮기는 일도 많다. 이런 일이 한 번이 아니라 세월을 거쳐 여러 번 반복되기도 한다. 왜곡된 말이 다시 왜곡된다. 반복 전달되면서 옛 스승의 가리킴은 그 뜻이 정반대로 전해지기 십상이다. 이렇게 뜻이 변한 말에 권위가 더해지면서 왜곡된 뜻이 강요되는 일은 흔하다. 이럴수록 의사전달의 한계나 오류의 가능성을 숨기려는 경향이 있다. 어떤 의문도 용납하지 않고 믿음을 강요한다. 권위에 도전하면 응징이 따른다. 결국, 힘의 논리다.

오래된 가리킴만 이런 것이 아니다. 왜곡은 오랜 시간이 필요 없다. 스승 니사르가다타의 『아이 앰 댓(I'm That)』 책은 마라티어를 쓰는 니사르가다타의 대화 기록을 편집하고 영어로 번역해서 출판됐다. 이해가 완전하지 않은 사람들이 번역하고 편집하게 되면 원래 말하려는 스승의 의도가 바뀔 수밖에 없다. 거의 모든 번역 서적이 겪는 숙명이다. 한 사람이 『아이 앰 댓』 책을 읽고 니사르가다타의 삿상에 찾아왔다. 스승이 직접 말하는 내용과 책 내용 사이에 모순이 있어 이에 관해 물었을 때 니사르가다타는 이렇게 답한다. "보게. 책 『아이 앰 댓』은 내가 쓴 것이 아니라 모리스 프리드만이 썼지. 어긋나거나 모순이 있을 수밖에 없지. 생각해 보게, 그 책이 출판되기 전까지 여러 과정을 거쳤다는 것을. 첫째로, 내가 아는, 내가 가진 지식은 직관적 확신인데, 사람들이 찾아와서 물어보니까 말해주는 것뿐이지. 나는 내 마라티어 어휘력만큼만 이야기할 수 있으니까 표현에 한계가 있고, 더구나 내가 교육받은 사람이 아니라서 더 제한되겠지. 모리스가 마라티어를 이해하는 데 한계가 있었으니까 내 말도 제한적으로 이해할 수밖에 없었겠지. 그러고 나서도 모리스는 자기가 이해한 것을 영어로 글을 써야 했네. 그리고 마지막 원고가 출판되기 전에 편집도 해야 하고. 그러니 '내가 아는' 것과 책 『아이 앰 댓』에 나오는 내용 간에는 상당한 거리가 있을 수밖에 없지 않겠나?" 니사르가다타의 답은 의사전달의 한계와 가리킴이 어떻게 왜곡될 수 있는지 잘 설명해준다. 그리고 여기에 적힌 니사르가다타의 대답도 예외가 아니다. 니사르가다타가 직접 한글로 적은 것이 아니다. 니사르가다타 곁에서 통역하던 라메쉬 발세카가 기억에 의존해서 니사르가다타의 말을 사람들에게 영어로 말했고, 녹음된 이 말을 웨인 리쿼만이 편집해서 책에 실었고, 그 내용을 필자가 한글로 다시 번역한 것이다. 그러니 분명 왜곡이 있을 수밖에 없다.

찾는 이는 의사전달의 본질을 잘 이해하고 한계를 바로 알아야 한다. 그래야지 가리킴의 본질을 바로 이해한다. 가리킴을 오해해서 길을 잃지 않는다.

진리는 바로 지금, 바로 여기 있다

말의 위대함이나 성스러움에 집착하지 마라.
말의 문제가 아니라 집착하는 마음의 문제다.

» 말로 가리키다

가리킴은 의사전달이고 주로 말로 전해진다. 의사전달의 한계를 잘 알아도 말로 전해지는 가리킴을 잘 알아듣기 힘들 때가 많다. 서로 모순이 보이고 무슨 말인지 알아듣기 힘들다. 가리키는 그 무엇은 언어로 표현될 수 없지만 어쩔 수 없이 말로 가리켜야 하고 언어는 우리가 믿고 사고하는 방식을 바탕으로 이루어졌지만 가리킴은 이것을 거슬러 가리켜야 하기에 늘 언어의 한계에 부딪힌다. 이 때문에 말은 아주 효과적인 의사전달 수단인 동시에 이해를 방해하는 가장 큰 장애물이기도 하다. 그래서 언어의 한계를 거슬러 말로 표현해야 하는 가리킴의 특수성을 잘 이해하지 못하면 도대체 어디를 가리키는지 알아듣기 힘들어 머리를 쥐어뜯게 된다.

"말이 장애가 되고 말이 이어주는 다리가 된다."

- 리사 카하레

영화 〈콘택트(Arrival, 2016)〉를 보면 달걀같이 생긴 거대한 외계 우주선이 지구에 오고 정부는 외계인이 지구에 온 목적을 알려고 대화를 시도하나 도저히 외계인의 말을 알아들을 수가 없다. 외계인이 인간에게 어떤 메시지를 전하고 싶어 하는 것 같은데 도저히 의사소통이 안 된다. 그래서 언어학자 루이스를 데려와서 외계인과 의사소통

　　　　　　　진리는 바로 지금, 바로 여기 있다

을 시도한다. 영화를 보면 다른 환경에서 살아온 두 생명체가 의사소통하는 것이 얼마나 어려운지를 보여준다. 두 사람이 일상의 대화를 나누려면 엄청나게 많은 정보와 경험을 공유하고 있어야 한다. 우리는 일상의 대화를 당연하게 여기고 생각조차 안 해보지만, 이 영화를 보다 보면 얼마나 많은 것을 우리가 공유하고 대화에서 전제로 삼는지 새삼 느끼게 된다. 영화에서 외계인은 유리 반대편에서 자기 나름의 상형 문자와 같은 도형을 그려가며 대화를 시도한다. 결국, 루이스는 그 도형들의 패턴을 파악하면서 그들이 전달하고자 하는 메시지를 알아내고, 마침내 외계인과 의사소통할 수 있게 된다. 루이스가 도형을 이해하고 의사소통할 수 있었던 것은 그나마 외계인과 인간인 루이스 사이에 공유하는 정보와 경험이 있기 때문이다. 외계인의 언어인 상형 문자와 같은 도형은 그저 정보와 경험을 전달하는 매개체며 새로운 문자일 뿐이다. 인간과 외계인이 만나기 전부터 서로 공유하는 정보와 경험이 없었으면 아마 문자 해독은 불가능했을 것이다. 문자 해독이 가능한 건 문자가 가리키는 개념을 공유하기 때문이다.

의사소통하려면 공유하는 경험과 정보를 쌓아나가야 한다. 아이가 태어나면 우리는 아이와 기본적인 의사소통을 위해 공유하는 경험과 정보를 쌓아나간다. 너무도 당연히 아는 수많은 정보는 우리가 어린 아기였을 때부터 배운 것들이다. 아이는 가족을 벗어나 사회에서 의사소통하려고 학교에 다니며 해당 사회에서 공유하는 경험과 정보를 익힌다. 사회의 특정 무리의 사람들과 같이 일하거나 어울리기 위해서 그들이 공유하는 경험과 정보를 익힌다. 또 늘 변하는 세상에서 사람들과 의사소통을 하기 위해 새로운 경험과 정보를 다양한 매체를 통해서 계속해서 익힌다. 이런 일은 우리가 살아 있는 한 계속된다.

도대체 우리는 무엇을 공유하기에 이처럼 의사소통을 할 수 있을까?

공유하는 경험과 정보는 대화에서 전제로 깔린다. 의식적이든, 아니든 우리가 대화할 때는 수많은 전제가 깔려 있다. 대화에 끼려면 그런 전제들을 알아야 한다. 이것은 스승의 가리킴을 접할 때도 마찬가지다. 삿상에서 스승과 다른 사람과의 대담을 알아들으려면 그들이 공유하는 전제를 모르면 이해가 안 된다. 스승과 찾는 이들 간의 대화를 실은 책을 읽는 것은 그들 사이의 대화에 끼는 일이다. 그들이 공유하는 전제를 모르면 대화가 이해가 안 된다. 전제로 깔리는 개념들은 찾는 이가 누구냐에 따라 또 바뀐다. 여러 사람과의 대화를 실은 책이라면 어떤 대화는 이해가 되고 어떤 대화는 이해가 안 될 수도 있다. 이건 너무나 당연한 일이다. 이 당연한 이치를 간과하면 스승의 가리킴을 접할 때 혼란스러울 수 있다.

같은 스승이 어떤 사람에게는 "열심히 수행하면 깨달음에 이를 수 있다."라고 흥미를 불러일으키며 말하다가도 어떤 사람에게는 "누가 있어 수행하는가?"라고 말하거나 "수행 따위는 없다."라고 말하며 밖으로 향하는 관심을 내면으로 돌린다. 심지어 어떤 이에게는 "깨달을 것도, 깨달음도 없다."라고 말하며 깨달음에 관한 믿음을 내려놓도록 안내한다. 말만 모아 놓고 보면, 말도 안 되는 모순이다. 한 입으로 열 말한다. 또, "당신에게는 어떤 자유의지도 없습니다. 통제할 수 있다거나 제어할 수 있다는 말은 환상입니다."라고 말하다가, "집중하세요. 진실하세요. 받아들여야 합니다."라고도 말하는데 도대체 아무것도 할 수 없다고 하고선 다시 뭘 해야 한다고 말하니, 도대체가 종잡을 수가 없다. 어느 장단에 춤을 춰야 할지 감이 안 잡힌다. 대화마다

진리는 바로 지금, 바로 여기 있다

깔린 전제가 다르기에 말도 다를 수밖에 없는 대화의 본질을 이해하지 못하면 스승의 말이 모순되게 들린다. 종종 찾는 이들은 스승의 모순된 말에 머리를 쥐어뜯는다. 스승은 한 사람에게 여러 가지 모순되는 말을 한꺼번에 하지 않았지만, 찾는 이는 여러 사람에게 한 말들을 한꺼번에 읽으면서 모순을 불러일으킨다. 산에 있는 여러 방향 표지판을 한자리에 모아 놓고 정상을 가는 방향이 어디가 맞는지 헷갈린다며 모순된 방향 표지판이라고 불평하는 것과 뭐가 다를까? 각 방향 표지판은 제 위치에 바로 박혀 있을 것을 전제로 만들어진 것이다.

스승이 질문에 답할 때는 묻는 사람과 공유하는 것이 뭔지를 살펴서 여러 전제를 깔고 말한다. 듣는 사람이 오늘 처음 온 사람인지, 아니면 10년을 곁에서 가리킴을 따라온 사람인지, 말하는 주제에 얼마나 익숙한지, 얼마만큼 이해가 있는지, 가리킴에 얼마나 마음이 열려 있는지에서부터 남자인지, 여자인지, 어느 문화권인지, 청년인지, 노인인지 등, 의식적으로 또 무의식적으로 수많은 사항을 고려해서 그 사람에게 도움 되는 말을 하려 노력한다. 일반적인 대화와 마찬가지로 스승의 말도 물어본 그 사람과 공유하는 부분을 파악해서 전제를 깔고 답하는 거다. 그런데 그런 전제를 모르고 답을 들으면 외계인의 말처럼 전혀 이해가 안 된다. 스승의 말을 이해하려면 전제를 잘 알아야 한다. 그래야지 스승의 의도라고 할 수 있는 가리키는 방향을 알 수 있다.

찾는 이가 스승의 안내를 받는 것은 스승과 공유하는 경험과 정보를 늘리고 전제로 깔 수 있는 양을 늘리는 과정이라 할 수 있다. 그래서 스승이 좀 더 많은 전제를 깔고 깊이 바로 가리킬 수 있도록 말이다. 『반야심경』에는 석가모니가 이미 많은 내용을 공유하고 있는 사리자(舍利弗, Sāriputra)에게 수많은 전제를 깔고 바로 가리키는 이야기가 나온다. 석가모니는 수많은 제자 가운데 사리자에게만 이렇게 설했다. 예수도 여러 제자 가운데 도마만 따로 불러서 핵심을 설했다. 만일 준비가 안 된 제자가 이런 내용을 들으면 알아듣지 못한다. 차근차근 전제로 깔 수 있는 이해를 늘려가야 한다. 『반야심경』이라는 석가모니와 사리자 사이의 대화에 끼려면 거기에 깔린 전제를 알아 나가야 한다. 전제를 하나둘씩 알아가다 보면 어느 순간 그들 사이에 앉아서 대화에 끼고 있는 자신이 보일 것이다.

대담에서 전제로 깔린 내용을 잘 몰라 스승의 가리킴이 무슨 말인지 도저히 와닿지 않을 때가 있다. 뭔가 대단하고 깊은 뜻을 담은 어려운 것으로 생각하기 쉽다. 찾음을 어렵게 느낀다. 어렵게 느끼지 않았으면 한다. 찾음은 쉬워야 한다. 사실 너무도 쉽다. 어렵게 느끼는 것은 찾음이 어려워서가 아니라 대화의 본질이 그렇기 때문이다. 전제로 깔고 있는 내용을 모르기 때문이다. 그들끼리 공유하는 내용을 어떻게 알겠나? 누가 사자성어로 대화를 주고받을 때 그 사자성어에 관한 이야기를 모르면 무슨 말을 하는지 모른다. 대화 내용이 어려워서 그런 게 아니다. 사자성어에 관한 이야기는 그냥 들으면 되는 것이지, 어려운 것이 아니다. 스승의 가리킴도 별것 없다. 가리킴에 깔린 전제가 자기와 안 맞으면 전혀 와닿지 않는다. 무슨 말인지도 알기 힘들다. 반면 전제가 잘 맞으면서 큰 울림이 일어날 수도 있다. 이렇게 얻어걸리면 행운이다. 찾음은 이렇게 얻어걸리는 부분을 찾아다니는 것이기도 하다. 그래서 와닿지 않으면 그냥 넘어가면 된다. 책의 모든 내용을 다 알 필요 없다. 사실 한 구절이면 된다. 삿상에서 다른 사람과 나누는 대담 내용을 다 알아들을 필요 없다. 한 마디면 된

진리는 바로 지금, 바로 여기 있다

다. 수준의 문제가 아니다. 그냥 내게 익숙하지 않을 뿐이다. 하나 얽어걸려서 이해가 쑥 깊어지기도 한다. 양자역학에서 말하는 양자도약(Quantum jump)처럼 말이다.

꼭 전제를 알아야 와닿는 것은 아니다. 다시 말해서 선제가 꼭 머리로만 이해되고 인지되는 것이 아니라는 말이다. 어떤 가리킴은 무슨 말인지도 모르겠는데 왠지 끌린다. 그냥 가슴이 반응한다. 뭔지 모르겠지만 익숙하다. 가슴을 울린다. 어떤 말인지, 깔린 전제가 뭔지 궁금하다. 목이 마르다. 계속 찾게 된다. 이런 가리킴은 좋은 화두가 된다. 가슴에 품고 물을 주다 보면 언젠가 꽃 피울 씨앗이다.

스승의 말은 처방전이 아니라 묘사다.

종종 스승은 무엇을 하라거나 어떻게 해야 한다고 말한다. 여기서도 "해야 한다."라고 무수히 말한다. 이런 가리킴에 깔린 전제는 뭘까?

"찾을 때는 진실해야 합니다."라고 말하면 찾는 이는 이것을 처방전으로 여긴다. 뭔가를 '내'가 해야 하고 그것을 하면 어떤 결과를 얻을 수 있다고 믿는다. '아! 내가 진실하게 수행하면 좋은 결과를 얻을 수 있다는 말이구나!'라고 생각하면서 자기 의지로 무엇을 해야 한다고 생각하고 거기에 따른 결과를 기대한다. 이 때문에 수많은 사람이 다양한 수행을 한다. 스승은 계속해서 무엇을 하라고 말한다. "진실하라.", "이웃을 사랑하라.", "화나는 마음을 알아차려라.", "있는 그대로를 받아들여라.", "지금 이 순간에 집중하라.", "내면을 살펴보라.", "편견을 내려놓으라.", "거짓 믿음을 살펴보라." 등 많다. 하지만 이런 말들은 스승이 당신에게 처방전으로 주는 말이 아니다. 스승의 말은 원인과 결과를 담보하는 처방이 아니라 하나의 묘사다.

"아침이 오려면 태양이 떠야 한다."라고 말하는 것과 같다. 하나의 표현 방식이다. 이것을 하면 저것이 얻어진다가 아니라, 저것이 이루어질 때 보면 이것이 있다는 말이다. "태양이 뜨면 아침이다."라는 말이다. 이해가 일어날 때 보니 진실했고 편견이 없었다는 말이다. 일어난 일에 대한 묘사다. 달리 말해서, 진실하고 편견이 사라지면 이해가 일어날 수도 있다는 말이다. 능동태가 아니라 수동태다. 사실 '나'에게는 진실하거나 편견을 내려놓을 수 있는 능력이 없다. 심지어 '나'라는 것도 하나의 개념에 지나지 않는다. 하지만 말할 때마다 깔린 전제를 세세하게 설명할 수는 없다. 말이 너무 장황해져 말을 하기 힘들다. 또 정확하게 말하려면 모든 말을 수동태로 해야 하고 부정문을 써야 한다. 이것도 정확하지 않다. 말을 뻥긋하는 순간 궁극적 관점에서는 사실 다 말이 안 된다. 그래서 전제를 깔고 간단하게 말할 수밖에 없다. 안 그러면 무슨 말인지도 알아듣기 힘들다. 듣는 이가 익숙한 표현에 맞춰 말해야 한다. 아직 '나'에 대한 믿음이 강하고 이것이 믿음이라는 사실조차 모르는 사람들 대부분에게는 거기에 맞춰서 차근차근 접근해야 한다. 그래서 스승은 그냥 "진실하라." 또는 "진실해야 한다."라고 간단히 말한다. 그러다 상황에 따라서 "진실하고 안 하고는 당신 손에 달려 있지 않아요!"라고 말하면서 전제를 오해하는 사람을 바로 잡아준다.

라메쉬는 "진실하라."라는 스승 니사르가다타의 말을 듣고 집에 가서 머리를 쥐어뜯었다고 한다. "네가 할 수 있는 것은 아무것도 없다."라며 자유의지에 반하는 말을 했던 스승이 "진실하라."라며 자유의지가 있는 것처럼 말하는 모순에 라메쉬는 혼란스러웠다. 라메쉬는 스승을 절대적으로 신뢰했기에 스승이 가리키는 것이 무엇인지 알아내려고 머리를 쥐어뜯는다. 그러다 '아하! 처방전이 아니라 묘사였구나!' 하며 알아차렸다.

스승이 말할 때 그것을 처방전으로 여기면 안 된다. 어떤 결과를 예상하는 처방전이 아니다. 하나의 묘사일 뿐이다. 하나의 가리킴이다. 이렇게 스승의 가리킴에 깔려있는 전제를 알면 이해가 깊어진다. 더는 오해하지 않는다.

말은 삶사라를 건너 진리에 이르는 길잡이가 된다.

겉으로 보기에 우리는 아기 때부터 배워온 여러 전제를 공유하며 의사소통한다. 공유하는 전제가 깊을수록 나누는 대화도 깊어지기 마련이다. 그런데 너무도 당연히 공유하는 여러 전제의 밑바닥을 살펴보면 뭐가 있을까? 전제들을 거꾸로 거슬러 가서 아기 때 이전으로 가보면 도대체 우리가 뭘 공유하기에 의사소통이 가능할까? 겉으로 보이는 말, 개념들을 거슬러 저 아래에는 뭐가 있을까? 우리가 외계의 지적 존재를 처음 만난다면 뭘 공유해야 의사소통이 가능할까? 여러 개념을 공유하는 고도의 의사소통이 아니라 가장 기본적으로 서로 반응하는 정도도 뭔가를 공유해야 가능하다. 내가 친구와 뭘 공유하기에, 내가 강아지와 뭘 공유하기에, 내가 땅을 기어가는 지렁이와 뭘 공유하기에 서로 반응하는 걸까? 가장 밑바닥에서 공유되는 그 무엇이 없으면 어떤 일도 일어날 수 없다. 우리 모두가 공유하는 살아 움직이는 뭔가가 있다. 도대체 세상 모든 인식을 가진 존재들이 공유하는 것이 뭘까?

지금 이 순간 이 글을 읽는 그 인식과 다르지 않다.

» 의문 아래 믿음을 가리키다

우리는 질문할 때 답을 기대한다. 물어본 질문에 대한 답 말이다. 그런데 스승에게 질문하면 질문에 대한 답을 듣기 힘들다. 질문하면 더 큰 의문을 얻는다. 질문할 때 우리는 '그렇다.', '아니다.'로 딱 떨어지는 답을 원한다. 그 순간 "아하!" 하고 깨우칠 수 있는 답을 원한다. 내가 예상한 답을 원한다. 이런 답을 주는 사람들은 세상에 많이 있다. 그 자리에서 뭔가를 깨우치게 해주는 분들도 많이 있다. 세상에는 좋은 말솜씨로 사람들이 원하는 답을 꼭 집어 들려주는 사람들이 많다. 당신이 원하는 답을 정확히 알고 기대에 부응한다. 향신료가 잔뜩 들어있어 자극적이고 끌린다. 대부분은 이런 답을 원한다. 그런데 자극적이면 그때는 맛있지만, 탈이 날 때가 온다. 답을 찾았다고 믿었는데 전혀 그렇지가 않다. 어느 순간 붙들어 왔던 모든 답이 허상임이 보이고 괴롭다. 어찌 안 그럴까? 사실, 처음부터 얻은 답이 허상임을 가슴 깊숙이 안다. 그래서 늘 불안하다.

나도 처음 스승을 만났을 때 기대했던 답이 그런 것이었다. 딱 떨어지는 답을 원했다. 궁극적 깨달음을 얻은 스승이라고 하니까 얼마나 더 대단할지 기대했었다. 깨달음과 스승에 관한 온갖 판타지를 등에 업고 많은 질문을 쏟아 냈지만, 내가 얻은 것은 답이 아니라 더 큰 의문이었다.

진리는 바로 지금, 바로 여기 있다

우리는 질문할 때 질문에 깃든 여러 믿음을 눈치채지 못한다. 어떤 질문을 하든 질문도 의사전달이기에 거기에는 전제가 깔려 있기 마련이다. 스승은 그것을 본다. 의문 아래에 깔린 전제들을 본다. 다양한 믿음들이 전제로 깔려 있다. 스승은 그 믿음들을 가리키며 묻는 이에게 그 믿음이 사실인지 아니면 환상에 불과한 건 아닌지 살펴보도록 의문의 방향을 틀어 묻는 이에게 돌려준다. 찾는 이가 의문을 다듬어 가도록 도와주는 것이다. 사실 찾음은 의문을 다듬어 가는 과정이다. 답은 의문을 죽게 만들어 찾음을 멈추게 한다. 찾음은 답을 찾아 배우는 과정이 아니다. 믿음을 바로 보고 내려놓으면서, 거짓 믿음에 기반한 의문들을 불태워 없애며, 바른 의문을 찾아가는 과정이다.

나는 스승에게 많은 질문을 했지만 사실 무슨 질문을 하는지도 모를 때가 대부분이었다. 뭔가 의문은 있는데 선명하지 않았고 내가 뭘 모르는지도 확실치 않았다. 그래서 의문이 있어 질문하다 보면 막상 무슨 말을 하는지, 무엇을 정말 내가 궁금해서 묻고 있는지, 늘 헷갈렸다. 무엇을 물어야 할지 정확히 몰라도 일단 물어야 했다. 그냥 가슴 속에 품고 있기에는 너무 답답해서 일단 스승에게 물으면서 내 생각을 까발리고 싶었다. 뭔지 모르지만 일단 질문하면 질문에 전제된 믿음들이 밖으로 드러난다. 스승은 전제로 깔린 거짓 믿음들 때문에 의문 자체가 성립하지 않음을 알고 답 대신 질문하는 사람에게 그 믿음을 일깨워주며 살펴보게 한다. 전제로 깔린 믿음들이 사실인지, 아닌지 스스로 살펴보고 확인하면 답이 저절로 드러나기 때문이다. 찾는 이는 전제로 깔린 믿음들이 하나씩 수면으로 올라올 때 직접 그 믿음이 사실인지 확인해야 한다. 믿음을 바로 보면 의문은 자연히 사라진다. 답을 얻는 것이 아니라 의문이 성립하지 않음을 직접 보는 것이다. 이것이 진정한 답이다.

믿음이 환상에 지나지 않거나 거짓인지 알면 내려놓게 된다. 마음속에 간직한 믿음들은 혼자만 알고 있으면 이것이 믿음인지조차 모른다. 그래서 질문을 통해서 스승에게 드러내야 한다. 질문하며 의문을 던지고 불태우고 거짓 믿음을 확인하고 내려놓고, 계속 반복해야 한다.

스승은 의문에 답하는 사람이 아니라 의문을 불태우는 사람이다. 의문 뒤에 숨은 믿음을 드러내는 사람이다. 당신이 알아채지 못한 믿음을 직접 살펴보게 해서 바른 의문으로 안내하는 사람이다. 결국, 진정한 의문만 남을 때 궁극의 답은 저절로 드러난다. 뿌리가 되는 믿음이 남아있는 한 다른 사람에게 들은 답은 늘 "누가 그러더라."라는 하나의 지식밖에 안 된다. 답은 오직 내면에서 일어난다. 다른 사람에게 들은 답은 듣자마자 믿음으로 가공되며 다른 의문을 만드는 재료로 쓰일 뿐이다. 답으로 의문의 논리가 강화되면 깨기 더 힘들다. 그래서 스승은 의문을 일으키는 장본인인, 의문 뒤에 숨은 믿음들이 사실인지 묻도록 도와주는 일을 한다. 질문하는 이가 직접 그 믿음을 살펴보고 믿음이 사실이 아님을 뚫어보면 스승에게 물었던 모든 의문은 자연히 해결된다.

스승은 질문자의 의문이 발을 딛고 서 있는 믿음이 사실인지 묻고 또 묻는다. 그러다 믿음이 하나둘씩 기반을 잃고 사라지고 가장 뿌리가 되는 믿음이 모습을 드러낸다. 이 뿌리가 되는 믿음이 사실인지, 거짓인지 묻는 것이 바른 의문이다. 진정한 의문이다. 찾음은 이 의문을 향해 나아가는 과정이다. 의문을 불태우고 불태우면 결국, 바닥에 깔려 있던 모든 의문의 근원이 되는 믿음만 남는다. 이 근원이 되는 믿음이 거짓이라는 사실이 확연히 드러나면 모든 의문이 불살

진리는 바로 지금, 바로 여기 있다

라진다. 그동안 속여 왔던 믿음들이 더는 없기에 늘 있는 그대로가 확연히 드러난다. 이렇게 찾음은 끝난다. 이것을 궁극적 깨달음이라고 한다.

오직 할 일은 자기 눈을 가리는
믿음이라는 먼지를 닦아내는 일뿐이다.

의문 아래 깔린 믿음을 보는 일은 쉽지 않다. 어떤 때는 의문이 여러 믿음을 숨기는 역할도 한다. 겉으로 보기에 근사한 의문일수록 더 그렇다. 의문은 자기 가슴 속에서 차올라야지 진정한 자기 의문이지, 그냥 듣고 배운 의문은 오히려 방해될 수 있다.

"나는 누구인가?"라는 의문을 모르는 사람은 아마 없을 것이다. 라마나 마하리쉬의 책을 보고 알든, 소크라테스의 "너 자신을 알라."에서 유추했든, 살아오면서 자신의 참모습에 대한 궁금함이었든 거의 모든 사람에게 친숙한 의문이다. 스승은 찾는 이가 바른 의문을 가지도록 "나는 누구인가?"라는 근원적인 의문을 던지며 여기에 집중하라고 일러준다. 이런 영향을 직접적으로든, 간접적으로든 받은 수많은 사람이 이 의문을 흉내 낸다. 다른 의문들은 묻어둔 채 이렇게 묻는 것이 좋다고들 하니까, 이 의문이 진정한 의문이라고들 하니까, 이것만 물어댄다. 만일 다른 의문들이 다 불타 없어져서 오직 "나는 누구인가?"라는 의문만 남아있다면 진실로 진정한 의문이다. 하지만 수많은 의문을 그대로 남겨둔 채 이 의문만 흉내 낸다면 이 질문은 다른 수많은 의문이 숨어서 썩어갈 수 있게 보호하는 방어막이 된다. "나는 누구인가?"라는 멋져 보이는 큰 돌을 놔두고 그 밑에 온갖 의문들을 숨겨 놓는다. 돌 밑에 온갖 벌레들이 숨어서 하나의 세상을 만든다. 숨어 살아가기 좋은 환경을 멋진 큰 돌이 보호한다. 만일 오랫동안 의문을 품고 열심히 찾아왔지만, 여전히 찾음이 끝나지 않았다면 잘 살펴보라, 마음속에 큰 돌 하나 남겨두고 찾아온 건 아닌지. 무거울수록 치우기 힘들다. 하지만 아무리 태산처럼 무거워도 그 바탕은 허상이기에 언제든지 치울 수 있다. 다만 솔직해야 한다. 허상을 볼 수 있는 솔직함이 있어야 한다. 겉으로 대단한 영적인 사람처럼 보이고 싶은지, 아니면 정말로 찾고 싶은지 솔직해야 한다. 대단한 영적 능력을 길러 흔들림 없이 태연한 척할 수 있는 사람이 되고 싶은지, 아니면 정말로 진리가 무엇이든지 간에 그 무엇이 궁금해서 미칠 지경으로 그냥 찾고 싶은지, 자신에게 솔직해야 한다.

오직 진실함만이 믿음의 무게를 감당할 수 있다. "다, 마음 하나 고쳐먹으면 되지."라고 쉽게 말할 수 없다. 세상에 그 많은 사람이 아직도 괴로워하는 까닭은 누구도 마음 하나 고쳐먹을 수 없기 때문이다. 마음 하나 고쳐먹는 것은 당신 손에 달려 있지 않다.

묻어둔 믿음들을 솔직하게 드러낼 수 있어야 한다. 자신에게 솔직한 것이 제일 어려운 일일지도 모른다. 평생을 쌓아온 믿음을 드러내기란 쉽지 않다. 자신은 안다, 그 믿음들이 견고하지 못하다는 사실을. 그래서 자기 믿음이 무너질까 꼭꼭 숨긴다. 동원할 수 있는 모든 방어기제를 동원해서 누구든 손을 못 대게 숨긴다. 어렵게 보이지만 사실, 제일 쉬운 일일 수도 있다. 그냥 믿음을 들춰 보기만 하면 된다. 새로운 것을 배울 필요도 없고 오랫동안 수행할 필요도 없다. 지금 이 순간 자기가 품은 의문이라는 돌을 들춰 보라. 의문 뒤에 숨은 수많은 믿음을 햇볕에 내보이라. 믿음들을 하나씩 살펴보라. 솔직하게 믿음이 사실인지 확

진리는 바로 지금, 바로 여기 있다

인하라. 사실이 아니면 불태워라. 환상을 품고 아까워할 필요 없다. 믿음으로 만든 꿈일 뿐이다. 환상을 붙들고 꿈속에서 괴로워할 까닭이 없다. 내려놓아라. 그러면 스승들이 말하는 사랑, 자유, 평온이 드러난다. 돌을 들추는 순간 진정한 찾음이 시작된다.

» 여러 이름으로 가리키다

우리가 찾고자 하는 것은 말이나 생각 이전의 무엇이다. 그래서 그 것을 가리켜 이름 없는 그 무엇이라고 부른다. 찾는 이가 이 사실을 잘 이해하고 많은 부분을 스승과 공유하면 가리킴은 큰 말이 필요 없다. 이때 침묵은 큰 가리킴이 된다. 말의 한계를 벗어나 침묵 속에 서 내면의 스승이 깨어난다. 그 무엇에 이름을 붙일 필요도 없다. 그 무엇은 대상이 아니기 때문이다. 우리 존재 그 자체다. 이름을 붙이려 면 나와 둘로 나누어져야 한다. 이름을 가진 하나의 대상이 되어야 하기 때문이다. 하지만 그렇지 않기 때문에 궁극에 가서는 아무런 이 름도 붙일 수 없고 심지어 어떤 대상으로조차 생각할 수 없다. 나와 분리된 대상이 아니기 때문이다. 이 때문에 『도덕경』에서는 가장 첫 마디에 "도(道)를 도라 하면 도가 아니다."라고 시작한다. 하지만 이런 말이 이해되기 전까지는 이름을 붙여서 불러야 한다. 스승과 찾는 이 가 서로 대화를 하려면 대화의 대상에 이름이 있어야 한다. 그래서 노자는 어떤 이름도 붙여 부를 수 없다는 사실을 알면서도 '도(道)'라 고 이름 붙였다. 그래야지 이야기를 풀어나갈 수 있기 때문이다. 이렇 게 어쩔 수 없이 스승들은 그때그때 필요에 따라 가리키고자 하는 이름 없는 '그 무엇'에 이름을 붙여 왔다.

도(道), 무(無), 공(空), 신(God), 하나님, 성령(Holy Spirit), 아버지, 여 호와, 야훼(יהוה, Yahweh), 알라(الله), 관세음보살, 부처, 마하 반야(摩訶

　　　　　　　　　　　　진리는 바로 지금, 바로 여기 있다

般若), 마음, 보리(菩提), 니르바나(Nirvana), 시바(Shiva), 브라만(Brahman), 아트만(Ātman), 절대, 뉴머난(Noumenon), 본체(本體), 아무것도 아닌 것(Nothing), 어떤 것도 아닌 것(No-thing), 쿤제 칼포(Kunje Gyalpo), 모든 것을 창조하는 군주, 애인 소프(אין סוף, Ein Sof), 참인식(Awareness), 참의식(Consciousness), 참나, 참실재, 참현실, 의식, 우주적 의식, 진아(眞我), 나, 자아(Self), 당신, 그것, 사랑, 이름 없는 그 무엇, 텅 빔, 바로 지금 바로 여기, 있는 그대로 등, 셀 수 없이 많은 이름으로 가리켜 왔다. 이름은 중요하지 않다. 어떤 이름을 붙여도 상관없다. 우리가 사는 지구의 이름을 수없이 다른 이름으로 부른다고 해도, 그 이름이 세월을 통해 수없이 바뀐다고 해도 이름들이 가리키고자 하는 그것은 다른 것이 아니며 다른 것이 될 수도 없다.

이렇게 다양한 이름으로 가리키는 까닭은 스승들의 언어와 문화와 시대가 다르기 때문이다. 같은 스승이라도 여러 이름을 쓰기도 한다. 이름 없는 그것은 보는 시각에 따라 다양하게 묘사할 수 있다. 있는 모든 것이기에 '신'이라고도 할 수 있고, 진정한 당신의 정체이기에 '참나'라고도 할 수 있고, 세상 모든 것을 인식하며 존재하기에 '참인식'이라고도 할 수 있다. 또한, 인식 이전의 무엇을 생각해볼 수 있기에 '뉴머난'이라는 새로운 말을 만들기도 한다. 정말 지금 이 순간 있는 현실이기에 '참현실'이라고도 할 수 있고, 우리가 생각하는 '것'이 아니기에 '어떤 것도 아닌 것'이라고 표현할 수 있고, 아니면 어떤 '것'이 전혀 없기에 비어있거나 없다는 뜻으로 공(空) 또는 무(無)라고 표현할 수도 있다. 참 다양하게 무궁무진한 방법으로 가리킬 수 있다. 세상 모든 이름이 다 그렇듯이 정해진 이름이 있지 않기에 그냥 이름 붙이고 의미를 부여해서 가리키면 된다. 결국, 가리킴일 뿐이고 가리킴은 당신이 직접 보도록 안내하는 역할만 한다.

"있는 모두가 참의식이다."

- 라메쉬 발세카

그것을 가리키는 많은 말들 가운데 여기서 자주 쓰는 '참인식', '참의식', '참나'와 같은 용어가 어떻게 나왔는지 좀 더 알아보자. 사람은 의식이 있어 세상 사물을 인식하고 직접 경험하며 살아간다. 처음에는 독립적으로 존재하는 '나'와 동일시되는 육체나 두뇌, 마음이나 영혼이 있어서 의식이 있다고 믿는다. 그래서 '내가 의식한다.'라고 생각하고 '나의 의식'은 다른 모든 의식과 구별되서 독립적으로 존재한다고 믿는다. 그런데 궁극적 깨달음이 일어나면 독립적인 '나'란 거짓 믿음이라는 사실을 확연히 보게 되면서 이 거짓 믿음이 소멸한다. 자신의 의식이 독립된 것이 아니라 이 세상 모든 사람과 인지능력이 있는 모든 생명체의 의식과 근원이 다르지 않음을 깨닫는다. 근원이 다르지 않을 뿐 아니라, 지금 이 순간 따로 떨어져 존재하지 않으며 둘이 아니라는 사실을 깨닫는다. 작은 단위로 따로 떨어져 독립적으로 존재하는 의식이란 없고, 통제하는 능력을 갖춘 '나'라는 개체의 주체의식이란 존재하지 않고, 오직 하나의 의식만이 존재하며 이 범우주적 의식이 우리 모두의 의식임을 안다. 그리고 '나'와 의식을 가진 생명체뿐만 아니라 독립된 개체처럼 보이는 세상 모든 사물도 이 의식으로 존재함을 안다. 오직 이 의식만 지금 이 순간 존재한다는 사실을 안다. 논리적으로, 인간의 마음으로 이해되지 않는 이 사실을 너무도 당연하고 확연한 사실로 안다. 이 의식을 가리켜 '참의식'이라고 부르며 가리킨다.

영어에서는 첫 글자를 대문자로 바꾸면 세상에 하나밖에 없는 것을 지칭하는 고유명사가 되기 때문에, 개인의 의식을 일컫는 'consciousness(컨셔스니스)' 단어의 첫 글자를 대문자로 바꾸어 고유명사화시켜 유일하게 존재하는 의식을 'Consciousness'로 표현하며 가리킨다. 이런 방법으로 인식(awareness)도 유일한 참인식(Awareness)으로, 경험(experiencing)도 유일한 참경험(Experiencing)으로, 나(self)도 유일한 참나(Self)로 나타낸다. 간단하게 뭐든 유일한 것으로 만들고 싶을 때는 그냥 첫 글자를 대문자로 만들어버리면 되는 편리성이 영어에는 있다. 이런 편리성을 한글에서도 써 보려고 '참'이라는 말을 쓰기로 했다. 거짓에 반대되는 의미로의 참이 아니다. '유일한' 또는 '진정한'이라는 뜻을 바탕으로 여러 이름으로 불리는 그것을 가리키기 위해 '참'을 앞에 붙인다. 그래서 참의식, 참인식, 참경험, 참나로 표현한다. 여기서 이렇게 같은 말에 '참'을 쓰는 까닭은 의식과 참의식은 둘이 아님을 알려주기 위해서다. 궁극적 깨달음의 핵심은 독립적이라고 생각했던 개인의 의식이 참의식과 다르지 않다는 사실을 아는 것이다. 독립적으로 존재하는 '나'의 의식이라고 잘못 알았을 뿐이다. 잘못 알았으면 바로 알면 그만이다.

둘이 아니다. 지금 책을 읽는 당신의 의식과 지금 글을 쓰는 나의 의식은 둘이 아니다.

5장

길

길은 내가 가는 이 자리다.

다른 사람이 지나간 흔적은 있다.

내가 지나온 흔적은 있다.

하지만 내가 가야 한다고 정해진 길은 없다.

길은 명사가 아니라 동사다.

길은 내가 가는 이 행위다.

길은 선이 아니라 점이다.

바로 지금 바로 여기다.

찾는 이들이 묻는 것의 핵심은 '어떻게?'다. 어떻게 하면 진리를 알수 있고 이 찾음을 끝낼 수 있느냐다. 방법론이다.

세상에는 수많은 방법이 있다. 다들 최고의 방법이라 광고하고 찾는 이들은 믿고 따른다. 찾는 이들은 찾음에 특별한 방법이 있다고 믿는다. 보편적이고 특별한 방법이 있을 거라 믿고 그 방법을 묻는다. 그런데 이 믿음이 사실일까? 가능하기나 할까, 이 상대적 세상에서? 이 믿음을 꿰뚫어 봐야 길을 헤매지 않는다.

찾는 이는 바로 지금 여기로 가는 길 위에 서 있다.

찾음의 길은 일반적인 길의 개념과 좀 다르다. 정해져 있고 따라가면 되는 길 따위는 존재하지 않는다. 각자 찾음의 길을 간다. 이전 사람이 지나갔던 길을 가는 사람은 없다. 이미 정해진 길은 있을 수 없다. 각자 다들 유일한 자기만의 길을 간다.

진리는 바로 지금, 바로 여기 있다

길은 있다. 지금 무언가가 여기 일어나고 있다. 당신이 찾고 있다, 지금 이 순간. 그래서 길을 간다는 말이 맞다. 다른 사람이 걸어갔다는 길을 들어서 안다. 지나온 길에 대한 기억도 있다. 하지만 당신이 지금 가고 있는 이 길은 어느 누구도 간 적이 없는 당신만의 길이다. 언제나 오직 당신만의 길을 갈 수 있다. 이 사실을 바로 알면 방법의 허상에서 벗어날 수 있다. 찾음의 길을 바로 보고 그 본질을 꿰뚫는다. 그러면 방법에 얽매이지 않는다. 이때 바른길을 간다. 무엇을 하든 바른길이 된다.

이미 찾아졌다고 했다. 비유가 아니다. 이미 찾아졌다는 것은 사실이다. 그래서 찾아가는 길도 존재하지 않는다. 찾음을 끝내는 유일한 길은 이 사실을 아는 것이다. 이것만이 유일한 방법이다. 지금은 모순되게 들릴 것이다. 언젠가 이 사실이 선명해질 날이 온다. 무엇을 찾아 어디를 가야 한다는 믿음이 사라지는 날 이 사실이 선명해진다.

그래서 길은 선이 아니라 점이다. 갈 곳도 없고 가는 길도 없다. 원래부터 공간은 개념에 지나지 않고 실재하지 않는다. 그래서 길은 선이 될 수 없다. 오직 점이다. 점은 오직 가리킴이다. 바로 지금 바로 여기를 가리킨다.

방향이 잘못되면 빨리 가는 것은 아무 소용없다.

» 깨달음의 전제조건

찾는 이는 궁극적 깨달음이 일어나려면 어떻게 해야 하는지가 제일 궁금하다. 찾는 이들은 스승에게 참으로 다양한 방법으로 질문하지만 대부분 '어떻게?'라는 방법을 묻는다. 이 말을 다르게 표현하면 전제조건이 뭐냐는 것이다. 어떤 방법으로 어떤 전제조건을 충족하면 목표를 이룰 수 있을지 궁금하다.

그럼 깨달음에 필요한 전제조건이 뭘까? 전제조건이 있기는 한가? 결론부터 간단히 말해서 깨달음에는 전제조건이 없다. 말 그대로 전제조건이란 없다. 그래서 특별한 방법이나 수행이 있을 수가 없다.

출가해서 스님이 될 필요가 없다. 신부나 수녀나 목사가 될 필요가 없다. 어떤 종교도 가질 필요가 없다. 어떤 교리도 따를 필요가 없다. 결혼하지 않고 성욕을 억제하며 살 필요도 없다. 어떤 인간의 본성도 거스를 필요가 없다. 명상할 필요도 없다. 어떤 수행도 할 필요가 없다. 어떤 수련도 배워야 할 필요가 없다. 어떤 고행도 할 필요가 없다. 어떤 선행도 할 필요가 없다. 사회에서 정한 도덕적 기준을 따라야 할 필요도 없다. 전생에 덕이나 선행이나 뭔가를 쌓아야 할 필요도 없다. 채식자가 될 필요도 없고 단식할 필요도 없다. 경전이나 책을 읽을 필요도 없다. 스승이 있어야 할 필요도 없다.

아무것도 '해야 할' 것이 없다. 그러면 도대체 어떻게 하란 말인가? 그냥 이대로 있어야 하나? 그렇다. 그냥 이대로, 그냥 있는 그대로 있

진리는 바로 지금, 바로 여기 있다

으라. 만일 그렇게 할 수 있다면 말이다.

오해하지 마라. 뭔가를 하지 말라는 말이 아니다. 정말 말 그대로 어떠한 전제조건도 없다는 말이다. '해야 하는' 정해진 뭔가가 없다는 말이다. 가슴이 이끄는 뭔가를 하고 있다면 하지 말라는 말이 아니다. 무엇을 하고 있든 상관없다. 다만, 찾음의 본질을 바로 알라는 말이다. 그래야 길을 잃지 않는다.

이미 있는 그대로가 돼야 할 조건은 없다.

당신이 이미 어떤 길을 가고 있고 가려 한다면 그 길을 가라. 하지만 그 길이 모든 사람에게 보편적으로 적용되는 길은 아니다. 내가 가는 길이, 내가 하는 방법이 제일 좋다고 여기고 집중하는 일은 좋다. 하지만 다른 사람들에게도 똑같이 적용된다고 여기는 것은 그냥 내 것이 더 좋다는, 내가 최고라는 말밖에 안 된다. 자기에게 좋은 것을 여러 사람과 나누려는 마음은 참 좋다. 하지만 먼저 깊이 알아야 할 것이 있다. 내게 좋은 것이 다른 사람에게 꼭 좋으리라는 법은 없다는 사실이다. 또 남에게 좋았던 방법에 내게 꼭 좋으리라는 법도 없다. 스승 웨인에게는 술과 마약에 찌들었던 19년간의 세월이 하나의 과정이었다. 싯다르타에게는 6년의 고행이 하나의 과정이었다. 그렇다고 당신이 술과 마약에 찌들어 볼 필요도 없고 죽음 직전까지 단식하며 고행할 필요도 없다. 그들에게 유용했던 방법이 당신에게 유용할 거라는 보장은 어디에도 없다. 싯다르타의 6년 고행만 딱 떼어놓고 볼 수도 없다. 고행 전에 싯다르타에게 일어난 모든 일이 그 고행의 기간에 영향을 미치기 때문이다. 싯다르타의 길을 따라가려면 먼저 왕자부터 돼서 출가해야 한다. 그전에 카필라 왕국 국왕 슈도다나의 장남으로 태어나야 한다. 누군가의 방법을 맹목적으로 따라 하는 일은 그저 환상을 좇는 일일지도 모른다.

스승들이 하는 말 가운데 전제조건처럼 들릴 때가 있다. 이 말은 찾는 이가 해야 할 수행을 알려주는 처방전이 아니라, 깨달음이 일어나고 돌아보니 이런저런 것을 거쳐 왔더라고 말하는 묘사다. 하지만 제자들은 일어난 사실에 대한 묘사를 전제조건으로 잘못 이해하고 그런 수행이나 여정을 따라가다 보면 깨달음에 이를 수 있다고 착각한다. 이런 착각이 여러 번 옮겨지면서 이런저런 수행이 최고의 수행이니, 필수조건이니 하면서 맹목적으로 따라 한다. 굳이 전제조건이 있다면 이런 편견이 깨어져야 한다는 것이다.

좀 더 자세히 들여다보면, 전제조건이나 방법론에 관한 물음에는 어떤 일이 일어날 때 그 일이 일어나도록 하는 특정한 원인이 있을 거라는 믿음이 깔려 있다. 궁극적 깨달음이 세상의 평범한 다른 일들과 다르게 아주 특별한 일이라서 특별한 원인이 있다는 믿음도 엿볼 수 있다. 궁극적 깨달음은 전혀 특별할 것 없는 일이다. 마당에 잡초가 자라는 일과 전혀 다를 게 없다. 정확히 똑같은 원리다. 세상의 모든 일이 얽히고설켜서 일어나는 일이다.

궁극적 깨달음에는 누가 먼저고 나중이 없다. 누가 더 준비되었고 아니고도 없다. 높고 낮은 수준도 없다. 제자가 선생보다 먼저 찾음이 끝날 수도 있다. 30년을 수행한 도사보다 이제 갓 찾음을 시작한 저 새파랗게 젊은 친구가 찾음을 먼저 완성할 수도 있다. 세상 온갖 경전을 다 알고 강의하는 저명한 강사가 아니라 이제 처음 강의를 들

진리는 바로 지금, 바로 여기 있다

는 찾는 이에게 찾음이 바로 끝날 수도 있다. 어떠어떠한 것이 찾음이라고 틀을 만들고 어떠어떠한 것이 전제조건이라고 틀을 만들고 끼워 맞추려 하면 찾음은 영원히 끝나지 않는다. 찾음은 틀을 만드는 것이 아니라, 있는 틀을 부수는 작업이기 때문이다.

"나중 된 자로서 먼저 되고 먼저 된 자로서 나중 되리라."

- 마태복음 20장 16절

어디에도 정해진 공식은 없다. 어디에도 정해진 길은 없다. 어디에도 전제조건은 없다. 찾는 이와 찾아지는 것이 다르지 않기에 찾음 자체가 말이 안 되므로 전제조건도 말이 안 된다. 찾음 자체가 말이 안 되기에 찾아가는 길도 말이 안 된다. 그래서 찾는 이도 없고 찾는 길도 없고 찾음도 없다고 말한다. 이 말은 찾음이 끝나면 확연히 드러난다. 그전까지는 찾음을 이어가야 한다. 이어가야 하는 까닭은 당신이 시작한 찾음이 아니기에 당신이 끝낼 수도 없기 때문이다. 시작과 끝은 당신 손에 달려 있지 않다. 찾음도 당신이 찾는 것이 아니다.

"자네에게 그 일이 일어난 건 아마 자네의 진실함 때문일 거네."

- 로버트 울프

어쩔 수 없이 찾음이 계속돼야 한다면 다들 '어떻게?'를 묻고 싶어 한다. 나도 그랬고 누구나 그렇다. 그 간절함을 알기에 많은 말을 하게 된다. 어쩔 수 없이 글이 길어진다. 침묵으로 끝날 가리킴이 어쩔 수 없이 수백 쪽의 글이 된다. 석가모니도 어쩔 수 없이 한 말들이 모여 『팔만대장경』을 이룬다. 그래서 어쩔 수 없이 굳이 눈에 띄는 것을 말하자면 진실함이다. 자신을 속이고서는 결코 목적지에 다다를 수가 없다. 결벽증에 가까우리만큼 찾음의 문제에서는 솔직해야 한다. 세상의 기준이나 도덕적 잣대를 말하는 것이 아니다. 찾음의 문제에 관해서 하는 말이다. 자신에게 물을 때, 찾고 또 찾을 때 거짓이 없는지, 스스로 속이는 일이 없는지 잘 살펴야 한다. 모르는 것이 있을 때 모름에 머물러야지, 서둘러 결론을 내면 안 된다. 마음은 찾음을 멈추기 위해 온갖 수단을 마련하고 새로운 논리에 논리를 만들어 자신을 속이고 기존의 믿음을 지키려 애쓴다. 찾는 이는 진실함으로 이를 극복해야 한다.

간절함, The Burning Fire!

너무도 당연한 진실함과 함께 찾음을 끝내게 하는 눈에 띄는 현상은 간절함이다. 알고자 하는 간절함, 불타는 간절함이 모든 장애를 불태운다. 길을 만들고 길을 가게 하고 길 자체가 된다. 갈증에 목이 마른 사람은 물에 대한 간절함이 있다. 진리에 목이 마른 사람은 찾아야 한다. 찾다가 찾다가 모든 것을 내던지게 만든다. 간절한 사람은 뭐든 내려놓을 준비가 되어있다. 진리라는 물 한 모금을 위해서라면 언제든지 모든 것을 내려놓을 수 있다.

2017년 11월 말, '이제 눈을 뜰 때다.'라며 내면의 목소리가 들렸을 때 내게 간절함이 불타올랐다. 그때부터 찾음은 먼 미래의 일이거나, 돼도 그만, 안 돼도 그만의 문제가 아니었다. 지금 당장 일어나야 할 생사의 문제였다. 살아오면서 내 삶의 목적은 진리를 깨닫는 데 있다

진리는 바로 지금, 바로 여기 있다

고 늘 생각은 했지만, 저 미래의 일이거나, 다음 어느 생의 일이거나, 나는 늦었으니 내 아이들에게 일어나야 할 일쯤으로 여겼다. 그런데 이 내면의 목소리로 생각이 완전히 바뀌었다. 그때 이후로 나는 지금 당상 눈뜨기 위해서 노력했다. 미래가 아닌 지금 당장. 지금 여기! 지금 이 순간! 오하이(Ojai)에서 스승 나탈리 그레이(Natalie Gray)를 만났을 때 나는 이렇게 말했다. "저는 눈을 뜨기 위해서 저의 모든 것을 내려놓아야 한다면 그렇게 할 준비가 되어 있습니다. 만일 사랑하는 아이들까지도 영원히 떠나야 한다면 버튼을 누를 준비가 되어 있습니다. 찾음이 아니면 죽음뿐이라는 마음가짐입니다." 그렇게 간절했다. 정말 간절했다.

다른 모든 일처럼 간절함은 '내'가 만드는 것이 아니다. 마음 깊숙한 곳에서 솟아나는 것이다. 머리가 아닌 가슴으로, 존재 전체로. 머리로 생각하면서 계산해서 나오는 절실함이 아니다. 이것 아니면 죽음! 이런 간절함이 있었다. 살펴보고 또 살펴보면서 처절한 간절함으로 "제발!" 하면서 두 손을 꼭 쥐고 제발 그 무엇이든 보이기를 간절히 바랐다.

너무도 간절하니 가릴 것이 없었다. 간절하면 찾는 대상을 정해놓을 여유가 없다. 뭐든 있는 그대로 찾아지길 바란다. 그렇게 간절함은 틀을 불태운다. 결말을 정해 놓을 수 없다. 깨달음이 이럴 거다, 진리가 이럴 거다, 정해 놓지 못한다. 얻고 싶은 무언가에 대한 기대를 붙들 겨를이 없다. 혹시나 하며 내가 얻고 잃을 것이 뭔지 계산할 겨를이 없다. 그저 진리가 그 무엇이든지, 어떤 결과를 가져오든지, 지나온 스승들이 깨달은 그것이 무엇이든지 간에 직접 이 두 눈으로 보고 이 존재로 직접 알고 싶은 순수한 간절함만 있었다. "그 무엇이 되었든 직접 보기를. 제발!" 하며, 불타는 간절함을 따라갈 뿐이었다.

간절함 가운데 오직 한 가지 믿음만 있었다. 분명 어떤 의문도 남지 않는 완전한 찾음의 끝이 있다는 믿음이다. 오직 이 믿음 하나만 남고 다른 모든 믿음은 간절함에 불타 버렸다. 그리고 이 믿음도 마지막 순간 '깨달음을 내려놓아라.'라는 내면의 소리와 함께 불탔다.

이런 간절함은 편견을 씻기고 믿음을 내려놓고 내면을 비워 진리가 드러나는 공간을 마련해준다. 찾음은 씻어내고 비우는 과정이지, 얻어서 쌓아 올리는 과정이 아니다. 궁극적 깨달음이 일어나면서 얻어지는 것은 아무것도 없다. 궁극적 깨달음은 비워짐의 완성이다. 철저히 완전히 비워지면서 있는 그대로의 비어 있음, 늘 있는 공(空)이 온전히 드러나는 일이다. 그리고 공에 대한 앎으로 가득 찬다.

찾음은 의식혁명의 과정이다. 어떤 혁명이든지 혁명은 비우는 일이 먼저다. 간절함은 이 비움을 가능하게 한다. 평생을 손에 꼭 쥐고 붙들어 왔던 '나'에 대한 믿음과 세상에 대한 믿음을 내려놓게 한다. '나'의 죽음을 각오하고서라도 말이다.

"제일 중요했던 것은 아마 신뢰와 진실함과 불같은 간절함이었다."

- 리사 카하레

» 수행

궁극적 깨달음에 전제조건은 없다. 얻어야 할 것도, 버려야 할 것도 없다. 이미 있는 그대로에 더해야 할 것도, 덜어야 할 것도 없다. 이 '있는 그대로' 안에서 많은 사람이 뭔가를 하고 있다. 뭔가를 하고 싶어 한다. 뭔가를 해야만 할 것만 같다. 스승은 "그냥 있으라."라고 하지만 그러지 못한다. 스승은 "있는 그대로 완벽하다."라고 하지만, 당신은 완벽한지를 모른다. 어쩔 수 없이 뭔가를 하게 된다. 뭔가를 하려는 것은 인간의 본성이다. 살아 있기 때문이다.

찾음에서 뭔가를 한다면 어쩔 수 없이 한다는 사실을 잘 알아야 한다. 어쩔 수 없이 할 때는 어떤 목적도 필요 없다. 뭘 얻고자 함이 아니다. 누가 뭘 얻겠는가? 뭔가를 얻으려고 목표를 세우고 하는 모든 행위는 어떤 형태로든 부작용을 낳는다. 물론 이런 부작용도 가는 길의 일부이기에 사실 부작용이란 없다. 목표를 이루려는 모든 행위는 결국 모든 목표를 내려놓는 길로 가는 여정이다.

찾음에서 목표를 세울 수 없는 까닭은 찾고자 하는 그것이 당신이 '생각'하는 그것이 아니기 때문이다. 찾아지는 것은 모든 생각 이전의 무엇이기에 어떤 이름을 붙이고 어떤 목표를 세우든 새로운 편견만 쌓는 꼴이 되고 만다. 정확히 가야 할 방향의 반대다. 그런데 거의 대부분은 이렇게 반대 방향으로 간다. 있지도 않은 '나의' 통제력을 더 강화하려고 평생의 노력을 다한다. 뭔지도 모르면서 새로운 진리의 이미지를 만들어서 그것을 얻고자 자신을 환상 속에 가두고 이 환상이 깨질까 전전긍긍한다. 환상을 지키기 위해 할 수 있는 모든 일을 다 한다.

반대 방향이라 했지만, 사실 실수도, 실패도, 거짓 스승도, 거짓된 목표를 이루려는 환상도, 찾음을 거슬러 가는 것도 모두가 찾음의 과정이다. 잘못된 길은 없다.

길을 '내'가 가고 있다고 착각하는가?

많은 사람이 찾음의 길을 수행이라 부른다. 다양한 방법을 만들고 이름 붙이며 수행 방법을 말한다. 세상에는 많은 수행 방법이 있다. 다들 자기들 방법이 진리에 이르는 최상의 방법이라고 선전한다. 이런 수행법은 이런 것에 최고다, 이런 수행법을 하면 이런 것을 이룰 수 있다고 광고한다.

찾는 이가 "이렇게 하는 게 좋은 방법일까요?"라며 스승에게 조언을 구한다. 방법이 좋은지 나쁜지는 오직 결과에 따라서 결정된다. 자신이 원하는 목표를 얻게 된다면 좋은 방법이고 그렇지 않으면 나쁜 방법이다. 그런데 앞으로 어떤 일이 일어날지는 아무도 알지 못한다. 스승도, 그 누구도 앞으로 어떤 일이 일어날지 모른다. 세상이 어떻게 얽히고설켜 있는지 알면 앞을 예상하려는 시도가 얼마나 말도 안 되는 소리인지 안다. 또한, 원하는 목표가 이루어졌을 때조차도 그 특정한 방법이 어떻게 얼마만큼 결과에 기여했는지는 아무도 알수 없다. 어떤 특정한 방법이, 원인이 어떤 특정한 결과를 이루어냈다는 믿음은 환상이다. 어떤 일이 일어날 때는 온 우주가 서로 얽혀서

진리는 바로 지금, 바로 여기 있다

일어나기 때문이다. 어떤 결과에 관해 특정한 방법을 언급하는 것은 사람의 제한된 인지능력으로 자신의 관점에서 볼 때 그 방법이 눈에 띄어서 그 위에 이야기를 얹는 것이다. 그냥 이야기다. 그래서 '어떻게?'라고 묻는 이런 질문은 성립할 수가 없다. 스승은 잘못된 질문에 답을 할 수는 없는 노릇이다. 굳이 물으면 "그럴 수도 있고 아닐 수도 있다."라고 말하게 된다. 스승이 어떤 답을 하든지 답으로 하는 말이 아니다. 묻는 이가 직접 자신의 의문이 성립하지 않는다는 사실을 알도록 도와주려 하는 말이다.

찾음에서 수행은 찾음 가운데 일어나는 모든 일을 말한다. 계획한 일이든 아니든, 원한 일이든 아니든 상관없다. 수행을 산스크리트어로 사다나(Sadhana, साधन)라고 한다. 궁극적 깨달음이 일어난 한 자연인이 찾음이 끝나기 전까지 걸어왔던 길을 가리켜서 상징적으로 사다나라고 이름 붙인 것이다. 스승이 찾는 이와 나누는 사다나는 찾는 이가 해야 하는 행동지침이 아니라 지나왔던 과정에 대한 설명이고 일어난 일에 얹어진 이야기다. 사다나는 지나왔던 모든 것을 가리킨다. 사람들이 수행이라고 말하거나 영적인 것이라고 말하는 것만 포함하는 것이 아니다. 말 그대로 모든 것이다. 모든 것이 다른 모든 것과 어떻게 엮여있는지 알면 사다나의 참뜻이 그대로 드러난다. 그런데, 대부분은 사다나의 뜻을 잘 알지 못한다. 수행의 참뜻을 오해한다.

석가모니로 불리는 고오타마 싯다르타의 사다나는 잘 알려져 있다. 왕실이라는 좋은 환경에서 태어나고 자라지만 어느 날 길을 나가서 생로병사라는 삶의 민낯을 보게 되면서 삶에 대한 의문이 일어나고 그 의문을 풀기 위해 출가한다. 여러 선생의 가르침을 거치며 고행을 하고 고행에 망가진 몸으로 거의 죽기 직전에 한 여인의 도움으로 간신히 살아나면서 뭔가를 깨우친다. 그리고 보리수나무 아래에 결가부좌를 하고 앉아 살펴볼 때 궁극적 깨달음이 일어나고 찾음이 끝난다. 요약해서 대충 이렇다. 이것은 싯다르타가 찾음의 길을 가면서 겪은 일들 가운데 기억나고 또 그때그때 제자들의 질문에 따라서 필요하다고 생각한 것들을 이야기하면서 전해진 이야기다. 싯다르타가 지나온 길, 전해지는 사다나는 그렇다.

여기서 사람들이 중요하게 여기는 것은 싯다르타의 사다나 중 어떤 것이 자기에게 도움이 되는가이다. 지나온 삶에 대한 묘사를 방법론으로 바꿔서 받아들이려 한다. 하지만 싯다르타의 사다나는 그가 걸어온 길에 대한 묘사일 뿐이지, 궁극적 깨달음을 일어나게 하는 비법이 아니다. 효과 좋은 특정한 수행 방법을 말한 것이 아니다. 심지어 석가모니는 고행을 그만두었다. 육체에 고통을 주는 온갖 고행이 도움이 안 되어서 그만두었고 심지어 고행이 필요 없다고까지 제자들에게 말했다. 그런데도 수많은 사람이 이런저런 형태로 고행을 따라 하며 싯다르타의 사다나에서 비법을 찾으려 노력한다.

스승이 아무리 아무것도 필요 없다고 말해도 뭔가를 하고 싶은 사람들은 수행이라는 이름하에 뭔가를 하려 한다. 굳이, 어쩔 수 없이 수행으로 뭔가를 해야 한다면 모든 수행은 '내려놓는' 연습이라는 사실을 잊지 말아야 한다. 수행은 마음을 여는 연습이다. 믿음을 내려놓는 연습이다. 찾음은 논리가 아니다. 내려놓음이고 받아들임이다. 있는 그대로에 항복하는 일이다. 새로운 무언가를 얻는 것이 아니다. 이미 있는 그대로와 당신 사이를 가로막는 것을 씻어내는 일이다. 모

진리는 바로 지금, 바로 여기 있다

든 수행은 여기에 초점이 맞춰져야 한다. 어떤 수행이든 무언가를 얻으려 하거나 통제력을 기르려 하면 찾음의 길에서 벗어난다.

우리는 살아 있고 삶을 살아간다. 삶은 죽음이 아니기에 살아서 끊임없이 움직인다. 살아 움직이기 위해 뭔가를 해야 한다. 뭔가를 한다. 누군가가 이것이 좋다고 하면 따라 한다. 따라 하면서 배운다. 찾음도 마찬가지다. 사람들이 좋다하는 것을 정말 좋다고 깊게 믿고 따라 한다. 그래도 된다. 깊이 믿고 하라. 또 이것이 아니다 싶으면 미련 없이 내려놓고 가슴이 이끄는 곳으로 따라가라. 무엇을 할지 자신에게 직접 물어라. 잘 모르겠으면 묻고 또 물으라. 기다리면 확연해질 때가 온다. 그렇게 가슴이 이끄는 곳으로 따라가면 된다. 어디에도 집착할 필요가 없다. 어떤 특정한 수행 방법이나 어느 특정한 스승에 집착할 필요가 없다. 당신 안에 있는 그 무언가가, 가슴을 움직이는 그 무언가가 유일한 샛구루다. 내면의 스승을 믿어라. 내면의 스승에 귀 기울여라. 조용히 있는 시간이 길면 내면의 스승과 마주할 기회가 많아진다. 내면의 스승과 당신은 둘이 아니다. 가슴이 이끈다는 말은 내면의 스승이 이끈다는 말이다. 사실 당신이 하는 모든 일이 내면의 스승이 이끈 결과다. 다만 편견에 사로잡혀 잘 보지 못할 뿐이다.

"자신을 등불 삼고 자신에게 의지할 것이지, 남에게 의지하지 말라.
법을 등불 삼고 법에 의지할 것이지, 다른 것에 의지하지 말라."

- 석가모니

괜찮다. 일어나는 모든 일은 필요해서 일어난다. 잘못된 길은 없다.

누구에게 잘못된다는 말인가? 그 순간 좋은 길이라고 여기든 나쁜 길이라고 여기든 당신의 사다나를 가고 있을 뿐이다. 괜찮다. 모든 사다나는 당신이 이미 집에 있음을, 당신이 이미 목적 그 자체임을 알아차리는 과정이다. 그래서 어떤 일이 일어나도 당신은 잘못될 수가 없다. 당신은 늘 이미 도착해 있기 때문이다.

괜찮다.
당신은 이미 도착해 있다.

진리는 바로 지금, 바로 여기 있다

» 명상

　수행의 한 방법으로 명상을 한다. 많은 사람이 '수행' 하면 명상을 먼저 떠올린다. 그런데 명상법에 관해서는 셀 수 없을 만큼 다양하고 명상의 정의 또한 방법만큼이나 많아 도대체 명상이 뭔지 어렴풋이는 알겠지만, 정확히 말하기는 힘들다. 다만, 찾는 이에게 명상이란 찾기 위한 노력이라는 사실은 확실하다. 뭔지 모르지만, 자신에게 일어나는 노력이다.

　몇몇 스승이 말하는 명상을 들여다보면 어떤 방법이나 요령을 말하지 않는다. 있는 그대로의 상태, 궁극적 깨달음이 일어난 자연인의 상태에 대한 묘사일 뿐이다. 명상을 깨달음이라는 목적에 이르는 방법으로 생각했는데 방법이 아니라 그저 목적의 상태를 묘사할 뿐이라는 말에 찾는 이는 헷갈린다. 뭘 어떻게 하라는 건지 몰라 혼란스러워한다. 그런데 그것이 정확히 스승이 말하고자 하는 요점이다. 말이 안 되는 건 당신의 전제가 틀렸기 때문이다. 깨달음이 뭔가를 해서 도달해야 하는 어떤 상태라는 믿음이다.

　스승은 말한다. 지금 있는 그대로가 뭘 더 할 필요 없이 이미 깨달음이라고 말한다. 어디에도 깨달음이 필요한 사람이 없다는 사실이다. 도달해야 할 곳이 없다, 이미 와 있기에. 도달하는 데 필요한 방법이 없다, 이미 도달했기에. 그저 자신이 이미 그 목표에 있다는 사실을 알기만 하면 된다. 어떤 대단한 상태에 이르기 위해 명상하는 것이 아니다. 생각이 멈추거나 소위 사마디와 같은 상태나 어떤 대단한 상태에 이르는 것이 아니다. 있는 그대로에 있을 뿐이다. 있는 그대로일 뿐이다. 어디에 도달할 필요가 없기에 방향이나 목적이 없다. 모순되게도 이 사실을 알려고 명상하는 것이다.

찾는 이들은 목적을 향한 수행으로 명상한다. 목적 없이 하라고 말해도 목적이 있다. 찾음이 끝나면 이 말이 무슨 말인지 알지만, 그전까지는 뭘 해야 한다. 왜냐면 안 할 수가 없기에. 안 할 수가 없어서 어쩔 수 없이 하는 것이다. 어쩔 수 없이 절실히 진실하게 하는 것이다. 어쩔 수 없이 명상하는 당신을 위해서 어쩔 수 없이 명상에 관한 이야기를 이어간다.

> "참된 명상은 방향이나 목적이 없다.
> 순수하게 말없이 항복하는 일이며 순수한 침묵 속 기도다."
>
> - 아디야샨티

세상에는 수많은 종류의 명상이 있다. 다들 이런저런 명상이라며 명상이라는 말을 갖다 붙인다. 겉으로 보기에 좌선처럼 정적인 명상에서부터 쿤달리니 명상처럼 역동적인 것까지 다양하다. 이 말은 명상이란 정해진 형식이 없다는 말이다. 그래서 어떤 형식에도 얽매일 필요가 없다. 어떤 형식의 명상을 하든 명상은 내면의 무언가를 일깨우는 노력이다. 찾음은 내면에서 끝난다. 찾음의 끝을 선언할 내면의 무언가를 일깨우기 위해 명상한다. 겉으로 보이는 형태가 어떻든 간에 명상하는 내면은 다르지 않다. 미친 듯이 몸을 흔들거나, 몸에 흐르는 에너지를 따라 몸을 움직이거나, 특이한 요가 자세를 취하거나,

진리는 바로 지금, 바로 여기 있다

아니면 움직이지 않고 서거나 앉아 있으나 마찬가지다. 명상할 때 내면에서 일어나는 일은 다르지 않다.

명상 중에 내면에서 일어날 수 있는 일은 궁극적으로 '있는 그대로' 있는 것이다. 있는 그대로이기에 있는 그대로에서 뭔가를 다르게 바꾸려는 어떤 노력도 없다는 말이다. 완전한 받아들임이다. 그래서 진정한 명상은 오직 찾음이 끝나야만 일어난다고 말할 수 있다. 그전까지는 어쩔 수 없이 하는 하나의 노력인데, 이때는 여러 가지 일이 내면에서 일어날 수 있다. 몸의 느낌이나 호흡이나, '있다.'라는 느낌을 바라본다. 일어나는 생각을 듣는다. 내면에서 지금 이 순간 일어나는 일을 바라보는 것이다. 바라보는 기공 명상처럼 몸에 흐르는 기를 느낄 수 있고 호흡명상에서처럼 들어오고 나가는 숨을 바라볼 수 있다. 움직일 때는 몸의 움직임을 바라볼 수 있다. 어떤 이미지나 특정한 대상을 떠올리며 일어나는 생각을 바라볼 수도 있다. 이런 여러 가지 일이 동시에 일어날 수도 있다. 기를 바라보다 일어나는 생각을 듣고 호흡을 바라보고 움직임에 주의가 가다가 어떤 대상에 관한 생각을 바라보기도 한다. 어떤 형태가 되었건 있는 그대로 내면에서 일어나는 의식에 주의를 기울여 바라보는 것이다.

<blockquote>
명상의 핵심은 침묵이다.
침묵으로 주의를 내면으로 돌려서 내면의 스승과 마주하는 일이다.
</blockquote>

명상에서 많이들 오해하는 것이 생각과 집중에 관한 내용이다. 명상하면서 바라보는 일을 생각에 집중하는 것으로 여긴다. 집중해서 어떤 다른 생각도 없이 미리 정한 생각만 일어나야 한다고 믿거나, 아

니면 아무 생각도 없어야 한다고 믿는다. 이런 믿음으로 명상하면 늘 실패한다. 늘 이런저런 생각에 이끌려가기 때문에 집중이 안 된다. 집중하려면 어느새 이런저런 생각이 일어나고 생각을 따라 흘러가고 있다. 내가 명상 중이라는 사실을 잊고 집중하던 대상을 놓치고 생각을 따라간다. 생각에 빠져 한참을 흘러가다가 문득 생각에 빠져있다는 사실을 알아차린다. 다시 생각을 가다듬어 집중한다. 그런데 어느새 다시 이런저런 다른 생각에 빠진다. 저녁에 무엇을 먹을지 생각한다. 안 풀리던 회사 일이 생각난다. 뭔가 좋은 아이디어가 갑자기 떠오른다. 느닷없이 오가던 길가의 이미지가 떠오른다. 아침에 가족과 다투던 일이 생각나서 감정이 상한다. 문득 까먹고 있던 할 일이 떠오른다. 갑자기 허리가 아픈 느낌이 든다. 다리가 아프다. 발이 저린다. 조금 움직이면 좋을 것 같다. 명상 끝나고 뭐할지 이것저것 생각이 떠오른다. 생각은 꼬리에 꼬리를 문다. 또다시 생각에 빠져있다는 사실을 알아차리고 다시 집중한다. 그런데 생각이 다시 나를 잡아먹는다. 실패의 연속이다. 또다시 명상이 생각들로 얼룩졌다가 끝난다. 온갖 잡생각에 허탈하기도 하고 실패한 느낌도 든다. 물론 명상하고 나니 개운하기도 하다. 차분해지기도 한다. 좋은 점도 느껴지지만, 이런 잡생각 없이 집중해야 한다고 믿기에 늘 실패한 것 같다.

이런 실패가 내가 아직 수행이 부족해서라고 믿는다. 명상 서적이나 명상을 가르치는 사람들은 이런 잡생각을 바로 알아차리고 집중하라 말한다. 마치 생각이 안 나야지 좋은 것처럼 생각을 통제하라고 가르친다. 그렇게 가르치는 선생들은 명상할 때 잡생각이 없는 것만 같고 저 위대한 스승들은 명상 중에 어떤 생각도 일어나지 않는 절대 고요의 상태일 것만 같다. 잡생각이 전혀 안 나고 오로지 집중만 하

진리는 바로 지금, 바로 여기 있다

고 싶다. 그래야만 잘 된 명상이라고 배웠다. 그런데 당신이 명상하면서 뜻대로 잘 된 적이 얼마나 있는가? 늘 명상이 뜻대로 잘 안되지 않는가? 명상이 잘 안 된다면 당신은 지극히 정상적인 인간이다. 그리고 당신은 명상에 실패하지 않았다. 그게 정상이다. 스승도 다 마찬가지다. 당신은 명상을 오해했을 뿐이다. 오해만 풀면 그만이다.

사람은 생각한다. 생각은 늘 일어난다. 내 의지와 상관없이 생각은 일어난다. 세상에 생각을 마음대로 할 수 있는 사람은 없다. 명상은 생각을 마음대로 하는 훈련이 아니다. 사실 그 정반대다. 생각을 제어하려는 시도는 결코 성공할 수 없다. 생각을 마음대로 못하는 것이 지극히 정상이다. 어떤 스승은 심지어 이렇게까지 말한다, "명상은 생각을 마음대로 하지 못하는 것을 깨닫기 위한 수행법이다."라고. 명상은 생각을 멈추는 것이 아니다. 스승들의 말을 잘못 이해하면서 오해가 쌓이고 쌓여 명상이 마치 생각과의 투쟁처럼 됐다. 일어나는 생각이 적으로 간주되고 타도해야 하는 대상이 됐다. 그런데 전혀 아니다. 완전한 오해다.

명상을 통해서 생각을 마음대로 하지 못한다는 사실을 깨우친다.

스승이 명상 중 일어나는 생각을 부정적으로 말했다면 분명 이런 뜻일 것이다. 생각을 멈추라는 말이 아니라, 생각에 빠져 있지 말라는 말이다. 그래서 명상 중에 생각에 빠졌다는 것이 인지되면 그 자리에서 다시 집중이든 뭐든 하려는 것으로 다시 돌아가라는 말이다. 무슨 차이가 있나 헷갈릴 수 있지만, 잘 보면 엄청난 차이가 있다. 떠오르는 생각을 멈출 수는 없다. 사람은 생각이 일어나게 되어 있다.

그리고 잠시 그 생각에 빠진다. 생각에 빠진다는 말은 내가 그런 생각을 하고 있다고 알아차리는 생각이 아직 일어나지 않았다는 말이다. 그렇게 이런저런 딴생각에 빠져있다 보면 이것을 알아차리는 생각이 일어난다. 이 생각을 가리켜 "생각을 알아차린다."라고 일컫는다. 이때 필요하면 다시 집중으로 돌아가면 된다. 결국, 다 생각의 연속이다. 내면의 흐름이다. 원래 명상은 이러면서 하는 것이다.

어떤 때는 생각에 빠지지 않고 명상이 오랫동안 잘 된다고 느껴지기도 한다. 이렇게 말하면 '그럼, 생각에 빠지지 않고 오래 하는 것이 좋은 명상이겠구나.' 하고 생각이 드는가? 아니다! 좋고 나쁘고의 문제가 아니다. 그냥 그렇게 명상할 때도 있다는 말이다. 다시 한번 말하지만, 생각에 빠져도 된다. 그날의 컨디션에 따라 다르다. 살아 있은 한 일어날 생각은 일어난다. 그냥 그날그날 기분에 따라 다를 뿐이다. 생각이 일어나고 생각에 빠져 있다는 사실을 알아차렸을 때 바로 다시 집중하면 된다. 또 생각에 빠졌다는 사실을 알아차리면 그 생각은 끊어진다. 그리고 또 다른 생각이 일어나며 빠질 수도 있다. 괜찮다. 생각에 좀 빠져 있어도 크게 상관없다. 괜찮다. 이것이 명상이다. 생각은 끊는 것이 아니라 같이 가는 것이다. 그저 알아차리는 것이다.

어떤 날은 마음이 차분해서 생각이 덜 나는 날도 있기에 이때는 명상이 잘 된다고 느낄 수 있다. 이런저런 걱정거리가 많을 때는 한 시간을 이런저런 생각에 매달려 명상이 잘 안 됐다고 느낄 수도 있다. 명상이 잘 됐다, 안 됐다 한다. 도대체 무슨 기준으로 하는 말인가? 생각에 빠진 것을 기준으로 잘 됐다, 안 됐다 할 필요 없다. 당신이 잘했다고 여기던 명상이 도움이 안 되고, 잘못 했다고 여기던 명상이

진리는 바로 지금, 바로 여기 있다

도움이 될지 아무도 모른다. 무엇이 어떻게 도움이 될지는 아무도 모른다. 궁극적 깨달음에 전제조건은 없다. 기억하라, 명상도 어쩔 수 없이 하는 것임을. 좋은 명상, 나쁜 명상이 있는 것이 아니라 '좋은 명상이었다.', '나쁜 명상이었다.'라는 생각만 있을 뿐이다.

수행과 명상에 대한 믿음을 내려놓으라.

명상할 때 "바라본다."는 말을 한다. 한자로 "관(觀)한다."라고도 말한다. 아무 할 것이 없다는 스승의 말이 찾는 이는 아직 와 닿지 않는다. 자꾸 뭘 하려 하는 찾는 이에게 스승은 어쩔 수 없이 할 거리를 준다. 그래서 그저 "바라보라."라고 말한다. 지금 이 순간 바로 여기 일어나는 일을 바라보는 것이다. 내 의도대로 어떻게 하라는 것이 아니라 일어나는 그대로를 바라보라는 것이다. 일어나는 의문을 살펴보는 일이 관하는 명상이다. 스승의 가리킴을 살펴보는 일이 관하는 명상이다. 살펴보고 또 살펴본다. 생각에 빠졌다가 알아차리고 다시 살펴본다. '나'라고 할 것이 있는지 살펴본다. 믿음이 사실인지 아닌지 살펴본다. 이렇게 살펴보는 일이 명상이다.

명상은 살펴보는 일이다.

생각과 내면의 스승은 둘이 아니다. 어떤 것도 둘이 될 수 없다. 그래서 생각을 끊어버리면 내면의 스승도 사라진다. 내면의 스승이야말로 유일한 스승이다. 삿구루다. 명상은 내면의 스승을 깨우는 일이다. 내면의 스승과 만나는 일이다. 스승은 살펴보라고 말한다. 스승의 가리킴대로 명상하며 침묵 속에서 살펴본다. 꾸준히 살펴보다 보면 내면의 스승이 당신에게 찾아온다.

사실 내면의 스승은 당신이 깨우는 것이 아니다. 깨울 수가 없다. 왜냐하면, 이미 깨어있기 때문이다. 내면의 스승은 한 번도 잠을 잔 적이 없다. 늘 깨어있다. 늘 드러나 있다. 이 글을 보는 당신과 내면의 스승은 둘이 아니다. 다만, 당신이 내면의 스승이 깨어있지 않다고 믿기 때문에 일깨우려 할 뿐이다. 이미 깨어있는데, 이미 드러나 있는데, 보지 못할 뿐이다. 아니, 보지 못한다고 믿고 있을 뿐이다. 이 거짓 믿음만 내려놓으면 된다.

진리는 바로 지금, 바로 여기 있다

» 좌선

명상하라고 하면 대부분 좌선을 한다. 좌선(坐禪)은 앉아서 선(禪)을 한다는 뜻인데, 간단히 말해서 앉아서 명상한다는 말이다. 보통 좌선은 앉아서 가부좌를 틀고 허리를 펴고 눈을 거의 감고 호흡을 바라보는 것인데 처음에는 호흡의 숫자를 세기도 하면서 정신을 집중하라고 한다. 방석 위에 앉아서 가부좌나 반가부좌를 틀고 손을 단전 쪽에 모으든지 양 무릎에 올리든지 하며 눈을 완전히 감지 않은 듯 감고 정신을 집중한다. 그렇게들 좌선을 한다. 좌선의 방법에 관한 전문가는 세상에 가득하니 이 정도만 하고 여기서는 좌선에 드리운 오해와 편견을 살펴보려 한다. 찾음의 본질을 알고 찾아가는 길의 본질을 알고 수행과 명상의 본질을 알고 선(禪)을 하면 어떻게 하든 진정한 선이 된다.

나는 좌선에 관해서 좋은 기억이 없다. 예전에는 명상하면 곧 좌선인지 알았다. 수행이라 하면 좌선인지 알았다. 그래서 열심히 하려 했었다. 하지만 너무 힘들었다. 절에서 처음 좌선하는 법을 배웠다. 절에서 좌선을 배울 때, 새벽 4시에 일어나서 예불을 올리고 바로 아침 좌선을 했다. 절에 늘 사시는 스님이나 행자분들이야 적응이 돼서 그때 일어나는 게 안 힘들지 몰라도 혈기왕성하고 잠 많은 젊은 나는 새벽에 일어나는 게 고역이었다. 일어나서 예불드리는 것은 그나마 좋았다. 새벽공기도 좋고 예불 소리도 좋다. 그런데 예불이 끝나고 반가부좌를 틀고 앉아 명상을 시작하는 순간부터 고역이다. 잠과의 사투다. 고요한 산사에 마음이 고요해지면 잠이 쏟아졌다. 정말 졸려서 죽는지 알았다. 정말 푹 자고 일어나서 하면 안 되나 싶었다. 왜 잠을 이겨내는 것이 수행이 되는지 알 수 없었다. 꼭 새벽의 정기를 받아야 하나 싶었다. 새벽은 정신이 더 총명해지고 대지의 기운이 도는 때라서 명상에 최고의 시간이라고는 하는데 무슨 근거로 그런 말들을 하는지는 둘째 치고라도, 도대체가 시차 적응이 안 되는 나는 늘 실패했다.

유명한 어느 큰 스님은 잠은 4시간이면 충분하다며 잠자는 시간 외에는 계속해서 수행에 전념하라기에 도력이 높아지면 잠이 줄어드는지 알았다. 선방에서는 졸음을 악마에 비유해 수마(睡魔)라고 하며 잠자는 것을 부정적으로 보는 경향이 있다. 무엇을 하든 졸지 않고 집중해서 해야겠지만, 잠자는 것 자체를 멀리하거나 사람 체질 구분 없이 무조건 줄이려 하면 고행밖에 안 된다. 싯다르타는 잠까지 자지 않으려 하는 고행의 길을 가다가 고행이 필요 없다는 사실을 깨우치고 결국 모든 고행을 내려놓았다. 그리고 고행이 필요 없다고 그렇게 말해도 이를 따르는 사람들은 여전히 고행을 붙들고 있어 보인다.

잠이 쏟아지는 새벽만 아니면 좀 나았다. 또, 잠을 푹 잔 후에 좌선하면 잠은 문제가 안 되는데 정말 문제는 그다음이었다.

나는 좌선하면 시작한 지 몇 분만 지나도 다리가 너무 아팠다. 효과가 있으려면 부처님처럼 결가부좌를 틀어야 할 것만 같은데 뻣뻣한 몸의 유전자를 타고난 나는 다리가 뻣뻣해서 반가부좌도 20여 분

진리는 바로 지금, 바로 여기 있다

을 넘기면서는 싯다르타의 고행을 맛보는 듯했다. 또 발에는 쥐가 잘 나는 체질이라 잘못 자세를 틀었다간 쥐가 내려 죽을 맛이다. 수행 같은 것에는 전혀 관심 없는 어떤 친구는 타고난 몸이 유연해서 결가 부좌를 아무렇지도 않게 하는 것을 보면서 얼마나 부러웠는지 모른다. 결가부좌를 해야 에너지가 삼각형 피라미드처럼 잘 돌아서 명상에 효과가 있다는 말이 머리에 돌면서 '나는 이번 생은 틀렸다.'라고 생각했다. 다음 생에 유연하고 좋은 몸을 받아서 잘 닦으면 부처님 근처나 갈 수 있을까 싶었다.

다리 문제는 나중에 어느 정도 해결됐다. 처음에는 방석을 많이 겹쳐서 엉덩이 쪽에 높이 쌓으면 그나마 조금 나았다. 나중에 일본 선 서원에 갔을 때 보니 좌포(座蒲, Zafu)라고 불리는 농구공처럼 두툼한 동그란 방석 위에 마치 목욕 의자처럼 편안히 앉아서 좌선을 했다. 그때는 심지어 배신감마저 느껴질 정도였다. 도대체 왜 한국 절에서는 이렇게 편한 방석을 안 쓰는지, 왜 여태껏 가부좌니, 반가부좌니 특정한 자세를 고집해 왔는지 알 수가 없었다. '선불교는 일본보다 한국이 먼저라고 하니까 당연히 일본 방법보다 더 효과 있지 않을까?'라고 생각하며 마음을 달래보기도 했지만, 말도 안 되는 소리라는 건 내가 더 잘 알았다. 어쨌든 결론은 편한 게 좋다는 사실이다. 문제는 오직 특정한 형식에 매달렸던 나의 선입견에 있었다.

명상에서 자세는 전혀 중요하지 않다. 다리를 어떻게 하고는 중요하지 않다. 가부좌를 틀든, 반가부좌를 틀든, 다리를 뻗든 상관없다. 자기에게 맞는 자세가 최고다. 에너지가 머리로 가게 한다든지 피라미드로 에너지를 모으려 한다든지 하는 소리는 자기에게 안 맞으면 전혀 신경 쓰지 않아도 된다. 모든 자세는 오직 내면을 바라보는 데 집중할 수 있는 여건만 되면 된다. 그래서 좌선이 아니라 입선(立禪)도 있다. 서서 하는 명상이다. 앉는 것이 답답하면 서서 못할 게 뭔가? 또 서서 명상하다가 다리가 아프면 다시 앉으면 된다. 맨바닥에 결가부좌를 해도 되고 반가부좌를 해도 되고 좋은 쿠션에 앉아도 되고 의자에 앉아도 되고 서도 되고 심지어 누워도 된다. 어떤 자세든지 편안하게, 답답하지 않게, 내면에 집중할 수 있으면 전혀 상관없다.

한 번에 한 가지 자세만 고집할 필요 없다. 앉아 있다가 서기도 하고, 서 있다 앉기도 하고, 누웠다가 앉기도 하고, 그러다 밖으로 나가 거닐었다 다시 앉고 싶으면 앉으면 된다. 입선이든, 좌선이든, 누워서 하는 와선(臥禪)이든, 걷는 선이든 '선(禪)'만 놓치지 않으면 된다. 놓치면, 또 어떻나? '선'은 어딜 가지 않는다. 다시 잡으면 된다. 다시 살펴보면 된다. 졸려서 잠이 들면 어떤가? 졸리면 눈 감고 누워있어도 되고 아예 한숨 자고 맑은 정신에 하면 된다.

형식에 얽매이는 순간 정말 중요한 것을 놓치게 된다. 다른 사람에게 맞는 형식이 내게 맞으라는 법이 없다. 예전 내게 맞던 형식이 지금도 맞아야 한다는 법도 없다. 자기에게 안 맞으면 안 하는 것이 낫다. 괜히 맞지도 않는데 다른 사람들 따라 하면 명상이 아니라 고행이 된다. 그냥 노동이고 자기 학대일 뿐이다. 그때그때 자기에게 맞는 방법을 찾으면 그만이다. 형식은 중요하지 않다. 중요한 것은 이미 말한 수행과 명상의 본질이다. 앞에서 설명한 본질이 무슨 뜻인지 잘 모르겠으면 그 뜻을 살펴보는 것도 좋은 명상이자 선이다. 중심만 잡고 가면 어떤 형식에도 얽매일 필요가 없다.

진리는 바로 지금, 바로 여기 있다

늘 본질을 보라.
찾음, 길, 수행, 명상, 좌선의 본질을.
그러면 어디에도 얽매이지 않는다.

겉으로 보이는 형식 외에 이번에는 호흡이 문제였다. 나는 호흡을 길고 가늘게 하는 것이 고요한 마음의 척도처럼 알고 있었다. 어떤 도인은 숨 한 번 내쉬는 데 1분이나 걸린다며 대단한 법력이라고 말하는 것을 책에서 읽었다. 요가나, 다른 많은 수행법에서 호흡을 다스리려는 노력을 많이 한다. 나는 그게 잘 안 됐다. 좀 조절하려고 하면 답답해지고 오래 할 수가 없었다. 역시 깨달음의 길은 멀구나 싶었다. 호흡을 길게 잘 조절해야지 명상을 시작이라도 할 텐데, 명상한다고 하는 다른 사람들은 정말 대단하구나 싶었다. 나중에는 호흡 조절하는 건 포기하고 그냥 호흡을 보려고 했다. 자연스럽게 일어나는 호흡을 그냥 보기만 했다. 자연스럽게 보기만 하려 해도 쉽지 않았다. 자꾸만 뭔가를 조절하려는 마음 때문에 쉽지 않았다. 나중에는 아예 호흡을 보지도 않았다. 단지, 생각이 너무 복잡해서 힘들면 잠시 호흡에 마음을 두고 바라보면서 생각이 가라앉도록 기다리는 정도로만 호흡에 머물렀다.

사실 호흡도 하나의 형식이고 어떻게 호흡하든 전혀 상관없다. 어떤 형태로든 조절하려 드는 것은 정확히 찾음의 반대 방향으로 가는 길이다. 우리가 보려 하는 것은 있는 그대로의 모습이다. 있는 그대로의 모습을 자연스러운 모습이라고 한다. 호흡만큼이나 자연스러운 게 어디 있나? 호흡하기 위해 신경 쓸 필요가 없다. 호흡 못 할까 봐 걱정하는 사람은 없다. 이게 걱정스러워서 잠 못 자는 사람도 없다.

호흡은 따로 병이 있지 않은 한 누구든지 신경 쓸 필요가 없다. 명상 중에 호흡을 바라보는 것이 도움 되면 바라보라. 가끔 생각이 많을 때 잠시 호흡을 바라보는 것이 도움 되기도 한다. 하지만 도움이 안 된다 싶으면 바라볼 필요가 없다. 깊은 명상 중에 호흡이 자연히 길어질 수도 있고 아닐 수도 있지, 일부러 길게 하려는 어떤 노력도 부작용만 낳을 뿐이다.

불가능한 일들을 중요한 수행으로 믿으면서 얻고자 하는 것이 뭔가?
수행자라는 당신, 오늘도 실제 없는 에고에 속고 있는 건 아닌가?

자세와 호흡을 지나면 다른 모든 명상처럼 좌선에서도 생각이라는 가장 큰 적을 만난다. 정말 수많은 사람이 생각을 멈춰야 하는 것으로 알고 있다. 나도 그렇게 알았다. 가만히 앉아 바라보면 생각이 끊임없이 일어난다. 참 별의별 생각이 다 일어난다. 사람들은 이것을 망상이라 하고 알아차려 없애야 하는 것으로 여긴다. 마음이 일어나거나 생각이 움직이지 않으면 부처의 마음이라고들 말한다. 생각을 바라보고 끊임없이 알아차리고 무념의 상태에 들어가려고 노력한다. 무념무상(無念無想)이라는 말을 자주 하는데 일체의 생각이 없다는 뜻으로들 여긴다. 나도 이 상태가 명상으로 도달할 수 있는 최고의 상태인지 알았다. 그래서 노력했다. 그런데 늘 실패다. 좌선할 때면 졸림도, 자세도, 호흡도 이 생각만큼이나 좌절을 주진 못한다. 내게 좌선은 늘 거의 몽상 시간이 됐다. 생각을 알아차리거나 생각이 없어지는 경지는 고사하고 늘 생각에 이끌려 몽상 속에 꿈꾸다, 어느덧 알아차리면 또 다른 몽상, 또 다른 생각, 꼬리에 꼬리를 무는 생각들, 도대체 무

진리는 바로 지금, 바로 여기 있다

념무상이 뭔가 싶었다. 그러다 딱 한 번 내장산 쪽에 있는 한 암자에서 아침 명상할 때 40분 정도 아무 잡념 없이 좌선을 한 일이 있었다. 무념무상의 명상을 한 것 같아서 아주 뿌듯했다. 그런데 이것도 아무 생각이 없었던 것인지 생각한 것을 기억하지 못한 것인지 알 수가 없다. 그저 중간에 지루해하지 않고 시간이 훌쩍 지나간 경험일 뿐이다. 그리고 이게 무슨 도움이 되었는지 알 수 없는 노릇이다.

좌선이나 명상에서 생각에 관한 오해는 뿌리가 깊다. 유상삼매(有想三昧)니, 무상삼매(無相三昧)니 무슨 말인지 알아듣기도 어려운 말을 하면서, 생각이 멈춰진 고요한 상태를 최고의 상태라고 오해한다. 명상을 통해 도달하는 어떤 상태로 착각한다. 스승 웨인은 이런 상태에 관한 질문에 종종 이렇게 답한다. "자연인은 두부 덩어리가 아니죠!" 두부 덩어리는 무생물이라 아무런 반응이 없다. 명상으로 반응 없는 식물인간이 되고자 하는가? 이런 오해 속에서 어떤 요기들은 엄청난 노력으로 외부자극을 최소화해서 마침내 외부자극에 반응하지 않는, 사람들이 말하는 사마디, 즉 삼매에 들어간다.

이런 삼매는 찾음과 전혀 상관없는 일이다. 이런 상태는 현실이 괴롭고 현실에서 벗어나고 싶은 사람들에게 매력적이다. 괴로운 생각에 힘든 사람은 현실에서 벗어나고 싶다. 괴로운 생각이 일어나지 않는 이런 상태가 된다면 얼마나 좋을까 싶다. 하지만 이런 상태를 원하면 오랫동안 힘들게 명상수련할 필요가 없다. 쉬운 방법이 많다. 그냥 술을 마시면 된다. 좋은 약물도 있다. 바로 이런 상태에 빠지게 해주는 약이 많다고 한다. 이런 상태가 되기 위해 많은 사람이 마약이나 향정신성 약물의 유혹에 빠진다. 약이 아니라도 뒤통수만 크게 한 번 맞아도 골로 가는 삼매를 경험한다. 요즘에는 과학으로 이런 상태에 도달하게 하는 여러 방법이 있다 한다. 요기의 삼매와 약에 취한 삼매는 본질에서 전혀 차이가 없다. 사실, 요기와 약물에 빠진 사람들이 추구하는 것은 다르지 않다. 삶에서 괴로움만 쏙 도려내고 싶은 바람이다. 늘 즐거움만 있기를 바란다. 하지만 이런 일은 한 면만 있는 동전을 만들어 달라고 떼쓰는 것과 다르지 않다. 상대적 세상에서는 불가능하다.

스승이 말하는 삼매나 무념무상은 하나의 가리킴이다. 당신이 도달하는 하나의 상태가 아니다. 찾음이 끝나기 전까지는 그것이 무엇인지 모른다. 눈먼 이가 색깔을 추측해봐야 무엇하겠는가? 추측하고 오해하는 데 쓸데없이 시간과 노력을 낭비하지 말고 오직 눈을 뜨고 직접 보는 데 집중하는 것이 최선이다. 사마디가 무엇인지 무념무상이 무엇인지 추측하고 단정 짓는 순간 내려놓아야 할 짐이 하나 더 늘 뿐이다.

가만히 돌아보면 뻣뻣하고 호흡도 잘 못 하고 집중도 잘 못 하는 내 몸이 세상에서 배운 명상에 관한 믿음을 내려놓는 데 도움이 된 것 같다. 만일 내가 그런 것들에 소질이 있었다면 아마 집착하고 우쭐해서 다른 사람들을 가르치려 했을 텐데, 참으로 다행이다.

» 기공

대학 새내기 시절, 동아리 동기들과 버스 뒷좌석에 앉아서 이야기를 나누던 중에 한 여자 동기가 말한다. "너희들, 손바닥 마주 대고 있으면 찌릿한 느낌 나는 거 알아?" 하면서 손바닥을 닿지 않게 가만히 대고 있으면 기(氣)라는 에너지를 느낄 수 있다고 말했다. 그때 난 혹했다. 집에 오자마자 합장하듯이 손을 닿을 듯 말듯 가만히 대고 손바닥에 집중했다. 손바닥이 서로 닿으면 안 된다. 또 너무 떨어져도 안 된다. 거의 닿을 듯 말듯 그렇게 마주하고 눈을 감고 손바닥 감각에 집중했다. 몸이 무딘 탓인지 며칠 동안 아무 느낌도 없었다. 이정도면 보통 그만두는데 뭔가 끌려서 계속 연습했다. 그러다 일주일즈음 됐을까? 손바닥에서 느낌이 났다. 신기했다. "오, 이것이 기(氣)라는 것이구나!" 미세하지만 그런 느낌이 들자 신기했다. 손바닥에 아주 미세한 전기같이 찌릿한 느낌이 들었다. 이것을 기의 느낌이라는 뜻으로 기감(氣感)이라고들 했다.

그렇게, 거의 매일 같이 방에 홀로 앉아 눈을 감고 손바닥에 집중했다. 기감은 찌릿하던 수준을 벗어나 뭔가 손안에서 움직이는 느낌이 들었다. 그러다 거의 닿을 듯이 맞닿아 있던 손바닥을 안에서 뭔가 밀어내는 느낌이 들었다. 움직이는 듯하던 기가 밀어내는 듯 손바닥을 양쪽으로 밀어내었다. 내가 손을 벌리는 느낌이 아니었다. 분명 손바닥들 사이에서 에너지가 밀어내는 느낌이었다. 한 뼘 정도 손바닥을 밀어냈다. 마주한 두 손바닥 가운데에 마치 에너지가 꽉 차 있는 듯한 느낌이 들었다. 나중에는 손바닥들 사이에서 에너지가 움직이듯 한 손바닥에서 다른 손바닥으로 왔다 갔다 하는 느낌이 들었다. 계속하다 보니 어느덧 손바닥은 어깨너비를 훨씬 넘어 벌어져 있었다. 그리고 그 안에서 기가 왔다 갔다 하는 느낌이 들었다. 어떤 때는 손바닥들을 벗어나 넓게 팔 안에 둥글게 에너지가 꽉 차 있는 느낌이 들었다.

어떤 때는 잘 안됐다. 기감도 잘 안 느껴지고 밀어내지도 않았다. 그러다 손에 힘을 살짝 주면 그나마 작은 기감도 사라졌다. 그래서 알았다. 오직 기에만 집중해야지, 손을 내 의지로 제어하려 하면 안 된다는 생각이 들었다. 오직 집중만 했다. 오직 바라보기만 했다. 그러면 기가 알아서 움직였다. 기는 아주 천천히 왔다 갔다 움직였다. 신기했다.

하다 보니 밀어내다가 어떨 때는 잡아당겼다. 잡아당겼다가 또 밀어내기도 했다. 그러다 보니 손이 모였다가 벌어졌다 했다. 내가 손을 모으고 벌리는 것이 아니라 그 안에 있는 기가 밀었다가 당겼다가 했다. 내가 하는 것은 오직 손바닥에 집중해서 바라보는 거였다. 집중이 잘 안 되면 눈을 감기도 하고 아니면 눈을 뜨고 해도 상관없었다. 아니면 살짝 실눈을 떴다 감기도 했다. 그냥 집중만 되면 문제없었다. 하다 보니 이제는 '밀어낸다, 밀어낸다.'라고 생각하면 밀어냈다가 '당긴다, 당긴다.' 생각하면 당겨졌다. 물론 늘 되는 것은 아니었다. 그리고 스스로 속이는 일은 할 필요가 없었다. 잘 안 되면 나도 모르게 내가 힘주어 손을 움직이려 할 때가 있었는데, 금세 스스로 속인다는 것을 알아차리고 하지 않았다. 나 자신을 속이고 싶은 유혹이 몇 번

진리는 바로 지금, 바로 여기 있다

일었지만, 바보같이 느껴져서 하지 않았다.

처음에 누구에게도 배우지 않고 스스로 익힌 기감 훈련이었다. 뭔지 모르고 시작했다. 어쩌다 보니 이것이 명상이 됐다. 기를 통제하지 않고 그냥 일어나는 일을 바라보기만 했다. 내가 뭘 하는 것이 아니라 자연히 일어나는 몸의 일을 바라보는 명상이었다. 기를 통해서 건강해진다거나 무술 수련을 한다든지 심지어 영적 수련을 한다는 어떤 목적의식도 없었다. 그냥 바라보고 느끼는 것이 신기하고 좋았다.

혼자 기공을 하다 보니 배우고 싶었다. 여러 책을 찾아보니 뭔가 대단한 게 있을 것 같았다. 그때 또, 단(丹) 또는 단전호흡이 유행했다. 그래서 단전호흡하는 곳에 가서 배웠다. 혼자 할 때는 호흡 같은 것은 전혀 신경 쓰지 않았는데 호흡 조절하는 연습을 많이 시켰다. 호흡을 길게 해서 단전으로 내리고 꾹 참았다가 천천히 내쉬고, 호흡을 들이마시며 단전이 있는 아랫배를 불룩하게 만들어 기를 하단전으로 끌어내리는 연습이라고 했다. 가르치는 선생은 아랫배가 올챙이 배마냥 불룩 튀어나올 때까지 숨을 들이쉬었다. 많이 나오면 나올수록 마치 대단한 기운을 하단전이라는 곳에 담는 것 같았다. 나도 하다 보니 어느 정도 튀어나왔다. 그런데 단전호흡을 그냥 앉아서만 하는 것이 아니라 여러 가지 요가 동작같이 어려운 동작을 하면서 하다 보니 쉽지 않았다. 말로는 뭔가 기혈을 틔워서 기의 흐름을 원활히 한다고 하는데 무슨 말인지 잘 몰랐다. 그냥 하다 보면 대단한 뭔가가 있을지도 모른다고 생각했다. 다니는 동안 열심히는 했지만 몇 달 다니다가 별로 내 적성에 맞지 않아서 그만두었다. 뭔가 억지로 호흡하고 동작하면서 통제하려는 것이 마음에 안 들었는데, 아마 내가 이쪽에 소질이 없어서 그랬을 것이다. 타고난 몸이 뻣뻣해서 특정한 동작이 필요한 수련은 몸에 맞지 않았고 호흡 조절도 답답해서 맞지 않았다. 그리고 내가 원하는 방향과 이런 수련이 지향하는 방향이 다르다는 사실을 알았다. 난 이런 수련으로 진리 같은 뭔가에 가깝게 가려고 했는데 이런 단전호흡으로는 그런 가능성이 보이지 않았다. 단전호흡은 어떤 능력을 기르는 데 집중하는 것 같았다. 내가 원하던 방향이 아니었다.

　뭐든지 억지로 뭔가를 조절하고 통제하려 드는 것은 찾음의 길과는 거리가 멀다. 몸과 마음을 통제해서 자신이 원하는 어떤 상태로 만들어 어떤 능력을 얻으려 하는 것은 내려놓음과 정 반대다. 한 번은 수련을 아주 오래 했다는 분에게 들은 말이 인상적이다. "내가 하는 수련은 뭔가 나의 능력을 기르려는 것이기에 나를 내려놓으라고 말하는 깨달음 쪽과는 거리가 멀죠."라고 말했다. 하지만 이분은 이 사실을 알면서도 수련 쪽을 택하고 있었다. 이 사람 말이 맞다. 능력을 기르려는 마음은 뭔가를 하는 독립적인 '내'가 있고 자신의 의지로 뭔가를 할 수 있고 노력으로 뭔가를 이룰 수 있으며 또 그렇게 이룬 것이 엄청난 노력을 들일만큼 가치 있다고 믿기 때문에 일어난다. 그분은 '나의 능력을 기르는 일'과 '나를 내려놓고 깨달음으로 나아가는 일'이 사람들이 선택할 수 있는 수행의 두 가지 방향으로 이해하는 것 같다. 아니면, 깨달음 쪽으로 가고 싶지만 '강하고 능력 있는 나'에 대한 미련을 버리지 못해서 그럴 수도 있다. 그것도 아니면 깨달음의 길이 '나'를 없애는 과정이기에 그쪽으로 가면 원래 있는 '나'의 능력이 약해진다고 생각했는지도 모른다. 너무도 당연히 '내'가 있고 이 능력을 향상시키고 싶은데 깨달았다는 스승들은 하나 같이 '내'가 없나고 하니, 깨날음의 길은 '나'를 강하게 만들려고 수련을 하는 사람들에게는 피해야 하는 길이 된다.

'나'의 능력을 기르는 모든 수련은 자기 자신을 마음대로 할 수 있는 주체적인 '내'가 있다는, 독립적으로 존재하며 통제하는 능력이 있는 '내'가 있다는 가정을 기본으로 깔고 있다. 수행자 대부분은 이런 '나'에 대한 믿음을 아주 당연하게 생각하고 의심조차 하지 않는다. 하지만 찾음의 핵심은 이 믿음이 정말 사실인가 살펴보는 일이다. 원래 있는 '나'를 약화시키는 것이 아니라. 원래 '내'가 있는지, 있는 그대로의 사실을 살펴볼 뿐이다. 만일 그 믿음이 사실이 아니라면 '나'를 강화하는 모든 수련과 수행은 무지개를 잡으려는 노력과 다를 바 없다. 환상을 좇는 일이다.

기공과 밀접한 도교나 특정 요가의 영향을 받은 사람들이 오랜 수련으로 얻을 수 있다고 믿는 능력들을 보면 지금 세상에서는 별로 쓸모가 없어 보인다. 기술의 발달로 예전에 초능력이라고 생각했던 것들이 더는 필요 없다. 설령 필요하다 해도 오랜 수련을 할 만큼 매력적이지 않다. 그래서 이번 생에서 별 볼 일 없는 그런 능력들에 대한 믿음을 잃지 않으려면 다음 생이나 신선 세계같은 세계관을 만들어야 한다. 이번 생에서 '내'가 죽기 전까지 열심히 수련한 것이 그대로 다음 생에 이어진다는 가설이다. 이번 생의 수련 정도에 따라 다음 생의 영적 수준이 정해진다는 주장도 한다. 그렇지 않고 이번 생만 있으면 아무리 수련해도 늙고 병들어 죽기 때문에 아무 소용없다. 그래서 다음 세상, 다른 차원의 세상이 필요하다. 또한 현대 문명에 지기 싫은 사람들은 기술의 발달로도 얻을 수 없는 대단한 능력을 생각해내서 믿는다.

만일 이런 믿음들이 당신에게 잔뜩 쌓여있다면 잘 살펴보라. 이런 모든 믿음은 남에게 들은 정보에 바탕을 두고 있다. 내 경험이 아니라 다른 사람에게 들은 것과 들은 것들을 바탕으로 자신이 혹시나 하고 쌓아온 환상이다. 이런 믿음에 자기 인생을 걸고 있다. 독립적인 '내'가 있다는 강한 믿음, 자신이 생과 생을 거치면서 윤회하는 자유의지를 가진 주체적이고 독립적인 영혼이라는 강한 믿음에 모든 것을 건다. 그런데, 잘 살펴보라. '내'가 어디 있는지. 찾아보라, '나'라고 할 만한 것이 있는지. 만일 당신이 믿는 '나'를 찾지 못한다면, 당신이 믿는 '나'의 실체를 알지 못한다면 이런 모든 수련은 허상을 좇는 일밖에 안 된다.

당신에게 이런 믿음이 있지는 않은가? 한번 살펴보라. 정말 찾고 싶다면 자신의 믿음을 잘 살펴보라. 믿음이 있다면 사실인지 살펴보라. 진리를 가리는 것은 오직 거짓 믿음들뿐이다.

무지개를 잡고 싶은가?
잡다 지치면 무지개의 본질을 깨우칠까?

기공은 내 몸에 맞았다. 원래부터 혼자 시작한 기공이기에 내 나름의 방식으로 꾸준히 기공을 했다. 좌선하는 것보다 나는 기공이 더 좋았다. 물론 앉아서 명상하고 싶을 때는 좌선을 했지만, 기공이 더 내 적성에 맞는 것 같았다. 다리가 저리지도 않았고 허리가 아프지도 않았으며 호흡에 집중해야 한다거나 생각을 끊어야 한다는 믿음이 기공에는 없었기 때문일 거다.

하루는 몸이 막 떨렸다. 어떤 때는 아주 심하게 떨렸다. 기공을 하

진리는 바로 지금, 바로 여기 있다

다 보면 기가 기맥을 뚫으면서 몸이 떨리는 현상이 나타난다고 한다. 정말 그런지는 모르겠으나 사실 큰 의미 없다. 그런가 보다 하고 내버려 뒀다. 떨림 현상은 기공 초창기에 많이 있다가 서서히 없어졌다. 가끔 나중에도 떨림 현상이 있다가 또 사라졌다.

기공을 많이 했다는 분에게 기공법을 하나 배웠다. 일어서서 다리를 어깨너비보다 약간 더 벌리고 무릎을 약간 구부려 마치 말 타는 자세를 하고 허리는 곧게 펴고 팔은 마치 큰 항아리를 안듯이 크고 둥글게 안는 듯한 자세로 서 있으면서 몸에 흐르는 기를 느끼는 것이었는데, 40분씩 매일 같이 열심히 했다. 한 번은 예전의 기공 수련 때 경험했던 떨림이 일어났고 한동안 수련할 때마다 자주 떨림이 일어났다. 기가 온몸을 타고 흐르고 척추를 타고 머리를 감아 흐르는 느낌이 들었다. 자세가 어려워, 40분씩 하면 힘들었다. 다리도 아프고 팔도 아프고 땀도 무지 났다.

태극권이 좋다기에 태극권도 해보았다. 양가 태극권의 직계를 잇는 사부가 가르친다고 하는 곳이 마침 가까이 있어서 태극권을 배웠다. 한동안 태극권에 집중했다. 반복하는 연속 동작들을 다 익힐 때까지 열심히 태극권을 했다. 나는 태극권이 기공을 바탕으로 한다고 생각해서 태극권의 동작을 익힐 때 기의 흐름을 따라가려고 했다. 그래서 아주 천천히 내가 움직이지 않고 기가 이끌어간다는 느낌으로 동작을 머리로 생각하고 기가 몸을 이끌고 가는 형식으로 수련했다. 그래서 원래 배울 때도 아주 천천히 움직이게 배웠는데 나는 기를 따라가다 보니 그보다 더 천천히 움직일 수밖에 없었다.

태극권에서 배운 동작을 기공처럼 수련했다. 나는 태극권 사부와 거기서 수련하는 사람들이 나처럼 기의 움직임을 느낀다고 생각했다.

하지만 이런 기에 관한 내용이나 기를 넘어서 진리에 관한 내용을 태극권과 연관 지어 보려 했으나 대화를 나누다 보니 거기서 가르치는 태극권은 기나 찾음과는 전혀 상관이 없음을 알았다. 한 번은 큰 사부가 태극권이 얼마나 건강에 좋은지, 암까지 고치는 대단한 수련이라고 태극권을 추켜세우며 자기가 가르친 태극권으로 건강을 회복한 사람들의 이야기를 들려줬다. 또한, 부드러우면서도 강한 힘을 쓰는 무술이라서 상대를 제압하는 데 제일 강한 무술이라며 추켜세웠다. 혹시나 하며 찾은 태극권이 나의 관심과 맞지 않음을 알고 바로 그만두었다. 나는 건강을 위해 태극권을 하지 않았다. 건강을 위해서라면 그냥 달리기나 헬스장 가는 게 더 효과가 있다고 믿었고 자주 병원에 들러 검진받는 것이 낫다고 생각했다.

태극권은 그만두었지만, 기공은 계속해 나갔다. 나는 건강이나 어떤 능력에는 관심이 없었다. 호흡을 조절하고 기를 축적해 내공을 쌓아 내 능력을 기르는 일에는 관심이 없었다. 내 관심은 도대체 '이것'이 뭔지 궁금했을 뿐이다. 내게 기공은 좌선처럼 이 궁금함을 묻고 살펴보는 하나의 명상이었다. 그래서 명상으로 좌선과 기공을 같이 했다. 어떤 때는 움직이지 않고 가만히 있고 싶을 때가 있고 어떤 때는 움직이고 싶을 때가 있다. 몸이 움직이고 싶은데 억지로 앉아서 움직이지 않으려 하면 가슴만 답답해지고 명상이 잘 안 된다. 그래서 움직이고 싶을 때는 기에 몸을 맡기고 기를 따라 흐르는 몸을 바라보며 명상하는 기공 명상을 했다. 그러다 움직이는 에너지가 멈추면 앉아서 움직이지 않고 명상하는 좌선을 했다. 또 움직이는 에너지가 다시 일어나면 기공 명상을 했다.

어떤 형태로 명상하든 다를 바 없는 같은 명상이다. 앉아서 명상하

진리는 바로 지금, 바로 여기 있다

든, 기감을 느끼며 명상하든 걸으며 명상하든 다 같은 명상일 뿐이
다. 그저 내면을 바라보는 노력이다. 기공을 하나의 명상으로 하기에
나는 내가 하는 기공을 '바라보는 기공 명상'이라 부른다.

가슴으로 가리킴을 받아들인다.

스승 웨인을 만났을 때 나는 드디어 '아드바이타' 가르침이라는 제
대로된 방향 표지판을 만난 것 같았다. 그리고 본격적인 찾음의 길로
들어섰다. 새로운 가르침 속에서도 기의 흐름은 늘 일어났다. 삿상에
앉아 있을 때도 종종 흐르는 기를 바라봤고 좌선할 때도 흐르는 기
를 바라보았고 따로 기공 명상을 하면서도 흐르는 기를 바라봤다. 바
라보려 하지 않아도 가만히 앉아 있으면 기의 흐름이 너무도 강하게
느껴져서 그냥 보게 됐다.

스승 웨인의 가르침을 따른지 5년째 되던 때 스승의 가르침에 가슴
이 열리는 일이 기의 형태로 느껴졌다. 어느날부터 가슴 명치 중간에
서 강하게 불타는 느낌이 들기 시작했다. 이상하게 생전 처음으로 정
확히 명치 위치에서 강하게 그리고 뜨겁게 주먹만 한 공이 불타는 듯
한 느낌이 들기 시작하더니 사그라지지 않고 일주일째 계속됐다. 정
확히 불탄다는 표현 말고는 달리 표현할 길이 없는 느낌이었다. 이런
느낌이 지속된 지 1주일째 되던 날 월요일 저녁, 웨인의 삿상에 앉아
대담을 듣고 있었다. 이날 저녁에는 처음 방문한 여러 젊은 친구들이
웨인과 대화하고 있었다. 대담을 듣고 있는데 어느 순간 느닷없이 가
슴이 확 열리는 이상하리만치 분명한 느낌이 일어났다. 이야기에 살
을 붙이자면 명치에서 불타던 에너지가 해방되면서 가슴이 열렸다고

나 할까? 신비하거나 대단한 게 아니라 그냥 분명한 느낌이었다. 가슴이 열리는 느낌. 바로 그 순간부터 대담 속 웨인의 말이 가슴에 와 꽂혔다. 가슴이 열리기 바로 직전까지 듣는 느낌과 완전히 달랐다. 정말 "가슴으로 듣는다."는 말 그대로, 딱 그랬다. 그전까지는 가슴으로 듣는다는 느낌이 전혀 없었다. 굳이 구별하자면 그전까지는 머리로 가르침을 들었다면, 바로 그 순간부터는 가슴으로 듣기 시작했다. 그전에는 논리로 생각하며 들었다면, 그 이후부터는 그대로 받아들이며 듣는다고나 할까? 뭔가 가슴에 있던 벽이 사라지고 활짝 열렸다고나 할까? 그렇게 가슴이 열린 다음 날 불타는 듯한 느낌은 사라졌다.

가슴이 열린 뒤로는 삿상에서 웨인의 말이 종종 가슴으로 와닿았다. 삿상에 참석하고 집으로 돌아가던 차 안에서 뒤늦게 가슴이 울리고 눈물이 흐르던 때가 종종 있었다. 그리고 라메쉬의 책 『참의식이 말하다(Consciousness Speaks)』[3]를 읽기 시작했는데 라메쉬의 가리킴에 가슴이 반응했다. 어느 구절을 읽을 때면 가슴으로 온몸이 반응했다. 마치 큰 종이 울리듯 온몸이 울리는 느낌이었다. 어떤 구절에서는 가슴이 메어왔다. 이렇게 가슴을 울리는 구절이 있으면 그 부분에 멈춰서 울림이 가실 때까지 머물렀다. 책을 가슴으로 읽는다는 말이 정확히 어떤 뜻인지를 알 수 있었다.

나는 처음 가슴에 일어났던 불타는 느낌을 첫 번째 불꽃이라 부른다. 이 첫 번째 불꽃이 일어나고 5년이 지난 뒤 두 번째 불꽃이 타올랐다. 이번에는 '이제는 눈을 뜰 때다.'라는 내면의 목소리와 함께 집

---

3) 『참의식이 말하다』는 번역본이 전자책으로 네이버 카페 '아드바이타(https://cafe.naver.com/advaita2007)'에서 무료 배포되고 있습니다.

진리는 바로 지금, 바로 여기 있다

중적인 찾음이 시작됐을 때 느닷없이 머리 정중앙에 강력한 에너지가 느껴지기 시작했다. 처음 명치에서 느껴졌던 불타는 느낌과는 달랐지만, 아주 강한 집중된 에너지가 머리 정중앙에서 느껴졌고 가끔은 머리 중앙에서 미간 사이로 왔다 갔다 하는 느낌이 들었다. 그전까지는 척추를 통해서 머리로 뻗어가는 에너지는 느꼈지만, 머리 정중앙에서부터 머리를 꽉 채우는 느낌은 이때부터가 처음이었다. 한 가지 재미있는 점은 가리킴을 살펴보면서 찾음에 집중할 때는 강하게 느껴지다가 일을 하거나 텔레비전을 보거나 하면서 살펴보지 않을 때는 감쪽 같이 전혀 느껴지지 않았다는 점이다. 마치 표시등처럼 살펴보는 상태를 표시하듯이 켜졌다, 꺼졌다 하는 것이 재미있었다.

내가 에너지의 느낌을 경험하는 것은 오랫동안 이어온 기공 명상의 영향이 아닌가 싶다. 앉아서 명상할 때 온몸을 타고 흐르는 강한 에너지의 느낌, 바라보는 기공 명상을 할 때 온몸을 이끌고 가는 강한 기(氣)의 느낌이 일었다. 스승의 말씀에 가슴이 반응하고 기의 느낌으로 반응하는 일이 잦았다. 사람마다 다 다른 찾음의 길을 가는데 내가 걸어온 길에는 이런 에너지의 느낌과 기공 명상이 있었다. 분명 내 찾음의 길의 한 부분이다. 찾음이 끝나고 이해가 완전하기 전에는 이런 기의 느낌이 뭔지 궁금했었다. 그래서 여러 스승에게 물었지만 이런 느낌에 집착하지 말라는 말만 들었지, 공감하거나 속 시원한 답을 해주는 분이 없었다. 물론 세상에는 이런 기공에 관한 정말 다양한 이야기가 많이 있지만, 다들 각자만의 믿음을 쫓고 있는 듯해 보였고 찾음과 방향이 다른 내용들이었다. 스승에게 기에 관한 말을 듣고 싶었지만 스승마다 걸어온 길이 다 다르고 기공과 관련된 길을 걸은 스승은 만나지 못했다. 하지만 종종 이런 기의 흐름을 강하게 느끼고 이것이 뭔지 물어보는 이들은 가끔 있었다.

아마 예전의 나처럼 찾는 이들 중 기감에 민감하고 명상 중에 강한 에너지를 느끼는 이들은 이것이 무엇인지, 찾음과 어떤 관련이 있는지 궁금한 사람이 있을 것이다. 이런 찾는 이들이 공감할 수 있는 이야기를 들려주고 싶어 여기 내가 경험한 기에 관한 이야기와 바라보는 기공 명상을 소개한다. 이런 이야기는 오해를 줄이고 잘못된 믿음으로 환상을 쫓지 않도록 함이지, 새로운 환상을 심어주려 하는 것이 아니다. 분명 기감은 있지만, 있는 그대로의 실체를 바로 봐야 길을 잃지 않는다.

기공 이야기에서 좀 더 나아가서, 기의 실체가 무엇인지 살펴보기 위해서 '에너지와 움직임'에 관한 내용을 뒷부분에 덧붙였다. 무엇이든 본질을 바로 보면 아무런 의문이 없다. 그리고 다른 스승들이 가리키듯 집착하지 않고 일어나는 기의 경험을 있는 그대로 바라볼 수 있다. 물이 흘러가듯 모든 경험이 흘러 가도록 말이다.

몸과 마음과 영(靈)은 둘이 아니다. 에너지와 기(氣)는 다른 말이 아니다. 또한 에너지, 기, 몸, 마음, 영, 이 모두는 둘이 아니다. 몸과 마음은 따로 떨어져 있지 않고 몸의 수련과 마음의 수련도 따로 구분할 수 없다. 둘이 아니다. 어떻게 둘일 수가 있겠는가? 모든 구분은 오직 생각 속에 있을 뿐이다. 다 일어나는 경험에 이야기를 붙이고 이야기를 재미있게 하려고 만든 개념일 따름이다. 기공도 다른 모든 수행처럼 어떻게 찾음과 관련 있고 도움이 되는지 아무도 모른다. 목적을 달성하기 위한 어떤 방법이 아니라 일어나는 하나의 경험이다.

어쩔 수 없이 하는 모든 수련은 내려놓는 연습이어야 한다.

　　　　　　　　　　　　　　진리는 바로 지금, 바로 여기 있다

» 바라보는 기공 명상

여기서 말하는 기공 명상은 내가 즐겨하는 기공을 통한 명상이다. 찾을 때는 혹시나 도움이 될까 봐 했었고 찾음이 끝난 뒤에는 그냥 좋아서 하는 취미다. 나는 세상에 알려진 기공이나 기공 명상은 잘 알지 못하고 여기서 말하는 기공 명상은 기존의 것과 상관이 없다. 바라보는 기공 명상은 움직이려 하는 동적인 에너지가 몸을 움직일 때 에너지(氣)의 움직임을 바라보는 것이다. 그저 아무런 목적 없이 있는 그대로의 움직임을 그대로 바라볼 뿐이다. 그저 움직임, 그뿐이다.

내려놓는, 흘러가게 놔두는, 있는 그대로의 움직임을 바라보는, 있는 그대로가 되는 연습이라고나 할까? 그저 목적 없이 있는 연습, 그저 존재하는 연습이라 할 수 있다. 그래서 명상이다. 개별적으로 떨어져 존재하는 '나'란 없다는 사실을 몸으로 체험하는 명상이다.

바라보는 기공 명상은
내려놓음, 바라봄, 있는 그대로가 되는,
그냥 있는 연습이다.

기공 명상을 할 때는 앉아서 상반신만 움직이기도 하고 일어서서 온몸을 움직여 마치 춤을 추듯 하기도 한다. 또는 움직임이 거의 없는 날은 가만히 서서 기의 움직임을 바라보기도 한다. 앉아서 바라보기도 한다. 자세가 어떠하든 움직임을 바라보는 일이다. 몸이 움직이지 않아도 몸에 흐르는 에너지의 움직임만을 바라보기도 한다. "오늘은 이렇게 해야지."가 아니라, 하다 보면 그냥 그렇게 되는 것이다. 조용한 곳이 있으면 조용히 해도 되고 명상음악을 틀고 해도 되고 사실 시끄러워도 상관없다. 다만 바라보는 데 집중할 수만 있으면 되기에 자기에게 맞는 방법을 찾으면 된다.

흘러가게 내버려 두라.
내버려 두든 말든, 그저 흘러간다.

만일 기공을 접한 적이 없는데 기공 명상을 하고 싶으면 기감을 느끼는 훈련부터 하면 된다. 기감을 느끼는 훈련은 두 손을 마주하며 두 손바닥이 닿을 듯 말듯 마주하고 손바닥에서 느껴지는 느낌에 집중하는 연습을 한다. 기감이 느껴지다 두 손 사이에서 에너지가 왔다 갔다 하는 것이 느껴지고 때로는 밀어냈다가 때로는 당겼다가 한다. 계속 바라보다 보면 손이 자기 마음대로 움직인다. 손이 움직이다 보면 몸이 움직이고 머리도 움직이고 다리도 움직인다. 그러다 보면 같은 동작이 반복되기도 하고 보통 기공에서 하는 동작 비슷하게 나오기도 하고 무술 동작 같을 때도 있고 마치 춤을 추듯 움직이기도 해서 나는 이것을 기춤을 춘다고 한다. 에너지가 알아서 흘러가도록 내버려 두면서 에너지가 춤을 추는 것이다. 에너지가 내 몸을 통해서 춤춘다. 내가 춤을 추는 것이 아니라 에너지가 춤추는 것이다. 여기서 중요한 것은 기가 흘러가는 대로 내버려 두는 것이다. 그저 바라봐야만 한다. 내가 통제하는 것이 아니다. 내 생각으로 조정하는 것

진리는 바로 지금, 바로 여기 있다

이 아니다. 억지로 기를 돌리려 하거나 통제하려는 의도가 여기에 없다. 철저히 일어나는 일을 바라만 본다. 에너지, 즉 기의 흐름을 놔두고 바라본다. 놔두는 것도 지나치다. 아무도 놓아두는 이가 없다. '내'가 내버려 두는 것이 아니라 그저 일어날 뿐이고 그저 바라볼 뿐이다. 이것을 몸을 통해서 체험하는 것이 바로 여기서 말하는 기공 명상이다.

몸과 마음은 둘이 아니다.

몸과 마음은 둘이 아니다. 어디서부터 마음이고 어디서부터 몸이라는 것은 오직 생각 속에 있다. 더 나아가서 에너지와 몸의 구분도 없다. 몸이 에너지고 에너지가 몸이다. 몸이 기이며 기가 몸이다. 우리는 몸이 독립적이고 주변과 구분되어 있다고 생각한다. 하지만 사실은 그렇지 않다. 오직 눈에 비치는 형상일 뿐이다. 우리는 '내'가 움직인다고 생각한다. '나'에게는 독립적인 의지가 있고 그 의지로 내 몸을 움직인다고 생각한다. 그렇지 않다. 어디에도 독립적인 것은 없다. 모든 것이 연결되어 있다. 실시간으로 영향을 주고받는다. 자세히 볼수록 영향을 주고받는 것이 너무도 밀접해서 도저히 둘로 구분할 수 없다.

이것을 사실로 받아들이기는 쉽지 않다. 눈에 보이고 느껴지는 것이 전혀 그렇지 않아 보이기 때문이다. '내'가 움직이고 '나'의 의지가 몸을 지배하는 것이 명백한 것처럼 보인다. 몸과 마음이 구분되어 있어 보이고 내 몸은 세상으로부터 떨어져 독립적으로 존재하는 것 같다. 하지만 이것이 정말 사실일까? 이 물음을 살펴보는 것이 찾음의 과정이다. 늘 이 의문을 생각하며 살펴보는 정신 활동이 명상이다. 여기에 육체적 경험을 통해서 도움을 얻고자 하는 방법 가운데 하나가 바라보는 기공 명상이다. 체험을 통해서 정신 활동으로 살펴보는 일을 돕는 것이다. 아직 몸과 마음을 둘로 인식하고 있다면 몸의 움직임을 통한 수행이 정신 수행에 도움이 된다고 생각하면 된다. 몸과 마음이 둘이 아니기에 절을 하거나 찬양을 하거나 만트라를 외거나 기공을 하며 몸의 움직임을 통한 수행은 명상하거나 책을 읽고 스승의 말씀을 듣고 사색하거나 살펴보는 정신 활동을 통한 수행과 구분 없이 동시에 일어난다. 무엇이 몸의 수행이며 무엇이 정신 수행인지 구분이 없다. 하타(Hatha, हठ), 박티(Bhakti, भक्तिf), 즈나나(Jnana, ज्ञान) 등의 형태로 구분하는 것은 보는 시점에 따라 의사소통을 위해서 구분하고 엮혀진 이야기일 뿐이지 본질에서는 둘이 아니며 구분이 없다. 어떤 형태의 수행이든 오직 있는 그대로를 보기 위한 열망만을 품고 어떤 목적의식도 없이 순수하게 접근하면 다 같은 방향으로 나아가게 된다. 바라보는 기공 명상도 이 사실을 잘 이해하고 해야 한다. 바라보는 기공 명상을 포함해서 모든 가리킴이 가리키고자 하는 것은 다르지 않다.

흐름만 있다.

기감이 느껴진다. 기의 흐름이 느껴진다. 기가 움직이며 손이 따라간다. 기가 움직이며 팔이 따라간다. 어디서 오는지 모르는 기의 움직임이 팔을 움직인다. 생각은 일어나는 움직임을 알아차릴 뿐 움직임의 근원이 아니다.

진리는 바로 지금, 바로 여기 있다

기가 올라가다 내려오고 큰 원을 그리고 작은 원을 그리고 사방을 돌아 움직이고 흔들거리며 왔다 갔다 하다가 또 돌아 움직인다. 기의 움직임이 이끌 때 손이 따라가고 팔이 따라가고 몸이 따라가고 다리가 따라가며 움직인다. 강한 기가 척추를 타고 솟아오르며 머리를 뚫고 하늘로 올라가고 머릿속에서 돌며 응집되기도 하고 팔과 다리로 흩어지기도 하며 두 팔 사이로 강하게 흐르며 큰 공을 만들기도 하며 큰 공은 원으로 흩어지며 세상으로 퍼져 나가기도 한다.

나의 움직이란 없음을 안다. 오직 기의 움직임만 있다. 기의 움직임이 몸에 한정되어 있지 않고 몸 안과 바깥을 드나들며 몸의 경계를 허물어트린다. 생각이 팔의 움직임을 살펴 어떤 동작을 그려보며 팔의 다음 움직임을 예상해보지만, 기는 개의치 않고 자기만의 움직임을 이어간다. 예상은 맞을 때도 있고 틀릴 때도 있다. 움직임이 생각과 늘 같지 않음을 알아차린다. 기의 움직임이 생각되기도 하고 생각의 흐름이 기의 흐름이 되기도 한다. 기의 흐름과 생각의 흐름이 때론 다르기도 하고 때론 같기도 하다는 사실을 알아차린다.

기의 움직임이 생각의 틀을 깨고 움직일 때면 나의 의지에 대한 의문을 일으킨다. 기의 움직임을 통해 기의 근원에 대한 의문을 일으킨다. 기의 움직임과 나의 움직임이 둘인지, 둘이 아닌지 의문을 일으킨다. 기와 내가 둘인지 둘이 아닌지 의문을 일으킨다. 기와 움직임이 둘인지 둘이 아닌지 의문을 일으킨다.

의문을 바라보며 기의 움직임을 따라간다. 기의 움직임을 통해 일어나는 있는 그대로의 세상을 바라본다. 의문이 일면 일어나는 대로, 생각이 일면 일어나는 대로, 몽상이 일면 일어나는 대로 기의 움직임을 놓치지 않고 따라간다. 잠시 움직임을 놓치면 놓치는 대로 다시 알아차리며 따라간다.

있는 그대로를 바라본다. 바라보는 이가 없기에 있는 그대로만 남는다. 움직임만 있다. 흐름만 있다.

움직임의 에너지가 잦아들면서 몸의 움직임도 잦아들고 에너지가 움직이길 멈추면 몸의 움직임도 멈춘다. 에너지는 멈추어 있다. 잠재적 에너지로 남아있다. 움직이지 않고 있는 그대로를 바라본다. 바라보는 에너지가 다하면서 기공을 멈추고 다시 일상으로 돌아간다. 일상의 움직임도 기공하면서 바라보는 움직임과 근원이 다르지 않음을 안다.

움직임만 있다. 그래서 무위(無爲)다.

진리는 바로 지금, 바로 여기 있다

» 걷는 명상

　나는 걸으면서 살펴보는 일이 좋았다. 걸으면서 물음을 붙잡고 계속 살펴본다. 걸으면서 보이는 풍경, 들리는 소리, 몸에 닿는 감각, 스치는 냄새, 입안 가득한 맛, 그리고 떠오르는 생각들과 함께 살펴본다. 이렇게 걸으면서 살펴보는 것을 나는 걷는 명상이라 부른다.

걸으면서 살펴본다. 걷는 명상이다.

　살펴보며 걸을 때는 늘 천천히 걸었다. 집중해서 살펴보다 보면 어쩔 수 없이 천천히 걷게 된다. 뭔가를 골똘히 생각하면서 걷는 거다. 이렇게 사색하기에는 천천히 걷는 것이 최고였다. 해방된 자유에서 안내자와 대담할 때는 늘 안내자의 질문과 가리킴을 살펴보면서 걸었다. 살펴보고 또 살펴봤다. 가끔 걷다가 서서 눈을 감고 감각에 집중해 보기도 한다. 지금 이 순간 일어나는 경험에 집중한다. 다시 눈을 뜨고 걸으며 온 존재로 일어나는 경험에 집중한다. 경험 자체를 깊이 살펴본다. 각각의 감각을 하나씩 살펴본다. 감각이 인지되고 생각이 일어나는 과정을 깊이 살펴본다. 이렇게, 일어나는 경험을 깊이 살펴본다.

　걸으면서 하는 명상뿐 아니라 운전하면서 살펴보는 운전 명상도 좋았다. 차를 운전하면서 주의를 소홀히 하는 것이 아니다. 결코, 그렇게 해서는 안 된다. 걸을 때와 마찬가지로 운전할 때도 주의를 잘 살핀다. 단지 운전 중에 음악을 듣거나 라디오를 듣는 대신 생각을 듣는다고 여기면 될 것 같다. 생각을 살펴본다. 일어나는 경험을 살펴본다. 화두를 살펴본다. 의문을 살펴본다.

사실 걷든, 운전을 하든 일상의 거의 모든 순간에서 내면으로 들어가 살펴볼 수 있다. 딱히 자리를 펴고 앉아 있을 필요가 없다. 딱히 아무도 없는 조용한 곳을 찾아 명상음악을 틀고 기공 명상을 할 필요가 없다. 어느 곳에 있든 무엇을 하든 틈만 있으면 침묵 속에서 늘 살펴볼 수 있다. 내게 깨우침 대부분은 앉아서 명상할 때나 기공 명상 중이 아니라 시끄러운 도심을 걷던 도중에, 운전하던 중에 일어났다. 물론 궁극적 깨달음은 앉아 명상하던 중에 일어나기는 했다. 즉, 주위 환경이나 수행의 형태는 중요하지 않다는 말이다.

무엇을 하든 어디에 있든 살펴보기만 하면 된다. 난, 심지어 가만히 누워서 살펴보는 일도 좋았다. 살펴보는 일이나 명상은 형식과 상관없다. 얼마나 강렬하게 집중적으로 살펴보느냐에 달려있다. 시간을 따로 내서 하루 30분, 하루 1시간, 이렇게 할 필요가 없다.

일에 집중하거나 사람들과 이야기할 때는 살펴볼 수가 없다. 아이들과 놀거나 친구들과 어울리거나 텔레비전을 볼 때는 살펴볼 수가 없다. 이런 시간 외에는 늘 살펴볼 수 있다. 다른 일을 하지 않고 말 없이 침묵할 때는 늘 살펴볼 수 있다. 이것이 명상이다. 딱히 뭔가를 멈출 필요가 없다. 그냥 주의를 집중하기만 하면 된다. 모든 주의를 집중할 필요도 없다. 걸으면서, 운전하면서, 엘리베이터를 기다리면서, 요리를 하면서, 단순한 일을 하면서, 설거지를 하면서, 청소를 하면서 남아도는 주의를 살펴보기에 집중하면 된다. 또 잠자기 전 침대

진리는 바로 지금, 바로 여기 있다

에 누워 의식이 있을 때 살펴보면 된다. 이렇게 관심을 두고 계속해서 주의를 기울이면 된다. 정말 궁금하면 어디서 무엇을 하든 그냥 살펴 봐진다.

찾음은 이미 여기 이 순간, 한순간도 빠짐없이, 늘 있는 그것을 찾 는 일이다. 찾을 것도 없이 찾아진 그것을 찾는 일이다. 그래서 어떤 형식도 필요 없고 어떤 조건도 없다. 다만 얼마나 찾고자 하는 열망 이 강렬한가에 달려있다. 얼마나 급한가에 달려있다. 당신 삶의 우선 순위에 달려있다. 순수한 열망으로 바로 이 순간 찾고자 하고, 찾음 이 삶의 유일한 목적이라 여기며 찾음을 모든 일의 최우선 순위에 둔 다면 모든 형식은 자연히 따라오게 마련이다. 아니, 어떤 형식으로 살 펴보든지 진정한 명상이 된다.

간절하면 통한다.

» 살펴보기

　직접 살펴보라. 당신에게 직접 살펴보라고 말한다. 반복해서 직접 살펴보라고 말한다. 아무리 여기서 하는 말이 공감이 가고 이해가 돼도 자기가 직접 확인하고 깨우치지 않으면 또 하나의 "누가 그러더라." 라고 하는 지식으로 남게 된다. 지식으로 남으려면 이 책은 필요 없다. 왜냐하면 여기 모든 내용은 가리킴이기 때문이다. 직접 당신이 가서 보라고 방향을 알려주는 방향 표지판이다. 직접 살펴봐야 한다.

　살펴보라는 말은 여기서 말하는 내용이 정말 사실인지 직접적인 경험으로 확인하라는 말이다. 어떤 내용은 금방 "아하!" 하고 가슴에 와닿겠지만, 어떤 내용은 아무리 생각하고 생각해도 알 수가 없다. 이렇게 생각하고 생각하는 것이 살펴보는 것이다. 자꾸자꾸 주의를 기울이는 것이 살펴보는 것이다.

> *살펴보는 것은 관심을 가지고 주의를 기울이는 것이다.*
> *이것으로 당신이 할 일은 끝이다.*

　살펴보는 일은 모든 수행과 함께 간다. 사실 모든 수행이 살펴보는 일이다. 살펴보기와 수행은 둘이 아니다. 명상하면서 살펴본다. 길을 걸어가면서 살펴본다. 바라보는 기공 명상을 하면서 살펴본다. 잠자려고 누워서도 살펴본다. 의식이 있는 한 계속해서 살펴볼 수 있다.

　　　　　　　　　　진리는 바로 지금, 바로 여기 있다

심지어 잠자는 동안에도 의식하지 못해도 살펴보는 일이 일어난다. 관심이 있어 주의를 기울이면 자연히 살펴봐지게 된다. 그런데 도대체 살펴보는 게 뭘까?

'도대체 살펴보는 게 뭐지?'라는 의문이 들 수 있다. 살펴보는 것은 영적 찾음에 관련된 특별한 뭔가가 아니라 일상에서 늘 일어나는 일이다. 보통 앎은 살펴봄으로써 얻어진다. 예를 들어, 아직 곱하기를 배운 적이 없는 아이가 처음 곱셈을 배우는 일을 살펴보자. 아이는 2×2=4, 둘에 둘을 곱하면 넷이 되는 개념을 아직 모른다. 대신 2+2=4, 둘에 둘을 더하면 4가 된다는 것은 이미 안다. 둘에 둘을 더하면 몇이냐고 물을 때, 아이는 손가락 둘을 펴고 다시 손가락 둘을 더 펴서 넷이라고 답한다. 이런 아이에게 곱하기를 가르쳐 본 적이 있는가? 당신에게는 너무도 당연하고 쉬운 일이지만, 아이는 이해하지 못한다. 이제 손가락으로 더하기를 하는 아이에게 아무리 곱하기를 최고의 강사를 붙여서 가르친다고 한들 때가 안 되면 모른다. 어느 날 아이는 친구가 곱하기하는 것을 보고 자기도 해야겠다고 느끼고 곱하기를 가르쳐 달라고 한다. 이때 아이에게 가르친다. "사탕 둘을 한 봉지에 넣었어. 그리고 이 사탕 봉지가 둘이야. 이걸 다 너한테 주면 넌 사탕을 전부 몇 개 가지게 돼?"라고 물으며 직접 사탕을 봉지에 넣고 아이에게 준다. 아이는 곱셈을 알아내려고 열심히 노력한다. 자기도 친구처럼 곱셈을 잘하고 싶다. 엄마는 사탕을 2개 넣었다가, 하나 더 넣어 3개로 해보고, 다시 2개로, 반복해서 아이에게 곱셈이라는 개념을 가르쳐 주려고 노력한다. 아이는 몇 번 하다 보니 좀 익숙해진다. 첫날은 지나가고 다음 날, 또 다음 날 계속하다 보니 이제 사탕 봉지와 묶음이라는 개념이 익숙해졌다. 맞추는가 싶다가도 3개로 바꾸면 또 틀린다. 3개를 맞추다가도 2개로 바꾸면 또 틀린다. 그러다가 갑자기 "아!" 하면서 맞추기 시작하더니 더는 틀리지 않는다. 아직 기본이기는 하지만 아이는 그렇게 곱셈을 배웠다. 새로운 개념에 익숙해졌다. 계속해서 관심을 가지고 주의를 기울이며 살펴보다 보니 알게 됐다. 곱셈을 '살펴보다' 보니 곱셈이라는 '앎'이 일어났다.

학교에서 수학을 배울 때 어떤 문제가 아무리 생각해도 처음에는 모르겠는데 어느 순간 "아!" 하고 알게 된다. "아!" 하는 순간 전까지는 도저히 알고 싶어도 몰랐다. 그런데 어떻게 알게 된 걸까? 당신의 힘일까? 만일 아는 일이 전적으로 '나'의 의지와 노력이었다면 왜 아무리 알고자 그렇게 노력하고 의지를 불태웠을 때는 몰랐을까? 알게 되는 그 순간 전에는 왜 그렇게 몰랐을까? 이상하지 않나? 새로운 정보가 더해진 것도 없었다. 그런데 어떻게, 때가 되니 알게 됐다. 우리는 너무도 당연하게 '내가 알아냈다.'라고 여긴다. '나'의 노력으로 알게 된 것이라고. 그런데, 정말 그럴까? 당신의 노력일까? 그럼 당신은 노력만 하면 상대성 이론을 금방 알 수 있나? 아인슈타인이 상대성 이론을 처음 발표했을 때 많은 과학자가 이해를 못 했다고 한다. 과학자들이 노력이 부족해서 이해를 못 했을까? 아인슈타인만큼 머리가 덜 좋아서 그랬을까? 아인슈타인은 계속 연구했지만, 왜 그 순간이 되어서야 상대성 이론을 생각해 낼 수 있었을까? 똑같은 머리인데 왜 그 모든 이론을 한꺼번에 만들지는 못했을까? 우리는 너무나 일상적으로 일어나는 일이라 여기에 의문을 품지 않는다. 그런데 이상하지 않은가? 어떻게 알게 되었을까?

> 꾸준히 살펴보다 보면 익숙해진다.
> 익숙해지다 보면 앎이 일어난다.

진리는 바로 지금, 바로 여기 있다

처음에는 이해가 안 되다가 "아!" 하고 수학 공식이 이해되고, 물리 공식이 이해되고, 어려운 컴퓨터 알고리즘이 이해되고, 그렇게 풀리지 않던 수수께끼가 느닷없이 풀리고, 그렇게 무슨 말인지 이해 안 되던 책 속의 어떤 내용이 불현듯 그 뜻이 이해되고, 예전에 들었던 인생의 조언이 불쑥 그 뜻이 확연해지며, 이제 안다고 말한다. 어떻게 알게 되었을까? 알기 위해서 '내'가 한 게 뭘까? 엄밀히 말하면 내가 알아냈다고 말할 수 없다. 나는 그저 꾸준히 생각하고 주의를 기울였을 뿐이다. 그러다 보니 갑자기 알게 된 거다. 그렇지 않은가? 늘 일어나는 일이고 다들 자기 노력으로 알아냈다고 말하기에 당신도 그렇게 생각해 왔다. 그런데 정말 그럴까?

어떻게 알게 됐는지는 몰라도 이것 하나는 확실하다. '내'가 앎을 일으킬 수 없다는 사실이다. 오직 내가 할 수 있는 것은 앎이 일어나기를 바라면서 꾸준히 주의를 기울이는 것이다. "뭐지?" 하면서 계속 생각하고 주의를 기울이는 것이다. 이것이 살펴보는 것이다. 꾸준히 살펴보면 알게 된다. "아하!" 하고 무릎을 '탁' 치는 날이 온다. 모든 앎이 다 그렇다. 간절하게 살펴볼수록 앎이 일어나기 쉽다. 간절함의 근원과 앎의 근원이 다르지 않기 때문이다.

침묵 속에서 살펴본다.

살펴보는 일은 주로 침묵 속에서 일어난다. 여러 사람과 모여 토론하고 의견을 나누는 것도 살펴보는 과정이다. 이야기를 나누다 보면 자기가 생각하지 못했던 뭔가가 일깨워질 수도 있다. 하지만 여러 사람과 말하면서 깊은 내면으로 들어가기는 쉽지 않다. 말을 많이 하다

보면 어느덧 불필요한 말을 더 하게 되고 에너지가 소진된다. 허무해진다. 생각이 더 많아진다. 내면으로 들어가기 힘들다. 비교하게 되고 다른 사람의 말에 휩쓸리기 쉽다. 찾음이 끝나기 전에 다른 사람들에게 가르침을 전하는 일도 다르지 않다. 외면으로 향할수록 주위가 흐트러지기 쉽다. 토론하는 일도 필요하지만, 자기만의 시간을 가지고 깊은 내면으로 들어가는 시간이 있어야 한다. 될 수 있는 한 더 많은 시간을 침묵 속에서 살펴보라.

살펴보는 일은 내면으로 깊이깊이 들어가는 일이다. 내면의 무언가를 일깨우는 일이다. 이런 까닭에 침묵이 가장 큰 가르침이라고도 말한다. 침묵 속에서 살펴보는 일은 가르침을 받으려는 자와 가르침을 주려는 자가 만나는 일이다. 내면의 스승이 자신을 가르친다. 가르치는 자와 가르침을 받는 자가 다르지 않다는 사실을 알게 된다. 그렇게 앎이 일어난다. 이렇게 일어나는 앎을 깨우침이라고 한다. 또 이 깨우침과 함께 어떤 의문도 남지 않고 찾음이 끝났다는 사실을 알게 되는 앎이 일어나면 궁극적 깨달음이 일어났다고 말한다. 늘 있는 앎이 드러나는 것이다. '내'가 아는 것이 아니라, 앎이 있는 것이다.

진리는 바로 지금, 바로 여기 있다

» 종교는 달을 가리키지 않는다

처음 찾음이 시작될 때, 많은 사람이 접하기 쉬운 종교에서 찾음을 시작하는 경우가 많다. 하지만 이내 종교에서 찾고자 하는 것을 찾지 못하면서 길을 잃고 혼란스러워한다. 이런 혼란은 종교를 오해해서 비롯된다.

종교는 달을 가리키지 않는다. 종교는 찾음과 다르다. 최소한 여기서 말하는 내용에서는 그렇다. 사실 종교는 정의하기가 복잡하지만, 여기는 찾음의 관점에서 한정된 의미로 종교를 설정하고 종교를 살펴보면서 찾는 이에게 길을 가리키고자 한다.

종교는 찾음과 다르지만 많은 사람이 이 사실을 혼동한다. 처음 찾음에 관심이 생겼을 때 올바른 길을 찾기란 참 쉽지 않다. 종교나 철학을 벗어나서 찾는 일은 절대다수의 대중에 비하면 여전히 소수이고 둘이 아님을 가리키는 살아 있는 스승의 가리킴도 대중적이지 않기에, 보통 사람들은 스승의 가리킴을 접하기가 그리 쉽지만은 않다.

'진리'라는 키워드로 가장 쉽게 접할 수 있는 것이 종교다. 그래서 대부분 처음에는 종교를 통해 찾음을 이어간다. 많은 사람이 종교에서 멈춘다. 다들 찾고 있다고 생각하지만, 대부분이 쌓아가는 것은 지식과 믿음이다. 대부분은 지식과 믿음에 만족하고 살아가지만 몇몇은 "누가 그러더라."라는 말에 만족하지 못하고 직접 답을 찾고 싶어 한다. 이때부터 갈등이 생긴다. 분명 종교에 뭔가 있을 것 같은데 길을 찾기 쉽지 않다. 혼란스럽다. 여기서는 찾음의 관점에서 찾음과 종교를 개념적으로 분리하고 스승의 가리킴을 종교의 교리나 가르침과 분리해서 설명하지만 실제로는 정확히 구분이 안 되고 뒤죽박죽 섞여 있기에 찾는 이는 혼란스러울 수밖에 없다. 이 때문에 종교에 진리가 숨어 있는 것같아 보이지만 곧 벽에 부딪힌다.

대부분의 종교가 스승의 가리킴을 기반으로 하는데, 기반이 되는 가리킴은 세월이 가면서 다양한 형태로 왜곡되고 그 위에 수많은 믿음이 쌓인다. 이 사실을 잘 몰라서 혼란스러워들 한다. 종교에 숨은 스승의 가리킴과 그 위에 덮인 믿음을 잘 구분해서 봐야 혼란을 피할 수 있다. 그래서 여기서는 찾음의 관점에서 가리킴 위에 덮인 믿음들만 가리켜 종교라고 하고, 이 종교의 본질을 들여다보려 한다. 종교의 본질을 바로 봐야 있는 그대로의 종교를 받아들일 수 있고 찾음의 길이 명확해진다. 좋고 나쁘고의 문제가 아니라 그냥 다를 뿐이다.

바로 알면 비판할 것도, 원망할 것도 없다.

인간의 역사는 잔혹하다. 삶은 힘들다. 전쟁을 거치거나 전염병이 돌면 사람들은 자기 목숨보다 소중한 사랑하는 이들이 죽어가는 모습을 무능력하게 지켜보는 아픔을 겪어야 한다. 사랑하는 이들이 고통받고 죽어가는 일을 무능력하게 바라보는 것만큼 힘든 일이 있을까? 주위 사람들이 죽어가는 것을 보면서 자기도 언제 죽을지 모른다는 불안을 안고 살아간다. 죽고 다치고 늙고 병들고 가슴 아픈 일을 겪어가며 아무것도 할 수 없는 무능력한 자신을 견디며 살아가는

진리는 바로 지금, 바로 여기 있다

일이 얼마나 힘든가? 힘든 오늘이 영원히 이어질 것 같아 불안하다. 설령 오늘이 안전하고 즐겁다고 내일도 오늘 같을지 알 수 없다. 이 불안함을 안고 살아가는 일이 얼마나 힘든가?

어떤 종교든 종교 시설에는 이런 사람들의 삶과 마음이 그대로 녹아 있다. 오랜 세월을 거치면서 쌓이고 쌓인 사람들의 아픔이 있다. 고통스럽고 괴롭고 두렵고 불안하며, 좌절하고 죄책감에 시달리는 하루하루의 처절한 삶이 있다. 사랑하며 즐겁고 행복한 날들도 있지만, 이 행복이 언제 끝날지 모른다는 불안이 고스란히 담겨있다. 인간의 삶이 그렇다. 우리의 마음이 그렇다. 아무리 큰 아픔이 있어도, 삶이 아무리 힘들어도 산 사람은 살아간다. 이런 삶 속에서 사람들은 마음을 의지할 데가 필요하고 종교는 이런 사람들의 마음을 어루만지는 일을 한다.

종교는 인간의 마음이 비치는 거울이다.

종교의 본질을 아는 것은 어렵지 않다. 믿는 종교가 전혀 없는 사람도 자기 힘으로 어찌할 수 없는 상황에 처하면 기대고 싶은 존재를 찾게 된다. 자기도 모르게 두 손을 모으고 간절히 기도한다. 종교의 탄생이다. 인간이 살아가면서 필요해서 나타난 것이 종교다. 그래서 종교는 삶의 필요에 따라 끊임없이 변한다. 절에 산신당이 있고 성당에 마리아가 왕관을 쓰고 있는 까닭이다. 선사시대의 원시종교처럼 간단한 종교든, 불교나 그리스도교와 같이 복잡한 교리의 종교든 그 핵심은 다르지 않다. 종교는 두 손을 모으게 하는 인간의 간절한 마음에서 나타나는 자연스러운 현상이다. 이런 간절한 마음의 표현이 종교이고 또 그 간절한 마음을 어루만지는 일을 종교가 한다.

찾음의 길과 종교의 길은 다르다.

종교는 믿음을 바탕으로 한다. 믿음은 우리가 사실이다, 아니다 논쟁할 수 없다. 각자의 믿음을 누가 뭐라 하겠는가? 또 종교적 믿음은 현실에서 확인하기 힘든 것이 많다. 천국이나 극락이나 지옥을 죽어 보지 않고서 어떻게 사실인지, 아닌지 알겠는가? 교리에 맞는 선한 일을 했다고 얼마나 교리에 맞게 보상받았는지 확인할 수 없다. 기도한 것이 이루어졌을 때 종교의 힘으로 응답받았는지, 아닌지 확인할 수 없다. 그저 그렇게 각자가 원하는 대로 믿을 뿐이다. 믿음은 사실 확인이 불가능하다. 그래서 믿음이다. 그저 믿는다. 믿음을 두고 사실이다 아니다, 옳다 그르다 왈가왈부하는 것은 소모적인 일이다. 이 사실을 바로 알면 누구를 탓할 일도 없고 혼란스러울 일도 없다.

종교에는 엄격한 틀이 있다. 정해진 교리가 있고 규칙과 계율이 있으며 과정이 있다. 조직이 있고 체계가 있기에 이를 유지해야 한다. 해야 하고 하지 말아야 할 것이 정해져 있다. 정해진 것이 참 많다. 이렇게 종교는 믿음과 짜인 틀을 바탕으로 한다. 하지만 찾음은 이와는 정반대다. 믿음이 아니라 본인이 직접 확인해야 한다. 가진 믿음을 내려놓아야 한다. 결국에는 모든 믿음을 내려놓고 지금 여기 있는 그대로를 직관으로 보는 일이다. "여기 진리가 있으니 믿으라."가 아니라 "자기가 직접 진리가 있는지 확인하라."다. 그리고 가진 틀을 깨라고 한다. 권위가 정한 틀을 바탕으로 모든 것을 "틀에 맞게 하라."가 아니라 어떤 틀에도 얽매이지 말고 자기 내면에 틀이 있으면 보이는

진리는 바로 지금, 바로 여기 있다

대로 "틀을 깨라."라고 한다. 겉으로 보이는 틀이 아니라 내면의 틀이다. 고정관념의 틀이고 편견의 틀이며 습관의 틀이다. 인위적인 모든 틀을 깨고 마음을 활짝 열어 있는 그대로가 드러나게 하는 일이다.

믿음은 지금 이 순간 여기가 아니라 과거나 미래, 또는 여기 말고 다른 곳에 관한 것이다. 지금 이 순간 여기 있는 것은 너무도 당연하기에 믿을 필요가 없다. 찾음은 바로 지금 바로 여기를 보는 일이다. 지금 바로 여기 무엇이 이 글을 읽고 있는지, 무슨 일이 일어나고 있는지 밑바닥 끝까지 내려가서 적나라한 현실을 보는 일이다. 너무도 당연하기에 "누가 그러더라."라고 하는 다른 사람의 말이 필요하지 않다. 지금 이 순간 직접 보면 된다. 너무도 당연히 드러나는 사실을 그냥 알면 된다.

믿음을 바탕으로 하는 종교는 신과 신이 정한 특정 선지자나 성자가 전하는 말에 의존하고 믿고 따르지만, 찾음은 결국 그들의 모든 말을 내려놓고 내가 직접 살펴보는 일이다. 종교는 밖에서 뭔가를 찾지만, 찾음은 내면을 들여다보는 일이다. 내면은 안과 밖의 개념이 아니라 지금 이 순간 당신의 의식이다. 내면은 의식에 비춰진 세상이나 다른 사람이나 그들의 말이 아니라 자기의식 그 자체다. 모든 것이 비춰지는 그 바탕이다. 지금 이 순간 내가 유일하게 확신할 수 있는 존재다. 어디에도 의존하지 않고 스스로 설 수 있는 존재다. 찾음은 이것을 살핀다. 바로 지금, 바로 여기 있는 이것을!

종교의 본질은 달을 가리키는 것이 아니지만, 종교에 섞여 있는 스승의 가리킴이 길을 열어 주기도 한다. 경전에 숨겨진 어느 구절 하나가 찾는 이의 가슴을 열어 줄지 모른다. 수행에 숨겨진 스승의 가리킴이 찾음의 씨앗을 심어줄지 모른다. 찾음을 시작했지만 여전히 종교에 몸을 담고 싶은 찾는 이를 위해 몇 마디 덧붙일까 한다. 여전히 해당 종교에 마음이 있으면 종교를 떠날 필요가 전혀 없다. 그 또한 주어진 길이다.

불교에서는 108배, 천 배, 삼천 배와 같이 절을 한다. 절하는 곳이라 해서 불교 사찰을 절이라고 부른다는 설까지 있듯이, 절은 불교 수행에서 중요한 자리를 차지하고 있다. 혹, 불교 스승들은 절을 통해서 대중이 쉽게 다가갈 수 있는 하나의 길을 마련해 놓은 것은 아닐까? 절을 하려면 몸을 낮춰서 바닥에 납작 엎드려야 한다. 몸으로 자신을 낮춘다. 이렇게 절은 '나'를 낮추고 내려놓는 연습이다. 몸을 낮추면서 마음으로 내려놓고 마음이 열리게 하려는 것이다. 받아들일 준비가 되게 한다. 몸과 마음이 둘이 아니기에 몸을 낮추면 자연히 마음이 낮춰진다. 물론 절하면서 개인적인 뭔가를 바라며 기도하면 찾음과는 상관이 없다. 몸은 엎드려 내려가는데 마음은 더 쌓아가고 있기 때문이다. 절하면서 몸을 내려놓듯 믿음을 내려놓으라. 내려놓고 비우면 받아들일 공간이 생긴다. 초심자의 마음에 가까워진다. 초심자의 마음은 겸손하고 받아들일 준비가 되어 있다. 찾음의 시작에서 끝까지 찾는 이는 늘 이런 초심자의 마음이 되도록 노력해야 한다. 이렇게 보면 절은 참 좋은 명상이다. 명상은 호흡이나 생각을 제어하는 연습이 아니라 살펴보고, 내려놓고, 받아들이는 연습이기 때문이다.

교회에 가서 찬양하고 기도하다 보면 절에 가서 절하고 명상하는 수행과 다르지 않아 보인다. 찬양 인도자의 인도에 따라 많은 이가 모여 하나님과 성령을 받아들이는 찬양에 깊숙이 빠져들다 보면 가

진리는 바로 지금, 바로 여기 있다

슴이 열리는 경험을 하게 된다. 있는 그대로의 성령을 받아들이는 경험이 일어난다. 자신을 낮추고 낮춰서 하나님을 마음으로 받아들이는 기도를 한다. 하나님을 찬양하면서 나를 낮춘다. 모든 것이 오직 하나님의 뜻이고 나는 하나님의 종일 따름이다. 반복해서 '나'를 내려놓고 비움으로써 성령이 임하시게 한다. 그래서 보면, 찬양과 기도도 다른 영적 수행과 다를 게 없다. 종교의 고정된 관념에서만 자유롭다면 찬양과 기도만큼 좋은 수행도 없다. 이때도 절할 때처럼 뭔가를 바라고 자신의 틀을 세워 성령을 그 틀에 끼워 맞추려 하면 찾음과 상관없는 활동일 뿐이다. 찬양과 기도를 바로 보라. 성령이 임하는 일에만 집중해야 한다. 그것만이 목적이 돼야 한다. 성령이 임한다는 말은 있는 그대로를 받아들인다는 말이다. 이미 세상에는 오직 성령만 있다는 사실을 받아들인다는 말이다. 그냥 받아들여라. 성령이 모든 것을 알아서 하게 받아들여라. 하나님에게, 성령에게 이런 것, 저런 것 하라고 지시하지 마라. 내가 신에게 영향력을 행사할 수 있다고 착각하지 마라. 신보다 더 똑똑한 척하지 마라. 내가 하나님보다 더 어떤 일이 일어나야 좋은지 안다며 "이렇게 돼야 한다.", "저렇게 돼야 한다."라며 지시하지 마라. 하나님은 당신의 종이 아니라 당신이 하나님의 종이다. 찬양하고 기도할 때 가만히 자신을 살펴보라. 하나님 앞에서 누가 누구의 종인 것처럼 행동하는지. 기도하고 찬양하는 척하면서 내 말을 들으라고 애원하고 강요하는 건 아닌지 잘 살펴보라.

"그러나 내 뜻대로 마옵시고 아버지의 뜻대로 하옵소서."

- 마태복음 26장 39절

종교도 있는 그대로의 일부다. 찾음이라는 개념과 다른 개념일 뿐이다. 종교는 그 나름의 역할이 있다. 절대적으로 많은 사람의 마음을 반영하고 그들에게 의지할 곳이 되어주기에 손에 잡히는 도움이 된다. 종교는 사람들이 필요에 의해서 생긴 개념이다. 종교를 탓할 필요가 전혀 없다. 종교가 그 나름의 역할을 하도록 내버려 두고 찾는 이는 찾음의 길을 가면 된다. 당신이 여전히 종교에 몸담고 있든, 아니든 전혀 상관없다. 종교에 집착할 필요도 없고 종교에서 벗어나는 데 집착할 필요도 없다. 찾음은 어떤 형식에도 얽매이지 않기 때문이다. 그저 본질을 바로 알면 된다.

6장

단서

진리는 바로 우리 눈앞에 있다. 진리와 당신 사이에는 어떠한 가림 막도 없다. 늘 여기 있다. 당신이 알아차리기를 기다리면서. 삶에는 진리의 실마리를 풀 수 있는 단서가 곳곳에 숨겨져 있다. 알고 보면 우리 눈 바로 앞에 떡 하니 놓여있지만 어쩐 일인지 숨겨진 단서가 됐다. 마치 숨은그림찾기처럼.

이미 앞에서 여러 단서를 살펴보았다. 본격적으로 세상과 인식이라는 두 측면을 살펴보기 전에 아직 살펴보지 못한 익숙한 단서들을 좀 더 살펴보기로 한다.

» 행복, 있으라 하니 있다

우리는 모두 행복해지고 싶다. 많은 사람이 왜 사는가에 대한 답으로 행복해지기 위해서라는 답을 내놓는다. 그래서 행복해지는 법을 찾는다. 행복해질 수 있는 특별한 방법이 있을 거라 믿는다. 행복이 앞으로 언젠가 일어날 특별한 상태라고 믿고 바란다. 오직 행복만 있는 삶을 꿈꾼다.

사람들은 '어떻게 하면 행복해질까?'를 고민한다. 행복해지는 비밀을 다룬 수많은 책이 넘쳐난다. 행복해지는 방법이 다양하고, 방법이 다양한 만큼 행복에 대한 정의도 다양하다. 방법도 다양하고 정의도 다양하다 보니 이제는 그냥 행복이 아니라 '진정한 행복'을 이야기한다. 다들 행복을 추구하지만, 막상 행복이 뭔지는 정확히 모르는 것 같다. 도대체 행복이 뭘까? 행복의 실체가 뭘까?

아름다운 석양을 바라보며 신은 정말 진정한 예술가라고 감탄한다.
하지만 신이 빚은 진정한 예술품은 석양이 아니라 바로 당신이다.
석양을 바라보며 아름답다고 느끼는 당신의 영혼이다.

나는 석양을 바라보는 일이 참 좋다. 종종 바닷가에서 태평양 너머로 해가 저물어가는 석양을 즐긴다. 해가 넘어가기 10여 분 전부터 넘어가는 순간과 넘어간 이후로 깜깜해지기까지, 하늘과 바다의 색이 변화무쌍한 것이 너무도 아름답다. 파란 하늘이 붉게 타오르다 어느새 세상이 모두 불타는 듯하다. 그러다 빨강, 노랑, 보라, 짙은 남색으로 계속해서 바뀐다. 여기에 어떤 색이라고 이름 붙이는 것조차 미안하다. 이렇게 석양을 바라보면서 생각한다. '도대체 석양의 아름다움은 어디서 오는 걸까?'

한 가족이 해가 질 무렵 해변에서 시간을 보내고 있다. 석양이 아름답게 하늘을 물들인다. 엄마는 너무도 아름다운 석양을 사랑하는 아기와 나누고 싶어 아기를 가슴에 안고 석양을 바라본다. "너무 아름답지 않니?" 하고 아기에게 말을 건네는데 아기는 배가 고픈 듯 칭얼대기 시작한다. 아기 대신 옆에 있던 아빠가 "오늘따라 색이 참 예쁘네."라고 답한다. 4살쯤 돼 보이는 큰아이는 옆에서 모래 장난에 정신이 없고 레트리버 강아지는 여기저기 냄새 맡느라 정신이 없다. 아름다운 석양은 엄마와 아빠만 즐기는 것 같다.

같은 석양을 본다고 모두가 아름답다고 여기지는 않는다. 물론 같은 대상에서 아름다움을 보는 다수는 있을지 모르지만 늘 모두는 아니다. 그리고 주체를 사람에 한정하지 않고 동물과 곤충으로 넓히면 다수는 극소수로 줄어들지도 모른다. 이렇게 보면 아름다움은 분명 대상에 있지 않다는 사실을 어렵지 않게 눈치챌 수 있다. 만일 아름다움이 대상에 있다면 보는 모든 생명이 아름답다고 느껴야 한다. 하지만 그렇지 않다는 사실을 우리는 잘 안다. 그렇다면 우리가 느끼는 아름다움은 뭘까? 그 실체가 뭘까?

아름다움은 당신이 무언가를 보고 아름답다고 느끼는 순간 거기에 있다. 아름다움은 그 순간 '아름답다.'라는 생각과 함께 존재한다. 그리고 생각과 함께 사라진다. 하지만 우리는 "석양이 아름다워."라고 말한다. 우리가 말하는 방식이다. 사실 석양이 아름다운 것이 아니라 석양을 보고 그 순간 아름답다고 느끼는 생각이 일어났고 그때의 장면과 느낌이 기억으로 남아있는 것이다. 이것을 우리는 그저 "석양이 아름다웠어."라고 말한다. 이렇게 말하는 습관 때문에 우리는 아름다움이 그 대상에 있다고 착각한다. 아름다움이 그 대상에 있으면 보는 사람에 상관없이 절대적인 아름다움이 돼야 한다. 그래서 또 착각한다. 절대적 아름다움이 있는 것처럼. 하지만 이것은 착각이다.

　조금만 살펴보면 아름다움의 본질을 금세 알 수 있다. 아름다움은 어디 다른 곳에 있지 않다. 아름다움을 느끼는 그 순간 바로 내 안에 있다.

아름다움은 내 안에 있다.

　행복도 아름다움과 마찬가지다. 추운 겨울 밖에서 일하고 돌아와 따뜻한 물로 샤워를 할 때 '아! 행복해.'라고 느끼면 바로 그 순간 행복이 있다. 아침에 크림빵을 한입 물고 원두커피를 한 모금 더하면 '아! 이게 행복이야.'라고 느낀다. 바로 이 순간 행복이 있다. 이불 밑에서 아이와 얼굴을 비비며 놀 때 아이의 웃는 모습에 '아! 행복해.' 하고 느낀다. 이 순간 행복이 있다. 따뜻한 봄날 햇볕이 나른하다. 그 순간 머리를 스치는 행복, '음, 행복해.' 행복이 여기 있다. '행복해.'라고 느끼는 순간, 세상 그 누구도 이의를 달 수 없는 행복이 여기 있다. 딱히 '행복해.'라고 이름 붙이지 않아도 당신이 느끼는 행복을 당신은 안다. 또, 굳이 행복이라는 개념에 끼워 맞추지 않아도 순간마다 유일한 느낌이 있다.

행복은 멀리 있지 않다. 누가 글로 써서 보증해주는 것이 아니다. 정해진 조건 따위는 없다. 당신이 느끼는 그 순간, 행복은 거기 있다. 이것이 행복의 실체다.

아름답다고 느끼는 순간 아름다움이 거기 있다.
행복하다고 느끼는 순간 행복이 거기 있다.

이렇게 명백한데도 우리가 혼란에 빠지는 까닭은 이런 좋은 느낌이 영원하기를 바라는데, 그저 바람에 그치지 않고 그래야 한다고 믿고 집착하기 때문이다. 인간인 이상 좋은 순간이 더 자주 일어나고 더 오래가기를 바라는 것은 당연하다. 가능하다면 영원했으면 좋겠다. 늘 아름답고 행복하고 사랑이 넘치는 순간들만 있으면 좋겠다. 만일 모든 순간이 그렇다면 누가 죽고 싶을까? 죽음 없이 영원히 살면서 아름답고 행복한 순간을 끊임없이 누리고 싶을 것이다. 누가 아니겠는가?

그런데 이거, 어디서 많이 들어본 소리 같지 않나? 바로 모두가 그리는 천국이고 극락이다. 인간이면 누구나 꿈꾸는 세상이다. 누군가의 말처럼 가능한 것만 꿈꾸지 않는다. 꿈꾸는 것을 누가 말리랴? 달콤한 꿈에 젖어 있고 싶으면 그대로 남아 있어도 상관없다. 누군가는 낭만이라 말하고 누군가는 이상이라고 말한다. 다만 우리는 여기서 꿈이 아니라 있는 그대로가 알고 싶다. 환상이라면 환상으로 바로 봐야 한다. 환상과 거짓 믿음을 내려놓고 있는 그대로가 드러나길 바란다. 찾고 싶기 때문이다.

영원히 아름답고 행복하고 사랑이 넘치는 순간들만 있을 수 있을

진리는 바로 지금, 바로 여기 있다

까? 우리가 사는 이 우주에서? 결코, 존재할 수 없다. 왜냐하면, 이런 바람은 오직 한 면만 있는 동전을 만들어 달라는 것과 다르지 않기 때문이다. 영원히 올라만 가는 언덕이 있기를 바라는 것과 다르지 않기 때문이다. 그런 동전과 언덕을 꿈꿀 수 있다. 하지만 꿈과 집착은 다르지 않을까? 행복은 불행과 함께 존재하고 아름다움은 추함과 같이 존재하고 사랑은 미움과 함께 존재한다. 동전은 양면이 있어야 하고 언덕은 올라가면 내려가는 길이 있어야 한다. 한쪽의 가치만 존재할 수 없다. 가치의 본질이 그렇기 때문이다. 삶이 그렇다. 우리가 사는 세상이 그렇다. 지금까지 살아오면서 충분히 알 것이다. 한쪽의 가치만 누릴 수 없다는 사실을. 한쪽의 가치만 바라는 인간의 마음은 당연하다. 하지만 바라는 마음은 마음이고 현실은 현실이다. 그리고 여기서 우리는 정말 현실이 무엇인지 찾고 있다.

우리는 아름다움과 행복의 본질을 잘 안다. 어떻게 모를 수가 있을까? 다만 한 가지의 가치만 영원하기를 바라는 마음에 불가능한 환상을 좇다 보니 거짓 믿음의 때가 묻어서 본질을 보지 않을 뿐이다. 진실을 보고 싶으면 거짓 믿음을 걷어내고 현실을 직시하면 된다. 그러면 아름다움과 행복의 본질이 드러난다. 행복학이나 아름다움에 관한 학문을 배울 필요가 없다. 이미 늘 여기 드러나 있다. 배워서 아는 것이 아니다. 우리는 모두 이미 안다. 집착의 때가 당신의 눈을 멀게만 하지 않으면 된다.

있으라 하니 있다.

나는 성경 창세기에 나오는 "하나님이 말씀하시길 빛이 있으라 하니 빛이 있었다."라는 표현이 참 좋다. 나타나는 세상의 본질을 간결하게 잘 말해준다. 빛뿐만이 아니라 모든 세상이 있으라 하니 있는 것이다. 세상 만물이 그렇다. 아름다움과 행복 또한 그러하다. 모든 상대적 가치가 그러하다. 당신이 행복을 느끼는 그 순간이 "있으라."라고 하는 순간이고 그 순간 행복이 있는 것이다. 이것이 행복의 본질이다. 모든 가치가 그러하다.

행복한 삶의 열쇠가 여기 있다. 순간순간 행복을 자주 느끼면 된다. 순간순간 "행복이 있으라."라고 하라. 커피를 마시기 직전 커피 향이 싹 올라오는 순간 "아, 행복해."라고 하면 된다. 땀을 흘리고 나서 갈증 날 때 물 한 모금 마시면서 '음, 행복~!' 하고 느끼면 된다. 재미난 텔레비전 쇼를 보면서 마음껏 웃을 때 '행복해.' 하고 느끼면 된다. 지친 하루를 마치고 집에 돌아와 문을 열 때 반기는 강아지를 보며 '아! 행복해.' 하고 느끼면 된다. 아이들의 웃는 얼굴을 보며 '행복한 순간이야.'라고 느끼면 된다. 행복했던 순간들을 담은 사진을 되돌려보며 입가에 미소짓고 '행복이다.'라고 느끼면 된다. 사랑하는 사람과 함께 있을 때 "행복해."라고 말하면 된다. 새로 태어난 아이를 처음 받아보며 감격해서 "아! 행복해."라고 하면 된다. 길을 걷다 문득 햇볕이 따뜻하고 기분이 좋을 때 '행복이다.'라고 느끼면 된다. 그리고 삶을 다 살고 떠날 때가 되었을 때 '행복한 삶이었다.'라고 느끼면 된다. 자주 행복을 느끼면 된다. 삶의 방향을 이렇게 잡아가면 된다. 작은 행복한 순간들이 모여 행복한 삶이 된다고들 하지만, 사실 그냥 '행복한 삶이다.'라고 느끼는 순간 행복한 삶이다. 죽을 때까지 기다릴 필요 없다.

진리는 바로 지금, 바로 여기 있다

행복은 현재형이어야 한다. 지금 이 순간 행복해야 한다. "행복이 있다."라고 하면 그 순간 행복이 있다. 행복이 달리 있는 것이 아니다. '미래의 행복' 따위는 없다. 바로 지금 이 순간 행복할 때 행복이 있다. 과거의 한순간을 생각해보니 "그때가 행복했다."라고 말하면 사실은 과거에 행복이 있었던 것이 아니라 과거를 생각하는 지금 이 순간에 행복이 있는 것이다. 그때는 행복했는데 지금은 아닌 것 같다고 느끼면 행복은 없다. 행복했던 것 같은 기억만 지금 있을 뿐이다.

행복은 지금 이 순간 있어야 한다. 지금 행복하라. 그럼 당신은 행복하다. 행복해하는 행복한 사람이다.

지금 행복하라.

» 사랑, 있는 그대로

사랑만큼 달콤한 말도 없다. 달콤한 만큼 사랑이라는 말은 흔하게 쓰이고 오해도 많다. 우리는 사랑이 뭔지 궁금하다. 사랑은 늘 사람들의 화두다. 노래도 사랑에 관한 노래가 넘친다. 사랑에 관한 명언들이 넘쳐난다. 영화에도 문학 작품에도 장르를 불문하고 사랑은 빠지지 않는다. 사랑은 우리 삶의 일부다. 사람들은 사랑은 이렇다, 저렇다며 말도 많다. 사랑의 정의도 참 많다. 사랑의 정의는 세상 사람의 수만큼이나 많을 것이다. 이처럼 사랑의 정의가 정해져 있지 않다는 말은 사랑은 상대적 가치라는 말이다. 보는 사람의 시점에 따라 달라지는 가치이다. 사랑은 특정한 정의로 정해져 있는 것이 아니라 당신이 사랑을 느끼는 순간 거기 있는 것이다.

상대적 시점으로 절대적 사랑을 꿈꾸는가?

사람들은 상대적이며 일시적인 가치를 절대적이며 영원한 가치로 착각한다. 좋은 것이 영원하기를 바라는 인간의 본성이 일으키는 자연스러운 착각이다. 사랑이 절대적 가치이기를 바랄 수는 있지만, 상대적인 세상에서는 불가능한 일이다. 그런데 사람들은 포기하지 못하고 바람이 현실이기를 바라며 절대적 사랑을 찾는다. 그런데 이때 사람들에게 혹하는 말이 있다. 사랑에 관한 스승의 말이 자기의 바람을

진리는 바로 지금, 바로 여기 있다

충족시켜줄 것 같다. "하나님의 사랑이…", "관세음보살의 대자대비하심이…", "부처의 자비가…", "사랑하는…", "사랑으로…"라며 스승은 사랑을 말한다. 그런데 여기서 스승이 말하는 사랑이 사람들이 바라는 사랑과 같은 뜻일까? 사람들이 바라는 절대적 사랑일까? 스승이 어떤 의도로 사랑을 말했든 사람들은 자기 바람대로 해석할 수밖에 없다.

서양 문화권의 스승들은 사랑이라는 말을 좋아하는 것 같다. "사랑하는 이들에게." 또는 "사랑으로.", "사랑을 담아." 등 사랑이라는 말을 쓰기 좋아한다. 스승이 사랑이라는 말을 쓰면 찾는 이는 그 사랑을 자기가 생각하는 사랑으로 받아들인다. 스승이 사랑이라는 말을 쓸 때는 절대적 관점에서 쓰는 말인데 상대적 관점에 머물러 있는 찾는 이는 상대적 사랑의 개념으로 받아들인다. 상대적 사랑의 개념은 필연적으로 조건적인 사랑일 수밖에 없다. 조건 없는 사랑이라고 아무리 외쳐도 필연적으로 이런 조건을 보장해주면 무조건 사랑하겠다는 말밖에는 안 된다. 그 조건을 의도하든, 의도하지 않든.

아무리 목숨 바쳐 사랑하는 대상이라 해도 의식하지 않는 수많은 조건이 따라붙는다. 조건들이 너무 당연해서 잘 의식하지 못하다가 조건이 깨지면 또렷이 의식되고 필연적으로 사랑도 깨진다.

누가 한 이성을 목숨 바쳐 사랑한다지만, 상대가 바람을 피우면 대부분 사랑이 깨진다. 나 이외의 사람과는 사랑해서 안 된다는 당연한 조건이 있다. 이 사람이 당연히 여기는 조건이지 절대적 조건은 아니다. 일부다처제나 일모다부제처럼 요즘 같은 일대일의 결혼 풍습이 생기기 훨씬 전의 문화에서는 결코 당연한 조건이라고 할 수 없다.

어떤 사람은 상대가 바람을 피워도 계속 사랑한다. 하지만 바람피우는 것도 모자라 자신을 사랑한 적도 없었고 오직 돈을 갈취하기 위해서 처음부터 접근한 사기꾼이었다면 사랑이 확 깬다. 대부분은 사랑의 감정이 증오와 복수심으로 바뀐다. 사랑했던 강도만큼 증오도 강하다. 사람들은 내가 사랑하는 만큼 당신도 나를 사랑해야 한다는 당연한 조건을 전제한다. 때에 따라서 다르지만, 정확히 내가 사랑하는 만큼은 아니라도 어느 정도는 기대한다. 너무도 당연하기에 조건이라고 말하기 싫겠지만 이 또한, 그저 '대중적으로 당연하다고 여겨지는 조건'일 뿐이다.

상대가 자기를 싫어하고 자기에게 온갖 나쁜 짓을 해도 여전히 사랑하는 예도 있다. 보통 부모가 자식을 사랑할 때 이런 경우가 있다. 부모는 이상하리만치 속 썩이는 자식에게 더 애정이 간다. 아무리 세상의 도덕적 잣대로 볼 때 용서할 수 없는 짓을 자신에게 해도 부모는 여전히 자식을 사랑하는 경우가 많다. 사람들은 보통 부모의 사랑을 조건 없는 사랑이라고 추켜세운다. 하지만 엄밀히 보면 조건 없는 사랑이 아니라 조건이 적어 보이는 사랑을 과장되게 표현한 것이다. 이 정도면 무조건이라고 불러도 된다는 말이다. 그런데, 이 아이가 내 자식인지 알았는데 알고 보니 아니었다면 어떨까? 많은 부모가 사랑을 접을 것이다. 물론 기른 정이 깊어서 여전히 내 자식으로 여길 수도 있다. 하지만 이 경우도 기른 정이 있어야 한다는 조건이 붙는다. 키우는 동안 나쁜 일을 저지르다 못해 나의 사랑스러운 다른 아이들까지 죽였다면 어떨까? 너무도 극단적이라 있을 수 없는 일처럼 보이는 일이 인간의 역사에는 수없이 많다. 부모와 자식 간에도 여전히 너무도 당연한 조건이 붙어있다.

진리는 바로 지금, 바로 여기 있다

아무리 조건 없어 보이는 사랑 일지라도 상대적 세상 속의 사랑은 필연적으로 조건적이다. 조건이 얼마나 당연시되는지의 차이일 뿐이다. 아무리 영원할 것 같은 사랑이라도 그 순간 영원할 것처럼 보이는 것이지, 영원한 것은 아니다.

'나'의 사랑에는 필연적으로 조건이 붙는다.

너무도 야박하게 사랑을 이야기한다. 영원하고 조건 없는 사랑에 대한 환상을 깨려 한다. 맞다. 물론 그렇다. 찾음은 환상을 깨고 있는 그대로를 바로 보는 과정이다.

우리는 사랑할 때 조건을 따지고 유통기한을 염두에 두고 사랑하지 않는다. 그래야 한다. 무조건적이라 믿고 영원할 거라 믿으면서 사랑하라. 그래야 사랑이다. 있는 그대로의 감정이다.

원하는 사랑을 꿈꾸고 믿는 것은 옳고 그르거나, 사실이다 아니다를 따지며 딴지를 걸 문제가 아니다. 각자 자기 믿음의 문제다. 믿음을 누가 뭐라 하겠는가? 다만 그렇지 않은 현실을 만났을 때 믿음이 현실이기를 바라며 상대나 자신에게 믿음을 강요한다면, 그때 우리는 사랑이라는 말 대신 집착이라는 말을 쓴다. 집착은 있는 그대로를 받아들이지 못한다는 말이다. 이때부터 괴로움이 시작된다. 현실과 믿음의 간격만큼 괴로움은 커진다.

사랑은 있는 그대로를 가리킨다.

그러면 스승이 말하는 사랑은 뭘까? 먼저 한 가지, 스승의 말에 조심해야 할 점이 있다. 스승은 때로는 개인의 관점에서 말할 때가 있고 때로는 절대의 관점에서 말할 때가 있다. 절대의 관점이란 개인이 아닌 비개인적으로, 즉 진리의 관점에서 하는 말이다. 누구는 도(道)의 관점이라고도 말한다. 이 말은 진리나 도라 이름 붙은 그 무엇을 가리키는 하나의 가리킴이다. 예를 들어 니사르가다타 마하라지 스승이 "나는 담뱃가게 사장 니사르가다타다. 담배 피우는 것이 좋아. 우리 가족들을 사랑하지. 몸이 아프니 올해 안에 죽을 것 같군."이라고 말한다면 니사르가다타라는 한 개인으로 말하는 것이다. 그런데 삿상 중에 어떤 때는 "나는 그것이다. 나는 태어난 적도 없고 죽지도 않는다. 나는 사랑이다."라고 말한다면 이것은 비개인적으로 절대의 관점에서 하는 말이다. 스승이 이렇게 둘의 관점에서 자유롭게 드나들 수 있는 것은 개인과 절대가 둘이 아니라는 사실을 잘 알기 때문이다. 보통 스승은 삿상에서 찾는 이에게 가르침을 전할 때가 아니면 이렇게 절대의 관점에서 말할 필요가 없다. 일상생활에 전혀 도움이 안 되기 때문이다.

이런 구별을 모르면 개인적으로 하는 말과 비개인적으로 하는 말 사이에서 뭐가 맞는지 몰라서 혼란스럽다. 문맥을 잘 보면 스승의 말에 헷갈릴 까닭이 전혀 없지만, 다양한 이유로 찾는 이는 문맥을 놓친다. 만일 헷갈린다면 헷갈려도 좋다. 헷갈림을 물음으로 가지고 살펴본다면 그 자체로 가리킴이고 화두다.

오직 사랑만 있다.

스승이 절대의 관점에서 말하는 사랑은 하나의 가리킴이다. 지금

진리는 바로 지금, 바로 여기 있다

여기, 있는 그대로를 가리키는 또 하나의 이름이다. 이때 사랑은 절대, 신, 하나님, 여호와, 참의식, 참인식, 참실재, 참나, 그것 등과 다르지 않다. 다 같은 무엇을 가리킨다. 그래서 스승은 "나는 당신을 사랑한다."라고 주어와 목적어를 겸해서 사랑이라는 단어를 쓰지 않고 "사랑으로.", "사랑과 함께."와 같이 말한다.

"하나님은 사랑이시다."라는 말도 이런 맥락이 잘 나타난 표현이다. 하나님은 사랑이다. "하나님이 우리를 사랑하신다."가 아니라, 하나님이란 말과 사랑이란 말이 가리키는 무엇이 다르지 않다는 뜻이다. "대자대비하신 관세음보살."도 마찬가지다. "관세음보살께서 대자대비하시게 우리를 사랑하고 보살핀다."라는 말이 아니라 관세음보살이라는 말과 대자대비라는 말이 가리키는 무엇이 다르지 않다는 뜻이다. '사랑이신 하나님'과 '대자대비하신 관세음보살'은 같은 뜻이다. 문화적 차이로 다르게 표현됐을 뿐이다.

하나님 = 사랑 = 대자대비 = 관세음보살

스승의 말은 필연적으로 오해되기 마련이다. "하나님은 사랑이다." 라고 하면 상대적 세상의 관점에 머물러 있는 보통 사람들은 자신이 생각하는 가장 좋은 사랑의 개념을 투여해서 해석한다. '하나님은 나의 어머니와 같이 나를 조건 없이 사랑해주시겠구나.'라고 생각한다. 그래서 기도하면서 하나님에게 빈다. 엄마나 아빠에게 "이것 해주세요.", "저것 해주세요."라고 부탁하듯 신에게 "이거 해주세요.", "저거 해주세요."라고 부탁한다. 부탁하는 대상이 전지전능한 신이기에 부탁하는 수준이 높아진다. "이번 전쟁에서 꼭 우리가 승리하게 해주세요."라고 부탁한다. 기도하는 이의 의도가 어떻든, 부탁의 내용을 뜯어보면 사랑의 신에게 살인을, 그것도 집단 살인을 부탁하는 것이다. 극단적으로 보면 어른, 아이 할 것 없이 다 죽여달라는 말과 다르지 않다.

불교 신자들은 보살들이 대자대비하다고 믿기에 큰 사랑으로 자기가 원하는 것을 다 들어줘야 한다고 믿는다. 제한적으로 요구를 들어주는 부모에 비할 바가 아니다. 조건 없는 사랑이고 무조건적이기에 내가 뭘 요구하든 다 들어줘야 한다. 그래서 절에 가서 자기 요구를 들어달라고 빈다. "우리 딸이 대학에 딱 붙게 해주세요.", "우리 아들이 이번 공무원 시험에 딱 붙게 해주세요."라고 빈다. 대자대비한 보살에게 청탁하는 일이다. 절에 시주하고 등을 달고 보살에게 절하고 기도하면서 청탁하는 일이 아니면 뭔가? 이런 청탁은 법에 걸리지는 않지만, 기도의 내용을 자세히 뜯어보면 대자대비하신 보살에게 정원이 정해져 있고 상대적으로 평가해서 어떤 사람이 붙으면 어떤 사람은 떨어져야 하는 필연적인 경쟁에서 내 아이의 자리 확보를 위해서 다른 아이를 떨어지게 해달라는 것이다.

청탁의 본질은 자기에게 아주 유리한 내용의 거래를 제안하는 것이다. 신이나 보살에게 청탁할 때는 정말 말도 안 되게 거저먹으려 한다. 전쟁에 돈이 얼마나 드는데 그 정도로 될까? 수많은 목숨이 왔다 갔다 하는데 한두 명 목숨이나 동물 몇 마리의 목숨을 제물로 바치면서 엄청난 부와 수많은 사람의 목숨을 보장해달라니 도대체 말이 되는 거래인가? 대학이나 어떤 시험에 붙거나 회사에 들어가기 위해 얼마나 다들 노력하는데 그거 얼마 안 되는 시주로 될까? 학원비만 해도 얼만데, 공정거래에 관한 인식이 없어도 너무 없는 건 아닐까?

진리는 바로 지금, 바로 여기 있다

정말 누구를 호구로 아는 걸까?

대자대비한 보살과 사랑이신 하나님이 보기에 너도나도 다 청탁하니, 분명 누구의 말은 들어주고 누구의 말은 안 들어줘야 하는 상황이라 대략 난감하지 않을까? 누구는 전쟁에서 이기게 하고 누구는 전쟁에서 죽게 해야 하는 것이 대략 난감하지 않겠나? 명색이 대자대비고 순수한 사랑 그 자체인데 기도 좀 했다고, 헌금 좀 더 냈다고, 시주 좀 더 했다고, 새벽에 잠 좀 덜 자고 기도 좀 더 했다고, 그걸로 마음이 기울어 누구는 들어주고 누구는 안 들어준다면 그것이 대자대비고 사랑이겠는가? 보살과 하나님의 입장에서 한 번 생각해 보면 자기가 얼마나 생떼를 쓰는지 알 것이다.

물론 기도가 뭐가 나쁠까? 이렇게 기도하고 바라고 기대고자 하는 것이 인간의 자연스러운 본성이다. 또, 모든 노력을 다하고 간절한 마음으로 기도를 올리는 이도 많다. 사랑하는 이들의 생사가 달린 일을 앞두고, 오랜 준비 끝에 인생의 진로가 달린 일을 앞두고, 누구는 "그저 최선을 다하게 하시고 나머지는 신의 뜻대로 되게 하소서."라고 기도하는 이도 있을 것이다. 순수한 간절함의 표현이다. 간절함의 표현이 기도의 본질이다. 문제 될 것이 하나 없다. 또한, 대다수의 기도처럼 내 편이 되어 내 사정을 듣고 내 청탁을 들어달라고 기도해도 문제 될 것 없다. 간절한 내 마음을, 절박한 내 사정을 호소할 때가 필요하다. 이것은 믿음의 문제지, 사실이다 아니다, 옳다 그르다 할 것이 못 된다. 다만, 있는 그대로를 보고자 하는 찾는 이라면 이런 믿음을 거슬러 올라가야 한다. 자기에게 이런 믿음이 있는지 꿰뚫어 보고 현실을 직시해야 한다. 다른 사람의 믿음은 왈가왈부할 것이 못 된다. 자기 자신의 기도에 담긴 믿음만 살펴보면 된다.

기도는 간절함의 표현이다.

스승이 사랑이라는 말로 가리킬 때 사랑에는 '있는 그대로를 받아들인다.'라는 뜻이 담겨있다. '내'가 원하는 방향이 아니라 있는 그대로, 말 그대로 있는 그대로다. 사랑은 있는 그대로 그 자체를 가리키는 말이다. 왜 사랑이라는 말을 쓰는지 이해하기 위해 조금 물러서서 사람 사이의 사랑에 적용해서 살펴보면, 내가 누구를 진정으로 사랑한다는 말은, 상대를 내가 원하는 모습으로 바꾸려 하거나, 내가 원하는 조건에 부합하는 한 사랑한다는 것이 아니라 있는 그대로의 모습을 사랑한다는 것이다. 지금 상대의 모습이 어떻든 있는 그대로의 모습을 사랑하는 것이다. 앞으로 바뀔 조건을 전제하고 사랑하는 것이 아니라 있는 그대로를 사랑하는 것이다. 바뀌어 가면 바뀌어 가는 그 모습 그대로를 사랑하는 것이다. 내가 믿는 조건에 부합하는 한 사랑한다는 것이 아니라 그냥 있는 그대로의 사랑을 온전히 느끼는 것이다.

다시 조금 들어가서 사람 사이의 사랑에 국한시키지 않고 보면, 사랑이란 '있는 그대로를 받아들인다.'라는 말이다. 그리고 여기서 조금 더 들어가서 말하면, 사랑은 '누가 무엇을 받아들인다.'는 뜻이 아니라 단순히 '있는 그대로'를 가리키는 말이다. 어떠한 예외도 없이 있는 그대로다. '사랑으로'라는 말은 '있는 그대로'라는 말이다.

있는 그대로의 세상, 누구의 작품일까?

이미 있는 그대로는 하나님의 의도다. 전지전능한 주님께서 원하고

진리는 바로 지금, 바로 여기 있다

의도하는 바가 있는 그대로의 세상이다. 당신이 원하는 모습이 아니라 하나님이 원하는 모습이다. 대자대비하신 관세음보살이 천수천안으로 세상에 나타나며 지금의 있는 그대로의 세상으로 표현되고 있다. 만일 지금 이 순간 있는 그대로에 불만을 가지고 받아들이지 못하고 자기가 생각하는 선과 악, 좋고 나쁨의 기준으로 바꾸려고 한다면, 이것은 하나님의 전지전능함과 관세음보살의 대자대비함에 도전하는 것이다. '내'가 하나님이나 관세음보살보다 낫다고 여기는 것이다. 있는 그대로의 세상이 이해가 안 되어서 하나님의 뜻과 관세음보살의 뜻을 헤아리려 노력할 수는 있다. 하지만 신이 이루어 놓은 세상을 자기가 원하는 대로 바꾸려 한다면 자기가 신보다 낫다는 말밖에는 안 된다. 일단 이 사실을 잘 알고 넘어가야 한다.

이 사실을 잘 아는 데도 있는 그대로가 받아들여지지 않으면 자신이 원망스러워진다. 살아가는 삶 자체를 있는 그대로 받아들이지 못하는 자신이 힘들다. 있는 그대로의 진정한 사랑을 하고 싶은데 잘 안 된다. 진정한 사랑이란 있는 그대로의 모습으로 상대를 사랑하는 것 같은데 잘 안 된다. 자꾸 상대의 부족한 모습이 보이고 바꾸고 싶다. 자꾸 사랑에 조건이 생긴다. 처음에는 있는 그대로의 그 사람 모습에 끌려서 사랑했는데 이제 더는 그렇게 사랑할 수가 없다. 상대가 바뀐 건지, 내가 바뀐 건지는 모르겠지만, 지금은 있는 그대로의 상대를 사랑할 수가 없다. 혼란스럽다. 그저 내가 원망스럽다. 수행자는 수행이 부족한 자신을 책망한다. 사람을 있는 그대로 사랑하려고 수행의 수행을 거듭하지만 잘 안 된다. '내가 또 잘못했구나.' 하고 알아차리고 늘 다시 수행하지만 잘 안 된다. 해도 해도 잘 안 되니 신의 사랑을, 대자대비를 경외하며 '내가 근접하지 못할 신의 영역'으로 만들어야 한다. '지금 여기서 내가 다가갈 수 없는 위대한 것으로 분리해서 저 멀리 보내 버린다. 물론 이것은 '있는 그대로'의 뜻을 오해하면서 일어나는 일이다.

어떤 사람은 의도적으로 있는 그대로의 세상을 받아들이길 거부한다. 이들에게 세상은 모순덩어리다. 정의는 어디 갔는지, 누구를 위한 정의인지 모르겠다. 늘 힘 있는 자들을 위한 정의만 있다. 가난하고 힘없는 사람들에게 법은 너무도 철저한데 돈 많고 권력 있는 사람들은 법이 없는 것처럼 산다. 어느 지역에서는 먹을 것이 없어서 굶고 마실 물도 없어서 더러운 물을 먹다가 병으로 고통받으며 죽어가는데 지구 한 편에서는 음식물 쓰레기를 엄청나게 쏟아낸다. 수십억 원짜리 멋진 스포츠카가 지나가는 길옆에는 다 떨어진 옷을 움켜쥐고 차가운 콘크리트 바닥에 누워서 잠을 청하는 노숙자들이 즐비하다. 사람들을 마약의 노예로 만들어 돈을 벌고 방해되는 사람들은 가차없이 죽이며 떵떵거리고 잘사는 범죄자들이 주말에 교회에 가서 회개하며 천국을 예약한다. 인간들은 자기들의 이익을 목적으로 쓰레기를 엄청나게 쏟아내고 엄청난 오염 물질을 대기로, 바다로 내보내면서 세상 모든 생명에게 고통을 안겨주고 있다. 늘어가는 인구로 환경 파괴는 가속화되고 지구 전체가 병들어가기에 동물들의 멸종뿐만 아니라 인류의 미래도 암울해 보인다. 이런 모순과 문제들이 보이는 사람은 세상을 도저히 있는 그대로 받아들일 수가 없다. 수많은 사람이 모순들을 극복해 나가려 평생을 바쳐 노력하고 심지어 자기 목숨까지 바치며 문제를 해결하려고 노력한다.

자기 신념대로 끝까지 흔들림 없이 노력을 밀어붙이면 상관없다. 그런데 어떤 이는 신과 갈등이 생긴다. 신이 어떻게 이런 말도 안 되고

진리는 바로 지금, 바로 여기 있다

모순된 세상을 만들었는지, 이해도 안 되고 받아들일 수도 없다. 이런 세상을 그대로 놔두는 신과 싸우고 싶다. 하나님과 갈등이 생긴다. 대자대비하신 관세음보살은 어디 있는 걸까? 신은 죽은 걸까? 도저히 받아들일 수가 없다. 아무리 기도하고 신을 찾아도 아무런 답이 없다. 신을 믿는 이는 혼란스럽다. 받아들일 수 없는 내가 잘못된 걸까? 도대체 신의 뜻이 뭘까? 왜 신은 답이 없을까? 왜 신은 세상을 이렇게 놔두는 걸까? 참으로 많은 사람이 혼란 속에 의문을 품는다. 그런데 이런 혼란은 여러 가지 오해에서 비롯된다. 답은 신이 아니라 자기 믿음과 오해 속에 있다.

당신이
알파부터 오메가인 하나님의 뜻에서 어찌 벗어날 수 있을까?
세상에 가득 찬 성령을 어찌 벗어날 수 있을까?
뛰어봐야 부처님 손바닥이다.

사랑은 있는 그대로의 다른 말이다. 있는 그대로는 당신도 포함한다. 있는 그대로는, 말 그대로 있는 모든 것이다. 세상 그 자체다. 나와 세상을 분리해서 보면 모순덩어리다. 있는 그대로를 거부하는 당신 자신도 있는 그대로의 일부다. 있는 그대로를 받아들일 수 없어 갈등하고 때로는 투쟁하고 때로는 싸우고 때로는 내려놓고 때로는 포기하는 당신의 그 모습 또한 받아들여야 한다. 받아들일 수 없는 그 모습도 있는 그대로이기에, 사실은 받아들이고 말고도 없다. 스승의 "받아들여야 한다."라는 말은 처방이 아니라 묘사다. 받아들이든, 받아들이지 않든 있는 그대로를 벗어날 수가 없기 때문이다. 신은 당신의 모습으로 악과 싸우도록 했는지 모른다. 신은 당신의 모습으로 그 모든 부조리를 고치려고 노력하는지 모른다. 신은 당신의 모습으로 그 힘든 사람들을 돕고 있는지도 모른다. 당신은 관세음보살의 천수 천안 가운데 하나의 손이고 하나의 눈이다. 당신이 성령 그 자체다. 하나님은 당신 안에 있다는 말이 이 뜻이다. 당신과 하나님은 둘이 아니다.

사랑은 선하고 좋은 것만을 포함하지 않는다. 선과 악, 좋고 싫음은 보는 자의 관점에 따라 바뀌는 상대적 개념이다. 온갖 악이라고 불리고 온갖 나쁜 일이라고 불리는 일이 다른 관점에서는 선하고 좋은 일이 될 수도 있다. 가치를 보는 기준은 사람에게만 한정되지 않는다. 대자대비는 세상 모든 존재의 시점을 다 포함한다. 천수천안은 모든 존재의 표현이다. 한정된 인간의 시점에서만 세상을 보면 모순될 수밖에 없다. 상대적 시점에서 절대의 가치를 찾으면 모순은 피할 수 없는 원죄가 된다.

사랑은 어디에도 한정되어 있지 않다. 사랑이라는 말은 모든 모순과 모든 가치를 포함하는 '있는 그대로'를 가리킨다는 사실을 직시해야 한다. 일어나는 일에는 선하고 악하고가 없다. 그래서 있는 그대로라고 한다.

자연인은 있는 그대로를 받아들인 사람이 아니다. 모두가 있는 그대로의 일부라는 사실을 알 뿐이다. 있는 그대로를 받아들일 '나'란 존재하지 않는다는 사실을 아는 사람이다. 그래서 받아들이고 말고 할 것이 없다. 이미 있는 그대로이기에 자연인은 그 자체로 사랑이다. 그래서 자연인은 "나는 사랑이다."라고 말할 수 있다. "하나님은 사랑이시다.", "관세음보살은 대자대비하다."라고 말할 수 있다.

진리는 바로 지금, 바로 여기 있다

"사랑이라는 종교에는 믿거나 믿지 않는 이가 있을 수 없다.

왜냐하면 사랑은 있는 그대로의 모두를 포함하기 때문이다."

- 루미

» 업과 환생하는 영혼

　사람들 대부분은 업(業, 카르마, कर्म, Karma)과 환생을 당연하게 받아들인다. 업과 환생은 인연이라는 말과 더불어 종교와 관계없이 알게 모르게 사람들 각자의 마음속에 깊이 새겨져 있다. 굳이 불교가 아니라도 각 종교에는 업과 환생에 관한 개념이 있고 다들 이를 깊이 믿는다. 너무나 익숙해서 믿음인지도 모르고 믿는다.

　업에 관한 믿음의 핵심은 특정 원인이 특정 결과를 낳는다는 믿음이다. 좋은 일은 좋은 결과를 낳고 나쁜 일은 나쁜 결과를 낳는다. 또한, 일을 하는 주체가 '나'이기 때문에 그 일의 결과로 따라 오는 영향도 '내'가 받는다는 믿음이다. 여기에는 보편적으로 좋고 나쁜 일이 있다는 믿음도 깔려 있다.

　그런데 살아가면서 자신이 들어온 것과 다른 세상을 본다. 좋은 원인이 꼭 좋은 결과로 이어지지 않고 나쁜 원인이 꼭 나쁜 결과로 이어지지 않는다. 사람들은 믿음대로 세상이 움직이지 않는다는 사실을 경험을 통해서 잘 알지만, 기존의 믿음을 살펴보기보다는 '환생하는 영혼'이라는 개념을 통해서 삶에서 보이는 모순을 해결하려 한다.

　'나'라는 개념을 지금의 육체에 한정하지 않고 여러 생을 거쳐 환생하는 영혼으로 확장시킨다. '나'라는 영혼은 좋은 일과 나쁜 일을 기록하며 업이 적용되는 하나의 독립된 단위가 된다. 원인에 대한 결과가 이번 생에 한정되지 않기에 이번 생에서 보이는 업의 모순이 해결된다. 좋은 일의 결과가 꼭 이번 생에 좋은 결과로 나타나지 않아도 된다. 아무리 좋은 일을 많이 해도 나쁜 일만 일어났다면 다음 생에서 보상이 약속되기 때문에 문제없다. 또한 태어남과 죽음을 넘어서 이전 세상과 사후 세상을 연결하는 환생이라는 개념은 '나'의 연속성을 보장해주기에 죽음이 극복된다. 세상의 모순과 죽음의 불확실성을 받아들이기 힘든 사람에게 환생은 너무나 매력적인 개념이다. 업과 환생하는 영혼에 대한 믿음은 동서고금, 종교를 불문하고 널리 퍼져있고 여러 모순에도 불구하고 많은 사람이 이 매력적인 믿음을 놓치고 싶어 하지 않는다.

그런데 이것이 사실일까? 너무도 매력적인 개념이고 다들 그렇게 믿지만, 죽기 전에는 내가 확인할 수 있는 것이 하나도 없다. 그냥 믿으라 하고 다들 그렇게 믿는데, 누군가는 의문을 품는다. 이 의문은 믿음을 살펴보면 쉽게 풀린다. 지금 이 순간 이 글을 읽고 있는 당신의 정체를 알면 업과 환생하는 영혼의 정체도 바로 드러난다.

영화 〈리틀 부다(Little Buddha, 1993)〉는 내게 충격이었다. 내가 믿어왔던 영혼에 대한 믿음이 송두리째 흔들렸다. 영화의 내용은 대략 이렇다. 티베트의 승려들이 자기들의 위대한 스승 라마 도제가 환생해서 태어난 아이를 찾아다니는 내용이다. 그리고 여기에 고오타마 싯다르타의 이야기를 잘 섞어서 보여준다. 티베트 승려들은 세계 곳곳에서 조건에 맞는 3명의 아이를 찾아 후보로 데리고 가서 마지막 한 명의 진정한 환생을 찾기 위해 시험한다. 정말 환생이 아니고서는 통과하기 힘든 시험들을 통해서 스승의 환생을 확인하는데, 3명의 아이 모두가 라마 도제의 환생임을 확인한다.

영화에서 덧붙이는 환생의 의미는 내게 크게 중요하지 않았다. 한 명의 영혼이 여럿으로 환생할 수 있다는 이 내용에 나는 충격을 받았다. '나'라고 하는 이 영혼은 둘로 나뉘지 않고 다른 어떤 영혼과도 섞이지 않고 그대로 환생하든지, 지옥으로 가든지, 천국으로 가든지, 심판을 받든지 한다고 믿었기 때문이다. '나'라는 존재는 나뉘거나 합쳐지지 않는 독립적인 존재라고 믿었다. 그런데 만일 그렇지 않다면, 업과 환생하는 영혼에 대한 믿음에 바탕이 되는 '나'의 개념이 흔들린다. 환생을 떠나서 지금 이 순간 '나'의 개념이 흔들린다. 도대체 '나'란 뭔지, 내가 믿어왔던 '나'의 개념이 혼란에 빠졌다. 이 영화가 '나'에 대한 믿음을 돌아보게 하는 중요한 계기가 되었음은 틀림없다.

누구의 환생인가?

사람들이 제시하는 환생의 증거는 어렵지 않게 찾을 수 있다. 어떤 사람에게 최면을 걸어 전생의 기억을 살펴보면 어떤 때는 말하는 사람이 전혀 알 리가 없는 아주 옛날 일이나 지명을 정확하게 기억하는 일이 있다. 또 누군가는 최면이 아니더라도 전혀 알지도 못하는 곳에 있는 누군가의 이름과 개인적인 일을 정확하게 기억하는 사례도 있다. 불교에는 석가모니의 전생 이야기를 다룬 경전까지 있다. 파파지나 아디야샨티처럼 자기 전생에 관한 이야기를 하는 스승도 있다. 이런 환생에 관한 이야기를 들으면서 사람들은 자기가 환생하는 독립적인 존재라고 믿는다.

그런데 이것은 오해다. 환생의 이야기를 들려주는 스승들은 누구도 자기 존재가 둘로 나뉘거나 합쳐지지 않고 환생하는 독립적 존재인

진리는 바로 지금, 바로 여기 있다

영혼이라고 말하지 않는다. 그저 사람들이 독립적인 '나'라는 영혼이 있다고 추측하고 믿을 뿐이다. 환생의 이야기를 들려주면서 스승은 그런 독립적 존재는 없다고 말한다. 태어나고 죽는 일은 일어나지만 독립적인 '누구'의 일이 아니라고 누누이 말하지만, 사람들은 듣지 않는다. 자기 믿음을 강화하는 부분만 듣고 나머지는 흘려보낸다.

환생이 있다 하더라도, 혹시 지금의 당신은 전생에 사람 10명과 강아지 5마리, 고양이 3마리, 쥐 20마리, 바퀴벌레 100마리의 영혼들로 존재했다가 그 일부들이 모여 당신이 된 것은 아닐까? 그리고 다음 생에 태어날 때 지금 당신의 영혼이 1,000가지의 다른 생명으로 흩어져 나타날 수도 있지 않을까? 그냥 들어본 적 없는 얼토당토않은 말로만 치부할 수 있을까? 믿음 속에서 이 또한 충분히 가능한 일이다. 만일 이렇게 흩어지고 합치며 환생하는 것이라면, '나'의 영혼이라는 말이 무색하다. '나'라고 할 것이 없으니 말이다.

도대체 누가 있어 영혼을 '나'의 것이라고 할까?
도대체 '나'를 무슨 의미로 '나의 것'이라는 개념을 말할 수 있을까?

사람들은 환생하는 영혼에 업이 늘 따라다닌다고 믿는다. 어디에서 어떻게 환생할지 업이 결정한다. 업은 자신이 한 행위에 따라 좋거나 나쁜 결과가 따라온다는 개념이고 환생의 개념과 합쳐지면서 업을 통해 나타나는 결과는 이번 생뿐만 아니라 전생과 내생을 걸쳐 나타난다. 이번 생에서 일어나는 일들은 이전 생에서 한 일들의 업이 쌓여 그 결과로 일어나는 일들이고 이번 생에서 내가 하는 일들은 업으로 쌓여 다음 생에 일어날 일들을 결정한다. 다음 생에 태어날 부모와 가족과 환경과 몸과 성격을 결정하고 또 커가면서 일어나게 될 모든 일에도 영향을 미친다고 믿는다.

이런 믿음이 성립하려면 모든 나의 선택과 행동의 근원이 '나'라는 가정이 전제되어야 한다. 그래야지 '내'가 보상받거나 '내'가 책임지고 처벌받을 수 있기에 '나'의 업이 될 수가 있다. 또한 환생을 거치면서 이런 상과 벌이 적용될 독립적인 '내'가 있어야 한다. 흩어지거나 합쳐지면 안 된다. 그래야지 업의 정당성이 확보된다. 그리고 어딘가에 '내'가 하는 모든 일이 기록되어야 한다. 그리고 각각의 일이 좋은지 나쁜지 판단하는 보편적 기준이 있어야 한다. 보편적인 선과 악이 있어야 한다는 말이다. 그리고 나의 선택과 행동이 특정한 원인이 되어 좋고 나쁘다고 평가되는 특정한 결과로 이어진다는 연결 고리가 사실이어야 한다. 이렇게 다양한 전제조건이 사실이어야지, 나의 업과 환생하는 영혼이라는 믿음이 사실일 수 있다. 어느 하나 사실이 아니면 믿음은 자연히 그 기반을 잃게 된다.

여기 어느 조건 하나 사실인 것이 있는지 살펴보라. 직접 살펴보면 믿음이 사실인지, 아니면 그저 환상에 불과한지 드러난다. 그리고 환상을 붙잡고 싶은 자신의 마음도 드러난다.

누구의 업인가?

스승들도 업을 말한다. 업이라는 말을 도구 삼아 진리를 가리킨다. 하지만 사람들은 이 말을 단단히 오해하고 있다. 스승이 말하는 업이란 여러 일의 결과로 어떤 일이 일어나고 일어난 일은 또 다른 일들에 영향을 미친다는 말이다. 원인과 결과에 대한 단순한 묘사다. 이 말의 핵심은 어떤 일도, 어떤 것도 홀로 독립적으로 존재하지 않고 서로 연결되어 있다는 말이다. 그리고 더 나아가 지금 이 순간이 이전에 일어난 모든 순간을 반영한다는 뜻이다. 즉, 지금 일어나는 모든 일은 이전에 일어난 모든 일의 반영이라는 뜻이다. 틈이 없이 서로 얽혀 있는 '있는 그대로'의 세상을 가리키는 말이다.

그런데 이 업을 '나'의 업이나 '너'의 업이라고 생각하며 스승의 말을 오해한다. '나'의 생각이고 '나'의 선택이며 행동이라는 믿음이 있는 사람들은 이렇게 오해할 수밖에 없다. 살아가면서 받아들이기 힘든 세상을 본다. 아무리 좋은 일을 해도 가난을 벗어나지 못하는 사람들, 아무리 나쁜 일을 해도 떵떵거리면서 잘사는 사람들, 비극을 맞이하는 선한 사람들, 비극을 피해 가는 악한 사람들, 믿는 정의가 깨어진 세상, 도저히 지금 이 생으로만 봐서는 내가 믿는 업이 작용한다고 보기 힘들다. 그래서 이번 생이 아니라 다음 생이 있어야 한다. 죽어서 재판을 받고 다양한 수준의 천국이나 지옥에 가고 다시 업에 따라 환생을 해서 이번 생에서 다하지 못한 업을 받아야 한다. 그래야 한다. 그래야 한다고 믿는다. 이렇게 믿어야지 지금 살아 숨 쉬는 세상이 이해가 되고 위안을 받는다. 하지만 안타깝게도 이것은 오해다. 스승이 업으로 가리키고자 한 방향이 전혀 아니다.

나라는 존재가 뭘까? 나라는 존재의 경계선이 어디일까? 나는 어디서 시작해서 어디에서 끝날까? 독립적으로 의사결정하고 오롯이 그 책임을 지는 주체적인 '내'가 있기나 할까? 만일 나의 선택과 행위가 '내' 마음대로 일어난 것이 아니라면? 책임져야 할 '내'가 있을까? 업이 적용될 '내'가 있을까?

다른 모든 것과 깔끔하게 나누어져서 독립적으로 존재하는 영혼이라는 것이 없다면 환생은 도대체 누구의 환생일까? '내'가 환생한다고 말할 수 있을까?

지금 이 순간 나의 실체가 무엇인지 정확히 안다면, '나'의 업과 환생이라는 개념이 설 수 있는 곳이 사라진다. 스승이 가리키는 업장 소멸이 여기 있다. '나'라는 영혼이 윤회의 바퀴를 돌고 돌아서 아주 먼 미래 언젠가에 해탈하는 것이 아니라 지금 이 순간 업을 짊어지고 생을 이어갈 '나'라는 것이 여기 있는지 살펴봐서 진실을 알면 업장 소멸이 그 자리에서 바로 된다는 말이다. 업장에 깔려있던 전제가 무너지면서 '나'의 '업장'이라는 개념이 '소멸'한다. 해탈이 여기 있다. 하나님의 나라가 여기에 있다. 원죄의 소멸이 여기에 있다. 죽어 볼 필요도 없고 다음 생까지 기다릴 필요도 없다. 바로 지금, 바로 여기 모든 답이 있다.

지금 이 순간, 이 글을 읽는 당신은 누구인가?

우리는 업과 환생하는 영혼에 대한 믿음이 발붙이고 있는 '나'를 살펴봐야 한다. 당신이 믿고 있는 '나'를 뚫어보면 '나'에 발붙이고 있는 모든 오해와 믿음이 자연히 소멸한다. 그러면 당신과 진리 사이를 가로막는 것이 아무것도 없다는 사실을 알게 된다. 그때 찾음이 끝난다. 모든 의문이 풀린다.

진리는 바로 지금, 바로 여기 있다

» 믿음을 거슬러

믿음은 생각 속에 존재한다. 사람들은 생각 속의 믿음을 말로 표현하거나 믿음을 바탕으로 여러 행동을 한다. 사후세계에 대한 믿음으로 피라미드를 세우고, 국민이 나라의 주인이 되어야 한다는 믿음으로 민주주의 국가를 건설한다. 믿음은 우리의 일상생활에 늘 자리하고 있다. 화폐의 가치를 믿기에 물건을 주고 돈을 받는다. 은행을 믿기에 돈을 저축한다. 금융 시스템을 믿기에 돈을 주고 회사의 주식을 산다. 백화점을 믿기에 상품권을 사서 선물한다. 가만히 일상을 들여다보면 거의 모든 일이 믿음에 기반해서 돌아가는 것이 보인다.

사전은 '믿는다.'라는 말을 "어떤 사실이나 말을 꼭 그렇게 될 것이라고 생각하거나 그렇다고 여기다."라고 설명한다. 믿음을 '어떤 대상이 사실일 거라고 추정하는 생각'이라고 정리해볼 수 있다. 여기서 핵심은 '추정'이라는 말이다.

돋보기를 들고 믿음이라는 관점에서 우리의 일상을 살짝 들여다보자. 아침에 버스를 탄다. 버스가 정해진 경로로 갈 거라는 믿음으로 버스를 탄다. 버스가 정해진 정거장에서 서고 나를 내려줄 것이라는 믿음이 있다. 버스 운전사가 최소한의 안전 운전은 할 거라고 믿는다. 버스를 탈 때는 이런 믿음들이 있다. 늘 타는 버스라 당연하게 믿고 있다. 여기서 중요한 것은 이것은 믿음이지, 사실이 아니라는 점이다. 버스를 탈 때는 사실이 될 거라고 추정하며 믿을 뿐이다. 버스를 타고 가면서 정해진 경로를 따라가는 버스를 매 순간 확인할 때 믿음은 그 순간 사실로 확인된다. 그리고 예상대로 원하던 정류장에서 내리면서 믿음은 사실로 확인된다. 정확히 보면 버스를 탈 때는 사실을 알지 못한다. 예상하던 것이 사실로 일어날 거라고 믿고 버스를 타는 것이다.

여기서 돋보기를 현미경으로 바꿔서 좀 더 세밀히 살펴보자. 정류장에 내렸을 때 버스가 경로를 정확히 따라서 온 것이 사실이라고 말할 수 있지만, 이것도 엄밀히 말해서 사실이 아니라 자신의 기억을 믿는 것이다. 좀 전에 경로를 따라왔던 일이 기억나고, 이 기억이 오류 없이 맞다고 추정하는 것이다. 지금 이 순간 확인할 길이 없다. 아무리 선명하게 기억하고 확신하더라도 여전히 확실하다고 추정하는 믿음일 뿐이다. 사건이 일어나서 경찰이 버스 기사와 버스에 탄 모든 사람의 진술을 확보해서 버스가 정확한 경로를 따라갔다고 결론을 내려도 이것은 진술들을 믿으면서 내리는 합리적인 추측일 뿐이다. 법원에서 CCTV와 같은 물리적 물증들을 바탕으로 사실로 확인하며 판결을 내려도 이것은 엄밀한 의미에서 사실이라는 것이 아니라 사실이라고 믿어 줄 합리적 근거가 있다고 믿고 법적 효력을 보장해주는 약속을 한다는 말이다.

누가 어떤 일이 "정말 사실이다."라고 말하면 '정말 사실이라고 믿는다.'는 뜻이다. 역사학자가 사실을 말하든, 물리학자가 사실을 말하든 다르지 않다. 학자는 이 사실을 잘 안다. 자기를 포함해서 누구도 진정한 사실은 모른다는 사실을 알기에 늘 반대 의견에 마음이 열려 있다. 누구든 "이것이 불변의 사실이다.", "내가 하는 말만이 사실이다."라고 하는 순간 필연적으로 거짓이 되어버린다. 어느 분야든 깊이 아

진리는 바로 지금, 바로 여기 있다

는 사람일수록 사실은 아무도 모른다는 사실을 잘 알기에 어쩔 수 없이 겸손해진다.

알수록 더 모른다. 앎의 본질을 알아가기 때문이다.

우리는 사실이라고 추정되는 일을 '사실'이라고 말하며 의사소통한다. 사실은 일반적으로 사람들이 사실이라고 합의할 수 있다는 말이다. 다수가 사실이라고 믿는 것을 사실이라고 말한다. 이런 사실이라는 개념은 우리의 생활에서 편리하게 사용되는 개념이다. 우리의 사회 시스템은 이 개념에 기반해 있다. 여기서 우리는 이 개념을 흔들려는 것이 아니다. 사회에서 공유하는 '사실'의 개념을 흔들면 사회생활이 불가능해진다. 사실이라고 믿고 생활해야 한다. 경찰이 조사하며 "버스를 타고 그 정류장에서 내린 거 사실이에요?"라고 일어난 일을 물을 때 "예, 사실입니다."라고 답해야지, "사실이 아닙니다. 그냥 내린 기억만 지금 있습니다."라고 말하면 못 알아듣는다. 계속 이렇게 말하면 정신 감정을 의뢰할지 모른다. 또, 버스를 탈 때 '버스가 경로를 따라가는 것이 사실이 아닌데 어떻게 믿고 타지?'라고 생각하면 일상생활이 불가능하다. 일상생활에서 사실이라고 믿고 생활해야지 일상생활이 된다. 우리는 '사실'이라는 개념을 흔들려는 것이 아니라 그저 있는 그대로를 알고자 할 뿐이다.

당신은 진리를 찾고 있다. 진리는 변하지 않는 분명한 사실이다. 이때 '사실'은 일반적으로 사회에서 말하는 개념이 아니다. 추정해서 아는 것이 아니다. 사실은 믿는 것이 아니라 실재다. 모든 믿음을 배제하고 드러나는 있는 그대로다. 모든 믿음을 거슬러 가야지 당신이 찾는 진리를 만날 수 있다. 믿음을 없앤다는 말이 아니라 믿음이 사실이 아니라 믿음일 뿐이라는 점을 바로 보는 것이다. 그래서 찾음에서는 믿음을 현미경으로 자세히 들여다봐야 한다. 자세히 살펴서 너무도 당연히 사실처럼 위장해 있는 믿음을 믿음이라고 알아봐야 한다. 이렇게 모든 믿음을 알아봐서 사실이 아님을 살펴보다 보면 진정한 사실이 드러난다. 있는 그대로가 드러난다. 진리가 드러난다.

진실로, 진실로 지금 이 순간 믿음 아닌 것이 뭔가?

실재한다고 믿는 것과 실재하는 것은 다르다. 사실이라고 믿는 것과 사실은 다르다. 우리는 종종 믿음과 사실을 혼동한다. 이것이 믿음인지, 사실인지 잘 알 수 없을 때가 많다. 너무도 당연한 믿음은 사실처럼 받아들여지기 때문이다. 하지만 직접 살펴보면 이것이 진정 실재하는 사실인지, 아니면 생각 속에 존재하는 믿음인지를 어렵지 않게 알 수 있다. 실재하거나 사실이라는 말은 다른 어떤 누구의 말이나 자신의 기억에 의지하지 않고 지금 이 순간 여기서 스스로 확인하고 확신할 수 있다는 말이다. 그렇지 않으면 믿음이다. 믿음이 사실과 다른 점은 믿음은 오직 생각 속에 존재한다는 점이다. 실재하지 않는다. 실재하기를 바라는 것이지 믿음 자체는 실재하지 않는다.

없는 것을 증명할 수는 없다. 믿음은 없는 것이 있기를 바라는 것이기에 믿음이 거짓이라고 증명할 수 없다. 산타클로스에 대한 믿음은 이 믿음이 거짓인지 증명할 수 없다. 아이는 텔레비전에서 본 하늘을 나는 무지갯빛 유니콘을 진짜 있다고 믿는다. 산타클로스나 유니콘이 거짓인지 확인이 안 된다. 아무리 이야기해주고 사실이 아니

진리는 바로 지금, 바로 여기 있다

라고 알려줘도 믿는 사람이 끝까지 사실이라고 믿고 싶으면 믿음을 돌릴 길은 없다. 대부분의 종교적 믿음도 마찬가지다. 사후세계에 대한 믿음이 거짓이라고 증명할 길은 없다. 이것이 사실인지 아닌지 아무도 모른다. 이 때문에 세상에 참 다양한 믿음이 존재할 수 있다.

사람들의 바람이 섞인 믿음은 쉽게 퍼지고 잘 없어지지 않는다. 누가 오직 즐거움만 있고 괴로움이 일어나지 않는 영원한 삶을 누릴 수 있는 세상이 있다고 말하며 정해진 이것저것만 하면 이 세상에 갈 수 있다고 말하면 누구든 쉽게 믿어버린다. 긍정적인 생각으로 원하는 것을 구체적으로 반복해서 생각하면 성공도 부도 얻을 수 있다며 이것이 성공한 사람들만의 비밀이라고 말하면 누구든 믿고 싶어진다. 왜냐하면, 사람들이 정확히 바라는 바를 말해주기 때문이다. 이것이 사실인지 아닌지는 중요하지 않다. 아무도 사실인지 아닌지 증명할 수 없기 때문이다. 말하는 이가 권위가 없어도 상관없다. 권위는 사람들이 부여할 것이기 때문이다. 사람들은 사실을 믿는 것이 아니라, 믿고 싶어 하는 것을 사실로 만든다. 곧 사실은 진리가 된다. 그리고 사람들은 진리를 믿으라고 다른 이들에게 권한다. 그렇게 많은 사람이 진리를 믿게 된다. 어느덧 바람은 진리가 되고 진리는 믿어야 할 것이 되어 있다.

혹, 당신은 진리를 믿고 있지는 않은가? 만일 믿고 있는 진리가 있다면 가만히 잘 살펴보라. 진리의 뜻이 뭔지. 당신이 찾으려 하는 진리가 뭔지. 어쩌다 진리가 믿어야 하는 것이 되었을까? 진리는 사실이다. 변하지 않는 사실이다. 그런데 진리를 믿어야 할 필요가 있을까? 믿어야 한다면 어떻게 그것을 진리라고 할 수 있을까? 믿어야 하는 진리는 그저 사실이기를 바라는 간절한 마음의 표현이지 않을까?

믿어야 할 진리는 없다.

믿음은 거슬러 가기가 쉽지 않다. 사실이기를 원하는 간절한 바람이 깃들여 있기 때문이다. 또한, 누구도 거짓이라고 증명할 수 없다. 스승이라고 증명해 줄 수 있는 일이 아니다. 세상 사람 대부분이 사실로 받아들이는 믿음이면 더 어렵다. 그래서 찾는 이는 자신의 바람과 세상의 믿음을 거슬러 스스로 직접 봐야 한다. 믿음의 실체를 바로 알아야 한다. 사실이라 믿는 믿음을 직접 살펴봐서 실재하는지, 아니면 믿음에 불과한지 알아야 한다. 생각 속에 존재하는 믿음에 불과하다면 내려놓아야 한다. 내려놓는다는 말은, 믿음이 사실이 아니라 믿음에 불과하다는 사실을 받아들인다는 말이다.

정말 실재하는 진리를 찾고자 하면 어쩔 수 없다. 세상 사람들 대다수의 믿음을 거슬러 가야 한다. 마음 깊숙이 간절한 바람을 거슬러 가야 한다. 물론 쉽지 않다. 하지만 당신은 이 모두를 거슬러 갈 수 있다. 당신 마음 깊숙한 곳에는 진리를 알고자 하는 강한 열망이 있다. 아무리 대단한 믿음이라도 그저 왔다가는 생각일 뿐이다. 실체가 없다. 이 사실을 알면 단단해 보이던 큰 벽도 순식간에 무너진다. 무너질 벽조차도 없었다는 사실을 알게 된다. 그저 있지도 않은 벽이 있다고 속아 왔을 뿐이라는 사실을 알게 된다.

진리는 먼 미래에 있지 않다. 지금 이 순간 여기 있다. 지금 이 순간 여기서 확인이 안 되면 진리를 가리는 믿음에 불과하다. 이것이 확인되면 내려놓아야 한다. 누가 해줄 수 있는 일이 아니다. 스스로 내려놓는 길밖에 없다. 그냥 '탁' 하고 내려놓으면 된다. 어두울 때 잘 안 보여 뱀인지 알았는데 불을 밝혀보니 그냥 줄이라는 사실을 안다.

진리는 바로 지금, 바로 여기 있다

다시 어두워져도 더는 속지 않는다. 이렇게 알아차리면 그만이다.

> 식당 수족관 물고기들이 모두 한구석에 모여 있다.
> 아이가 묻는다.
> "왜 물고기가 한쪽에 다 모여 있어?"
> 문득 재미난 생각이 들어 이렇게 답해본다.
> "한 마리 물고기가 먼저 구석에 있는데,
> 다른 물고기들이 뭐 좋은 게 있나 싶어서 모여든 거야.
> 많이들 모여 있으니까
> 나머지 물고기들도 뭐 좋은 게 있나 싶어 다들 모인 거지.
> 처음 물고기도 다른 물고기들이 다들 모이는 걸 보고
> 뭐 좋은 게 있나 보다 하고 계속 있는 거지."

사실이 아니면 믿음이다. 찾음의 순수한 열망이 있으면 웬만한 문화, 사회, 종교적 믿음은 충분히 극복된다. 여기까지는 혼자서 극복하는 예를 어렵지 않게 만난다. 하지만 여기서 조금 더 들어가기는 쉽지 않아 보인다. '나'와 '세상'에 대한 믿음을 거슬러 소위 '텅 빔의 이중성'을 보기란 쉽지 않아 보인다. 우리가 살아가는 세상이 텅 비어 있다는 사실과 그 세상을 경험하는 '나' 또한 텅 비어 있다는 사실을 홀로 알아차리는 일은 극히 드물다. 그래서 여기부터는 스승의 가리킴이 절실하다. 세상과 '나'에 관한 믿음은 너무도 사실 같아서 스승이 아무리 가리켜도 잘 알아차리기가 힘들고 설령 알아차려도 좀처럼 받아들여지지 않는다. 그래서 스승은 준비가 안 된 제자는 섣불리 텅 빔으로 안내하지 않는다.

세상과 세상을 경험하는 '나'의 인식을 살펴보는 일은 본격적으로 '둘이 아니다.'는 아드바이타 가리킴을 살펴보는 일이라 할 수 있다. 세상과 나에 대한 믿음을 거슬러 세상의 실체를 살펴보고 그 텅 빔을 본다. 또 그 세상을 바라보는 '나'의 인식의 실체를 살펴보고 그 텅 빔을 본다. 그러면 세상과 인식이 둘이 아니라는 사실이 확연해진다. 같은 그 무엇의 텅 빔을 다른 측면에서 살펴보고 이해했을 뿐이다. 이 텅 빔을 누구는 공(空)이라 부르고 누구는 무(無)라고 부른다. 여기서 텅 빔은 당신이 '생각'하는 텅 빔이 아니다. 있는 모든 것의 실체다. 모든 존재의 실체다. 당신의 실체다.

7장

세상을
살펴보다

우리는 세상 속에서 살아간다고 생각하고 세상이 어떠하다는 믿음이 있다. 세상에는 수많은 사물이 있다. 매일 보는 태양에서부터 별과 달, 땅, 산, 강, 바다, 구름, 나무, 동물, 곤충, 집, 음식, 물, 핸드폰, 컴퓨터, 책, 사람들과 나의 몸 등 수많은 사물이 있다. 보면 나누어져 있고 단단하며, 보고 만지고 맛보고 냄새 맡고 소리도 들어볼 수 있다.

너무도 당연히 우리의 일상을 이루는 사물들이 존재하는 이 세상을 가리켜 스승은 텅 비어 있다고 말한다. 꿈에 비유하며 실체가 없다고 말하고 공(空)하다고 하며 무(無)라고 가리킨다. 심지어 창조도, 파괴도 없다고 말한다. 우리가 믿고 있는 물질세계를 완전히 부정하며 가리킨다. 권위 있는 스승들이 그런 말을 했다고 하니까 부정은 못 하겠지만, 도대체 무슨 뜻으로 그런 이야기를 하는지 이해가 안 된다. 마치 다른 차원의 세상을 가리키는 것만 같다.

이해를 못 하는 사람들이 다양한 개념을 만들어 설명하려 하지만 늘 실패한다. 어느 순간 더는 퍼즐이 맞지 않는다. 어쩔 수 없이 그냥 다른 차원의 지식으로 만들어 이 세상과 분리하려 한다. 하지만 스승은 다른 곳이나 다른 차원을 가리키는 것이 아니다. 당신이 이 글을 보고 있는 바로 지금, 바로 여기를 가리키고 있다. 당신이 살아 숨 쉬는 지금 이 순간의 세상을 가리키며 한 말이다. 도대체 어떻게 그렇게 가리킬 수 있는지, 도대체 무슨 뜻인지 살펴보자. 이 세상의 실체를, 진정한 정체를 살펴보자. 알고 보면 너무도 당연한 스승의 가리킴을 살펴보자.

당신이 믿어 왔던 세상의 종말이 다가왔다.
세상은 계속되지만, 믿음은 소멸한다.

진리는 바로 지금, 바로 여기 있다

» 실제와 개념

실재란 정말 실제로 존재하는 무엇이다. 개념이란 추상적으로 생각 속에만 존재하는 것으로 실제로 존재하지 않기에 실체가 없다고 말한다. 이 둘을 구분하는 것이 중요한 까닭은 우리는 정말 실재하는 무엇을 찾고 있기 때문이다. 찾음은 이 둘을 구분하고 정말 무엇이 실재하는지 찾아가는 과정이다. 정말 실재한다고 믿는 것들을 들여다보고 그것이 정말 실재하는지, 아니면 그저 개념일 따름이며 생각 속에 존재하는 믿음일 뿐인지 살펴보는 과정이다. 살피고, 살피고 살펴서 마지막에 정말로 실재하는 무엇을 찾는 일이다. 개념을 모두 걷어내고, 추상적인 것을 모두 걷어내고, 믿음을 모두 걷어내고, 순도 100% 실재하는 그 무엇을 살펴보면 내 몸을 포함해서 온갖 사물들로 이루어진 이 세상의 민낯이 드러난다.

지금까지 실재한다고 믿었는데 그렇지 않다는 사실에 놀랄 일이 많을 것이다. 너무 놀라서 받아들이기 힘들 수도 있다. 원래 처음에는 다 놀라기 마련이다. 하지만 익숙해지면 받아들여진다.

너무 놀라지 않게 단계적으로 접근해 보자. 먼저 실재와 개념의 차이를 간단히 알아보자. 이 두 개념의 구분을 잘 이해해야 앞으로의 설명에 혼란이 적다.

사전적 의미에서 추상적 개념이란 '직접적으로 지각하거나 경험할 수 없는 사물의 개념'이다. 즉, 직접적 경험의 대상이 아니다. 예를 들어, 지폐는 종이로 실재한다고 말하는데 지폐의 용도인 화폐는 추상적 개념이다. 약속된 쓰임새에 따라서 우리는 종이라고 하지 않고 지폐라고 한다. 문명과 단절해 사는 밀림 속 원주민에게 지폐는 땔감에 지나지 않는다. 하지만 종이에 담긴 사회적 약속인 지폐의 가치를 알고 쓸 수 있는 사람에게는 돈이다. 그래서 돈은 추상적 개념이고 돈으로 쓰이는 종이는 실재하는 사물이라고 말할 수 있다.

2개월 된 시추 강아지 한 마리가 있다. 강아지 이름은 '홍이'다. 이 강아지는 실재한다. 실제로 존재한다. 보고 만질 수 있고 냄새도 난다. 직접적 경험으로 존재를 확인할 수가 있다. 그런데 '홍이'라는 이름은 개념이다. 존재하는 강아지에게 붙여진 이름이다. 이름 자체는 생각 속에만 존재한다. 또 '강아지'라고 하는 말도 개념이다. 눈에 보이는 이렇게 생긴 생명체를 가리키려고 특정 공동체 사람들이 약속한 이름이다. 이런 속성의 생명체를 강아지라고 부르자고 약속하고 약속한 내용을 사전에 '정의'라는 방식으로 적어놓고 다들 강아지라고 부른다. 그래서 '강아지'라는 말도 개념이다. 이렇게 보면 모든 이름은 개념이다. 실체가 있지 않고 오직 사람들의 생각 속에 존재하는 추상적 개념이다.

이 강아지를 보면 대부분 바로 조그만 강아지라고 생각한다. 큰 개가 아니라 작은 강아지라고 말한다. 이때 크고 작다는 말은 개념이다. 사물 자체에 실제로 존재하는 것이 아니라 어떤 것과 비교해서 작거나 크다고 생각하는 상대적인 개념이다. 강아지는 코끼리보다 작지만, 개미보다는 크다. 비교 대상에 따라 변한다. 그리고 귀엽다거나 예쁘다거나 못났다와 같은 생각들도 다 개념이다. 보는 사람에 따라

진리는 바로 지금, 바로 여기 있다

서 변하는 가치다.

"이 강아지는 내 강아지다."라고 한다면 이 또한 개념이다. 강아지와 나와의 관계는 생각 속에 존재한다. 강아지를 다른 사람에게 팔면 소유가 변한다. 소유는 공동체 내 사람들의 약속이다. 생각 속에만 존재하는 약속이다. 강아지와 사람에게는 어디에도 소유라는 실체 있는 무언가가 존재하지 않는다. 그래서 모든 소유는 관계를 나타내는 개념이다.

대학이나 회사도 추상적 개념이다. 실체는 건물의 집합이거나 사람들이다. 모든 공동체도 다 추상적 개념이다. 국가도 추상적 개념이고 애국도, 국민도 마찬가지다. 지금의 복잡한 인간 사회는 수많은 추상적 개념을 바탕으로 돌아간다. 이런 추상적 개념을 알아야 사회생활을 할 수 있다. 사회는 교육이라는 형태로 사람들에게 사회생활에 필요한 추상적 개념들을 가르친다. 이런 교육을 통해서 엄청난 수의 사람이 거대한 하나의 공동체를 이루며 살아갈 수 있다. 추상적 개념은 인간 사회에 없어서는 안 될 필수 요소다.

우리는 너무도 많은 추상적 개념과 함께 살아가기에 개념을 실재라고 착각하는 경우가 많다. 이렇게 하나씩 살펴보지 않으면 구분하기 쉽지 않다. 일상에서 개념과 실재를 구분하지 않고 살아가다 보면 개념이 실재한다고 당연히 믿게 된다. 이런 믿음이 굳어지다 보면 개념과 실재를 살펴보더라도 받아들여지지 않을 때가 있다. 마음이 거부하면서 이해도 잘 안 된다. 너무도 당연히 실재한다고 믿었는데 추상적 개념이라면 거부감부터 든다. 거의 모든 사람이 실재한다고 믿고 있는 것조차 추상적 개념이라고 하면 당연히 거부감이 든다. 스승이 가리키는 개념들이 보통 이런 거부감을 일으킨다. 앞으로 이런 개념들을 살펴볼 것이다. 비록 거부감이 들겠지만 이런 개념들이 실재하지 않고 개념에 불과하다는 사실을 바로 보며 믿음을 거슬러 가면 진정 실재하는 무엇을 만나게 된다. 그렇게 찾음이 끝난다.

쉽지 않다. 아주 미묘한 차이를 잡아내야 한다. 현미경을 들이대고 자세히 살펴야 한다. 아주 민감하게 극단적인 잣대를 갖다 대야 한다. 정신을 바짝 차리고 기존에 실재한다고 확신해온 믿음을 내려놓고 열린 마음으로 어떤 선입견도 없이 살펴봐야만 진정한 실재의 의미를 알 수 있다. 진정으로 존재하는 유일한 그 무엇을 알 수 있다.

진실로, 진실로 지금 이 순간 여기 무엇이 실재하는가?

진리는 바로 지금, 바로 여기 있다

» 양자역학에서 얻는 화두

양자역학에서 말하는 몇 가지 핵심 개념은 세상에 관한 여러 믿음을 살펴보는 데 도움이 된다.

우리는 자신을 포함해서 주위에 있는 물체들이 하나의 개체이며 독립적으로 존재한다고 믿는다. 물체가 원래부터 결정된 속성들을 가진다고 믿는다. 물체를 관찰할 때 물체는 이미 존재하고 정해진 속성이 있기에 관찰하는 일은 이미 존재하는 물체의 정해진 속성을 확인하는 일이라고 믿는다. 관찰하는 주체와 관찰당하는 객체가 독립된 개체들이기에 공간 안에서 따로 떨어져서 존재한다고 믿는다. 나와 세상이 떨어져 있고 세상 모든 만물이 따로 떨어져 독립적으로 존재한다고 믿는다. 이런 믿음은 너무도 당연해서 언급하는 것이 오히려 이상하다. 그런데 이런 믿음이 사실일까? 진리일까? 양자역학은 사실 같은 이 당연한 믿음에 의문을 던진다.

나는 찾음의 과정에서 양자역학이 던지는 의문에 깊이 빠져들었다. 과학자들이 실험으로 밝혀낸 사실들과 이를 해석하기 위해 고민하는 내용이 내게는 마치 영적 스승이 세상을 가리키며 말하는 내용과 별반 다르지 않게 들렸다. 나는 양자역학에서 얻은 화두를 품고 물었다. "이 세상의 실체가 뭐지?", "이 세상을 바라보는 주체의 실체가 뭐지?"

여기서는 양자역학을 과학적으로 깊이 이해하려거나 어떤 답을 얻으려는 것이 아니다. 장자의 나비 이야기처럼 양자역학에서도 답이 아니라 의문을 얻는다. 이 의문을 가리킴 삼아 우리가 너무도 당연히 사실로 받아들이고 있는 세상에 관한 믿음들이 사실인지 살펴보려 한다.

> "우리가 인식하는 것은 자연 그 자체가 아니라 우리가 살펴보는 방식에 따라 보이는 자연일 뿐이다."
>
> ― 하이젠 베르그(Werner Karl Heisenberg)

"모든 물질은 원자로 이루어져 있다." 모든 과학 지식이 다 사라진 다면 다음 세대에 전달하고 싶은 짧지만 가장 많은 정보를 담은 문장 하나를 고르라는 말에 물리학자 리처드 파인만이 고른 말이다.

오랫동안 사람들은 세상을 이해하려고 노력해 왔다. 세상이 무엇으로 이루어져 있는지 알고 싶었다. 이런 노력의 하나로 과학자들은 빛과 물질의 근원을 연구했다. 세상을 이루는 물질의 근원을 탐구하다 결국 모든 물질이 원자들로 이루어져 있다는 사실을 알아냈다. 처음에는 원자가 속이 꽉 차 있고 더는 쪼갤 수 없는 기본 단위라고 생각했다. 단단한 원자들이 독립적으로 존재하는 듯 보이는 세상 모든 '것'의 기초가 된다고 생각했다. 그런데 20세기에 들어서 원자의 내부를 실험적으로 들여다볼 수 있게 되었다. 누구도 아직 정확히 모르고 다양한 추측이 있지만, 일반적으로 원자 내부는 거의 텅텅 비어 있다고 말한다. 가운데 원자핵이 있고 주위에 아주 작은 전자들이 있다고 알려져 있다. 원자핵은 양성자와 중성자로 이루어진 핵자와 중간자로 이루어져 있다고 한다.

진리는 바로 지금, 바로 여기 있다

예전에는 모든 물질이 원자로 이루어져 있지만 빛은 이런 물질과 다른 무언가라고 생각했었다. 그런데 물체를 가열하면 빛이 나오고 온도에 따라 나오는 빛이 다르다는 사실을 알게 된다. 빛과 물질의 성질이 다르지 않다는 사실을 눈치챘다.

요즘 과학자들은 빛을 포함한 세상에 존재하는 모든 물체와 물체 간의 상호작용 현상을 17개의 기본 입자(Elementary particle)로 설명한다. 세상의 가장 작은 구성단위가 기본 입자이고 17가지의 기본 입자가 상호작용하면서 세상을 이룬다고 설명한다. 이들이 세상의 가장 기본이 되는 단위이기에 기본 입자라고 부른다. 이들 기본 입자 중 광자(Photon)는 빛의 가장 작은 단위 기본 입자이고 전자(Electron)는 원자 내 핵 주변에 존재하는 기본 입자다. 원자핵은 나머지 여러 기본 입자들로 설명한다.

이렇게 물질의 가장 기본 단위를 주로 연구하는 학문이 입자물리학이고 원자 내에서 아주 특이하게 행동하는 전자를 주로 연구하는 학문이 양자역학이다. 여기서는 이 두 학문을 아울러 양자역학이라고 표현하겠다.

여기서 주의할 것이 있는데 기본 입자에서 말하는 '입자'라는 말은 우리가 흔히 생각하는 '것'으로서의 입자, 즉 파동에 반대되는 개념으로서의 입자가 아니다. 같은 이름이 두 가지 개념에 동시에 쓰여서 헷갈린다. 그래서 '기본 입자'라고 쓰면 파동에 반대되는 '입자' 개념과 다르다는 사실을 유념하기 바란다.

당신이 오감을 통해서 경험하는 이 세상은 기본 입자들로 이루어져 있다 한다. 이 기본 입자들의 성격을 알면 세상의 성격도 유추해 볼 수 있다. 그럼, 양자역학에서는 이 기본 입자들을 어떻게 말하고 있을까? 한 가지 잊지 말아야 할 중요한 점이 있다. 당신도 세상의 일부이고 이 기본 입자들로 이루어져 있다는 사실이다.

물질은 파동이자 입자다.
물질은 없다가 있다. 또 있다가 없다.
우리가 생각하는 '있다, 없다'의 개념이 아니다.

물질의 본질이 무엇인지 알기 위해 다양한 실험이 있었다. 그중에서 이중 슬릿 실험(Double-slit experiment)이 대표적이다. 처음에 빛이 입자인지 파동인지 알아보기 위해 실험을 시작했다가 전자와 원자, 분자까지 실험 대상이 확대됐다.

예전에는 원자가 더는 쪼갤 수 없는 모든 물체의 기본 단위라고 생각했기에 당연히 원자는 입자라고 생각했다. 그런데 한 가지 헷갈리는 존재가 있었다. 빛이다. 빛은 일반 물체와 달라 보였다. 빛이 무엇인지 궁금했고 입자가 아니면 파동, 둘 중 하나일 거라고 생각했다.

입자란 당구공과 같다. 독립된 개체로 공간의 특정 위치에 존재하며 하나, 둘 단위로 셀 수 있다. 정지해 있거나 움직인다. 움직이면 이동 경로를 계산할 수 있다. 시작 위치와 방향과 속도를 알면 몇 초 뒤에 언제 어디에 있을지 정확히 계산된다. 당구공이 다른 공에 맞고 튕겨 나가듯 입자가 다른 입자에 부딪히면 튕겨 나가는데 어떻게 튕겨 나가는지 계산할 수 있기에 움직이는 경로와 위치를 알 수 있다. 반면, 파동은 물에 돌을 던졌을 때 일어나는 물결과 같다. 물이라는 매개체를 통해서 돌이 물에 닿으며 발생하는 에너지가 퍼져나가는 현상이다. 파동은 좁은 곳을 지나면 옆으로, 뒤로 퍼지는 회절 현상

진리는 바로 지금, 바로 여기 있다

이 일어난다. 파동인 소리가 벽 뒤에서도 들리는 까닭이 회절 때문이다. 두 파동이 만나면 간섭을 일으킨다. 두 물결의 높은 곳들이 만나면 보강돼서 진동이 두 배로 커지고 물결의 높은 곳과 낮은 곳이 만나면 상쇄되며 진동이 지워지기에 물결이 사라진다. 입자를 독립된 개체로서의 '것'이라고 한다면 파동은 것이 아니라 에너지가 전달되는 '현상'이다. 이렇게 입자와 파동의 성격이 다르기에 실험을 통해서 나타나는 현상이 어떤지를 보면 빛이 입자인지 파동인지 둘 중 하나로 구별할 수 있을 거라 믿었다.

빛이 파동인지 입자인지 오랜 논쟁 끝에, 이중 슬릿 실험을 통해서 나타난 결과는 파동이었다. 빛이 파동이라는 점이 기정사실로 굳어지는 듯했지만, 광양자 가설로 빛이 입자라는 반박이 힘을 얻고 실험으로 증명된다. 하지만 빛이 파동이 아니라는 사실을 증명하지는 못했다. 어쩔 수 없이 과학계는 빛이 입자인 동시에 파동이라는 이중성을 받아들여야 했다. '것'인 동시에 '것'이 아니라는 기존에는 상상도 하지 못할 개념이었지만 빛은 특별할지 모른다고 예외로 여기며 넘어가려 했다.

몇몇 과학자는 빛만 예외라며 대충 넘어갈 수 없었다. 빛뿐만 아니라 다른 물질의 입자도 이중성을 지니고 있지 않을까 추측하면서 물질의 이중성을 연구하기 시작했다. 연구 결과, 전자와 원자도 빛과 같이 이중성을 지니고 있다는 사실을 알아냈다. 나중에 원자의 집합인 분자를 가지고도 같은 결과를 얻는다. 즉, 세상을 이루는 모든 물질의 기본 단위가 파동과 입자의 성질을 동시에 갖는다는 말이다. 물체가 '것'인 동시에 '것'이 아닐 수도 있다는 말이다.

관찰자 없이 대상은 존재하지 않는다.
주체 없이 객체는 없다.

물질을 이루는 원자의 일부인 전자로 처음 이중 슬릿 실험을 했을 때는 너무도 당연히 입자일 거라 추측했는데 이상한 결과를 얻는다. 하나 또는 둘의 전자를 보내면 마치 입자 같은데, 많은 전자로 나타나는 실험 결과는 파동 같았다. 물론 보내는 방법은 변함이 없었다. 그래서 전자가 정확히 어떻게 어느 슬릿으로 통과하는지 알아보려고 슬릿 주위에서 전자를 측정해봤다. 그런데 결과가 놀라웠다. 측정하자마자 모든 전자는 정확히 입자처럼 행동했다. 측정을 안 하면 파동으로, 측정을 하면 입자처럼 행동했다. 즉, 측정 행위가 전자의 성질을 결정한다는 말이다. 결과가 도저히 이해가 안 갔던 과학자들은 수많은 논쟁과 노력 끝에 실험 결과를 다음과 같이 해석하며 완전히 새로운 세계관을 받아들이기 시작한다.

　이전에 사람들은 누가 측정하든 하지 않든 물질은 고유의 운동 상태와 속성을 이미 가지고 있다고 믿었고 측정하는 행위는 이미 있는 운동 상태와 속성을 확인하는 일일 뿐이라고 믿었다. 다시 말해, 세상의 모든 것은 이미 확정된 상태로 존재하고 이 확정된 상태를 측정으로 알 수 있다는 말이다. 아마 지금도 거의 모든 사람이 이렇게 믿는다. 하지만 양자역학은 이 믿음을 반박한다. 전자는 측정 전에 정해진 위치가 없다. 그저 확률적으로 어디에 있을 가능성만 이야기할 수 있다. 이것을 중첩 상태(Superposition)에 있다고 말한다. 다양한 가능성이 중첩해 있다는 말이다. 다시 말하면, 측정 전에 전자는 어디에나 있을 수 있다는 말이다. 정해진 위치가 없다. 측정 전에는 우리가 생각하는 존재라는 개념을 적용하기 힘들다. 있다고 말할 수 없는 상태다. 수학으로 원자 내의 전자가 주로 어디에 위치하는지를 확률로 계산할 수 있는데, 주로 원자핵 주위에 집중되어 있다. 이것을 그림으로 나타내면 핵 주위에 솜사탕처럼 동그랗게 둥근 모양이 나타난다. 이 모양을 가리켜 오비탈(Orbital)이라고 부른다. 측정되면 전자가 이즈음에 나타날 가능성이 높다는 것이다. 신기한 것은 계산되는 위치의 확률이 우주 어디든 확률 제로는 나오지 않는다고 한다. 다시 말하면 우주 어디든 전자가 위치해서 나타날 수 있는 모든 가능성이 열려 있다는 말이다. 이중 슬릿 실험에서 전자의 결과가 파동처럼 나타난 까닭도 이 확률에 따른 것이다. 확률적으로 거의 모든 곳에 파동처럼 퍼져 존재한다는 말이다. 이렇게 파동적인 결과를 만들다가도 측정을 당하면 바로 그 순간 위치가 확정되며 입자처럼 행동하는 결과가 나온다. 잠재가 현실이 된다. 이렇게 예측하는 확률이 붕괴하며 위치가 결정되는 현상을 파동함수의 붕괴(Wave Collapse)라고 부른다.

간단히 말해서, 물질에는 이미 정해진 위치나 운동 상태 같은 건 없다는 말이다. 측정되기 전에는 우리가 생각하는 개념으로 존재하지 않는다는 말이다. 존재하려면 측정을 당해야 한다는 말이다. 이것을 관찰자의 측정 행위가 결과에 영향을 미쳤다고 관찰자 효과(Observer effect)라고 부른다. 관찰하는 주체와 함께, 관찰되는 객체의 존재가 결정되는 것이다. 이렇게 보면 측정하는 주체와 측정 대상인 객체가 분리될 수 없다. 따로 떼어 놓고 볼 수 없다. 주체와 객체가 둘이 아니라고 말할 수 있다. 사람들이 받아들이기에 너무도 혁명적인 사고다. 이런 내용을 처음 접하면 다들 "무슨 뚱딴지같은 소리야?" 하고 머리만 아프고 이해도 안 간다. 과학을 몰라서 그런 게 아니다. 낯설어서 그렇다. 거의 모든 과학자가 처음에는 다 그랬다고 한다.

우주의 끝과 끝은 떨어져 있지 않다.

양자얽힘은 또 하나의 생소한 현상이다. 파이온(pion)이라는 작은 입자를 쪼개면 두 개의 전자가 나오는데, 음전하를 갖는 전자(-)와 양전하를 갖는 양전자(-)로 나뉜다. 이렇게 쪼개진 두 전자는 서로 얽혀 있다고 말한다. 전자는 지구가 자전하듯이 홀로 회전한다. 이것을 스핀(Spin)이라고 부른다. 쪼개진 전자와 양전자가 회전하는데, 측정하기 전까지는 중첩 상태에 있기에 어느 방향으로 회전하는지 아무도 모른다. 그런데 둘 중 하나의 전자를 측정하면 확률 붕괴가 일어나면서 회전 방향이 결정되고, 그 즉시 얽혀 있는 다른 전자의 회전 방향이 그 반대 방향으로 결정된다. 이렇게 두 전자가 직접 영향을 주고받으며 얽혀 있어서 양자얽힘(Quantum entanglement)이라고 부른다. 이상한 것은 이 두 전자가 따로 멀리 떨어져 있어도 같은 결과가 나온다는 점이다. 이론적으로 한 전자를 지구에 놓고 얽혀 있는 양전자를 우주 저편 1억 광년 떨어진 곳에 가져다 놔도 같은 결과가 일어난다. 우주 저편의 양전자를 누가 측정하는 순간 바로 지구에 있는 전자의 방향이 결정된다. 얽혀 있는 두 전자는 우주 어디에 있든 즉각적으로 영향을 주고받는다. 양자얽힘 현상은 영향을 주고받으려면 반드시 가까이 있어야 한다는 기존의 상식인 국소성(locality)의 원칙을 완전히 뒤집는 현상이었다. 이 때문에 양자는 비국소성(Non-locality)의 성격을 띤다고 말한다. 이렇게 전자는 기존에 있던 거리와 영향을 주고받는 전달에 관한 상식을 깨버렸다.

우리가 생각하는 '것'의 실체가 뭘까?

진리는 바로 지금, 바로 여기 있다

간단하게 양자역학의 몇 가지 개념을 살펴봤다. 이해가 가는가? 설명 자체가 이해가 안 가면 양자역학을 쉽게 설명하는 다양한 정보가 있으니 알아보기 바란다. 설명이 무슨 말인지는 알겠는데 이해가 안 가거나 사실로 받아들이기 힘들다면, 당신은 지극히 정상이다. 낭시 처음 양자역학을 접했던 많은 과학자도 양자역학을 받아들이지 못하고 오랫동안 반박을 이어갔다. 늘 새로운 것은 낯설기 마련이다. 하지만 다양한 실험들이 양자역학을 증명하면서 지금은 이 이상한 양자역학이 당연하게 받아들여지고 수많은 분야에 적용된다. 우리가 쓰는 거의 모든 전자제품에 양자역학의 원리가 쓰인다. 양자역학은 이미 우리 생활의 일부다.

양자역학이 받아들여지고 일상에 널리 쓰이지만 아무도 양자역학을 이해하지 못한다고들 말한다. 과학자 리처드 파인만은 "양자역학을 이해한다고 생각한다면 양자역학이 뭔지 모르는 것이다."라고 말했다. 그러니 당신이 이해하지 못하는 것은 당연하다. 이렇게 무슨 말인지 잘 이해가 안 되는 양자역학의 개념들을 찾음의 관점에서 한번 살펴보자. 아마 양자역학의 아드바이타적 해석이라고 해야 할지 모르겠다.

이상하다고? 누구에게 이상한가?

우리는 익숙하지 않은 것을 접할 때면 이상하다고 말한다. 양자역학을 두고 이해가 안 된다며 이상하다고 한다. 그런데 이 말이 적절할까? 파인만은 "양자역학을 이해한다고 생각하면 양자역학이 뭔지 모르는 거다."라고 말하는데, 그럼 뒤집어서 기존의 물리학은 이해했을까? 파동의 현상이 어떻게 일어나는지 이해할까? 물결이 치는 현상을 우리는 정말 알고 있을까? 도대체 왜 입자면 직선으로 나가야 할까? 왜 이게 당연한 걸까? 우리가 이미 알고 있다고 생각하는 것을 잘 들여다보라. 정말 아는 걸까? 어떤 의미에서 이해이고 앎일까?

이상(異常)하다는 말은 '상식과 다르다.'라는 뜻이다. 각자 익숙한 경험과 지식을 상식이라 한다. 이상하다는 말은 익숙한 기존의 경험이나 지식과 다르다는 말이다. 낯설다는 말이다. 절대적 개념이 아니라 비교해서 얻어지는 상대적 개념이다. 우리는 익숙하지 않고 낯선 새로운 개념을 접하면 이상하다고 느낀다. 처음에는 그렇다. 그러다 시간이 지나면서 새로운 개념과 함께하는 경험이 쌓이면 익숙하게 느끼고 더는 이상하다고 생각하지 않는다. 그리고 이렇게 익숙해진 대상을 안다고 여긴다. 오랫동안 알다 보면 우리는 이 앎으로 틀을 만든다. 틀이 견고해지면서 틀이 절대적이라고 착각하게 된다. 이 때문에 새로운 개념이 나오면 받아들이지 못하고 혼란을 겪는다. 새로운 개념이 문제가 아니라 익숙한 것을 절대적이라고 착각하는 믿음이 문제다.

물체가 입자인 동시에 파동이란 말은 물체가 있는 동시에 없다는 말이다. 도저히 이해가 안 된다며 이해하는 것이 불가능하다고들 말한다. 당연히 이해가 안 된다. 존재를 '있다', '없다'는 개념의 틀에 끼워 맞추면서 이해하려 하기 때문이다. 우리가 익숙한 '있다', '없다'의 개념이 있기 전부터 세상과 물체는 존재해 왔다. 있는 그대로의 물체라는 존재가 우리가 익숙한 개념의 틀에 맞아 들어가야 할 까닭이 전혀 없다. 우리가 익숙한 앎이 진리가 아니라 그저 개념에 지나지 않는다는 사실을 바로 보면 기존의 개념이라는 틀에 맞추면서 이해

진리는 바로 지금, 바로 여기 있다

하려는 노력을 고집하지 않는다. 그러면 아무런 문제가 없다. 의문도 없다.

양자역학의 내용은 아주 생소하다. 그런데 우리가 찾는 진리는 이보다 더 생소하다. 최소한 양자역학은 여전히 '나'와 대상을 분리해서 생각한다. 관찰자 효과도 관찰하는 측정 주체와 관찰당하는 객체를 구분해서 생각한다. 하지만 찾음에서는 주체와 객체의 분리 자체가 붕괴한다. 양자역학은 측정 대상에 집중하지만, 찾음은 측정 대상보다 측정 주체에 집중하며 의문을 던진다. 독립적 존재라고 믿어온 '나', 이 글을 읽고 있는 주체인 바로 당신의 존재 자체에 의문을 던진다. 존재가 도대체 무슨 의미인지 존재의 본질을 묻는다. 물체가 공간 어디 즈음 확률적으로 있을지 모른다는 것이 아니라, 공간 자체가 실재하는지 묻는다. 익숙한 앎의 틀이 견고한 만큼 더 이상하고 생소할 것이다. 이상하고 생소하지만, 자꾸 접하다 보면 이해는 못 해도 익숙해진다. 익숙해지다 보면 이해는 안 돼도 알게 되기도 한다. 이해는 안 돼도 알게 되는, 보통 사람들이 보기에 이런 말도 안 되는 일이 일어나기도 한다.

> "우리가 실재라고 여기는 모든 것은
> 실재라고 여길 수 없는 것들로 이루어져 있다."
>
> ‒ 닐스 보어(Niels Henrik David Bohr)

물리학자들은 세상의 모든 것과 그것들 사이에 일어나는 물리적 현상을 17가지의 기본 입자로 설명한다. 그럼 이 기본 입자들은 우리가 생각하는 어떤 '것'일까? 독립적으로 존재하는 어떤 무엇일까? 과학자들은 그렇지 않다고 말한다. '입자'라는 단어를 이름에 붙였지만, 우리가 생각하는 당구공처럼 단단하고 독립된 개체로서의 어떤 '것'이 아니다. 하나씩 따로 독립적으로 존재할 수 없고 서로 기대어 존재한다고 설명한다. 어떤 과학자들은 기본 입자들을 좀 더 근본적으로 설명하기 위해서 모든 기본 입자가 진동하는 끈으로 되어 있을지도 모른다고 추측한다. 1차원의 동그란 끈이라는 이미지로 설명하는 이 무엇의 실체는 진동이다. 즉, 움직임이다. 끊임없이 진동하는 움직임 그 자체다. 다양한 세상은 이 진동의 차이에서 나온다고 설명하는데, 이 추측을 초끈이론이라고 부른다. 아직 기본 입자들처럼 실험적으로 증명되지 않아서 가설에 머물러 있지만, 기본 입자들과 더불어 우리에게 시사하는 바는 충분하다. 한 가지 분명한 사실은 지금까지 과학에서 '것'이라고 할 만한 것을 아무것도 찾지 못했다는 사실이다.

전자는 확률적으로 존재한다.
색즉시공(色卽是空)

물질은 파동-입자 이중성을 지닌다. 측정당하기 전에는 확률적으로 존재하며 파동성을 지닌다. 어떤 '것'이 아니다. 어떤 '것'이 될 수 있는 잠재다. 잠재적인 무엇이다. 이것을 스승은 공(空)이라고 불렀다. 공은 물질의 잠재다. 잠재는 분명 존재한다. 우리가 익숙한 '존재'의 개념은 아니지만 분명 무엇이 있다. 스승은 이 무엇을 가리켜 공(空), 무(無), 도(道), '텅 빔'과 같은 이름으로 가리켜 왔다.

스승이 공(空)이라는 개념을 통해서 가리키고자 한 무엇은 '아무것도 아닌 것(Nothing)'이 아니라 '어떤 것이 아닌 무엇(No-thing)'이다.

진리는 바로 지금, 바로 여기 있다

'것'이 아니다. 잠재다. 그저 존재다. 우리가 관찰하면 '것'으로 나타나며 '것'으로 경험되지만, 실체는 어떤 '것'이 아니다. 이 이름 없는 무엇을 공(空)이라 부르고 나타나 보이는 '것'을 색(色)이라 부르면 "색의 실체가 공이다."라고 말할 수 있다. 즉, 색즉시공(色卽是空)이다. 공은 세상의 본성을 가리키는 말이다. '것'의 실체다. '것'으로 나타날 잠재적 무엇이다. 무한한 가능성이다. 공은 잠재 그 자체다. 이 잠재를 과학자들은 에너지라고 부른다.

스승은 더 나아가 세상의 모든 잠재가 둘이 아니라고 가리킨다. 이 전자와 저 전자, 각각 전자의 잠재가 따로 분리되어 존재하는 것이 아니다. 측정되기 전의 전자는 구분이 없다. 무엇이 어디에 따로 존재한다는 말인가? 세상 모든 물질의 잠재는 둘이 아니다. 아니, '하나다 둘이다.'라며 나누는 개념 자체가 성립하지 않는다. 모든 개념이 일어나기 이전이다.

전자는 측정되는 순간 입자로 존재한다.
공즉시색(空卽是色)

그럼 어떻게 이렇게 다양한 '것'들로 이루어진 세상이 존재하고 이세상 속에서 우리가 살아갈까? 잠재라는 무엇이 엄청나게 다양한 것들로 나타나고 우리는 이 세상을 경험하며 살아간다. 정말 기적 같은 일이 일어나고 있다. 과학자들이 발견한 실마리는 측정이다. 전자는 측정 전에는 잠재의 상태이다가 측정되면서 '것'이 된다. 잠재인 공이 측정과 함께 '것'인 색이 된다는 말이다. 즉, 공즉시색(空卽是色)이다.

여기서 한 가지 주의할 것이 있는데, 선과 후를 따지는 시간 개념을 갖다 대는 것이다. 빅뱅 이론처럼 잠재적인 무엇이 대폭발하면서 다양한 물질과 공간이 생겨나고 지금의 세상을 만든다는 시간의 흐름에 따른 개념은 여기 적용되지 않는다. 예전에는 잠재적인 무엇이었지만 지금은 '것'이라는 물체로 존재하기에 더는 잠재적인 무엇이 아니라는 개념은 여기 맞지 않다. 스승은 "공이 색이 되었다."라거나 "색이 공으로부터 나왔다."라고 말하지 않는다. 지금 이 순간 물체가 곧 공이고 공이 곧 물체라고 말한다. 언제나 늘 그렇다. 양자역학은 지금 이 순간 물체의 성질을 말한다. 어떤 물체든 그 기본 단위로 실험해 보면 잠재의 성격을 띠다가 측정과 동시에 물체의 성격을 띤다는 말이다. 지금 이 순간 세상의 본성이 공이라는 말이다. 지금 이 순간, 색즉시공 공즉시색이다.

주체라 객체는 둘이 아니다.
보는 자라 보이는 사물은 둘이 아니다.
주어라 목적어라 동사는 둘이 아니다.

물질이 '것'으로 존재하려면 반드시 측정돼야 한다. 측정이 없으면 잠재로 머문다. 전자가 '것'으로서 입자의 성질을 가지며 우리가 "물체가 존재한다."라고 할 때 생각하는 개념으로 '존재'하려면 측정돼야 한다. 그전에는 오직 가능성에 지나지 않는다. 객체가 존재하려면 어떤 형태로든 주체가 있어야 한다고 말한다. 그렇다면 주체와 객체를 나누어 생각할 수 있을까? 주체와 객체가 마치 동전의 양면처럼 동시에 존재해야 한다면 둘을 나누어 생각하는 건 있을 수 없는 일이다. 그리고 한 가지 잊으면 안 되는 객체가 있다. 바로 주체 그 자체다. 주체

진리는 바로 지금, 바로 여기 있다

도 하나의 객체다. 객체를 측정하는 주체도 다른 주체에 측정되고 있기에 존재하는 것이다. 객체는 주체가 필요하고 이 주체라는 객체는 또 다른 주체가 필요하다. 얽히고설킨다. 갑자기 혼란스러운가? 양자역학이 어떻든, 관찰자 효과가 어떻든, 측정해야지만 대상이 존재한다고 말하든 주체와 객체의 구분을 전제로 해서 해석할 때까지는 그나마 나았다. 하지만 주체도 객체라는 사실을 피할 수 없다. 혼란스럽고 이해가 안 된다는 말은 관찰자와 관찰 대상으로 구분해서 생각하는 습관 때문이다. 주체와 객체로, '것'과 '것'으로 나누어 생각하면 말이 안 된다. 혼란스럽다. 생각의 틀을 붙들고 있는 그대로를 끼워 맞추려면 맞아 들어가지 않는다. 주체와 객체는 둘이 아니다. 보는 자와 보이는 대상은 둘이 아니다. 모든 스승이 말하는 '둘이 아니다.'라는 가리킴에 세상의 실마리를 푸는 열쇠가 있다.

모든 전달은 둘이 아니어야 가능하다.

양자얽힘은 전달에 관한 상식을 완전히 깬다. 상식적으로 떨어져 있는 두 물체 사이에 영향을 주고받는다는 말은 공간이 있고 영향을 전달할 매개체가 있어야 한다. 이 매개체가 공간 사이의 거리를 이동해서 전달이 이루어지려면 시간이 걸린다. 그런데 이론상 두 전자 사이에는 거리에 상관없이 매개체가 없어도 즉각적으로 영향을 주고받는다. 매개체 없이 힘의 영향을 적용하려 해도 우주 끝과 끝에서도 즉각적으로 영향을 주고받는 현상은 설명할 길이 없다. 전달에 관한 상식이 양자얽힘 현상으로 깨진다.

그런데 가만히 보면 미시 세계의 양자얽힘을 제쳐 놓고라도 일반적으로 전달이 어떻게 가능할까? 물리학은 영향을 주고받는 전달이라는 현상을 힘으로 설명한다. 수많은 현상을 네 가지 힘으로 요약했다. 과학자들은 이 네 가지도 하나로 통합하기 위해서 노력하고 있다. 그런데 아무리 하나의 힘으로 설명해도 여전히 그 힘의 실체가 뭔지를 알아내야 한다. 어떻게 두 개체 사이에 힘이 작용할 수 있는지, 이 힘의 실체가 뭔지 알아봐야 한다. 이 실체를 알면 세상의 모든 현상의 실체를 알 수 있다. 이 실체에 관한 아드바이타적 해석은 0차원이다.

양자얽힘으로 나타나는 전달 현상을 설명하려면 세상이 3차원 공간으로 되어 있다는 생각의 틀을 넘어서야 한다. 과학자는 차원을 높이는 방향으로 설명해 나가는데 여기서는 거꾸로 차원을 낮추는 방향으로 가리킨다. 3차원 공간을 무너뜨린다. 2차원 평면도 무너지고 1차원의 선으로도 부족하다. 거리 개념은 1차원이다. 여전히 시간이 걸린다. 서로 즉각적인 영향을 주고받으려면 거리가 있으면 안 된다. 1차원도 무너져야 한다. 그러면 0차원의 점이다. 전자를 둘로 나누어 생각하면 이해가 안 된다. 세상을 공간으로 이해하고 독립된 물체들로 구성되어 있다고 생각하면 설명이 안 된다. 당연히 나타나 보이는 세상은 3차원이다. 3차원으로 경험된다. 하지만 이 3차원의 세상이 존재하는 방식은 0차원이다. 물리학에서는 여러 차원을 더해서 세상을 설명하지만, 나타나 경험되는 세계가 몇 차원이든 그 실체는 0차원이다.

0차원이라는 말은 전자가 중첩 상태에 있다는 말과 다르지 않다. 전자가 측정되기 전의 상태를 3차원에 기반하여 설명하다 보니 확률이 나오고 솜사탕 모양의 오비탈이 나오는데, 이것은 나타날 것을 전제로 해서 나타나는 위치의 가능성을 설명하는 것이지 전자 존재의 본질을 설명하는 내용이 아니다. 측정 전 전자는 잠재의 상태다. 어디에도 공간상의 위치가 없다. 존재하는지조차 모르는데 어떻게 공간이라는 개념이 여기 있을 수 있을까? 그렇지만 분명 뭔가가 존재한다. 다만 차원이 없을 따름이다. 전자는 0차원에 존재한다.

양자가 비국소성을 띤다는 말도 사실 0차원이라는 말이다. 습관적으로 공간 개념에 바탕을 둔 말을 찾다 보니 비국소성(non-locality)이라는 말을 쓰는데, 이런 사고 습관을 넘어서 보면 0차원이라는 말과 다르지 않다. 관찰자 효과도 마찬가지다. 주체와 객체가 둘이 아니라는 말은 공간 개념이 무너진다는 말이다. '너'와 '나'가 없다. '너'는 '나' 없이 존재하지 않는다. '나'는 또 다른 '너' 없이 존재하지 않는다. '너'와 '나'는 둘이 아니어야 한다. 어떤 것도 나눌 수 없다. 그래서 0차원이다. '바로 지금, 바로 여기'다.

3차원 세계의 실체가 0차원이라는 말은 이해하기 힘들다. 처음 들어봐서 그렇다. 하지만 오랜 세월 스승들이 해온 말과 다르지 않다. 0차원을 쉽게 설명하는 스승들의 비유가 있다. 꿈의 비유다. 꿈속에는 '나'와 '너'가 있고 사물들이 있다. 하늘이 있고 태양과 달이 있고 별들이 있다. 세상 온갖 다양한 물체가 공간 안에 존재한다. 물체 간에 적용되는 물리 법칙이 있다. 정확히 우리가 사는 현실의 세상과 다르지 않다. 꿈속에서 우리는 어떤 의심도 없이 3차원 세상을 즐긴다. 그런데 이 3차원 세상의 실체가 뭔가? 어디에 있는가? 정확히 꿈은 바로 지금 바로 여기에 있다. 3차원 꿈의 실체는 0차원으로 존재한다.

꿈의 비유는 기본 입자로 세상을 설명하는 것보다 직관적이다. 17가지 기본 입자가 나온 까닭은 일어나는 현상을 설명하기 위해서다. 현상은 운동이다. 즉, 움직임이다. 중력을 포함한 모든 힘에 따라 물체들과 함께 나타나는 현상을 설명하기 위해서 17가지의 기본 입자를 끄집어냈다. 이것은 물리학자들이 세상을 설명하는 방식이다. 물리학자는 나타나 보이는 세상을 설명해야 하기 때문이다. 반면에 찾음은 나타나 보이는 세상의 실체를 찾는 일이다. 영적 스승은 꿈으로 힘의 실체를 설명한다. 꿈에서 내가 돌을 던져 창문을 깼다. 물리학자들은 창문이 깨진 원인을 돌과 돌의 운동량으로 설명할 것이다. 꿈에서 창문이 깨지는 원인은 돌과 전혀 상관없다. 창문이 깨지는 현상에 영향을 주는 힘의 본질은 꿈 그 자체다. 돌을 던지는 나도 꿈이요, 돌도 꿈이요, 창문도 꿈이요, 돌이 날아가는 현상도, 창문이 깨지는 현상도 다 꿈이다. '무엇'에 영향을 주는 '무엇'은 없다. 독립적으로 존재하는 '것'이 독립적으로 존재하는 '것'에 영향을 준다는 설명은 이야기에 불과하다. "돌이 창문을 깼다."라는 말은 꿈이 나타내는 이야기지, 원인과 결과의 실체가 아니다. 모든 영향의 본질은 꿈 그 자체다.

아직도 꿈은 꿈이라며 현실은 다르다고 믿고 싶을지 모르겠다. 다시 과학으로 돌아와서 조금 더 살펴보자. 파동이든 입자든 힘이든, 가장 밑부분으로 내려가서 어떻게 전달이라는 것이 가능할까? 기본 입자는 어떻게 그렇게 영향을 줄까? 힘이고 에너지며 물리적 운동이라고 설명한다면, 그럼 힘과 에너지와 물리적 운동의 실체가 뭘까? 아무리 작게 쪼개어 설명하려 해도 결국 같은 의문으로 돌아온다. 어떻게 힘이라는 것이 가능할까? 힘의 실체가 뭘까?

측정의 주체가 뭘까?

양자역학 이론은 반박을 극복하면서 완성돼 왔다. 그 반박 가운데

진리는 바로 지금, 바로 여기 있다

는 슈뢰딩거의 고양이가 대표적이다. 측정되기 전까지 전자의 위치가 결정되지 않은 중첩 상태에 있다는 설명이 말이 안 된다고 반박하면서 슈뢰딩거는 거시 세계의 고양이를 이용한 사고 실험을 제안했다. 아무도 들여다볼 수 없는 상자 안에 고양이가 정확히 50%씩의 확률로 죽을 수도, 죽지 않을 수도 있는 상황을 만든다. 양자역학에 따르면 상자를 열어 확인할 때까지는 고양이가 살아 있는 상태와 죽어 있는 상태가 동시에 존재해야 한다고 꼬집는다. 이렇게 상식적으로 받아들이기 힘든 상황을 만들어 양자역학의 허점을 비꼬았다. 이때부터 양자역학자들에게는 확률 붕괴를 일으키는 측정 주체가 무엇인지가 화두였다.

집요한 과학자들은 이 말도 안 되는 상황을 실험적으로 구현해냈다. 실제 고양이는 아니지만 전자에 비하면 거시 세계의 고양이에 비할 수 있을 만큼 엄청나게 큰 풀러렌 분자로 이중 슬릿 실험에 성공했다. 실험의 핵심은 전자의 현상이 거시 세계에도 적용되는지를 알아보는 거였다. 분자는 크기 때문에 중간에 부딪힐 수 있는 공기 중 산소나 먼지 같은 원자가 없도록 진공상태를 만들어 실험했다. 그 결과 정확히 광자나 전자로 한 실험과 같은 결과가 나왔다. 측정 전에는 중첩 상태로 존재했다. 광자나, 전자나, 원자나, 분자나 이론적으로 모든 물질에 양자역학이 적용될 수 있다는 뜻이다. 그리고 측정의 주체를 실험 측정 도구뿐 아니라 측정 대상을 제외한 우주 내 모든 물질로 확대했다. 이럴 경우 슈뢰딩거의 고양이 사고 실험에 따른 논란이 극복된다. 분자가 공기 중의 공기 입자와 같은 물질에 부딪히면 바로 측정이 된다. 다른 물질과의 상호작용이 곧 측정이라는 말이다. 고양이의 경우에는 실험 대상이 될 수 없는데, 상자 안을 사람이 들여다보지 않아도 진공이 아니기에 공기 입자와 부딪히고 또한 고양이 정도의 생물은 다른 세균과 박테리아들이 같이 몸을 이루기에 이미 상호작용이 일어난다. 늘 측정이 일어나서 실험의 대상이 될 수 없다. 이렇게 반박을 극복하면서 양자역학은 미시 세계의 틀에서 벗어나 세상 전체를 설명할 수 있게 된다.

모든 물체가 주체가 되고 동시에 객체가 된다. 주체와 객체가 따로 없다. 객체는 주체가 있어야만 존재하기에 둘을 분리할 수 없고 우주 전체로 봐서도 서로서로 의존해 있기에 각각을 떼어놓고 볼 수 없다. 벤자민 버튼이 데이지를 만나게 됐을 때 거시 세계의 일이 어떻게 얽히고설켜 있는지 살펴봤다. 일상의 아무리 사소한 일이라도 그 일이 일어나는 데는 온 우주가 연관되어 있다는 사실을 알 수 있었다. 양자역학을 통해 살펴본 미시 세계도 마찬가지다. 아무리 작은 하나의 입자가 존재하려 해도 관찰하는 주체가 있어야 하고 이 주체가 존재하려면 또 다른 주체가 관찰해줘야 한다. 이렇게 온 우주가 서로 얽히고설켜서 존재한다. 거시 세계든, 미시 세계든 독립적으로 존재하는 것은 없다. 존재라는 말 자체가 관계를 뜻한다. 존재를 떠올리는 순간 온 우주가 하나가 된다.

"세상은 일으키는 원인이 따로 없다.
이건 마치 보석들의 그물망 같다.
여기서 보석은 그저 다른 모두의 반영이다.
이런 보석들이 서로 조화롭게 끝없이 얽히고설켜
세상으로 나타나는 것이 가히 환상적이다."

- 라메쉬 발세카

진리는 바로 지금, 바로 여기 있다

아인슈타인은 양자역학을 반박하면서 보어에게 "내가 보지 않으면 달이 존재하지 않는다는 뜻인가요?"라고 묻는다. 아인슈타인은 세상 모든 것은 이미 정해진 속성이 있고 이것을 우리가 관찰을 통해 확인할 뿐이라는 기존의 상식을 대변한다. 이에 보어가 답한다. "아인슈타인 박사와 나를 포함해서 세상 누구도 달을 보지 않으면 달이 거기 있는지 누가 확인하나요. 달의 존재를 확인할 방법은 달을 보는 것입니다." 나중에 존 벨의 부등식 실험 결과가 보어의 손을 들어주었다. 아인슈타인과 보어의 문답은 존재란 무엇인가를 깊이 묻고 있다.

존재란 무엇인가?

찾음은 결국 존재에 관한 의문이다. 존재가 무슨 뜻인가에서 더 나아가 '지금 여기 무엇이 실재하느냐'는 의문이다. 물질이 있고, 없고 하는데, 그 실체가 뭐냐는 거다. 눈에 보이는 일상의 경험과 경험에 바탕을 둔 믿음과 상식을 넘어서 진정 뭐가 실재하느냐의 물음이다. 스승들이 공(空), 무(無), 텅 빔이라는 이름으로 가리키는 이 실체가 뭐냐는 거다.

양자역학의 핵심은 마치 이 존재의 물음처럼 들린다. 그런데 양자역학과 찾음에서 초점을 두는 곳이 조금 달라 보인다. 양자역학은 측정의 대상에 주안점을 둔다. 하지만 찾음은 측정의 주체에 주안점을 둔다. 스승은 늘 주체를 가리키며 살펴보라고 말한다. 객체가 어디에 존재하느냐고 물으면 늘 주체를 가리키며 살펴보라고 말한다. 스승이 가리키는 곳은 늘 질문하는 사람이다. 객체와 주체가 둘이 아니라는 사실을 알기 때문이다. 객체는 바로 확신할 수 없지만 주체는 늘 직관으로 확신할 수 있기 때문이다. 당신은 자기 자신이라는 주체를 어디에도 기대지 않고 확신할 수 있다. 이 때문에 존재의 실체는 오직 지금 이 책을 읽고 있는 주체를 통해서만 찾아진다.

보어의 답은 존재가 관계 속에서 일어난다는 뜻이다. 이 관계를 나타내는 것이 측정이다. 본다는 행위가 객체를 결정짓는다는 말이다. 이 말은 객체와 행위가 둘이 아니라는 말이다. 또한, 행위하는 주체와 객체가 둘이 아니라는 말이다. 즉, 주체와 객체와 행위가 둘이 아니라는 말이다. 이것이 지금 일어나고 있는 일이다. 그런데 이런 말을 처음 들으면 헷갈리고 받아들이기 힘들다. 왜냐하면, 우리는 주어와 목적어와 동사를 구분해서 쓰는 언어 습관에 사고가 길들어 있기 때문이다. "나는 달을 본다."라고 말할 때 '나'와 '달'이 독립적으로 존재한다는 가정하에 '본다.'는 행위를 생각한다. 하지만 실제로 일어나는 일을 좀 더 정확히 표현하자면 "내가 달을 보는 행위가 일어난다."라고 해야 한다. 여기서 핵심은 주어와 목적어와 동사가 둘이 아니라는 말이다. 주체와 객체와 측정 행위를 나누어 생각할 수 없다는 말이다. 이들을 떨어뜨려서 '존재'를 생각할 수 없다는 말이다. 간단히 말해서 실제로 일어나는 일에는 어떠한 분리도 없다는 말이다. 모든 분리는 생각 속의 개념이다. 생활 속에서 편리하게 쓰기 위한 개념이지 있는 그대로에는 어떤 분리도 없다. 양자역학의 모든 실험에서 나타나는 현상이 이 사실을 가리키지만, 사람들은 이 사실을 알아차리지 못한다. 늘 눈에 보이는 대로 분리해서 생각하는 습관에 깊이 길들어 있기 때문이다.

분리에 대한 믿음은 뿌리가 깊다. 분리된 세상을 경험해와서가 아니라 경험한 것을 분리라는 개념으로 해석하도록 배웠고 그렇게 믿어

왔기 때문이다. "스승이 둘이 아니라고 하니까 받아들이자."라고 해서 그냥 받아들여지지 않는다. 잠시 받아들였다가도 이내 분리를 바탕으로 한 논리적 반박이 일어난다. 어떤 때는 논리적 반박을 넘어서 몸에서 거부한다. 생물학적 거부 반응처럼 일어난다. 마치 둘이 아님을 받아들이는 것이 생존에 위협이 되는 듯 몸이 거부한다. 이 때문에 스승은 오직 있는 그대로를 보고자 하는 불타는 열망이 믿음의 장애를 극복하게 한다고 말한다.

> 양자 세계와 거시 세계는 둘이 아니다.
> 모든 구분은 생각 속에 있다.

과학적 논리는 잠시 접어두고 자연인의 직관으로 세상을 보면 양자역학에서 말하는 현상들이 늘 내 눈앞에 나타난다. 세상에는 정해져 있는 것이 없다. 매 순간 주체와 객체가 하나의 현실을 이룬다. 경험이라는 이름으로.

밖에 나가 걷다 보면 관찰자 효과를 직접 체험한다. 큰 사각형 빌딩 바로 옆에서 건물을 올려다보며 걷는다. 발걸음 하나하나 옮길 때마다 건물의 모양이 바뀐다. 누가 저 건물의 모서리가 직각이라고 했나? 지금 측정되는 건물의 모서리는 전혀 직각이 아니다. 내가 올려다보는 건물의 모양은 사각형 모양이 아니다. 그저 생각 속에 사각형 건물이라는 이름표만 있을 뿐이다. 여러 사람과 정보를 공유하기 위해서 약속된 시점을 기준으로 측정된 값을 상상하며 머릿속에 넣고 생각할 뿐이다. 이런 생각으로 빌딩 모양이 절대적으로 정해져 있다고 믿으면 착각이다. 지금 이 순간 내 시점에서 바라보는 건물은 '나'

라는 측정 주체가 관찰하며 확률 붕괴를 일으켜 결정짓는 수많은 원자의 집합이 만들어 내는 형태다. 누가 있어 이 시점에서 바라보는 형태를 부정할 수 있나. 확률 붕괴는 매 순간 작은 움직임에도 계속해서 일어나며 새로운 형태를 내게 보여 준다. 걸어가면서 주위를 둘러본다. 여러 건물, 도로, 나무, 차, 사람, 모든 것의 형태가 순간순간 바뀐다. 지나가는 사람의 형태도 계속해서 바뀐다.

내가 바라보는 세상의 풍경은 끊임없이 확률 붕괴를 일으키며 결정되고 있다. 매 순간 그때그때 결정된다. 누구의 시점에서? 나의 시점에서. 내가 친구와 둘이 같이 걸어가면서 건물을 본다고 하자. 내가 보는 시점과 친구가 보는 시점은 결코 같을 수 없다. 매 순간 각자만의 건물을 본다. 서로 언어로 공유할 때 큰 차이 없이 공유하기에 같은 형태를 본다고 이야기할 뿐이지, 각자만의 다른 형태를 보고 있다.

거리를 나가 걸어본다. 산을 바라보며 걸어본다. 순간순간 새로운 세상이다. 순간순간 나만의 유일한 세상이다. 이번에는 반려견과 같이 산책하러 나간다. 인간인 내가 바라보는 세상과 개라는 동물이 가진 여러 조건에서 바라보는 세상은 서로 완전히 다른 세상이다. 반려견에 붙어가는 진드기가 바라보는 세상은 또 다를 것이다. 다 각자만의 현실을 경험하며 살아간다.

우리는 주위의 사물들이 고정되어 존재한다고 생각한다. 보는 사람이 있든 없든, 보는 주체가 있든 없든, 보는 주체가 어떤 존재든 고유한 형태와 성질을 가지며 존재한다고 생각한다. 정말 그럴까? 도대체 누가 있어서 '고유한' 형태와 성질을 정할 수 있을까? 단지 우리는 공유하는 아주 작은 부분에 의존해서 절대적 값이 있다고 믿을 뿐이

진리는 바로 지금, 바로 여기 있다

다. 과학자들이 측정값을 준다고 한들, 그 또한 해당 과학 측정 장비의 시각이 바라보는 또 하나의 세상일 뿐이지 않을까?

결정된 절대적 세상에 미련을 못 버리는 사람은 보통 신을 언급한다. 신이 보는 절대적 세상이 있다고 믿는다. 그런데 신의 시점도 상대적 세상에서는 하나의 시점에 불과하다. 하나의 시점을 갖는 순간 신은 더는 신이 아니다. 이때 신은 단지 절대적인 뭔가가 있다는 막연한 믿음이 상징적으로 나타나는 개념에 지나지 않는다.

편견을 내려놓고 열린 마음으로 지금 주위를 둘러보라. 지금껏 들어왔던 다른 사람들의 말들일랑 잠시 제쳐두고 지금 여기만 집중해 보자. 방 안을 둘러보라. 밖으로 나가서 움직이며 세상을 바라보라. 관찰자 효과가 보이는가? 확률 붕괴가 보이는가? 주체와 객체와 측정 이 둘이 아니라는 사실이 보이는가? 늘 새로운 세상이 보이는가? 양자역학에서 비롯된 다중 우주론도 저 멀리 있는 것이 아니라, 바로 여기 나와 너 사이에 있는 건 아닐까?

모든 가능성이 열려 있다. 그래서 살아 움직인다.

전자의 위치는 확률적으로 존재한다고 말한다. 확률은 결과론적 관점이기 때문에 "이론적으로 모든 가능성을 가진다."라는 표현이 더 와닿는다. 이렇게 모든 가능성을 가지는 물질은 다른 물질과의 상호관계 속에서 하나로 확정된다. 모든 가능성에 열려 있는 물질의 잠재성에서 세상이 돌아가는 방식을 엿볼 수 있다. 이렇게 모든 가능성을 가지고 잠재해야지만 이 세상에 움직임이라는 것이 가능하고 살아 있는 세상이 나타날 수 있지 않을까? 시각을 조금만 달리해서 보면 기이해 보이는 이 현상이 너무도 당연하게 받아들여진다. 삶이 어디서 오는지 보인다.

만일 가장 기초가 되는 입자가 결정되어 있다면 세상이 살아 움직일 수 있을까? 중요한 것은 모든 측정 주체도 다 입자라는 사실이다. 기본 입자들로 구성된 세상 전체의 시각에서 한번 보자. 주체도, 객체도 이미 결정되어 있다면 관계 속에서 새로운 것이 나올 수 없다. 변화가 없다. 움직임이 없다. 움직임이 없다는 말은 살아 있지 않다는 말이다. 이런 우주는 이미 실패해서 존재하지 못한다. 우리가 사는 우주는 존재에 성공한 우주다. 모든 가능성이 시도되다가 존재에 성공한 우주라서 나타났다. 모든 가능성에 열린 입자를 가지고 말이다.

이렇게 나타난 우주 속을 살펴보면 모든 가능성을 열어두고 움직이는 세상이 보인다. 예를 들어, 생명의 진화가 그렇다. 우리는 환경에 적응하며 진화해 가는 생물을 보고 이렇게 말한다. "물에 사는 오리나 개구리는 발에 물갈퀴가 발달했다. 헤엄치기 유리하도록 적응한 것이다.", "부레옥잠이나 개구리밥과 같은 식물은 물에 뜨도록 잎자루에 공기주머니가 발달했다.", "박테리아가 최근 항생제가 듣지 않는 슈퍼 박테리아로 진화했다." 동식물과 심지어 박테리아는 어떻게 환경에 맞는 아주 적절한 선택을 할 수 있을까? 말을 할 때는 "오리가 환경에 적응했다."라고 말하지만 오리가 진화를 선택한 주체는 분명 아니다. 오리가 물을 연구해서 적절한 갈퀴를 설계하고 갈퀴가 발에 생기도록 단체로 유전자를 조작한 것이 아니다. 우리 인간도 진화해 왔지만 자기 몸이 어떻게 돼야 한다고 노력하지 않았다. 그저 자연히 진화가 일어났다. 그런데 어떻게 애초에 이 진화라는 변화가 가능한 걸까? 진화를 보면 거시 세계에서 일어나는 확률 붕괴가 보인다. 자연

진리는 바로 지금, 바로 여기 있다

은 유전자 변화에 모든 가능성을 열어놓고 있다. 모든 가능한 유전자 변이가 중첩되어 있다. 주변 환경, 즉 측정의 주체가 변하면 측정되는 객체의 중첩 상태도 그에 따라 확률 붕괴가 일어나며 변한다. 새로운 세포도, 유전자의 돌연변이도 중첩 상태에 있다가 주변 환경에 부딪히며 결정된다. 변화를 만들어 내는 돌연변이가 진화의 기초라고 말하는 사람들도 돌연변이가 일어나는 근본 원인은 양자역학의 중첩과 관찰자 효과에서 찾아야 할 것 같다. 모든 변화는 열린 가능성이라는 중첩 상태가 있어야 가능하기 때문이다.

둘이 아니다.

이중 슬릿 실험에서 보면 하나의 전자가 두 슬릿 가운데 어디를 통과할지 미리 알 수 없다. 이처럼 우리가 살아가는 세상의 일도 바로 다음 순간 어떤 일이 일어날지 전혀 알 수 없다. 모든 가능성이 다 열려 있다. 미래는 측정이 아직 되지 않았기에 예측하는 것은 불가능하다. 불확정성의 원리가 정확히 적용된다. 모든 미래 예측은 지금 이 순간 지난 일을 어떻게 해석하느냐에 지나지 않는다.

개별 일은 늘 확률이 반반이고 전혀 예측이 안 되는데, 일어난 일들을 모아놓고 보면 일정한 확률 통계의 패턴이 보인다. 하나의 전자는 예측이 안 되지만 여러 전자를 쏘면 예상되는 파동의 패턴이 나타나듯이 말이다. 거시 세계에 이런 패턴이 나타나는 것을 두고 우리는 확률과 통계라고 부른다. 우리가 사는 세상의 수많은 시스템이 이런 확률과 통계에 의존한다. 매년 일정한 수의 교통사고가 일어나고 거기에 따른 피해액이 예측 가능한 통계를 보이기에 보험료를 산출할 수 있다. 정년 퇴임한 공무원이 퇴임 후 몇 년 안에 평균적으로 사망하는지가 일정하기에 연금을 계획하고 실행할 수 있다. 각 개인은 언제 죽을지 모르나 특정한 수 이상의 사람들이 모이면 어김없이 확률이라는 마술이 적용된다. 통계청에서 나온 사망 원인에 따른 연도별 사망률 변화 그래프를 보면 매년 거의 일정하다. 마치 전자의 위치를 확률적으로 계산한 오비탈 같아 보인다. 다들 핵 주위에 모여 있다. 확률적으로 안정되어 있다고나 할까.

전자와 원자처럼 작은 것부터 우리 주변의 사물들, 별들의 움직임과 은하계, 은하단, 우주 안 모든 물체의 움직임에는 패턴이 보인다. 확률이 늘 적용된다. 이 사실이 가리키는 한 가지가 있다. 어디에도 따로 떨어져 홀로 존재하는 것이 없다는 사실이다. 패턴이 보인다는 말은 개별 물체들이 서로 연결되어있다는 말이다. 전자 하나하나가 독립적이면 실험 때마다 일정한 파동의 패턴이 나올 수 없다. 한 사람, 한 사람이 독립적이면 일정한 통계가 나올 수 없다. 우리 각자는 자기가 독립된 존재라고 느끼고 생활한다. 나와 너를 구별하며 살아간다. 하지만 우리가 어떻게 생각하며 살아가든 이 순간 모두는 둘이 아니다. 하나의 전체로 돌아간다. 양자역학이든 상대성이론이든, 아무리 작은 물리 법칙이라도 법칙이라는 일정함이 존재하려면 '것'과 '것'은 둘이 아니어야 한다. 둘로 나타나 보일 뿐이지 본질은 둘이 아니다. 서로서로 측정하며 각 시점에서 둘로 나타나 보일 뿐이지, 그 실체는 둘이 아니다.

양자역학은 세상이 둘이 아닌 사실을 가리킨다.

진리는 바로 지금, 바로 여기 있다

나의 설명은 과학적이지 않다. 수식도 없다. 논리도 없다. 오직 직관에 따라 하는 이야기다. 하나의 가리킴이다. 과학도 마찬가지다. 진리가 아니다. 나타나는 현상에 입혀진 이야기다. 과학이든 철학이든 종교든 영적 스승의 가리킴이든, 이야기를 절대적이라 믿고 진리라 믿으면 '믿음'에 갇힌다. 이야기는 하나의 가리킴이라는 사실을 잊지 말고 가리킴이 가리키는 무엇을 직접 살펴보라. 직접 보면 모든 이야기가 이해가 됨과 동시에 어떤 이야기도 더는 필요 없다. 앎이 있기 때문이다.

"마음에는 소식이라는 게 있는데,
내면의 스승에게 이것은
있는 그대로 일어나는 모든 일 가운데 하나이며,
의문을 가진 자에게 이것은 고통이며,
믿는 자에게 이것은 신의 약속이며,
사랑과 지혜가 있는 자에게 이것은 있는 그대로의 삶이다."

- 루미

» 에너지와 움직임

사전적 의미에서 에너지는 '운동하는 능력(힘)'이다. 움직임을 만들어 낼 수 있는 잠재력을 에너지원이라 하고 그냥 에너지라고도 한다. 에너지는 여러 형태로 존재하고 그 형태가 바뀌지만 없애거나 창조할 수 없다고 알려져 있다. 여기서는 에너지와 운동과 힘의 실체를 살펴보고자 한다.

에너지와 운동과 힘을 나눠서 생각할 수 있을까? 도대체 에너지는 뭘까? 에너지의 실체가 뭘까?

세상은 움직인다. 그래서 살아 있다.

에너지는 여러 가지 형태로 존재하지만, 결국 운동, 즉 움직임이다. 에너지는 움직임을 전제로 한 개념이다. 야구 선수가 던진 공이 날아가고 있다. 날아가는 공이 운동 에너지를 가진다고 말한다. 운동 에너지는 날아가는 움직임을 이해하기 위한 개념이다. 공 자체에는 어떤 에너지도 없다. 그래서 공이 아니라 공이 날아가는 움직임을 설명하기 위해 운동 에너지를 말하는 것이다. 또 이 날아가는 운동 에너지의 원인을 설명하기 위해 공에 가해진 힘을 말한다. 공에 가해진 야구 선수의 힘이다.

물이 폭포 위에서 떨어지기 전에 위치 에너지를 가진다고 말한다.

이것은 떨어지는 운동, 즉 움직임이 일어날 것을 전제로 한 개념이다. 흘러가던 물이 폭포에서 떨어지며 위치 에너지가 중력에 의해 운동 에너지로 바뀌면서 움직인다. 에너지와 운동과 힘은 결국 물체의 움직임을 설명하는 말이다.

석유에 불을 붙이면 불에 타면서 열이 발생한다. 열은 곧 공기의 움직임이다. 다시 말해서, 에너지원인 석유가 불이 붙어 그 형태가 열에너지로 변하는데, 열에너지는 곧 입자 운동의 표현이다.

에너지는 실제로 일어나는 움직임을 이해하고 설명하는 개념이지만, 공이 운동 에너지를 가지고 물이 위치 에너지를 가지고 석유가 에너지라고 말하는 것을 종합하면, 그냥 "움직임이 에너지다." 또는 "에너지의 실체는 움직임이다."라고 말할 수 있다.

> "모든 물체는 원자와 분자들로 구성되어 있고
> 원자와 분자는 끊임없이 움직인다."
>
> - 물체의 운동이론(Kinetic theory of matter)

당신은 움직인다. 잠을 잘 때도 움직인다. 또, 의식을 잃고 아무런 움직임 없이 외부의 자극에 반응하지 않는 상태에서도 사실은 끊임없이 움직인다. 몸의 세포들이 쉬지 않고 움직이기 때문에 살아 있다. 움직임을 알고 모르고는 움직임 자체와는 상관없다. 창밖으로 보이는 저 산도 움직이고 있다. 사람의 몸처럼 산 안에 있는 엄청난 생명이 끊임없이 움직인다.

생명이 없을 것 같은 사막도 움직인다. 바람이 없는 날 사막 위에 서 있는 사람에게는 아무것도 움직이지 않아 보이지만, 멀리 우주 밖에서 보면 사막은 지구의 자전으로 초당 465m의 엄청난 속도로 움직이고 있다. 태양의 위치에서 보면 지구는 엄청난 속도로 자전하면서 공전하고 또 태양계와 함께 더 큰 공전을 하면서 끊임없이 움직인다. 태양계를 벗어나 은하계, 은하단, 초은하단 등도 끊임없이 움직인다. 우주 안의 모든 것은 움직인다.

밖으로 거대한 세상의 움직임뿐 아니라 우리 몸 안의 작은 세상으로 들어가도 모두가 움직인다. 우리 몸을 구성하는 수많은 세포와 몸 안에 사는 수많은 생명체가 끊임없이 움직이며 인간이라 이름 붙인 한 단위 생물의 생명을 유지한다.

생명체들이 끊임없이 움직이듯이 무생물들도 끊임없이 움직인다. 움직임의 속도는 다 틀리지만 움직인다는 사실은 변함없다. 철은 산화하고 바위는 풍화작용으로 흙으로 변해간다. 물은 바다로 하늘로 산으로 강으로, 다시 바다로 끊임없이 움직인다.

전혀 움직이지 않아 보이는 것들도 끊임없이 움직인다. 가만히 있어 보이는 쇳덩이도 원자들로 이루어져 있기 때문에 끊임없이 움직인다. 세상 모든 물체는 원자들로 이루어져 있고 모든 원자는 끊임없이 진동한다. 끊임없이 움직이기에 그 형태를 유지한다.

크게 보아도 작게 보아도 움직이지 않는 것이 없다. 세상 전체가 움직인다. 세상 전체가 에너지로 꽉 차 있다.

움직인다는 말은 살아 있다는 말이다.

그렇다면 움직임이란 뭘까? 해변에 앉아 바라보는 석양은 참으로 아름답다. 과학적 상식이 어떻든, 내게는 태양이 바다 아래로 내려앉

진리는 바로 지금, 바로 여기 있다

고 있다. 분명 태양이 움직이고 있다. 일을 보려고 차를 주차장에 주차했다. 분명 차 변속기를 주차(P)에 놓고 서 있는지 알았는데 차가 갑자기 앞으로 움직인다. 놀라서 브레이크를 밟고 보니 옆에 있는 차가 뒤로 나가면서 움직이는 것이었다. 잠시였지만 내 차가 움직이는지 알고 깜짝 놀랐다. 공원에서 30분을 뛰고 나니 약 4㎞를 이동했다. 러닝머신에서 30분을 뛰고 내려오니 제자리다. 차를 타고 해변을 드라이브한다. 지나가는 차 밖의 해변 풍경이 좋다. 우리는 종종 '지나가는' 해변의 풍경이라고 이야기한다. 그럼 해변이 움직이는 걸까? 아니면 내가 차를 타고 움직이는 걸까? 답이 너무 당연해 보여서 바보 같은 소리 같지만 잘 생각해보라. 야구 투수가 야구공을 던졌다. 야구공이 빠른 속도로 날아가 포수의 글러브로 들어간다. 분명 우리는 야구공이 움직였다고 생각한다. 하지만 야구공의 관점에서는 꼭 그렇지만은 않다.

다시 해변으로 가서 앉아 석양을 감상해보자. 지는 태양이 하늘과 바다를 물들인다. 우리는 '지는' 태양이라고 말하지, 돌아가는 지구라고 말하지 않는다. 이렇게 태양이 움직이는 것처럼 말하다가도 태양과 지구 중 무엇이 움직이냐는 시험문제를 접하면 지구가 자전하며 움직인다고 답한다. 왜? 그렇게 배웠기 때문이다. 모든 사람이 받아들이는 상식이다. 하지만 이것이 사실일까? 이것이 진리일까? 이것이 절대적인 사실이라고 누가 말할 수 있을까?

요즘은 너무도 당연하게 받아들여지는 상식인 케케묵은 지동설과 천동설을 한 번 살펴보자. 지금은 천동설이 사실이라고 이야기하는 사람은 없다. 갈릴레오가 주장한 지동설을 무시하고 권력자들이 천동설을 믿도록 강요한 일은 정치적, 종교적 편견에 사로잡혀 새롭게 관찰된 내용을 확인하지도 않고 거짓으로 몰아간 전형적인 사례로 여겨진다. 하지만 사실 지동설과 천동설의 문제는 누가 움직이냐의 문제다. 더 정확히 말해서 누구의 관점으로 바라보냐의 문제다. 천동설은 지구는 가만히 있고 태양과 다른 모든 별이 지구를 중심으로 움직인다는 주장이고, 지동설은 반대로 태양을 주위로 지구가 움직인다는 주장이다. 우리는 지동설은 맞고 천동설은 틀리다고 배웠다. 그런데 이것이 진리일까? 진리는 어떤 시점에서도 변하지 않아야 한다. 그런데 그런 것 같지 않다. 둘 다 틀리고 둘 다 맞다고 할 수 있다. 둘 다 절대적 진리라고 우긴다면 둘 다 틀리다. 하지만 움직임이 상대적이라는 사실을 받아들이면 둘 다 맞다.

어떤 것이 움직인다고 말하려면 보는 시점을 정해야 한다. 어떤 시점에서 볼 때 움직인다고 말할 수 있다. 지구가 태양을 돈다고 말하려면 태양을 관찰 시점으로 잡아야만 한다. 그리고 지동설은 오직 이 관찰 시점을 전제로 할 때만 사실이다. 관찰 시점은 오직 하나의 상대적 시각일 뿐이다. 이 광대한 우주에서 무엇이 무엇을 돈다는 말은 시작부터 잘못된 전제에서 나온 말이다. 모두에게 보편적인 절대적 중심이 있다는 착각이다. 물어보라. 누구에게 중심인가?

누구에게 움직임인가?

움직임은 상대적이다. 지구 위에 땅을 딛고 서서 하늘을 바라보는 나에게는 우주 전체가 나를 중심으로 돌아간다. 누가 있어 이것을 부정할 수 있겠는가? 세상을 보는 시점은 오직 하나다. 지금 이 글을 읽고 인식하는 바로 그 인식, 그뿐이다. 지금 이 순간, 이 글을 읽는 그

진리는 바로 지금, 바로 여기 있다

시점을 통해서 세상을 바라본다. 세상의 움직임을 바라보는 것은 바로 그 시점이다. 이 시점은 움직이는 세상이 존재한다는 사실을 인식한다. 뒤집어서 말하자면 이 시점이 있기에 세상이 움직인다고 말할 수 있다. 세상의 중심은 오직 이 시점뿐이다. 이 시점 말고, 이 중심 말고, 누가 있어 어디를 중심이라고 말할 수 있겠는가? 이 시점은 절대 움직이지 않는다. 수천 킬로미터를 차를 타고 이동하지만, 이 시점은 조금도 움직이지 않는다. 왜냐하면, 세상의 중심이기 때문이다. 태어나서부터 당신은 움직인 적이 없다. 당신은 이 사실을 결코 부정할 수 없다. 안 그런가?

움직임이 곧 물질이다. 물질은 곧 움직임이다.

움직임을 생각할 때 우리는 어떤 '것'이 움직인다고 생각한다. 정말 그럴까? 예전에는 '것'이라고 할 수 있는 가장 작은 단위, 즉 쪼개어지지 않는 물질의 가장 작은 단위를 원자라고 했다. 그런데 과학의 발전으로 원자는 다시 작게 쪼개져 여러 가지 이론을 거치며 다양한 해석을 낳고 아직도 새로운 이론이 계속 나오지만 어떤 '것'이라고 할 만한 가장 작은 단위는 찾지 못했다. '것'이라고 하려면 더는 쪼개지지 않고 독립적으로 존재해야 한다. 하지만 과학자들이 지금까지 '것' 대신에 찾은 것은 현상뿐이다. 즉, 움직임뿐이다. 오직 진동, 즉 움직임만 찾았다. "어떤 것이 움직인다."가 아니라 "관찰되는 움직임만 있다."이다. '것'이 없는 움직임을 생각하기는 힘들다. 낯설다. 이해가 안 된다. 이 때문에 그렇게 오랫동안 과학자들은 '것'을 찾으려 노력해 왔다. 눈으로 보이고 만져지는 '것'에 대한 믿음을 떨칠 수가 없기 때문이다. 하지만 결국 지금까지의 과학이 확인한 사실은 어떤 '것'은 찾을 수 없었다는 사실이다. 그래서 우리가 어떤 '것'이라고 말하지만, 그 실체는 사실 움직임이다. 우리가 살아가는 세상에 존재하는 모든 것의 본질은 그저 움직임이다. 세상은 움직임이다. 움직임만 있다. 이 움직임이 경험되고 있다. 이 말이 너무나 낯설 것이다. 왜냐하면, 주어나 목적어가 없이 동사만 존재하기 때문이다. 심지어 이 동사도 우리가 생각해온 동사가 아니다. 그래서 언어를 바탕으로 사고하는 우리는 이 사실이 이해가 안 된다.

여기에 세상의 비밀이 숨겨져 있다. 수천 년을 통해 스승들이 가리켜온 사실이 여기 있다. 이해가 잘 안 되기에 신비한 가르침이라 부르고 가르침을 전하는 이들을 신비주의자라고 부른다. 신비하다는 말은, 옛날에 주로 일어나는 일이 이해가 잘 안 되면 "귀신 짓이다."라고 말하는 맥락과 다르지 않다. 조금 낯설고 이해가 잘 안 될 뿐이지 신비하거나 특별할 것이 없다. 바로 지금 바로 여기, 당신 눈앞에 늘 일어나는 일이다.

여기까지 에너지, 즉 움직임을 설명했으니 아마 이 신비할 것 없는 일상 속 세상의 실체를 눈치챌 수도 있을 것이다. 눈치챘는가? 아니면 여전히 이해가 잘 안 되는가? 도저히 말도 안 되는 헛소리 같은가? 무슨 말인지는 알겠는데 아직 가슴에 와닿지 않는가? 아직 눈치채기가 힘들다면 익숙함 뒤에 숨은 믿음들에 속고 있을지도 모른다. 어떤 '것'으로 세상이 이루어져 있고 자기 자신도 어떤 '것'이라는 믿음은 너무도 익숙해 당연한 사실로 알아 왔다. 가정에서, 학교에서, 사회에서 그렇게 배워왔고 일상의 감각적 경험에서 온 믿음을 바탕으로 '것'

진리는 바로 지금, 바로 여기 있다

에 대한 믿음이 쌓여왔다. 너무도 익숙한 이 믿음을 믿음이라고 인정하기가 쉽지 않다. 일단 아무런 믿음도, 편견도 없다고 가정하고 조금 더 들어가 볼 테니 한번 따라와 보라.

독립된 개체인 '것'이란 존재하지 않는다. 모든 '것'의 실체는 움직임이다. 세상 모든 '것'이 움직임이다. 오직 움직임만으로 이루어진 세상이다. 세상은 움직임이다. 잠깐! 잊지 마라. 이 글을 읽는 당신의 몸도 물질의 구성단위로 이루어진 존재다. 여기서 말하는 세상의 일부다. 당신이 보는 팔, 다리, 머리, 두뇌, 몸, 모두 마찬가지다. 당신 자신도 예외가 아니다. 당신을 포함해서 세상은 그저 움직임이다. 세상 모든 '것'의 실체가 움직임이다. 이 움직임이 존재하려면 움직임을 인식하는 시점이 있어야 한다. 그 시점이 바로 지금 이 글을 읽고 있는 인식이다. 움직임은 인식되지 않으면 존재하지 않는다. 움직임이 따로 독립적으로 존재하고 인식되는 것이 아니라, 인식되기에 움직임이 존재하는 것이다. 그래서 인식과 움직임은 둘이 아니다. 둘일 수가 없다. 그래서 움직임의 실체는 인식이라 말할 수 있다. 모든 움직임은 인식이다. 오직 인식으로 존재한다. 지금 이 순간 존재하는 것은 인식이고 움직임은 인식의 내용이다. 모든 움직임은 인식 안에 있다. 따라서 세상 모두가 움직이고, 움직임의 실체는 인식이기에, 있는 모두가 인식이라고 말할 수가 있다. 오직 인식만 있기에 '참인식'이라 부르고 "있는 모두가 참인식이다."라고 말한다.

> 무(無), 참인식이 있다, 움직임이 있다,
> 사물이 있다, 나와 너가 있다, 세상이 있다.

세상은 움직임이다. 세상은 에너지다. 순수한 움직임이다. 순수한 에너지 그 자체다. 둘로 나눌 수가 없다. 어떤 '것'이 아니기에 둘일 수가 없다. 나뉠 수가 없다. 나눈다는 개념이 일어나려면 어떤 '것'이 있어야 하는데 어디에도 '것'이란 없다. 그래서 "둘이 아니다."라고 말한다. 둘로 나누는 일은 오직 생각 속에 있는 개념이다. 실재에는 둘로 나눈다는 개념이 성립할 수 없다. 둘로 나눈다는 개념이 원래 없기에 '둘이 아니다.'라는 개념도 없다.

그런데, 우리 눈에 비치는 세상은 끊임없이 다양하고 다채롭고 변화무쌍하다. 신비롭지 않은가? 이 세상이 나타나는 방식이! 신비롭다고 말하는 것은 그저 낯설다는 말일 뿐이다. 우리가 들어온 세상을 이해하는 방식과 다르고 대다수의 사람이 말하는 세상의 해석과 달라서 좀 낯설 뿐이다. 이런 까닭에 세상의 기존 논리로 세상을 이해하는 것은 불가능하다. 꼭 머리로 이해할 필요 없다. 인간의 인식은 한계가 있기에 있는 그대로의 방식은 머리로 이해할 수 있는 것이 아니다. 다만 받아들일 뿐이다. 다만 어떠한 저항도 없을 뿐이다. 받아들인다는 느낌도 없이 받아들인다. 사실, 당연한 것은 받아들이고 말고 할 것이 없다. 그저 직관으로 알 뿐이다. 있는 그대로이기에.

조금 낯설 뿐, 곧 익숙해진다.

진리는 바로 지금, 바로 여기 있다

» 시공간은 개념이다

시간은 개념이다. 실체가 없다. 시간은 생각 속에 존재하는 실체 없는 개념이지만 우리의 일상을 아주 풍요롭게 해주는 유용한 개념이다. 우리가 생각하는 모든 시간은 오직 지금 이 순간에 있다. 이 순간은 시간 개념이 아니다. 과거도, 미래도, 현재도, 모든 시간 개념은 지금 이 순간에 있다. 현재도 시간 개념이다. 과거와 미래라는 개념이 생기기 때문에 현재라는 시간 개념이 생긴다. 하지만 이 순간은 미래와 과거의 개념에 따라 생기는 개념이 아니다. 과거·미래·현재를 모두 포함하는 실체다. 당신은 오직 이 순간에만 존재한다. 모든 존재는 이 순간에 존재한다. 이 순간밖에 없다. 그래서 이 순간은 영원하다고 말한다. 하지만 이 순간은 시간 개념이 아니기에 영원하다는 시간적 개념 자체도 없다. 그저 있을 뿐이다. 생각으로 미래와 과거를 넘나들 수 있지만, 분명 그것은 지금 이 순간 일어나는 생각이다. 과거의 자기 경험을 생각하는 것은 일어난 일들과 과거라는 생각이 지금 이 순간 기억으로 일어나는 것이다. 존재하는 것은 너무도 당연히 이 순간밖에 없다. 이것은 이해하고 말고의 문제가 아니라 존재의 문제다. 이해가 안 되면 살펴보라. 이 순간 말고 다른 순간에 존재할 수 있는지.

과거도, 현재도, 미래도 모두 이 순간에 있다.

시간이 개념이라는 말은 받아들이기 좀 쉽다. 세상 사람들이 '지금, 이 순간'을 많이들 말하기에 익숙해서 그럴지 모른다. 그런데 공간이 개념이라는 말은 낯설지 모른다. 세상에서 이런 말은 잘 들어보지 못해 너무도 낯설기에 '지금 이렇게 3차원으로 세상이 존재하는데 어떻게 공간이 개념이라는 말인가?'라고 생각하며 잘 와닿지 않을 것이다. 이 말을 받아들이려니 걸리는 것이 너무 많다. '내가 알아왔던' 세상 전체를 부정하는 일이 되어버린다.

'둘이 아니다.'라는 아드바이타 가리킴의 핵심으로 들어가면 공간이 사라진다. 공간도 개념이다. 시공간이 모두 개념이 되어버리면 어쩔 수 없이 둘로 나누고 싶어도 나눌 시공간이 없어서 불가능하다. 하나라는 개념도, 둘이 아니라는 개념도 없다. 오직 지금 여기만 있을 뿐! 공간이 실체가 없기에 세상에 존재하는 모든 것은 공간과 함께 실체가 없는 개념이 되어버린다.

진정 실재하는 것, 즉 '참실재'라고 부르는 세상의 본질은 바로 지금 여기, 둘이 될 수 없는 '점(Point)'으로 존재한다. 3차원의 공간이 있을 때 점이라는 개념은 어떤 위치 정보를 알려주지만, 공간이 없는 곳에서의 점이라는 말은 그저 공간의 실체가 없음을 알려주는 가리킴일 뿐이다. 무(無) 또는 뉴머난(Noumenon)도 같은 뜻의 가리킴이다. 무/뉴머난을 세상이 나오기 전의 무엇이라고들 말하는데, 사실 이 말은 정확하지 않다. '나오기 전'은 없기 때문이다. 여기서 말하는 참실재에는 시간 개념이 없다. '나오기 전'이라고 쓴 표현은 시간 개념을 믿는 찾는 이에게 설명하려고 어쩔 수 없이 쓴 표현일 것이다. 지금 이 순간 무(無)가 유(有)이며 유(有)가 무(無)이고, 세상이 공(空)이며 공(空)이 곧 세상이다. 존재하는 방식이 정확히 그렇다. 지금 이 순간 그렇

진리는 바로 지금, 바로 여기 있다

다는 말이다. 무가 유가 됐다가 아니라, 지금 무가 유이고 유가 무라는 말이다. 색이 공이 되고 공이 색이 된다가 아니라. 색이 바로 공이고 공이 바로 색이라는 말이다.

색즉시공 공즉시색(色即是空 空即是色)

- 『반야심경』

공간이 개념이라는 사실을 살펴보려면 공간이 어떻게 존재하는지를 보면 된다. 공간은 시각을 통해서 인식된다. 시각 정보가 인식되고 두뇌가 공간으로 해석하면서 공간이 존재한다. 정보의 해석이 공간을 만든다는 말이다.

음영을 잘 넣은 3차원 입체 그림을 정해진 시점에서 보면 3차원으로 보인다. 공간이 있고 거기에 3차원의 물체가 있다는데 의심의 여지가 없다. 그런데 손으로 만져 보고 옆으로 돌려 보면 2차원 종이 위에 그려진 그림이다. 우리의 시각과 해석하는 두뇌가 얼마나 잘 속는지 알 수 있다. 극장에 가서 3D 영화를 보면 분명 스크린에 비치는 영상은 2차원이지만 3D 안경을 통해 두 눈에서 받아들이는 영상에 차이를 주면서 3차원인 것처럼 두뇌를 속인다. 우리는 즐겁게 속으면서 3차원 입체 영화를 2차원 스크린을 통해 즐긴다. 극장에 가지 않고 집에서 가상현실 헤드셋을 쓰고 보면 3D 공간 속에서 입체적으로 게임을 즐길 수 있다. 제자리에서 몸을 움직이게 해주는 가상현실 세트에 몸에 자극을 주는 슈트를 입고 가상현실 헤드셋을 쓰고 게임을 즐기면 완전히 새로운 가상현실의 공간을 즐길 수 있다. 의도적으로 즐겁게 두뇌를 속이면서 공간을 창조한다. 가상현실 헤드셋은 2차원의 그림을 두 눈에 보여주며 약간의 조작으로 두뇌를 속여서 3차원을 만들지만, 좀 더 기술이 발달하면 눈을 통하지 않고 두뇌로 바로 정보를 전달하며 3차원의 공간을 만들 수 있을 것이다. 이런 아이디어를 이용한 기술을 보여주는 영화가 〈토탈리콜(Total Recall, 1990)〉이나 〈매트릭스(The Matrix, 1999)〉다. 여기서 우리는 공간이 '시각'이라고 이름 붙여진 정보의 해석에 지나지 않는다는 사실을 알 수 있다.

모든 시각 정보는 다른 감각들과 마찬가지로 인식으로 존재한다. 이 사실을 직접 살펴보자. 지금 이 순간 당신은 이 글을 읽고 있다. 주위를 둘러보면 공간이 보인다. 이제 눈을 감고 그 공간을 생각해보라. 지금 그 공간은 어디 있는가? 당신의 생각 속에 있다. 조금 전 보았던 공간은 지금 이 순간 오직 인식으로만 존재한다. 기억이라는 이름표를 달고. 분명 공간이 머릿속에 그려진다. 눈을 뜨고 기억이라는 이름표만 떼어보자. 눈을 뜨고 잘 살펴보라. 공간이 어떻게 존재하는지 보라. 오직 지금 당신의 인식으로 존재한다. 그래서 공간은 개념이라 할 수 있고 공간의 실체는 인식이라 할 수 있다.

이렇게 세상을 보다 보면 익숙해지고 이 사실이 당연하게 받아들여질 날이 온다. 아직 이 사실이 낯설고 받아들여지지 않는 까닭은 지금까지 살아오면서 정반대로 생각해 왔기 때문이다. 우리는 세상을 살면서 절대적으로 존재하는 공간의 세상이 있고 그 속에 우리가 태어나서 그 공간 안에서 살면서 세상을 인식한다고 생각해 왔다. 거의 세상 모든 사람이 이렇게 생각하고 있다. 태어나면서부터 부모와 가족들이 이렇게 알려주었고 학교에서도 빅뱅으로 공간이 나타나고 세월이 흘러 당신이 이 공간 안에서 산다고 배웠고 당신 주위의 모든 사람이 그렇게 이야기하고 있기에 당신도 당연히 그렇게 알고 있다.

진리는 바로 지금, 바로 여기 있다

그런데 스승은 정반대의 사실을 이야기한다. 들어왔던 것과 전혀 다른 세상의 실체를 말한다. 머리가 거꾸로 설만큼 너무도 혁명적인 이야기라서 충격이 클 수 있다. 당신이 생각하던 세상의 종말이다. 이 사실을 받아들이기는 정말 쉽지 않다. 지금껏 당신이 사실이라고 믿어온 세상에 대한 상식을 완전히 뒤집어야 하는 일이다.

> 참인식만 실재한다.
> 시간도 공간도, 있는 모두가 참인식 안에 있다.

오해하지 마라. 공간이 실체가 없음을 안다고 바뀌는 것은 아무것도 없다. 그저 정말 일어나는 일이 뭔지, 세상의 정체가 뭔지, 너무도 궁금한 나머지 그 실체를 알고 싶을 뿐이다. 안다고 바뀌는 것은 아무것도 없다. 오직 세상을 바라보는 관점만 바뀔 뿐이다. 살면서 배워 온 대로가 아니라, 다른 사람들에게 들어온 대로가 아니라 세상이 존재하는 방식 그대로, 있는 그대로의 세상을 보는 것이다. 오직 앎이다.

시공간이 실체가 없고 오직 개념이라는 사실을 안다고 시공간에 대한 어떤 신비한 힘이 생기는 것도 아니고 시공간에 대한 개념을 잃어버려 정신병에 걸리는 것도 아니다. 걸어 다니면서 '이것은 공간이 아니야.' 하고 생각하지 않는다. 삶을 살아가는 데 전혀 문제도 없고 살아가는 방식이 바뀌지도 않는다. 그저 세상의 실체를 알 뿐이다. 스승들이 왜 그렇게 "둘이 아니다."라는 말로 가리키는지 그 의미를 정확히 이해할 뿐이다. 직접 그 사실에 눈을 뜨는 것이다.

그러면 무지가 사라진다. 잠에서 깨어난다. 믿음이라는 잠에서 깨어난다. 라마나 마하리쉬가 세상을 가리키며 손을 저어 "이 중에 뭐가 실재인가?"라고 말하며 우리가 사는 세상이 꿈속의 세상과 다르지 않음을 이야기한 그 의미를 안다. 장자가 말한 호접몽의 수수께끼가 풀린다. 이 사실을 알고 나면 마치 꿈에서 깨어나는 것과 다르지 않다. 꿈속에서는 시공간이 있고 나와 다른 사람들이 있고 온 세상이 일어난다. 모든 것이 실재하는지 알았는데 꿈에서 깨고 보니 그 모든 세상이 머릿속에 존재했다는 사실이 확연해진다. 현실도 꿈속의 세상과 다를 것이 없다. 꿈처럼 시간과 공간이 있고 온 세상이 일어난다. 하지만 실재하는 것은 인식이다. 다 인식의 내용이다.

이런 설명은 새로운 것이 아니다. 스승들이 수천 년에 걸쳐서 이야기해 오던 가리킴이다. 전혀 새로울 것이 없다. 시간과 공간에 대한 믿음도 다른 여러 믿음과 함께 내려놓아야 할 하나의 믿음에 불과하다. 그런데 공간에 대한 믿음이 특히 내려놓기 힘든 것은 '나'에 대한 거짓 믿음과 얽혀있기 때문이다. 공간과 세상 모두가 인식 안에 존재한다고 하니 자꾸 그럼 '인식은 누가 하나?'라며 기존에 생각하던 습관대로 주어를 갖다 붙여, 주어, 목적어, 동사로 문장을 완성하려 든다. '당신이 지금 바라보는 그 인식'이라고 여기서 계속 말하니, 당신은 자꾸 '내'가 인식하는 것으로 오해한다. 세상을 모두 포함하는 인식을 '내'가 가지고 있다고 착각한다. 이러면 '나'는 세상과 분리되어야 한다. 이렇게 되면, "그럼 내가 있는 이 공간은 뭐지?", "세상을 인식하려면 세상을 인식하기 전에 따로 독립해서 있어야 하는데 그럼 나는 뭐지? 내가 있는 세상은 뭐지?"라며 혼란스럽다. '나'를 몸과 동일시하기 때문에 이런 오해가 일어난다. '인식'을 가지는 독립적으로 존재하

진리는 바로 지금, 바로 여기 있다

는 영혼 같은 '내'가 있다는 믿음을 놓지 못하기 때문에 혼란스럽다. 분명히 말하지만, 인식이 있고 그 안에 세상이 있다. 그리고 당신이 '나'라고 생각하는 그 개념도 이 인식 안에 있다. "내가 인식한다."가 아니라 "인식이 있다."이다. 그리고 이 인식 안에 세상이 일어나고 '나'라는 생각도 일어난다. '나'를 포함해서 어떤 예외도 없이 있는 모두가 참인식이란 말이다.

물론 이것도 다 가리킴이다. 직접 살펴봐야 무슨 말인지 안다. 찾음이 끝나기 전까지는 말이 안 된다.

"아브라함이 나기 전부터 내가 있느니라."

- 요한복음 8장 58절

» 꿈과 현실

나는 어느 전통 시장 안, 길에 서 있다. 거리 양쪽으로 가득한 상점들에서 상인들이 물건을 팔고 있다. 갑자기 뒤에서 누가 쫓아온다. 나는 달아난다. 분명 쫓아오는 사람들은 나쁜 사람들이다. 잡히면 큰일 난다. 나는 도망간다. 그냥 뛰어 도망가고 있는지 알았는데 날아가고 있다. 빨리 날아가고 싶은데, 높이 날아 도망가고 싶은데, 딱 잡히기 좋을 높이 만큼만으로 날아간다. 잡힐까 가슴이 조마조마하다. 하지만 잡히지는 않는다. 날아가면서 잡힐까 마음이 조마조마하다. 어느새 쫓아오는 사람이 없다. 주변에 주택이 많은 어느 지역이다. 갑자기 큰 공룡이 나타난다. 모습은 티라노사우루스 같은 공룡이지만 크기는 영화에 나오는 고질라처럼 거대해서 건물 저 위로 우뚝 드러난 모습이 하늘을 찌를 듯하다. 공룡이 나를 잡으러 온다. 나는 뛰어서 도망친다. 저 멀리 공룡이 보인다. 멀리 있어 잡힐 것 같지는 않다. 마음이 설렌다. 이성의 손을 잡고 간다. 손을 잡는 느낌이 참 좋다. 서로 바라볼 때 설렌다. 여기저기 같이 손을 잡고 걷는다. 갑자기 이상한 큰 게가 손을 꽉 집는다. 너무 아프다. 큰 게의 집게가 세숫대야만 하다. 너무 아파서 "아!" 소리치는데, 잠이 깬다. 너무도 생생한 아픔이 아직도 가시지 않는다. 아직도 심장이 쿵쾅쿵쾅 뛴다. 너무나 또렷해 혹시 게가 아직도 있는지 주위를 살핀다. 차츰 진정된다. 내 방이다. 아직 까만 밤이다. 다시 잠을 청하려 눕는다. 꿈의 내용이 기억

진리는 바로 지금, 바로 여기 있다

난다. 조마조마했던 순간과 설레던 느낌과 섬뜩했던 아픔이 기억에 남아있다. 설레던 순간으로 돌아가고 싶은데, 기억이 희미해지며 다시 잠든다.

늘 꿈속에서는 현실이 아니라고 의심해 본 적이 없다. 말이 안 된다고 의심하지 않는다. 그 순간은 현실이다. 너무도 당연히 받아들이는 현실이다. 그러다 잠에서 깨고 꿈이라고 알게 되면서 생각한다. "참, 말도 안 되는 꿈이네." 하고 꾼 꿈의 내용을 생각해보면 정말 말도 안 된다. 하지만 또다시 꿈을 꾸고 정말 말도 안 되는 세상의 풍경과 장면의 변화가 일어나도 의심하거나 이상하지 않다. 꿈속에서는 다 현실이다. 실제로 느끼는 경험이다. 꿈이 꿈인지 알 수 있는 것은 깨어나서 그때의 기억을 꿈이라고 부르기 때문이다. 이때 꿈은 오직 기억으로 존재한다. 하지만 꿈을 꾸는 그 순간 꿈속에서는 현실이다. 왜냐하면, 그때는 비교할 다른 현실이 존재하지 않기 때문이다.

인생사 일장춘몽(一場春夢)이라는 말을 한다. 나이 들어서 지나온 시간을 돌이켜 보니 다 꿈 같이 여겨져서 허무하다는 뜻으로 쓰는 말이다. 아무리 부귀영화를 누리며 잘 살았다 해도 돌아보면 한바탕 꿈에 지나지 않는다는 말이다. 사실 나이 들어 병들고 아파 누워서 죽기를 기다리는 사람들에게는 지난날이 다 꿈 같을 것이다. 누구든 죽어가는 순간, 뒤돌아보면 모든 일이 꿈 같을 것이다. 부귀영화를 누렸든, 지옥같이 끔찍한 세월이었든 다를 것 없다. 지난날은 모두 기억으로 지금 존재하기 때문이다. 잠잘 때 꾼 꿈과 현실에서 일어난 지난 일은 모두가 기억으로 지금 이 순간 존재한다. 어떤 기억이 꿈이고 어떤 기억이 현실이라고 구분하는 또 다른 기억만이 꿈과 현실을 구분할 뿐이다. 만일 이렇게 꿈과 현실로 구분해주는 기억이 없다면, 어떤 일이 꿈이었는지, 아니면 현실이었는지 구분할 수 없다. 꿈과 현실의 벽은 기억이라는 생각에 전적으로 달려있다.

스승 로버트 울프가 한 영상[4]에서 가리킴을 마무리하며 자기가 가장 좋아하는 라마나 마하리쉬의 일화라며 소개한다. 하루는 한 남자가 라마나를 찾아와 자기가 라마나의 전기를 적었다며 읽어드리고 싶다고 말했다. 라마나가 미소를 머금고 고개를 끄덕였다. 남자는 자리에 앉고 써온 글을 읽기 시작한다. 글의 내용은 사실과 완전히 달랐고 오류투성이였다. 예를 들어, 라마나가 결혼해서 가족이 있었고 깨달음을 얻기 전에는 사회주의자였다는 등의 이야기다. 남자가 글을 다 읽고 나니 라마나가 미소를 머금고 고개를 끄덕여주었다. 남자는 써온 글을 들고 떠났다. 라마나의 제자 중 한 명이 고개를 끄덕인 스승이 이해가 안 돼서 물었다. "스승님, 저 사람이 읽은 내용을 들으셨습니까? 저 중에 실제로 일어난 일이 하나도 없는데 어떻게 고개를 끄덕이셨습니까?" 라마나가 손을 들어 세상을 가리키면서 물었다. "이 중에 실재라고 할 것이 있는가?"

일장춘몽 이야기는 지난 일을 꿈에 비유한다. 스승은 지금 이 순간 당신이 바라보는 세상을 가리키며 묻는다. 이것이 현실인가? 꿈인가? 현실이라고 답한다면 다시 묻는다. 당신이 생각하는 현실이란 무엇인가?

> 현실은 실제로 존재하는 사실이다.
> 실제로 존재한다는 말은 무슨 뜻인가?

---

4) "Ajata: Nothing from the Start" 유튜브 영상, Karina Library Press 2017 발행.

진리는 바로 지금, 바로 여기 있다

당신은 세상을 살아가면서 현실을 살아간다고 믿는다. 현실을 살아왔다고 믿는 지난 일은 바로 이 순간 오직 기억으로만 존재한다. 기억은 마치 꿈처럼 흐릿하고 선명하지 않다. 때로는 왜곡되기에 꿈과 별 차이 없어 보인다. 하지만 지금 이 순간, 당신이 절대적인 현실이라고 받아들이는 이 순간도 꿈이라고 할 수 있을까? 스승은 당신이 절대적 가치를 가지는 객관적 세상이며 실제로 존재하는 현실이라고 믿고 살아가는 이 세상을 다시 한번 살펴보라고 말한다. 그 믿음이 사실인지 당신에게 묻는다.

우리는 지금 눈앞에 보이는 현실이 어떤 절대적 가치를 가진 세상으로 존재한다고 믿는다. 그래서 현실이라고 말한다. 실제로 존재하는 물질세계라는 뜻으로 하는 말이다. 어떤 절대적 가치의 무언가가 존재하고 그것을 내가 바라보기에 실재하는 현실이라는 것이다. 그래서 다른 모든 사람도 그것을 바라보면서 같은 가치를 느낀다고 믿는다. 하지만 사람마다 같은 사물을 보고 인식하는 현실은 다 다르다. 같이 산책하는 반려견이 길을 걸으며 인식하는 세상은 또 다르다. 반려견에 달라붙어 산책에 따라다니는 진드기가 인식하는 세상은 산책하는 사람과 개와는 또 다를 것이다. 개나 진드기와는 의사소통할 수 없기에 같이 산책하는 사람과 나타나는 현실에 관해 말해본다. "참, 나무가 푸르네. 샐비어 꽃향기가 진하네. 눈 위를 밟을 때 뽀도독 하는 느낌이 좋아. 바람이 너무 불어 추워. 저기 무지개 봤어? 저기 귀여운 다람쥐 지나간다. 저기 먹이 쪼아 먹는 비둘기가 발가락이 하나 없네. 여기 튀어나온 돌부리 조심해." 우리는 세상을 살아가면서 감각을 통해 얻은 정보를 처리해서 현실을 이루어낸다. 그리고 다른 사람과의 의사소통을 통해서 자기 경험이 객관적이라는 사실을 확인받는다. 우리는 살아오면서 자신의 직접적 경험과 의사소통을 통한 간접적 경험을 통해서 객관적이라는 현실에 대한 개념과 믿음 체계를 이루어왔다. 우리가 객관적 사실이라고 여기는 이 믿음은 경험과 의사소통을 통해서 얻은 정보다. 아주 오랫동안 훈련된 기능이다. 이런 기능 덕분에 우리는 생각 속에서만 일어나는 상상과 실제로 일어나는 현실을 구분하면서 다른 사람들과 더불어 살아갈 수 있다.

만일 이렇게 현실과 환상을 구분하는 기능에 문제가 생기면 다른 사람들과 살아가는 데 문제가 생긴다. 이런 문제가 있는 사람은 다른 사람들은 보지 못하는 것을 보고, 들으며 행동한다. 이 사람들의 경험을 공유하지 못하는 다른 사람들은 불안하다. 그래서 우리는 이런 사람들을 병이 있다고 말하고 다수의 안전을 위한다는 명분으로 다수의 힘으로 격리하고 치료한다.

실제 이야기에 바탕을 둔 영화 〈뷰티풀 마인드(Beautiful Mind, 2001)〉를 보면 노벨경제학상을 받은 존 내시(John Forbes Nash Jr.)는 다른 사람들이 보지 못하는 세 명의 인물을 본다. 존은 어느 순간부터 이들 세 명과 함께 완전히 환상 속에서 살다가 아내와 주변 사람들의 도움으로 그들이 다른 사람들에게는 보이지 않는 환상 속 인물들이라는 사실을 인식하고 다른 사람들과 더불어 살아가기 위해서 그들을 무시하는 연습을 한다. 그렇게 환상을 극복하면서 마침내 큰 학문의 업적을 이루고 노벨경제학상까지 받는다. 하지만 세 명의 환상 속 인물들은 사라지지 않고 끝까지 존의 현실 속에서 존재했다. 다른 사람들에게는 존이 보는 것들은 분명 공유할 수 없는 환상이다. 그래서 정신 질환이라고 규정한다. 만일 다른 사람들이 환상이라고 말해주지 않았다면 존은 끝까지 현실로 여겼을 것이다. 사실, 다른 사람이 말해주든 아니든 그에게는 늘 현실이었다. 존은 다른 사람이 환상이라고 지적한 대상을 정말 환상으로 받아들인 것이 아니라 다른 사람과 살아가기 위해 어쩔 수 없이 다른 사람들의 의견을 또 하나의 현실로 받아들였을지 모른다.

존의 이야기에서 현실과 환상을 구분하는 기준을 엄격히 살펴보면 오직 다른 사람들의 의견이다. 여기서 현실과 환상의 구분은 다른 사람들의 의견이다. 여러 사람이 동시에 인지하고 공유할 수 있는 정보인지 아닌지가 구분의 기준이다. 그럼 의문이 든다. 누가 있어 누구의 현실이 진정 실재하는 현실이라고 말할 수 있느냐이다. 모든 생명체에게 객관적이고 절대적 사실이라고 말할 수 있는 현실이 있느냐는 물음이다. 아무리 다수의 사람이 이것이 객관적이고 절대적 진리라고 말한들 그것은 그 말을 들은 당신이 인식하는 그들 다수의 이야기며 그들 다수의 이야기를 인식하는 당신의 현실이지 않을까? 세상은 당신의 인식에 반영되며 현실이 되기 때문이다. 안 그런가? 절대적 현실이 있다는 믿음을 내려놓고 직접 살펴보라. 아무리 위대한 성인이 뭐라고 한들, 과학자들이 뭐라고 한들, 그것은 당신의 인식에 반영된 당신의 현실일 뿐이다. 현실이라고 선언하는 이가 누구인가? 오직 '당신'뿐이다.

현실이 뭔가?

나를 오랫동안 따라다닌 의문이 하나 있었다. 장자의 호접몽(胡蝶夢)이라고 일컫는 나비의 꿈 이야기다. 꿈 이야기는 이렇다. "나는 나비다. 나비가 되어 훨훨 날아다닌다. 여기저기 훨훨 나는 것이 즐겁다. 그러다 갑자기 잠에서 깨었다. 좀 전까지 나비였는데 깨어서 보니 그것은 꿈이었고 나는 인간 장자의 모습이다. 문득 의아하다. 내가 나비의 꿈을 꾼 것인지 아니면, 나비가 지금 장자의 꿈을 꾸고 있는 것인지 알 수가 없다."

나비의 꿈을 기억하는 지금 이 순간이 현실일까? 아니면 지금이 나비의 꿈속인가? 지금 나비가 꿈을 꾸며 인간 장자가 되어 있는 것은 아닌가? 어떻게 지금이 현실인지 아닌지 알 수 있을까? 나비가 꿈이었다고 믿는 것은 지금이 현실이라는 가정하에, 지금의 시점에서 기억을 꿈이라고 말하기 때문이다. 하지만 깨어나기 전 꿈에서는 그것이 꿈인지 전혀 알 수 없었다. 장자는 한 치의 의심도 없이 그냥 나비였다. 그리고 지금, 나비가 꿈속에서 한 치의 의심도 없이 자기가 인간 장자라고 여기는 것은 아닌지 전혀 알 수 없다.

장자는 당신에게 의문을 던진다. 당신이 이 글을 읽는 이 순간, 당신이 실재한다고 믿는 이 현실이 누군가의 꿈이 아니라고 어떻게 말할 수 있는가? 너무나 선명하기에? 너무나 실감 나기에? 꿈에서는 안 그랬을까? 지금 그냥 실감 나는 꿈을 꾸는 것은 아닐까? 장자도 라마나 마하리쉬도 당신에게 묻는다. 지금 이것이 현실인가? 현실이라면, 무슨 근거로 현실이라고 말할 수 있는가? 현실의 의미인 실재하며 존재한다는 뜻은 무엇인가? 도대체 현실이 뭔가?

스승이 현실을 꿈에 비유하는 까닭은 현실에 관한 믿음을 살펴보도록 도와주려 함이다. 우리가 생각하는 현실을 바로 봐야 진정 실재하는 무엇을 알 수 있기 때문이다. 그런데 사람들은 꿈의 비유가 가리키는 스승의 의도를 오해하면서 '꿈꾸는 자'라는 개념을 만들어낸다. 현실이 꿈이라면 꿈꾸는 자가 있다고 생각하고 꿈의 창조자로서 독립적으로 존재하는 신이라는 개념을 끄집어낸다. 하지만 꿈꾸는 자는 따로 존재하지 않는다. 신과 같은 초월적인 존재가 우리가 사는 세상을 꿈꾸는 것이 아니다. 이런 꿈꾸는 자의 존재가 있다고 생각한다면 정확히 똑같은 질문을 던져야 한다. 꿈꾸는 자가 존재하는 세상은 현실인가? 실재하는가? 꿈꾸는 자가 존재하는 세상이 꿈이라면, '신을 꿈꾸는 꿈꾸는 자가 있어야 한다. 꿈이 아니라 현실이라면 장자의 물음을 다시 던져야 한다. 결국, 창조자라는 무한 반복의 덫에 빠지게 된다.

창조자는 하나의 개념이다. 이 세상을 가리키는 하나의 가리킴일 뿐이다. 어떤 독립적으로 존재하는 분리된 존재가 아니다. 어떤 독립적인 존재를 생각하는 순간 분리가 생겨나며 둘이 된다. 창조자와 창조물로. 그러면 또다시 무한 반복의 늪에 빠진다. 직접 살펴보라, 창조자에 깃든 믿음을. 목적어가 있으려면 주어와 동사가 있어야 한다는 우리의 사고 습관에서 비롯된 믿음은 아닌지 살펴보라.

스승들은 종종 이 세상을 꿈에 비유한다. 궁극적 깨달음을 꿈에서 깨어나는 것에 비유하기에 궁극적 깨달음을 일컬어 "깨어난다."라는 말을 종종 쓴다. 마치 꿈에서 깨어나면서 꿈에서 현실처럼 믿었던 '나'와 그 세상이 실재하는 것이 아니라 한낮 꿈이었음을 알듯이 지금 '나'와 이 세상이 너무도 당연한 현실이라고 믿지만, 현실이라고 할 만한 것이 없다는 사실을 아는 것이다.

꿈도 하나의 가리킴이다. 이 세상이 꿈이라는 것이 아니라 꿈에 비유하며 가리키는 것이다. 어떤 가리킴이든 가리킴의 본질을 잊지 말아야 길을 잃지 않는다.

이 책을 읽고 있는 당신, 바로 지금 바로 여기 무엇이 실재하는가?

» 존재의 뜻

현실의 사전적 의미는 '실제로 존재하는 사실이나 상태'를 뜻한다. 보통 "실제로 존재한다."라는 말의 의미는 직접 경험할 수 있다는 뜻으로 우리는 받아들인다. 그리고 다른 사람과 그 대상을 공유할 수 있다는 뜻도 포함된다.

"내 앞에 놓여있는 사과가 실제로 존재하는가?"라고 누가 묻는다. '내 앞에 놓여있는 사과'라는 말에 이미 '있는 사과'라는 표현이 포함되면서 '사과'가 실재함을 이미 전제하고서 물어, 답을 정해놓고 묻는 꼴이 됐다. 그럼 한번 살펴보자. 이 전제가 사실인지. 사과를 바라보거나 눈을 감고 살펴보라. 아니면 만져보고 냄새 맡아보고 먹어보면서 사과가 실재하는지를 살펴보라. 아주 미묘한 차이다. 아주 예민하게 접근해야 한다. 아주 미묘한 차이를 파악해야 진실을 알 수 있다. 자칫하면 말장난밖에 되질 않는다. 잘 살펴보라. 여기에 존재의 비밀이 숨겨져 있다. 아무런 가림막도 없이. 비밀이라고 말하고 숨겨졌다고 말하는 것은 오직 낯설다는 뜻이다.

사과가 실재하는가?

'사과'가 정말 실재할까? '사과'가 실재하는 것일까? 아니면 정말 실재하는 것은 시각적 이미지, 냄새, 만졌을 때의 느낌, 맛, 먹을 때의

진리는 바로 지금, 바로 여기 있다

느낌과 포만감, 그리고 이 모두를 아우르는 생각일까? 다른 사람의 생각은 묻지 마라. 오직 당신만이 답할 수 있다. 실재함은 오직 당신에게 달려있다. 다른 모든 이의 말과 지식은 당신에게 투영된 생각에 지나지 않는다. 잘 살펴보라. 사과가 실재하는 것일까? 아니면 지금 이 순간 있는 것은 오감과 이것을 처리하는 생각일까? 이해가 잘 안 되면 눈을 감고 사과를 만져보라. 사과가 존재하는 것일까? 아니면 촉감이 존재하는 것일까? '사과를 만진다.'라는 생각이 존재하는 것일까? 같은 의문을 조금 다르게 물어본다. '사과'라는 물체의 본질이 뭘까? 물체가 어떻게 존재할까? 물체가 존재한다는 뜻이 뭘까?

문득 멀리서 종소리가 들린다. 종이 존재하는 것일까? 아니면 종소리가 존재하는 것일까? 종이 있는지 없는지 모른다. 종인지, 아닌지도 모른다. 지금 이 순간 존재하는 것은 종소리라는 청각 정보와 그 청각 정보를 처리하는 생각이다. 종이 앞에 보인다면 종이 존재하는 것이 아니라 종이라고 생각하는 시각 정보가 존재한다는 말이다. 우리는 이런 오감의 정보를 처리하면서 "종이 존재한다."라고 표현한다. "종소리는 현실이다."라고 표현한다. 이런 표현 방식 때문에 생각도 따라가면서 종이 존재한다고 생각하고 종이 실재한다고 믿는다. 그런데 이것이 사실일까? 종이 실재할까? 아니면 종에 관한 정보가 실재할까? 종이 존재하는 방식, 존재의 뜻이 지금 이 순간 경험 그 자체가 아닐까?

어두운 길을 가다 뱀이 기어가는 것이 보인다. 화들짝 놀란다. 뱀이 내 앞에 현실로 존재한다고 생각하고 화들짝 놀랐다. 가지고 있던 나무 지팡이로 때려본다. 움직이지 않는다. 가만히 보니 뱀이 아니라 밧줄이다. 뱀이 존재한 것이 아니라 보았던 시각 정보를 처리하며 일어난 생각이 존재했다. 그리고 따라오는 상황에 대한 감각 정보와 생각이 존재한다. 어떤 사물이나 일어나는 일이 존재하는 방식은 오감과 생각이다. 이런 감각과 생각을 직접적 경험이라고 한다. 지금, 이 순간 당신에게 일어나는 일이다.

세상의 어떤 '것'이나 일어나는 '일'은 직접적 경험을 통해서 당신에게 일어나고 있다. 세상은 오직 경험을 통해서 존재한다. 지금 이 순간 여기 존재하는 것은 경험이다. 사과와 종과 밧줄은 경험의 내용으로 존재한다. 사과와 종이와 밧줄이라는 '것'이 실제로 존재하는 것이 아니라 실재하는 것은 경험이다. 그래서 스승은 현실이라고 할 만한 '것'이 없다고 말한다. 지금 이 순간 바로 여기 당신에게 존재하는 것은 세상인가? 세상의 경험인가?

진실로, 진실로, 진실로 지금 이 순간 여기 존재하는 것이 뭘까?

그럼 경험은 무엇인가? 오감과 생각으로 이루어져 있어 보인다. 정말 그럴까? 보고 듣고 닿음을 느끼고 냄새 맡고 맛보는 것을 어떻게 아는가? 각각의 감각 자체가 독립적으로 존재하는가? 아니면 각각의 감각을 구분하고 이름 붙이는 생각만 존재하는가? 결국은 감각에 관한 생각뿐이다. 이것을 우리는 본다, 냄새 맡는다, 듣는다, 촉감을 느낀다, 맛본다고 말한다. 이렇게 구분해서 사고하고 정보를 처리하고 또 다른 사람들과 효율적으로 의사소통한다. 하지만 진실로 이 순간 일어나는 일은 오직 그 생각뿐이다.

그럼, 생각만이 실제로 일어나는 일일까? 생각이 일어나는 것을 우리는 어떻게 알아차릴까? 생각은 늘 일어나지만, 가끔 일어나지 않아

진리는 바로 지금, 바로 여기 있다

보이는 틈도 있다. 그럼, 생각이 없다가 일어날 때 어떻게 생각이 일어나는 것을 알아차릴까? 뭔가가 일어나는 것을 알아차리려면 일어나는 것 전에 이미 있어야 한다. 늘 있어야 한다. 늘 존재해야 한다. 이렇게 늘 '있는 것'을 가리켜 "인식한다."라고 해서 '인식'이라 부르기도 하고, "의식한다."라고 해서 '의식'이라 부르기도 한다. 생각이 있고 인식이 있는 걸까? 아니다. '생각을 인식함'만 있다. 생각은 인식으로 존재한다. 생각이 존재하는 방식은 인식함이다. 인식한다는 말도 무리다. 인식되는 대상과 인식하는 주체를 나누기 때문이다. 그래서 "인식한다."보다 "그냥 인식이 있다."라고 표현하는 것이 더 정확하다. "인식이 있다."보다는 '인식'이 더 정확한 표현이다. 인식만 있으므로, 인식이 '있음' 그 자체이기에 '있다'는 표현도 필요 없다. '인식'도 하나의 이름이고 생각이다. '인식'이라는 이름으로 가리키는 무엇은 모든 생각 이전에 있으므로 좀 더 정확히 표현하려면 침묵해야 한다. 이보다 좀 더 정확히 표현하려면 무엇을 표현한다는 '표현' 자체를 말아야 한다. 하지만 가리키기 위해서 어쩔 수 없이 '인식'이라는 이름으로 돌아와서 표현해야 한다. 찾는 당신을 위해서다.

지금 이 순간 오직 인식만 있다. 이 인식에 수많은 내용이 있다. 보고 듣고 냄새 맡고 맛보고 느끼고 생각하는 것은 인식의 내용이다. 내용의 실체는 인식이다. 인식이 실재다.

있는 모두가 인식이다.
색(色), 수상행식(受想行識), 안이비설신의(眼耳鼻舌身意),
색성향미촉법(色聲香味觸法)은 둘이 아니다.

이 사실을 가리켜 『반야심경』에서는 "봄도, 들음도, 냄새 맡음도, 맛봄도, 느낌도, 생각도 없다."라고 말한다. 이들은 그저 인식의 내용이기 때문이다. 인식의 내용에 붙여진 이름에 불과하기에 실체가 없어 "없다."라고 표현한다. 사물도 인식의 내용으로 실체가 없기에 사물도 없다고 말한다. 이 때문에 인식의 내용을 구분하는 것도 하나의 이름에 불과하고 실체가 없기에 어떤 구분도 없다고 말한다. 줄어들고 늘어나고, 사라지고 생겨나는 것은 인식의 내용일 뿐이고 실체가 없기에 나지도, 멸하지도, 늘지도, 줄지도 않는다고 말한다. 이러니 뭔들 있다 하겠는가?

손을 들어 세상을 가리키며 이것 중에 뭐가 실재하는지 묻는다. 진실로, 진실로 존재하는 것이 뭔가? 지금 이 순간 진실로 존재하는 것이 뭔가? 존재는 실제로 있음을 말한다. 지금 이 순간 실제로 있는 무엇이다. 겉으로 보이는 이 경험들을 지나서 가장 밑바닥에 정말로 있는 존재다. 있는 존재가 아니라 있음 그 자체다.

존재라는 말은 정의할 수 없다. 모든 말이 나오는 근원이기 때문이다. 세상 모든 것의 근원이다. 그런데, 지금 이 순간 당신은 스스로 존재한다는 사실을 안다. 이것은 확실하다. 누구에게 들어서 아는 것도 아니고 믿어서 아는 것도 아니다. 그냥 안다. 이것이 존재의 뜻이다. 정의할 수 없으나 안다. 앎이 있다. 이 앎에서 세상 모든 것이 나타난다.

있는 모두가 앎이다.
우리가 존재하는 방식이다.

진리는 바로 지금, 바로 여기 있다

8장

나를
살펴보다

지금 이 순간 당신의 눈을 통해서 이 글을 보고 있는 존재를 가리켜 '참인식'이라고 부른다. 지금껏 당신이 믿어 왔던 '나'는 생각이지, 실재하지 않는다. 생각의 내용이지 실체가 아니다. 실체는 이 글을 읽고 있는 참인식이다. 지금 이 순간 이 글을 인식하는 참인식이 실재한다. 실재하는 당신의 참모습이다. 진정한 나이기에 '참나'라고 부른다. 참나는 지금 찾고 있는 존재이며 찾아지는 존재다.

생각 속에 존재하는 '나'에 대한 믿음을 내려놓으면 늘 여기, 있는 그대로의 참나가 드러난다.

나는 무엇인가?

진리는 바로 지금, 바로 여기 있다

» 숨어있는 가정, '나'

어떤 질문을 할 때 답은 의외로 질문 자체에서 찾아지는 경우가 많다. 질문을 가만히 들여다보면 질문은 늘 뭔가를 가정한다. 만일 질문이 기댄 가정이 틀렸다면 질문 자체가 성립하지 않는다. 이때 답이 저절로 찾아졌다고 말한다.

가정은 너무도 당연하게 여기는 사실일 수도 있고 지극히 개인적인 일일 수도 있다. 가정이 질문에 선명히 드러나는 때도 있고 쉽게 드러나지 않는 때도 있다. 질문자가 쉽게 알아차릴 수 있는 가정이 있고, 알아차리기도 힘들고 알려줘도 쉽게 받아들이지 못하는 가정도 있다. 대단하고 복잡한 가정일 수도 있고 아주 당연시하며 별것 아니라고 생각하는 작은 가정일 수도 있다. 아무리 작은 가정이라도 가정은 가정이다. 아무리 작고 당연한 가정이 전제되어 있어도 가정이 틀리면 의문은 성립하지 못한다.

예를 들어, 처음 직장에 들어갔다는 친구의 말에 오랜만에 본 친구가 묻는다. "첫 월급 받으면 부모님께 뭐 사 드릴 거야?" 이 질문에는 수많은 가정이 있다. 질문은 직장에서 월급을 받을 거라는 사실을 가정한다. 친구 부모님이 살아계신다고 가정한다. 또 이 친구가 첫 월급을 받아 부모님께 뭘 사드리고 싶은 마음이 있을 거라 가정한다. 여기까지는 일반적인 가정이다. 조금 더 들어가 보자. 극단적으로 보이지만 여전히 유효한 가정들도 많다. 친구가 월급 받을 때까지 살아 있을 거라 가정하고, 월급을 받은 이후 한 남미의 국가처럼 화폐가치가 하루아침에 급락해서 아무것도 살 수 없게 되는 상황이 일어나지 않을 거라고 가정한다. 좀 더 극단적으로 들어가면, 월급 받을 때까지 어디 있을지 모를 초신성의 방출에너지가 지구에 닿지 않고, 태양에서 이상 행동이 일어나지 않고, 어떤 행성도 지구와 충돌하지 않고, 우주의 수많은 변수 중 어느 하나도 지구를 위협하지 않을 거라고 가정한다. 지구 내에서도 직접적 영향을 줄 수 있는 수많은 자연재해 같은 변수가 터지지 않고 그때까지 아무 일도 일어나지 않을 거라는 가정도 포함한다. 가도 너무 갔다. 누가 일상생활 속에서 그런 것들을 생각조차 하겠는가? 하지만 정확히 이 모두가 부인할 수 없는 가정이다. 찾음에서 살펴봐야 하는 가정은 이런 극단적인 가정과 비교도 안 될 만큼 더 극단적인 가정이다. 정신 바짝 차려야 한다. 극단적 가정은 깊숙이 숨어있다. 일상생활 속에서 전혀 생각하지도 않고 당연한 사실로 여긴다. 뿌리 깊은 믿음에 바탕을 두고 꼭꼭 숨어있어 알아차리기 어렵다.

친구가 질문에 답하려 해도 가정 중에서 어느 하나라도 틀리면 답할 수가 없다. 질문 자체가 틀렸기 때문이다. 질문이 틀리면 답은 질문 자체에 있다. 질문이 틀린 것을 아는 순간 질문이 무너지고 어떤 답도 성립할 수 없다. 친구는 "이번은 무급 인턴이라서 월급이 없대." 라고 답할 수 있다. 질문에 대한 답이 아니라 질문이 기댄 가정에 대한 지적이다. 질문하는 이도 바로 알아듣는다. 더는 그 의문이 들지 않는다.

찾음에서 일어나는 의문들은 대부분 다 이런 식이다. 거의 모든 질문에 대한 답은 질문 자체에 있다. 질문을 뜯어보면 기존 믿음들이 사실이라는 가정하에 물어본다. 대부분 한 질문에 여러 가정이 전제된다. 그래서 스승은 이런 질문에 바로 답하지 않는다. 질문을 들여다본다. 묻는 사람은 "왜 대답을 안 해주지? 모르는 거 아냐? 그냥 말해주면 안 되나? 왜 자꾸 돌려 말하지?"라며 불평할 수도 있다. 하지만 답이 질문 자체에 있다는 사실을 잘 아는 스승은 답 대신 질문에 깃든 가정을 가리킨다.

이런 사실을 잘 이해해야 한다. 그래야 오해가 없다. 많은 사람이 스승을 찾아왔다가 자기가 원하는 답을 얻지 못하면 실망하고 돌아가서 다시 오지 않는다. 세상에는 가정을 탓하지 않고 자기가 원하는 답을 해줄 사람들이 널려있기 때문이다. 이렇게 원하는 답을 얻어도, 사실 대부분 자기도 그것이 답이 아니라는 사실을 안다. 알지만, 자기 믿음을 꼭꼭 숨기고 내려놓기 싫거나, 믿음인지조차 알지 못하기에 답을 그냥 받아들인다. 자기가 전제하는 가정들을 살펴볼 필요가 없기 때문이다. 가정이 바탕을 두는 믿음을 건드리지 않아도 되기 때문이다.

모든 가정의 뿌리에는 마음 깊이깊이 간직해둔 '나'에 대한 믿음이 숨겨져 있다. 에고의 실체가 숨겨져 있다. 에고는 자기의 정체가 드러나길 원하지 않는다. 에고는 자기가 실체 없는 믿음에 지나지 않는다는 사실이 발각되기를 원하지 않는다. 그래서 스승을 오해하게 만든다. 스승은 에고에게는 최대의 위험이다. 수많은 생각을 일으키며 스승에 대한 오해를 일으키고 도망치게 만든다. 에고는 자기 정체가 드러나는 환경에서 벗어나려 모든 노력을 다한다. 에고는 소멸을 원하지 않는다.

스승에게 하는 거의 모든 질문에는 '나'에 관한 가정이 전제돼 있다. 독립해 존재하는 '내'가 있고, 무언가를 할 수 있는 '내'가 있고, 자유의지가 있는 '내'가 있고, 내 삶의 주체는 '나'고, 업을 짊어지고 가는 '내'가 있고, 이생에서 다음 생으로 쪼개지거나 더해지지 않고 넘어가는 독립된 '나'라는 영혼이 있고, 천국이나 극락에 갈 '내'가 있고, 벌을 받아 지옥에 갈 수 있는 '내'가 있고, 절대적인 선과 악이 있고, 좋고 나쁜 가치가 대상에 내재하고, 삶에 이유가 있고, 일어나는 모든 일에 이유가 있고, 객관적 이유라는 것 자체가 존재하고, 어떤 일이든지 직접 독립적으로 영향을 주는 무언가가 있고, 삶에서 안전을 보장받을 방법이 있고, 미래를 알 수 있고, 자기 의지로 미래를 바꿀 수 있고, 실체가 있는 과거나 미래가 있고, 깨달음에 도움이 되는 수행이 있고, 수행해서 혜택받을 '내'가 있고, 깨달음으로 가는 지름길이 있고, 얻을 '깨달음'이 있고, 깨달음을 얻을 '내'가 있고, 깨달으면 어떤 능력을 얻고, 능력을 얻을 '내'가 있고 등 일일이 나열할 수도 없이 수많은 가정을 전제한다. 끝없이 수많은 가정이 사실로 전제되어 있다. 그런데 스승의 눈에는 어느 것 하나 맞는 것이 없다. 하지만 사람들 대부분은 이런 것을 가정이라고 조차도 여기지 않는다. 당연한 사실이라고 여긴다. 한 번도 스스로 살펴보지 않고 그냥 사실이라고 믿는다. 다들 그렇게 믿기에 자기도 그렇게 믿고 싶어 믿는다. 그러니 무슨 질문인들 진정한 답을 얻을 수 있을까?

모든 가정의 뿌리는 '나'다.

답을 찾으려면 의문에 전제된 가정을 분석해서 살펴보면 된다. 찾음에 관한 가정 분석은 의외로 쉬울지 모른다. 거의 모든 가정이 하

진리는 바로 지금, 바로 여기 있다

나의 가정에 뿌리를 두기 때문이다. '나'라는 가정이다. 이 '나'에 대한 하나의 가정, 이 가장 근본이 되는 가정만 분석해서 풀어내면 모든 실마리가 다 풀린다는 장점이 있다. 이렇게 보면 찾음에 대한 답은 어렵지 않다. 하나만 집중적으로 파면 끝이다. 어렵지 않다. 결정적 힌트는 늘 당신 눈앞에 떡하니 365일 24시간 잠시도 쉬지 않고 버티고 있다. 언젠가, 이렇게 바로 눈앞에 떡하니 어떤 속임수도 없이, 가림막도 없이, 어떤 장애물도 없이 있는데, 못 보는 게 이상하다 싶을 때가 온다. 나도 그랬다. 스승들이 그렇게 말해도 뭔가 은유나 비유겠거니 했다. 뭔가 비밀스럽고 신비한 것을 가리키는 줄로만 알았다. 하지만 말 그대로였다. 은유나 비유는 전혀 없었다. 찾고자 하면 어려울 것 없다. 이 가정 하나만 사실인지 확인하면 된다. 다른 모든 가정을 살펴보는 일은 결국 이 뿌리가 되는 가정을 살펴보기 위함이다. 결국, 하나의 가정으로 모인다.

우리는 이 하나의 가정을 늘 당연하다고 느낀다. 모든 말과 생각과 믿음에, 심지어 깊은 영적 경험과 깨우침에도 '나'라는 가정이 있다. 독립적으로 의사결정하는 '내'가 있다고 가정한다. '내' 생각, '나'의 성공, '나'의 실패, '나'의 삶, '나'의 영혼, 다 '나'의 것이다. 우주가 모두 하나라는 영적 경험을 해도 그 경험은 '내'가 한 것이다. '나'의 영적 경험이다. '내'가 우주와 하나가 된 것이다. 깨우침이 일어나도 '나'의 깨우침이다. '나'는 자유인이다. '내'가 대 자유인이다. '나'다. '나'의 깨달음이다. 해탈해도 '내'가 한다. 관세음보살과 하나가 돼 기도해도 '내'가 관세음보살과 하나가 된 것이다. 지옥을 가든 천국을 가든, 예수님과 천사들이 맞이하는 하나님 나라에 가든, 다음 생에 다른 사람이나 동물로 환생해도, '내'가 하는 것이다. 업을 쌓아도 '나'의 업이다. '나'의 카르마다. 물아일체의 경지에 올라도 '내'가 세상과 하나가 되는 경지에 '내'가 오른 것이다. '나'를 내려놓아도 '내'가 '나'를 내려놓은 것이다. '나', '나', '나'! '나'라는 가정이 살아 있으면 찾음은 끝나지 않는다.

'내'가 깨달았다고 속고 있지는 않은가?

자기 스스로 잘 들여다보라. 자신의 의문에 어떤 가정이 전제되어 있는지. 사람마다 가정이 다 다르다. 가정의 뿌리는 같아도 드러나는 내용은 다를 수 있다. 직접 살펴보라. 어떤 가정을 품고 있는지. 그리고 각각의 가정이 사실인지 아니면 하나의 믿음에 불과한지 살펴보라. 믿음이 사실인지 아닌지 살펴보라. 이것이 가정 분석이다. 살펴보는 일이고 찾음의 과정이다. 잘 살펴보면 답은 스스로 드러난다. 줄줄이 엮여 있는 의문이 다 풀린다. 의문들이 디디고 서 있던 가정이 무너지면 더는 의문이 아니다.

'나'라는 가정은 종종 깊숙이 숨은 듯 찾기 어려워 보인다. 잘 보이지가 않는다. 영적 경지에 올랐다고 생각하는 사람일수록 더 그렇다. 혹시 자기가 어느 정도 경지에 올랐다고 생각하는가? 아직 찾음이 끝나지 않았다면 잘 살펴보라, 어떤 가정들이 숨어있는지. 오른 경지가 높을수록 찾기 어렵다. '내'가 너무 높이 올라가서 내려오기란 쉽지 않다. 너무나 극단적이기에, 동시에 너무나 당연하기에, 이 가정을 드러내기 쉽지 않다. 가정이라고 인정하기 쉽지 않다. 하지만 어렵지도 않다. 다 착각일 뿐이기 때문이다. 오른 경지란 존재하지 않는다. 영적 경지란 존재하지 않는다. 당신이 믿고 싶은 상상 속 세상일 뿐이

진리는 바로 지금, 바로 여기 있다

다. 더 놀랄 것은 올라갈 '나'란 존재하지 않다는 사실이다. 이 말이 정말 사실일까? 한번 살펴보라.

사실, 이 책의 모든 내용이 여러 가정을 살펴보는 일이다. 가정을 조금씩 다른 방향에서 살펴보고 정말 사실인지 확인해 보는 일이다. 사람에 따라 교감하는 부분이 다르기에 여러 가지 내용을 길게 적었을 뿐이다. 모든 자연인에게 일어난 궁극적 깨달음은 어려운 일이 아니다. 몹시 어려운 일이라고 광고하고 다양한 말에 말을 부풀리면서 어려운 것으로 포장됐을 뿐이다. 자기도 모르면서 다른 사람을 가르치다 보니 계속 어려운 포장이 덧씌워져 왔을 뿐이다. 지금 이미 여기 있는 것을 보는 것이 뭐가 어렵겠나? 없는 것을 찾으려 하니 어려운 거다. 가정만 사실인지 아닌지 확인하면 되는 일이다. 알고 보면 정말 세상에 이보다 쉬운 일도 없다. 업은 아이 삼면 찾는 엄마에게 "아기 업고 계시네요."라고 말해주면 "아이고, 이미 업고 있었네." 하는 일과 다를 바 없다.

눈이 눈을 어떻게 찾을까?

어떤 스승은 진실하고 강한 찾음이 시작되면 대부분 3년 안에 찾음이 끝난다고 말한다. 내가 나탈리 그레이에게 이 말을 들었을 때는 그냥 흘려들었다. 그냥 안심하라고 해주는 듣기 좋은 말이겠거니 했다. 물론 그랬으면 좋겠다 싶었다. "1년 지났으니 2년만 참으면 될까?" 10년이라도 끝나기만 한다면 못 기다릴 것이 없겠다 싶었다. 그런데 그 말을 듣고 몇 달 후 찾음이 끝났다. "이제 눈을 뜰 때다."라고 들은 후 정확히 1년여 만이었다. 그러고 보니 웨인도 그랬고, 라메쉬도 그랬고 니사르가다타도 3년 안에 찾음이 끝났다. 물론 진실하고 강한 찾음이 뭔지 불분명해서 단정 지을 수 없다. 물론 이건 결과론적 이야기다. 이미 성공한 사람들의 인터뷰 같은 것이다. 다만 여기서 말하고 싶은 것은 충분히 가능하다는 거다. 당신도 충분히 가능하다. 엉뚱하게 다른 것만 찾지 않으면 된다. 마음속으로는 다른 것을 찾으면서 영적 찾음으로 포장만 하지 않으면 된다. 정말 찾고자 하면 찾아질 수밖에 없다.

대부분 직장을 얻기 위해서 대학까지 16년을 기본으로 공부한다. 그것도 엄청나게 힘들게 집중적으로 공부한다. 정규교육에 더해 과외까지 받아가면서. 정규과정은 기본이고 유치원부터 대학원, 직장 교육, 외국어 공부, 직업 공부, 자격증 공부 등에 얼마나 많은 시간을 투자하는가? 그래도 변변치 않을 때가 많다. 이렇게 살아가는 데 투자하는 시간에 비하면 찾음은 정말 별것 아니다. 할 것 다 하면서 남는 시간에 해도 충분하다. 해보라. 도전하라. 자신이 진정 무엇인지 찾아보라. 세상이 진정 무엇인지 알아보라. 다음 생에, 수십 년 뒤에, 미래의 언젠가가 아니라 '지금 이 순간'이다. 오직 지금 이 순간 찾음을 끝내려고 하라. 비유도, 은유도 아니다. 속임수도, 비밀도 전혀 없다. 말 그대로 바로 이 순간 바로 당신 앞에 아무런 장애도 없이 진리가 있다. 절대 놓칠 수 없도록!

진리는 바로 지금, 바로 여기 있다.

» 나에 대한 믿음

우리는 진리를 찾아 여기저기 세상을 떠돈다. 무언가 따로 진리가 있나 싶어서 찾는다. 그런데 모든 스승은 바로 여기 지금 이 순간을 가리킨다. 따로 진리가 없다는 말이다. 여기가 아닌 다른 어딘가에, 지금이 아닌 미래의 어느 순간이 아니라는 말이다. 지금 여기는 이 글을 읽고 있는 당신에게, 지금 여기다. 어느 다른 곳의 과거나 미래의 어느 순간에, 어느 스승이나 글을 쓰는 필자에게 '지금 여기'가 아니다. 당신이 있는 '바로 여기, 바로 지금'이 맞다. 가만히 보면 마음은 자꾸 딴 곳으로 눈을 돌리려 한다. 아무리 먼 곳으로 오랫동안 진리를 찾기 위해 여행해도 결국 찾아지는 것은 지금, 여기다. 그래서 찾음은 밖에서 새로운 무언가를 찾는 일이 아니다. 새롭게 얻은 것은 언젠가 잃어버린다. 아무리 오래 걸려도 결국은 잃어버린다.

우리는 바로 지금 여기 이미 있는 무엇을 발굴하려 한다. 새로운 무언가를 찾는 것이 아니다. 이미 있는 것을 알아차리는 것이다. 늘 이미 있는 것이기에 얻을 수가 없고 얻지 않기에 잃어버릴 수도 없다. 이미 여기 있는 것을 발굴하려면 이미 있는 것을 가리는 먼지만 닦아 내면 된다. 그 먼지들은 우리가 살아오면서 알게 모르게 쌓아온 믿음들이다. 사실인지 확인하지 않고 너무도 당연히 믿어온 믿음들이다. 이 믿음이라는 먼지들이 씻겨 나가면 늘 여기 있던, 있는, 있을 그것이 드러난다. 이때 찾음은 끝난다.

나에 대한 믿음이 사라지면 나만 남는다.

우리는 늘 "나는…."으로 시작하는 생각과 말을 한다. 의식하든, 의식하지 않든. 우리말의 습관 중 하나가 당연한 말은 생략하는 것이기에, 말할 때 '나'라는 주어를 종종 생략한다. '나'를 생략해서 생각하고 말해도 너무도 당연한 '나'라는 전제가 있다. 너무 당연해서 생략되는 '나'에 대한 믿음은 우리 마음 깊숙이 자리한다. 우리는 '나'는 무엇무엇이라고 생각조차 해보지 않지만, 나는 무엇이라고 당연히 여기는 믿음이 있다. 심지어 믿음이라고도 생각하지 않는다. 그냥 너무 당연한 무엇이다. 당신에게 '나는 무엇무엇'이라고 여기는 당연한 믿음이 있을 것이다. 찾음의 과정은 이 믿음을 들추어내서 확인해보는 과정이다. 정말 그 믿음이 사실인지, 아니면 그저 근거 없는 막연한 추상적 개념에 지나지 않는지 확인해야 한다.

'나'의 정의는 무엇인가?

종이를 꺼내서 하나씩 적어보자. '나'를 무엇으로 여기는지 한번 적어보자. 고민하지 말고 바로 그냥 생각나는 대로 막 적기 시작하라. 다른 사람이 말하는 것 말고 자기가 생각하는 '나'를 말해보자. 형식도 없고 얼마나 적는지 상관없다. 다만 자기 생각을 적어야 한다. 누가 그러더라가 아니라 누가 뭐라고 해도 나는 이렇게 생각한다는 자기 믿음을 적어보자. 시간이 오래 걸려도 된다. 시간을 가지고 주의를 기울여서 살펴보다 보면 '나'에 대한 의미가 떠오를 것이다. 아주 쉽고 간단한 것부터 아무도 모르는 깊은 내용까지. 아주 개인적인 것

진리는 바로 지금, 바로 여기 있다

까지. 깊숙이 숨겨진 '내'가 무엇이라는 믿음이 드러난다.

　한 가지 주의할 것은 '생각'해서 적으라고 했지만, 너무 생각하다 보면 생각이 생각을 낳아 새로운 '나'에 관한 생각을 만들어낸다는 점이다. 이렇게 새롭게 생각의 내용을 만들이내고자 함이 아니다. 새로운 생각이 아니라 지금 자기 자신을 잘 살펴보고 '나'를 무엇이라 믿고 있었는지 살펴보는 것이다. 새로운 생각을 발명해 내는 것이 아니라 기존에 있던 믿음을 발굴하는 일이다. 고고학자가 유물을 발굴해내듯이 '나'에 대한 믿음을 발굴하는 일이다. 명상이나 하던 수행이 있다면 그런 수행을 통해서 살펴봐도 된다. 일상에서 틈날 때마다 늘 관심을 가지고 주의를 기울여 살펴봐도 된다. 이렇게 믿음을 살펴서 발굴하는 과정이 찾음의 과정이다. 발굴되는 믿음 하나하나를 정말 사실인지 살펴보는 일이 찾음의 전부다. 먼저 믿음을 발굴해야 한다. 생각보다 꼭꼭 숨어있을 수도 있다. 생각보다 깊이 박혀있을 수도 있고 생각보다 부서지기 쉬울 수도 있다. 만일 깨져서 여러 파편으로 다시 박히면 찾기 힘들 수 있어 조심해서 다뤄야 한다. 자, 이제 고고학자처럼 발굴을 시작해보자.

'나'에 대한 믿음을 발굴하라.

　결국, 이 책의 모든 이야기는 이 '나'에 관한 것이다. 모든 찾음의 과정은 이 '내'가 무엇인지 살펴보는 일이다. 모든 스승의 가리킴은 이 '내'가 무엇인지를 살펴보게 하는 일이다. 그래서 이 '나'를 잘 살펴봐야 한다. 다른 사람이 말하는 '나'는 그들만의 정의일 뿐이다. 아무리 위대한 사람이, 위대한 책이, 심지어 그것이 신의 말일지라도 그것은 당신의 마음에 비친 잔영일 뿐이다. 그림자를 가지고는 실체를 알 수 없다.

우리는 다른 사람들이 어떻게 말하는지 알려고 하는 것이 아니다. 누가 뭘 말하는지 찾아내서 비교 분석하고 논리로 엮어내는 일은 찾음의 일이 아니다. 지금 이 순간 바로 여기, 이 '내'가 무엇인지, 이 글을 읽는 '당신'이 무엇인지 살펴볼 뿐이다. "누가 그러더라."라고 하는 모든 지식과 믿음을 내려놓고 바로 이 순간 지금 여기 '당신'이 무엇인지를 살펴보자는 거다.

아무리 출처가 분명하고 증거가 있어도 누가 그러더라고 하는 말은 이른바 '카더라 통신'밖에 안 된다. 직접 산에 올라 정상을 경험하기 전까지는 다른 사람의 경험담일 뿐이다. 맛집에 가서 직접 먹어봐야 알지 그전까지 다른 사람들의 말은 후기일 뿐이다. 관광을 다른 사람이 대신 가 줄 수 없다. 다른 사람의 말은 직접 가보기 위해 참고하는 정보일 뿐이다. 우리는 남의 그림자를 보자는 것이 아니다. 그림자를 드리우게 하는 실체를 직접 살펴보려 한다. 당신이 직접! '나'를 다른 사람이 대신 봐줄 수는 없다. 오직 나만이 '나'를 살펴볼 수 있다. 그리고 살펴볼 수 있는 대상은 '나' 밖에 없다.

'나'는 무엇이라고 여기는 이 믿음을 하나씩 발굴해나가는 과정은 대부분은 한 번에 잘 끝나지 않는다. 그래서 '나'에 관한 어떤 믿음도 남지 않을 때까지 계속해서 반복한다. 지금까지 발굴한 '나'라고 여기는 그 무엇들을 하나씩 살펴보면서 그것이 실체가 있는지, 아니면 그저 믿음에 불과하고 실제로 존재하는 것이 아닌지 확인해보자. 실제로 존재하지 않는 것을 우리는 추상적 개념이라고 하거나 환상이라고 한다. 우리는 모든 추상적 개념과 환상을 걷어내고 정말로 바로 여기

진리는 바로 지금, 바로 여기 있다

지금 무엇이 존재하는지 알아보고자 한다. 실세로 존재하는 것만이 진정한 나라고 할 수 있다. 추상적 개념이나 환상에 지나지 않는 믿음과 실체를 구분해야 한다. 그렇게 나의 실체가 무엇인지 알 수 있다. 진신로 지금 여기 무엇이 있는지 실체를 알 수 있다. 이 실체를 가리켜 진리라고 한다.

당신은 지금 이 순간 존재한다는 사실을 안다.
분명 무언가 실체가 있다. 이 순간, 이 글을 읽고 있는 그 존재가!

이제 당신이 적은 답들을 하나씩 확인해 볼 시간이다. 물론 확인하면서 새로운 답이 계속 추가될 수 있다. 당신이 '내'가 무엇이라고 적은 답들을 하나씩 정말 사실인지 아닌지 확인해 나가야 한다. 당신이 어떻게 직접 확인해 나갈지 도움이 될까 해서, 여기에 일반적인 답의 예를 들어보고 그것이 사실인지 하나씩 살펴보겠다. 사람들에게 "당신은 누구입니까?" 또는 "당신은 무엇입니까?"라고 물었을 때 나올 수 있는 답들이다. 답이 정말 '나'의 실체를 가리키는지, 아니면 개념이나 믿음에 불과한지 살펴보자. 실재와 개념을 잘 구별해서 살펴봐야 한다. 다시 한번 기억하기 바란다. 우리는 내가 진정 무엇인지 그 실체를 찾고 있다.

당신은 무엇입니까?

"나는 경수입니다."

경수는 이름이다. 반대로 "경수가 당신입니까?"라고 물으면 그렇다고 답하지 못한다. 왜냐하면, '경수'라는 이름을 가진 모든 사람이 당신은 아니기 때문이다. 또 당신의 이름이 '도영'으로 바뀐다고 당신이 달라지지 않는다. 그저 당신의 이름만 바뀐 것이다. 또 다른 사람을 '경수'라는 이름으로 부른다고 당신이 되는 것도 아니다. 그래서 이름은 당신이 아니다. 하나의 추상적 개념이다.

"나는 회사원입니다."

회사원은 당신의 직업이다. 학생, 회사원, 자영업자, 작가, 교수, 과학자, 주부 등은 현재 당신이 주로 무엇을 하는지, 무엇을 해서 먹고 사는지에 관한 이름이다. 당신의 직업이 변한다고 당신이 바뀌는 것이 아니다. 같은 직업을 가졌다고 당신은 아니다.

"나는 이종식 아버지와 서희자 어머니 사이에서 태어난 두 번째 아들로 경상 이씨 38대손이다."

이것은 정확히 당신을 다른 사람과 혼동하지 않기 위해서 붙이는 긴 이름표와 다를 바 없다. 하나의 이야기다. 만일 병원의 실수로 아기가 뒤바뀌어서 어느 날 다른 사람이 "내가 진짜 둘째 아들입니다."라고 하면서 유전자 감식 표를 들고나온다 해도 그 사람이 당신이 되지도 않고 당신이 바뀌지도 않는다. 당신에게 붙여지는 이런 긴 이름표와 주변 사람들의 생각은 바뀔 수는 있지만, 당신 자체는 변함없다. 그래서 아무리 길고 지구상에서 정확히 당신을 구별해낼 수 있는

진리는 바로 지금, 바로 여기 있다

이름이나 긴 설명을 붙인다 한들 당신이라는 실체에 덧씌워진 추상적인 개념에 지나지 않는다. 일종의 이름표이고 이야기다. 당신의 실체가 아니다.

"나는 착하고 조금 수줍고 사람들 앞에서 낯을 좀 가리지만, 어떤 일이 주어지면 열심히 하는 사람이다."

당신 자신에 관한 여러 성격이나 특성 또는 살아온 이야기 등을 아무리 자세하게 갖다 붙여도 이건 한 인간의 행동과 그에 관해서 일어나는 현상을 인지하고 해석하는 생각에 지나지 않는다. 당신이 그렇게 생각하든 사람들이 객관적인 판단이라며 동의하든지에 상관없이 생각 속에 존재하는 추상적 관념이지, 실재하는 것이 아니다. 또 이런 행동이나 성격이 변하지 말라는 법도 없다. 행동과 성격이 변해도, 다른 사람들의 평가가 변해도 당신은 당신이다. 실체는 그대로다.

"나는 29세의 여자다."

28살 때도 30살이 돼도 여전히 당신이고, 성 정체성이 바뀌어도 여전히 당신이다. 나이나 성별은 지금 이 순간 당신에 관한 설명일 뿐이다. 당신에 '관한' 설명이지, 실체가 아니다.

"나는 여기 유일한 지문 정보를 가지고 유전자 정보 XXX를 가진 인간이다."

지문이나 홍채 정보 인식이 사용자 보안에 많이 쓰인다. 두 사람이 같은 정보를 가질 확률이 거의 없기 때문이다. 홍채와 유전자 지문과 같은 정보를 합하면 과학적으로 자기 몸을 가리킬 수 있는 정확한 정보를 제공한다. 그럼 '이런 정보를 지닌 몸이 나인가?'라는 의문이 일어나는데 다음 두 영화를 통해서 이 의문을 살펴보자.

먼저 영화 〈더 문(Moon, 2009)〉이다. 영화는 달에서 생활하는 사람의 이야기를 그린다. 달에서 근무하는 사람의 정체는 사실 클론이다. 기술이 발달한 미래에 사람을 복제해서 달에서 임무를 수행하게 했다. 복제된 사람을 클론이라고 부른다. 클론은 원본인 사람과 지문, 홍채뿐 아니라 모든 유전자 정보가 똑같다. 만일 당신 앞에 복제된 인간이 나타난다면 그를 나라고 할 수 있을까? 분명히 당황스럽겠지만, 나라고 말할 수 없다. 영화에서 두 명의 클론이 서로 싸우기도 하고 협력하기도 한다. 이 두 클론 외에도 같은 원본에서 만들어진 많은 클론이 냉동 보관되어있다. 그럼 이 중에서 누구를 실체라고 말할 수 있을까? 클론의 원본이 되는 사람과 다른 모든 클론을 한데 모아놓고 누가 진짜인지 결정하고 나머지 가짜들은 폐기하려 한다면, 원본이라서 "진짜다."라고 말할 수 있을까? 단지 시간의 순서라는 관점에서 봤을 때 원본이라는 이름표를 달아줄 수 있을 뿐이지, 원본만 진짜 또는 실체라고는 말할 수 없다. 각자 클론의 처지에서 보면 자신이 진짜다. 이 글을 읽는 당신이 알고 보니 하나의 클론이었다는 사실을 듣는다면 그냥 "나는 가짜야."라고 받아들이고 자신이 폐기되는 데 찬성할 수 있을까? 당연히 살기 위해 싸울 것이다. 도대체 누구에게 진짜고 가짜인지 따질 것이다. 당신 관점에서 자신은 진짜다. 다른 클론들이 진짜인지 가짜인지는 모르겠지만 당신은 자신이 확실한 진짜라고 확신한다. 자신이 존재하며 실체가 있다는 사실을 확신한다.

진리는 바로 지금, 바로 여기 있다

또 다른 영화 〈프레스티지(The Prestige, 2006)〉에는 두 명의 마술사가 나온다. 두 명의 마술사 모두 순간이동 마술을 선보이는데, 한 마술사 보든은 사실 한 명이 아니라 일란성 쌍둥이로 두 명이다. 순간이동 마술을 위해서 형제가 모든 사람을 속여 가며 한 사람처럼 살아간다. 반면 다른 마술사 엔지어는 한 과학자가 우연히 만든 실제로 사람을 복제할 수 있는 기계를 이용해서 순간이동 마술을 선보인다. 마술쇼 중에 기계를 이용해서 자신을 복제한다. 복제되는 사람은 무대 바닥으로 떨어트려 미리 준비된 물탱크 속에 가두어 죽이고 자신은 무대 뒤로 이동해서 순간이동 한 것처럼 사람들에게 나타난다. 그런데 문제는 누가 원본인지 확인이 안 된다는 사실이다. 그래서 엔지어는 복제가 일어날 때 물속으로 빠져 죽는 것이 자신인지, 살아남는 것이 자신인지 확신할 수 없어 원래의 자신이 죽을 수도 있다는 공포 속에서 마술 쇼를 한다.

엔지어가 쓰는 복제 기계는 영화 더 문에 나온 클로닝과 크게 다르지 않다. 다른 점은 클로닝에서는 원본이 확인되지만, 기계로 복제할 때는 엔지어의 걱정처럼 원본이 확인 안 된다는 점이다. 영화에서는 둘 다 완전히 똑같은 육체와 마음과 기억을 가지며 같은 성격으로 행동한다고 설정한다. 만일 당신이 극 중의 엔지어라고 하면, 자기가 복제됐는지, 아니면 원본인지 모른다. 하지만 늘 자기 관점에서 자기는 진짜다. 자아를 가지고 나라고 할 것이다.

기계를 통해 복제된 두 명의 엔지어와 상대편 마술사처럼 태어나면서부터 쌍둥이라 불리는 이른바 '자연적으로 복제된' 두 명의 보든은 본질에서 차이가 없다. 엔지어도 기계로 복제된 순간부터 두 명의 사람이 되고 이 둘은 이때부터 서로 다른 시점에서 인식하고 다른 기억을 만들어나가기 시작한다. 기계에 의한 복제인지, 자연적인 복제인지의 차이만 있을 뿐 따로 떨어진 두 명의 사람이라는 점은 같다. 내가 그 둘 중 누가 되더라도 나를 정의하는 데는 차이가 없다.

무엇이 나를 결정짓는가?

당신이 클론이나 복제된 인간이라고 했을 때 나를 결정짓는 것이 무엇인가? 우리의 질문은 이것이다. "무엇이 나를 결정짓는가?" 분명한 것은 세상 유일할 것 같은 지문이나 유전자 정보는 나를 결정짓지 못한다는 사실이다. 결국, 지문이나 유전자 정보는 또 하나의 긴 이름일 뿐이다. 나의 실체가 아니라 나에 관한 정보다. 그러면 여기서 나를 결정짓는 것이 무엇일까? 내가 무엇이든지 간에 나의 존재를 아는 것이 무엇일까?

"나는 지금 여기 있는 이 몸이다."

많은 사람이 어렵지 않게 이렇게 답할 수 있다. 여기 있는 이 몸이 나라는 것이다. 그런데 '여기 있는'이라고 말할 수 있는 까닭이 뭘까? 앞에서 예를 든 두 영화에서 나온 것처럼 다른 복제된 몸들이나 클론들은 내가 아니다. 지금 여기 나의 인식이 일어나는 이 몸을 일컬어 '여기 있는'이라고 말한다. 여기 인식이 일어나는 나라는 육체와 이 육체를 제외한 나머지 세상 모든 것으로 나눈다. 나와 나머지 세상. 그러면 여기서 나라고 믿는 이 몸이 정말 나인가?

여기서 나를 결정짓는 몸이 뭔지 아직 정의하지 못했다. 한 번 살펴보자. 사고로 두 팔과 두 다리가 잘려 나간다면 여전히 나인가? 당연히 여전히 나다. 그럼 영화에 나오는 사이보그처럼 두뇌를 제외한 모든 몸이 다 인공으로 바뀐다고 하면 여전히 나인가? 물론 여전히 나다. 우리는 "나의 몸."이라고 하지 "나는 몸이다."라고 말하지 않는다. 몸이 나와 '소유'라는 개념으로 관계된 물체라는 말이다. 즉, 나는 따로 있다는 말이다. 몸이 나의 실체가 아니라는 말이다. 사이보그로 몸을 다 잃어도 여전히 나다. 그럼 나는 어디에 있을까? 아직 몸의 일부가 남아있다. 두뇌다.

"나는 이 몸속의 두뇌다."

두뇌가 당신인가? 두뇌는 여러 부분으로 되어 있다. 생명 장치를 유지하는 간뇌에 이상이 있으면 생명이 위험하다. 의학이 발달하면 언젠가는 간뇌에 이상이 생겨도 인공 장기로 대체할 수 있을지 모른다. 생각하는 대뇌 부분은 어느 한 부분에 이상이 생겨도 살아남을 수 있다. 만일 대뇌 어느 부분을 제거하면 여전히 나라고 할 수 있을까?

한때 뇌엽 절제술이 유행한 적이 있었다. 정신 질환 치료를 위해서 뇌에 외과적인 수술을 가하는 것인데, 질환을 유발한다고 믿는 특정 부분의 대뇌 피질을 제거한다. 그렇게 뇌 일부가 제거되도 당신은 여전히 나라고 할 것이다.

클론이나 복제인간의 예에서 살펴봤듯이 두뇌도 정확히 복제되면 어느 두뇌가 나라고 할 수 있을까? 두뇌 자체만으로는 나를 결정지을 수 없다. 그런데 잘 살펴보자. 몸도 마찬가지지만 우리는 "나의 두뇌."라고 하지 "나는 두뇌다."라고 말하지 않는다. 이 말은 두뇌 말고 '나'

라고 하는 것이 따로 있다는 말이다. 사실 "나는 이 몸속의 두뇌다."라고 말하는 것은 나의 정체성을 나타내는 현상이 두뇌에서 일어난다고 믿기 때문이다. 생각이 두뇌의 작용으로 일어난다고 믿기에 나라는 정체성에 관한 생각이 두뇌에서 일어난다고 믿고 두뇌가 나라고 답했을 것이다. 그래서 정확히 말하면 "나는 두뇌다."가 아니라 "나는 두뇌의 어떤 작용이다."라고 믿는 것이다. 나의 실체가 두뇌거나 몸이라는 믿음은 치명적인 약점이 있다. 죽음이다. 죽으면 나의 실체가 영원히 사라진다. 두렵다. 영원한 죽음이 두려운 사람들 대부분은 두뇌나 몸에 나의 실체를 맡길 수 없다. 새로운 개념이 필요하다. 영혼이다.

"나는 영혼이다."

만일 이 답까지 왔다면 드디어 육체의 범위를 넘어섰다. 일단 육체가 나의 실체가 아니라는 사실은 알았다. "두뇌를 포함해서 육체는 잠시 '나'의 진정한 모습인 영혼이 머무는 곳이고 진정한 나는 영혼이다."라는 근사한 답을 생각해냈다. 아마 사람들 대부분이 알게 모르게 이렇게 자신의 정체성을 믿고 있을 것이다. 그래서 영혼이 바뀌는 영화나 드라마도 참 많다. 몸은 놔두고 영혼만 바뀐다. 죽으면 육체를 벗어나서 계속 살아가는 영혼의 존재를 믿기에 죽음 뒤에 영혼이 가는 사후 세계도 믿는다.

'내'가 영혼이라고 하면 많은 문제가 해결된다. 먼저 '나'는 불멸한다. 한정된 인간의 수명을 극복할 수 있다. 육체적 한계를 뛰어넘는 능력을 꿈꿀 수 있다. 환생을 꿈꾸기에 다음 생을 기약한다. 천국과 지옥을 꿈꾼다. 우리의 정체가 영혼이라고 믿으면 써먹을 곳이 참 많

진리는 바로 지금, 바로 여기 있다

다. 다들 자기가 원하는 방향으로 해석하고 믿음을 쌓아가며 꿈꿀 수 있다.

영혼에 대한 믿음은 주로 기억에 관한 가정을 전제로 한다. 기억은 두뇌가 아니라 영혼에 저장돼야 한다. 그래야지 죽어서도 자신의 정체성을 이어갈 수 있다. 그런데 우리는 영혼과 함께 전생을 믿지만, 전생의 기억이 없다. 전생의 기억이 전혀 없는 당신은 전생이 있는 걸까, 없는 걸까? 자아가 끊어진 걸까?

많은 소설과 영화에서 전생을 소재로 이야기를 만들어내지만, 구체적인 부분에서 답을 찾지 못해 작가의 상상력으로 설정을 만들어내야 한다. 어떤 이야기에서는 다시 태어날 때 전생의 기억이 사라진다고 설정한다. 육체도 다르고 기억도 사라지는데 어떻게 같은 나라고 정의할 수 있을까? 이 점에서 독자들이 공감하지 못하기 때문에 육체가 죽어 다시 영혼만 남으면 모든 전생의 기억이 되살아난다는 설정을 더한다. 그렇지 않으면 전생에 관한 이야기가 이어지지 않는다. 이런 설정대로라면 육체와 붙어있을 때는 기억이 없고 육체와 떨어져 있을 때는 기억이 생긴다는 가정이다.

만일 기억이 돌아오지 않으면 같은 자아인가, 다른 자아인가? 전생을 이야기할 때면 기억을 자아의 증거나 정의로 보려는 의도가 다분하다. 확인이 안 되는 영혼을 떠나서, 치매에 걸리거나 기억 상실증으로 기억을 잃으면 어떨까? 여전히 나인가, 아닌가? 보통은 이 경우에 당연히 나라고 한다. 같은 육체를 가지고 있기 때문이다. 이즈음 되면 이론이 복잡해진다. 연속성 있는 '자아'를 놓치지 않으려면, 살아 있을 때는 기억의 연속성은 문제가 안 되고 죽어서는 중요하다고 말하거나, 아니면 살아 있을 때 기억을 잊어버려도 죽으면 잃어버린 기억이 다시 살아난다고 말해야 한다. 참 복잡해진다.

기억이 자아의 연속성을 보장해준다는 증거는 어디에도 없다. 우리가 그렇게 믿고 이야기를 만들어 낼 뿐이다. 가만히 살펴보면 우리는 아주 어린 시절을 기억하지 못한다. 어린 시절뿐만이 아니다. 기억은 어디에도 연속적이지 않다. 늘 끊긴다. 어제 오후 3시 27분에 관한 정확한 기억이 없다. 물건을 잃어버려 어디 놨는지 기억하려고 가만히 지난 일을 살펴보는데 도대체가 기억이 안 난다. 보통 사람들은 다 이렇다. 뭘 했는지 어릴 적부터 쭉 이어지는 기억을 가진 사람은 아무도 없다. 또한, 잠을 자면서도 기억은 끊긴다. 그래도 나의 정체성에는 문제가 없다. 어떻게 기억으로 자아의 연속성을 보장하겠는가? 영혼의 연속성을 기억으로 설명하려는 시도는 좀 어설프다. 기억 자체는 연속성을 보장해주지 못한다.

'나'의 연속성을 보장해 줄 다른 뭔가가 필요하다. 그런데 아무리 찾아봐도 딱히 연속성을 보장하는 것이 없다. 무엇이 자아의 연속성을 보장할까? 윤회는 내가 태어나기 전 얼마간은 설명해준다. 하지만 생명이 탄생하기 전에는 어떨까? 그때 당신은 어디에 있었나? 더 나아가 지구가 탄생하기 전에 당신은 어디 있었을까? 몇 번의 환생을 돈다 한들 지구에서 생명체가 생겨난 후부터 말이 된다. 그전으로 돌아가면 자아의 연속성은 보장이 안 된다. 그전에는 나라는 영혼은 어떤 형태로든 존재할 수가 없다. 그럼 누군가는 또 생각을 짜낼 것이다. 다른 외계에서 왔다고. 아무리 외계에서 왔다고 한들 그 문명 또한 한계가 있다. 영원하지 않다. 우주에 언젠가는 최초의 생명 탄생이 있었을 것이다. 그리고 그 전의 시간이 있다. 그때 '당신'은 무엇이었나? 설명이 안 된다. 그러면 또 누군가는 생각을 짜낼 것이다. 윤회

진리는 바로 지금, 바로 여기 있다

하지 않는 영혼의 세계에서 왔다고. 천국이든, 지옥이든, 신선의 세계든, 그 세계도 분명 시작이 있었을 것이다. 그 전에 당신은 무엇인가? 당신이 믿고 싶은 '나'라는 존재는 어디에서 왔나?

자아에 대한 집착이 눈에 보이는가?

대부분 육체가 죽어도 영혼으로 존재한다고 믿는다. 육체의 한계를 벗어나서 '내'가 영원하기 위해서다. 그런데 육체가 죽은 뒤의 존재인 영혼을 믿으려면 필연적으로 영혼에 다시 육체의 개념을 갖다 붙여야 한다. 감각은 육체가 있어야 존재한다. 오감은 육체를 통해서 인식된다. 그런데 육체가 사라지면 도대체 감각이 어디서 온다는 말인가? 오감이 작동하지 않는 사후세계는 상상하기 싫을 것이다. 오감이 없으면 아무런 인식이 없는데 누가 있어 '나'라고 여길 것인가? '나'라는 인식이 있을 수가 없다. 오감 없이 그냥 인식만 있다고 하자. 아무런 감각 정보 없이 그냥 인식만 있다고 하면 어떨까? 어떤 즐거움도 느낄 수가 없다. 심지어 고통도 없다. 아무것도 보이지도, 들리지도 않고 느껴지지도 않는다. 그냥 나무토막이랑 뭐가 다를까? 살아 있다고 말할 수 없다. 내가 원하는 환생이 아니다.

죽은 영혼의 경험을 이야기하려면 육체의 기능을 갖다 붙여야 한다. 영혼을 믿는 사람들은 죽은 뒤에도 보고 듣고 느끼고 맛보고 냄새를 맡는다고 믿는다. 육체가 없으면 경험이 일어나지 않는다. 그래서 새로운 육체를 만들어 내야 한다. 다시 육체의 이야기로 돌아온다. 아니면 죽은 뒤 받는 육체는 절대로 죽지 않는다고 말해야 한다. 다시 육체의 딜레마가 일어난다. 이번 육체는 어디서 왔는가? 어디로 가는가? 영혼의 실체는 뭔가?

혹, 눈치챘는가?

이 모든 이야기의 근거가 믿음이라는 사실을.

이 모든 믿음의 근거가 이야기라는 사실을.

영혼이라는 개념을 그냥 당연히 믿고 있었는데 하나씩 살펴보니 어지럽지 않은가? 골치 아픈 이야기는 제쳐놓고 그냥 믿어버리고 싶다. 이런 면에서 종교는 참으로 편리하다. '종교에서 다 알아서 해주겠지.' 하고 사실 확인의 책임을 전가해 버린다. 계속 이렇게 하고 싶으면 그렇게 해도 상관없다. 자신의 믿음을 누가 뭐라 하겠는가? 하지만 이 것은 믿음이지 사실이 아니다. 사실이라고 말하는 다른 사람이나 종교에 대한 믿음이지 당신이 확인한 사실이 아니다. 당신이 진정 찾고자 한다면 사실과 믿음을 구분해야 한다. 실재와 개념을 구분해야 한다. 찾고자 하면 직접 살펴봐야 한다.

사실은 단순하다. 사실은 영혼에 대한 믿음처럼 복잡하지 않다. 당신의 정체는 복잡하지 않다. 단순할 수밖에 없다. 뭐든 복잡해지는 까닭은 사실을 받아들일 수가 없어 자꾸 둘러대려 하기 때문이다. 한 번의 거짓말은 믿음으로 포장되고 믿음은 믿음을 낳는다. 이야기는 이야기를 낳는다. 이야기는 복잡해지고 그 누구도 알아보기가 힘들게 뒤엉켜서 결국 맹목적 믿음을 요구한다. 맹목적 믿음은 편리하다. 그냥 믿으면 된다.

믿음을 붙들고 싶은가? 진실을 알고 싶은가?

진리는 바로 지금, 바로 여기 있다

영혼에 대한 믿음이 가시지 않는 찾는 이들을 위해서 한마디 덧붙이고 가겠다. 계속해서 영혼을 믿고 싶다면 당신 자유다. 단지 근거 없는 믿음이 아니라 진정 자신이 영혼이라고 확신한다면 그 영혼의 정체가 무엇인지 살펴보라. 당신의 정체가 영혼이라면 지금 이 순간도 당신은 영혼일 것이다. 지금 이 순간, 이 글을 보는 당신은 영혼이다. 그럼 영혼의 정체가 무엇인가? 이 또한, 좋은 물음이다. 어떤 개념으로 어느 방향에서 물어보든 가리키는 방향만 틀리지 않으면 찾음은 문제없다. 죽고 난 다음이 아니고 태어나기 전이 아니라 지금 이 순간 여기 있는 영혼에 집중하라. 지금 이 순간 여기가 아니면 그저 이야기일 뿐이다. 믿음일 뿐이다. 믿음을 붙들고 싶은 집착이다. 바로 지금 바로 여기 당신의 실체라는 영혼의 정체는 무엇인가?

'나'를 찾아보라. 찾아지는가?
'나'라고 할 만한 것이 있는가?

찾고 찾아라, '나'라고 할 만한 것이 있는지. 나의 것이 아니라, 나에게 딸린 것이 아니라, 나에게 귀속된 것이 아니라, 나에 관한 것이 아니라, '나' 자체가 무엇인지. 당신이 생각하고 믿어 온 '나'라는 것이 정말 실재하는지 살펴보라.

당신은 지금까지 '나'를 당연시 여겨왔다. 정말 한 번 살펴보지도 않고 막연히 믿어 왔다면 지금 살펴보라. '나'라고 할 만한 것이 있는가? 길을 걸어가면서 '내'가 있는지 찾아보라. 두 눈을 감고 명상 속에서 '내'가 어디 있는지 살펴보라. 생활 속에서 틈이 날 때마다 살펴보라. 진정 '나'라고 할 만한 것이 있는가?

찾았는가? 찾았다면 위에서 살펴본 대로 다시 확인해보라, 그것이 나에게 딸린 개념인지 아니면 실재하는 '나', 그 자체인지. 찾고 찾아도 찾을 수 없으면 찾을 수 없다고 확신하는가? 찾을 수 없다는 확신이 들 때까지 계속 찾다가 정말 찾을 수 없다는 확신이 들면 계속 살펴보자.

'나'라고 할 만한 것이 없지 않은가? '나'라고 할 만한 실체가 없지 않은가? 지금까지 '나'의 정체라고 생각한 것들이 그저 믿음이고 이야기일 뿐이지 않은가? '나'라고 생각하고 물어보는 순간 나에 관한 것이지 나가 아니지 않은가?

지금까지 찾고 찾아서 '나'라고 할 만한 실체를 찾지 못했다. 혼란스러울 것이다. '나'라고 할 것이 없는데 그럼 "나는 도대체 뭐지?"라고.

"나는 누구인가?" 또는 "나는 무엇인가?"라고 묻는다. 성인의 대단한 물음인 양 다들 그렇게 묻고 묻는데 대부분은 '나는 무엇무엇'이라고 여기는 자기의 믿음 속에서 맴돈다. 믿음 속에서 맴돌면 결코 답을 찾을 수가 없다. 답이라고 찾아봐야 그 믿음 중 하나다. 그래서 먼저 믿음을 바로 보고 내려놓아야 한다. 찾고 또 찾아서 결국 '나'라고 할 것이 어디에도 없다는 확신에 도달해야 한다. 이때 비로소 진정한 찾음이 시작된다. 이때 비로소 "나는 누구인가?"라는 물음은 진정한 물음이 된다. 왜냐하면, 이때 물음 속에서 가리키는 나는 믿음이 아니기 때문이다. 온갖 편견과 믿음을 내려놓았을 때 바로 물을 수 있다.

나는 찾음이 진행될 동안 찾고 또 찾았다. 도대체 '나'라고 할 것을 찾을 수 없는데 뭘 찾아야 할지 몰랐다. 아무리 찾고 찾아도 '나'라고 할 것이 없었다. '나'라고 하는 것은 오직 생각 속에만 존재하는 하나

진리는 바로 지금, 바로 여기 있다

의 개념에 지나지 않았다. 확실했다. 그런데 분명 나는 존재했다. 분명 무언가가 여기서 찾고 있었고 '아무리 찾고 찾아도 나라고 할 것이 없다.'라고 생각했는데, 분명 찾고 있는 나가 존재했다. 도대체 이것이 무엇인가? 나는 너무도 궁금해서 두 손을 꽉 쥐고 "세발!"을 외치며 간절히 알고 싶었다. 이 궁금증을 해결하기 위해서라면 그 무엇도 포기할 준비가 돼 있었다. 이것이 진정한 찾음이다. 모든 편견과 믿음을 내려놓고 나면 순수한 궁금증만 남는다. 하지만 그때도 찾음이 끝나지 않던 까닭은 여전히 '나'라고 할 것이 어디엔가 있다는 믿음이 숨어있었기 때문이다. 그러나 이때는 믿음이 사라지는 건 시간문제다. 순수한 궁금증이 넘지 못할 믿음은 없기 때문이다.

사실은 믿을 필요가 없다.

우리는 생각 속에 존재하는 개념이 아니라 실재하는 무엇을 찾고자 한다. 나에 대한 믿음이나 생각을 배우려는 것이 아니라 나의 실체를 찾는다. 진정한 나의 정체를 알고 싶다. 정말 실제로 존재하는 내가 무엇인지 알고 싶다. 실재하는 것은 믿을 필요가 없다. 당신은 살아 있다는 사실을 믿을 필요가 없다. 당신은 자신이 존재한다는 사실을 믿을 필요가 없다. 사실은 사실이기에 믿을 필요가 없다. 실재하기에 믿을 필요가 없다. 그냥 실재다. 믿는다는 말은 의심할 여지가 있다는 뜻이다. 사실이라는 확신이 없다는 말이다. 당연하지 않다는 말이다. 그래서 우리는 믿음을 넘어서 실재를 찾는다. 실재가 진리이기 때문이다.

나는 생각한다. 고로 '나'는 존재한다?
즉, '나'는 생각 속에 있다.

철학자 데카르트가 "나는 생각한다. 고로 존재한다."라고 한 말은 사람들이 보통 생각하는 것과 조금 다른 측면에서 보면 정확한 말이다. 이 말은 '나'는 생각하기 때문에 존재한다는 뜻이다. 이것을 바꿔 말하면 '나'라고 할 것은 오직 생각 속에만 있다는 뜻이다. 우리가 생각하는 '나'는 그저 추상적 개념이지 실체가 없다. '나'라는 개념에는 수많은 믿음이 달라붙어 있다. 소유권, 주체 의식, 독립된 개체라는 의식, 그리고 이미 살펴본 실체가 없는 믿음들이다. 이것들은 모두 추상적 개념이다. 이런 추상적 개념이 어떠하든 지금 여기 이 책을 읽고 있는 실체가 있다. 누구도 반박할 수 없는 실체가 있다. 모든 개념이 일어나기 전에 존재하는 실체가 있다. 믿음이 어떻든, 개념이 어떻든, 누가 뭐라 하든, 무슨 생각이 일어나든, 뭐라고 믿든 지금 여기 실재한다.

지금 이 순간 나는 개념이 아니다. 실재한다.
분명 이 책을 읽고 있는 존재다.

이 책에서 반복해서 직접 찾아보라고 하는데, 자기가 직접 살펴보고 확신하지 않으면 또 다른 믿음을 심어주는 일밖에 안 된다. 찾아지는 것은 내면의 선언이다. 다른 사람에게 듣고 배운 내용을 지식으로 받아들여서 기억하는 것이 아니라 자신이 직접 살펴보고 확신이 들면서 일어나는 내면의 선언이다. 직접 확인하고 확신하지 않으면

　　　　　　　　　　　진리는 바로 지금, 바로 여기 있다

또 하나의 믿음이 된다. 그러면 어떤 형태로든 다시 내려놓아야 할 장애물이 된다. 정말 '나'라고 할 것이 없음을 믿는 것이 아니라 직접 살펴보고 확신하는 것이다. 내가 억지로 확신하는 것이 아니라 모든 믿음이 걷히면서 저절로 드러나는 확신이다.

없는 것을 찾는 것은 불가능하다. '나'를 찾아보라고 한 것은 어디에도 '나'라고 할 것이 따로 없다는 사실을 직접 확인하라는 뜻이다. 이것은 믿음을 내려놓을 때 가능하다. 이렇게 믿음을 내려놓고 내려놓으면 나라는 이름으로 가리켜왔던 존재의 실체가 드러난다. 개념이 아니라 실체다. 믿음이 아니라 실체다. 한순간도 숨은 적이 없는 실체가 드러난다. 한순간도 찾을 필요가 없었던 실체가 찾아진다.

나에 대한 믿음들이 사라지면,
있는 그대로의 참나가 드러난다.

나는 무엇무엇이라는 믿음들은 오랫동안 나에 대한 어떤 틀을 만들어 온 것이다. 있는 그대로는 이 틀에 맞지 않다. 틀을 가지고 거기에 맞는 나를 찾다 보니 찾아지지 않는다. 나에 대한 여러 믿음을 내려놓고 이 틀이 깨지면 지금 바로 여기 있는 진정한 나를 만날 수 있다. 실재하는 나를 만날 수 있다. 늘 나인 나를 만날 수 있다. 이것을 '참나'라고 한다. 이것을 있는 그대로라고 한다.

» 마음

"기쁜 마음에, 슬픈 마음에, 사랑하는 마음에, 화난 마음에. 그 소리를 들으니 마음이 살짝 기우는데. 하고 싶은 마음이 있어, 없어? 진실한 마음으로 다가가라. 바깥세상에 마음을 닫은 채 살아간다. 시간이 흐르니까 마음이 좀 풀린다. 서로 마음을 조금만 더 열면 좋을텐데. 몸과 마음이 건강해야지. 뭐가 그렇게 조급하니, 마음의 여유를 가져. 마음이 좀 안됐더라. 마음이 좀 짠했어요. 마음이 바뀌었어요. 내가 네 마음에 들려면 어떡해야 하니? 마음이 참 못됐어. 마음이 쿵 하고 내려앉았어. 그 사람의 마음이 와닿았어요. 아무리 뭘 해도 헛헛한 마음이 채워지지 않아. 어떻게 사람 마음을 가지고 놀 수 있어? 언제쯤 마음에 평화가 올까? 그건 마음의 병이야. 마음이 너무 심란해. 마음이 너무 복잡해. 그건 내 마음이야. 마음이 대견해지네요. 스승께 감사한 마음이 들었다. 평정심을 유지할 수가 없어. 욕심을 내려놓으십시오." 등 마음에 관한 말은 끝이 없다. 우리는 마음이라는 말을 참 많이도 쓴다. 여기에 적은 마음에 관한 말들은 우리가 일상에서 흔히 쓰는 말이다. 그런데 막상 "마음이 뭐지?"라고 물으면 답할 수가 없다. 마음에 관한 속성이나 예를 들 수는 있지만, 우리는 마음이 도대체 무엇인지 잘 모른다. 마음에 '관한' 것은 많이 알지만, 마음 자체가 뭔지는 모른다. 도대체 마음이 뭘까? 마음의 실체가 뭘까?

진리는 바로 지금, 바로 여기 있다

마음이 뭘까?

우리는 마음이라는 단어를 다양하게 쓴다. 화난 마음, 기쁜 마음, 슬픈 마음을 말할 때의 마음은 감정을 가리킨다. "마음에 안 들어.", "마음이 복잡해.", "미안한 마음."과 같은 경우는 생각을 가리킨다. "건강한 몸과 마음."이라고 할 때는 물리적인 몸에 반대되는 정신을 가리킨다. '진실한 마음'은 거짓이 없다는 평가를 가리킨다. "마음먹었다."라고 할 때는 의지를 가리킨다. 사실 이것저것 마음의 의미는 끝도 없다. 비록 여기서 나름 구분을 했지만 이런 구분도 보는 사람에 따라 달라질 수 있고 일어나는 마음을 감정, 생각, 느낌, 의지, 성격 등, 딱 어느 하나라고 선을 그을 수도 없다. 심지어 감정, 생각, 느낌, 의지, 성격과 같이 구분하는 항목의 개념들도 정확히 구분이 안 된다. 감정과 생각과 느낌을 따로 떼어놓고 생각할 수 없다. 하지만 마음이라는 말을 쓸 때 한 가지 분명한 사실이 있다. 마음에 관한 모든 말은 물리 작용의 반대 개념으로 정신 작용을 가리킨다. 마음은 몸의 반대말로 내면의 작용이다. 모든 내면의 정신 작용을 일컫는 말로 마음이라는 말을 쓴다. 여기까지는 어렵지 않다.

그런데 이런 마음의 실체가 뭘까? 불교에서는 마음이라는 말을 많이 쓴다. 여러 불교 스승이 마음이라는 말로 어떤 실체를 가리킨다. 믿음에 불과한 허상이 아니라 지금 여기 실재하는 무엇을 가리킨다. 스승이 마음이라는 말로 가리키는 마음의 실체가 뭘까? 실체가 드러나려면 먼저 마음에 드리운 믿음을 살펴보고 걷어내야 한다.

> 당신이 생각하는 마음은 실체가 없다.
> 실체가 없는 것을 좇으면 늘 실패한다.

불교의 영향 때문일까? 다양한 분야에서 마음이라는 말을 많이 쓴다. "마음을 다스리는 글. 마음 챙기기. 마음 명상. 마음 챙김 명상. 마음공부. 마음 수련. 일어나는 마음을 알아차려라. 마음이 밝아지면 행복을 느낀다. 마음이 고요하고 거울처럼 된다. 마음 하나 고쳐먹으면 지금 여기가 극락이다. 모든 것은 오직 마음이 지어낸다. 부처란 바로 마음이다." 마음이 핵심 같다. 불교뿐 아니라 영적 세계에 관심 있는 많은 사람이 수행을 마음 닦는 일로 여긴다. 마음을 수련하는 일이 수행이라고 믿는다.

수많은 수행자가 마음을 닦고 마음 수련을 한다. 그런데 마음이 뭔지는 모른다. 마음이 뭔지 몰라도 열린 마음으로 마음의 실체를 알아가려 하면 문제없다. 그런데 마음을 수련해야 하는 대상으로 여기고 틀을 만들어가면서 문제가 생긴다.

보통, 사람들이 하는 마음 수행 자체는 전혀 문제가 없다. 마음이 힘들고 괴로워서 이를 벗어나고자 마음 다스리는 방법을 배우고 이것이 조금이라도 도움이 된다면 이보다 좋은 것이 없다. 정신 건강에 좋고 행복한 삶을 살아가는 데 실질적으로 도움이 된다면 마음 수행이든, 마음공부든 마음껏 하길 바란다. 다만, 여기서 말하는 모든 가리킴은 오직 찾는 이를 위한 가리킴이다. 마음의 아픔을 덜고 행복한 삶을 찾으려는 것이 아니라 마음의 실체가 궁금해서 찾고자 하는 이들을 위한 가리킴이다.

수행자들은 마음 수행을 하면서 마음을 수행의 대상으로 여긴다. 마음의 실체를 모르기에 알아가려는 것이 아니라, 자기가 듣고 배운 믿음을 바탕으로 마음이 어떠하다는 틀을 만들고 틀에 맞춰진 마음의 실체가 있다고 믿는다. 마음이 실체가 있는 하나의 독립된 개체라고 믿기에

진리는 바로 지금, 바로 여기 있다

수행해서 닦을 수 있는 대상이 된다. 이렇게 틀이 생긴 마음에 관한 믿음은 굳어지고 마음의 실체를 모른다는 사실이 가려진다.

수행자는 마음의 실체가 뭔지 모르고 오늘도 열심히 마음 수행을 한다. 마음이 어떻다는 믿음의 틀을 붙들고 오늘도 열심히 마음을 닦고 있다고 믿는다. 그런데 잘 되는가? 마음을 잘 닦으면 마음을 다스릴 수 있다는 믿음으로 얼마의 세월을 보냈는가? 내가 원하는 방향으로 마음을 통제할 수 있다고 믿는가? 사회에서 배우고 내가 부여한 가치대로 마음이 일어날 수 있고 어떤 일이 있어도 마음의 평화가 지켜질 수 있다고 믿는가? 이런 마음의 평화가 스승이 가리키는 깨달음의 산물이라고 믿는가?

잘 되는가? 마음이 잘 다스려지는가? 수행한 만큼 나아지는가? 영원한 마음의 평화를 얻었는가? 어떤 상황에서도 부처의 미소처럼 늘 마음이 평화로운가? 정말 마음이 평화로운가, 아니면 그렇게 하려고 노력할 뿐인가? 아무리 노력해도 잘 안 되지 않는가? 이미 영원한 마음의 평화를 얻었다면 더는 뭘 찾을 까닭이 없다. 아마 이 책을 들지도 않았을 것이다. 만일 자신 있게 "그렇다."라고 답하지 못하면 잘 한번 살펴보자. 혹 실체 없는 그림자를 잡으려 그렇게 노력해 왔을지 모른다. 무지개를 잡으려 그렇게 노력해 왔을지 모른다. 열심히 달려왔는데 다람쥐 쳇바퀴 위에서 뛰었는지 모른다.

아마 마음 수행을 당연하다고 여기는 대다수의 사람들에게는 충격적일지도 모른다. 당연히 여기는 마음이 믿음일 뿐인지 실체가 있는 무엇인지 확인해야 한다. 만일 당신이 생각하는 마음이 실체가 없는 믿음에 불과하다면 수행은 한낱 환상 같은 꿈에 지나지 않을 수 있다. 마음 수련을 그렇게 오래 했는데도 늘 실패하는 까닭이 여기 있을지 모른다. 스승이 가리킨 마음의 의미를 잘못 알았을지 모른다. 달콤한 마음의 평화에 끌려 자기 믿음을 붙들고 놓지 못하고 있을지 모른다.

찾고자 한다면 바로 보라. 진정 자기가 뭘 찾는지 바로 보라. 혹 집착이 드리워 있는지 바로 보라. 찾음은 틀을 깨는 과정이다. 믿음을 바로 보고 믿음을 넘어서 실체를 찾는 과정이다. 내 믿음을 지지해줄 누군가를 찾는 것이 아니라 있는 그대로의 사실을 알려고 찾는다. 모르기 때문에 찾는다. 무엇인지 모르기에 열린 마음으로 고정관념 없이 찾는다. 모르기에 찾는 이는 늘 초심자다.

"여기, 네 마음을 내놔봐라!"

- 보리달마(菩提達磨)

사람들은 마음을 어떤 실체가 있는 것처럼 말하고 마음을 육체가 죽어도 계속 살아 있다고 믿는 영혼의 개념과 연결해서 생각하며 마음이 마치 우리 몸 안에 실제로 존재하는 어떤 무엇이라고 믿는다. 이 마음이 몸처럼 '나'에게 귀속되어 있고 '내'가 통제할 수 있다고 믿는다. 알게 모르게 수많은 믿음이 마음에 덕지덕지 붙어있다. 잘 살펴보라. 각각의 믿음이 사실이고 아니고는 중요하지 않다. 이것이 믿음이라는 사실이 중요하다. 믿음은 실체가 없기 때문이다. 당신이 생각하는 마음에 관한 모든 것은 믿음이다. 실재하는 것이 아니다. 생각의 내용이다. 자기가 생각하는 마음이 있다고 믿는 당신에게 스승은 말한다. "마음을 여기 내놔보라." 실체가 있다면 찾아져야 한다. 찾아지지 않는다면 믿음에 지나지 않는지 살펴보라. 마음에 붙어있

진리는 바로 지금, 바로 여기 있다

는 모든 믿음을 살펴보라. 믿음에 실체가 없다면 믿음은 내려놓고 나아가자. 그리고 실체를 찾아보자. 무엇이 지금 여기 실재하는지 찾아보자.

일체유심조(一切唯心造), 세상의 실체는 마음이다.

스승은 일체유심조(一切唯心造)라는 말을 통해서 '세상의 실체가 마음'이라고 가리킨다. 마음이라는 단어로 세상의 실체를 가리킨다. 그런데 이 말을 많은 사람이 오해하면서 온갖 마음에 관한 믿음이 쌓여왔다. 사람들은 일체유심조를 "모든 것은 오직 마음이 지어낸다."라고 해석하고 이 해석을 바탕으로 "모든 것은 마음먹기에 달려있다."라고 의미를 부여한다. 모든 것이 달린 이 마음먹기를 어떻게 하면 잘할지 고민하고 이를 위해서 마음을 수행하고 닦아야 한다고 믿는다. 곧 '어떻게'에 관한 온갖 방법이 나타나고, 누구는 가르치고 누구는 따른다. 그런데, 이것은 철저히 오해다. 늘 그렇듯 스승의 말은 오해된다. 이 오해를 거슬러 가는 것이 찾음이다.

'당신이 생각하는 마음'은 실체가 없다. 왜냐하면, 오해에서 비롯된 믿음이기 때문이다. 가리킴을 오해하고 있다는 사실을 깨우쳐 주려 스승은 "마음을 여기 내놔봐라."라고 말한다. 마음이란 말은 하나의 이름표이며 실체를 가리키기 위해 쓴 단어에 불과하다. 그런데 사람들은 이를 붙들고 온갖 믿음을 만들어내며 이름표에 집착한다. 달을 가리키는 손가락에 집착하는 대표적인 사례다. '마음'은 가리킴이다. 실체를 가리키는 하나의 손가락이다. 스승은 제자가 마음에 관한 믿음을 내려놓고 준비가 되면 '마음'이 무엇을 가리키는지 한 발짝 더 들어가서 제자를 안내한다.

"세상의 실체는 마음이다."라는 말은 실재와 개념을 구분 못 하고 세상이 독립된 개체들로 이루어져 있다는 믿음이 있으면 도저히 이해가 안 된다. 오해할 수밖에 없다. 오해할 수밖에 없는 이 가리킴은 모든 가리킴의 핵심이다. '일체유심조'와 '공즉시색 색즉시공'은 정확히 같은 말이다. 세상의 존재 방식을 깔끔하게 묘사한다. 지금 여기 무엇이 실재하고 어떻게 세상이 일어나는지 잘 알려주는 말이다. "있는 모두가 참인식이다."와 정확히 같은 뜻이다. "있는 모두가 마음이다."라고 해도 된다. "하나님은 알파와 오메가요. 처음과 마지막이라."와도 정확히 같은 뜻이다. '하나님'과 '마음'이 가리키는 무엇은 다르지 않다. 그래서 "마음은 알파와 오메가요. 처음과 마지막이라."라고 해도 된다. 어느 스승이 언제 어떤 말을 써서 가리키든, 지금 여기 실재하는 무엇을 가리킨다. 진실로, 진실로 실재하는 무엇은 다를 수가 없다. 실재의 뜻이 그렇다. 실재가 그렇다. 실재다.

마음은 바로 지금 바로 여기 실재하는 무엇이다. 마음이라는 말은 내면의 작용이다. 우리가 정신 작용이라고 믿는 그 무엇이다. 바로 지금 이 글을 읽고 있는 바로 그 존재다. 이 글을 읽고 내용을 아는 존재가 있다. 이 존재가 마음이다. 이 글을 읽는 존재는 주변 사물들을 인식한다. 주변 사물들이 존재한다. 세상을 인식한다. 세상이 존재한다는 사실을 안다. 하늘이 있고 태양이 있고 별이 있고 땅이 있고 나무가 있고 건물들이 있고 다른 사람들이 있고 자기 몸이 있다. 그렇게 세상이 존재한다. 그런데 스승은 이런 세상의 실체가 마음이라고 한다. 객관적으로 독립되어 존재하는 것처럼 보이는 사물들의 실체가 마음이라고 한다. 사물은 마음에 인식되면서 존재한다고 말한다.

진리는 바로 지금, 바로 여기 있다

사물과 이를 인식하는 마음을 둘로 떼어내서 말할 수 없다고 한다. 둘이 아니라고 말한다. 불이(不二)다. 주체와 객체가 둘이 아니다. 세상의 실체는 마음이다. 세상이 마음 안에 있다. 사물들이 마음 안에 있다. 다 미음의 내용이다.

세상을 살펴보면 우리가 믿어왔던 현실의 개념이 무너진다. 개념이 무너지면서 실체가 드러난다. 주체와 객체의 구분이 무너지면서 둘이 아닌 참주체가 드러난다. 있는 그대로의 실재가 드러난다. 지금 이 글을 읽고 있는 존재의 실체다. 마음이 가리키는 그 무엇이다.

찾아졌는가? 마음이 가리키는 그 무엇이! 너무도 선명히 지금 여기 있는 실체가 확연하지 않은가? 아직 무슨 말인지 잘 모르겠다면 마음과 같은 뜻인 '인식'이라는 말로 좀 더 살펴보자. 같은 뜻의 다른 말로 조금씩 다르게 가리키지만 가리키고자 하는 무엇은 다 같다. 이렇게 다양한 방법으로 반복해서 가리키는 가리킴을 따라가다 보면 익숙해진다. 익숙해지다 보면 확연해지고 알게 된다. 늘 여기 있는 앎이 드러나고 찾음이 끝난다.

» 인식

우리는 여러 감각과 다양한 감정을 느끼고 또 생각한다. 이것을 정신 작용이라고 부르고 물리적인 것과 분리해서 생각한다. 정신적 작용에 관한 내용을 의사소통에서 표현할 때 마음이라는 단어를 자주 쓴다. 그래서 '몸과 마음'이라는 말에서도 나타나듯이 물리적인 작용과 물리적이지 않은 작용으로 나누어 생각한다. 하지만 요즘에는 몸과 마음을 따로 떼어놓고 생각할 수 없다는 사실이 사람들 사이에서 받아들여지고 있다. 몸이 마음에 영향을 주고 또 마음은 몸에 영향을 준다. 여기까지는 크게 무리 없이 받아들인다. 하지만 여전히 몸과 마음을 구분해서 따로 떨어져 있는 두 가지로 여긴다. 서로 영향을 주려면 따로 떨어져서 둘로 존재해야 한다. 물리적 작용을 대표하는 몸과 물리적 작용에 반대되는 개념으로써의 정신적 작용을 대표하는 마음으로 나뉘어 존재해야 한다. 그런데 정말 이렇게 나뉘어 있을까? 밀접한 영향을 주고받지만, 여전히 나눠져 있을까? 이 둘의 실체가 따로 있을까? 도대체 지금 여기 있는 실체가 뭘까?

감각과 생각과 인식에 구분이 있는가?

여러 가지로 나누고 구분하는 개념은 의사소통을 쉽고 풍부하게 한다. 그래서 학문에서는 구분하고 또 구분해서 비교 분석하며 세부

진리는 바로 지금, 바로 여기 있다

적인 속성을 알아가려 하지만, 찾음에서는 그 반대로 모든 구분된 가지들을 거슬러 올라가서 뿌리를 찾아 뿌리의 본질을 알려고 한다. 우리는 여기서 여러 가지로 구분되는 정신적 작용들의 실체를 살펴보려 한다. 내용을 구분하는 개념과 실체는 엄연히 다르다. 내용을 구분하는 개념일 뿐인데 사람들은 마치 따로 떨어져 존재하는 실체가 있는 것처럼 착각한다. 이 착각을 넘어서야 실체가 보인다.

영화의 예를 살펴보자. 영화관에서 영화를 보면 한 사람이 드래곤을 타고 산 위를 날아가고 바다 위를 날아간다. 우리는 영화를 보면서 드래곤이 실제로 날아가고 산과 바다가 있다고 느끼면서 영화를 본다. 그래야지 재밌다. 가상현실을 통해서 재미를 느끼는 오락이다. 우리는 영화를 다양하게 나누어 구분할 수 있다. 나오는 사물에 따라 드래곤, 사람, 산, 바다로 나누기도 하고 날아가는 장면, 뛰어가는 장면, 산을 보여주는 장면, 액션 장면, 감정 장면, 사랑하는 장면, 격투 장면 등으로 화면에 나타나는 내용에 따라서 나눌 수도 있다. 그런데 다양하게 나뉘는 영화의 실체를 보면 스크린 위에 반사되는 빛이다. 영화를 보는 순간 다양한 사물의 실체는 스크린에 비친 빛이다. 그럼, 지금 당신이 자신의 인생이라는 영화를 보고 있다고 생각해 보면 정말 지금 이 순간 실재하는 것이 무엇일까?

우리가 정신 작용이라는 것을 말할 때 외부에서 정보를 받아들이는 감각과 그 정보를 처리하고 또 자체적으로 꼬리를 물고 이어지는 생각과 감정 등으로 분리해서 생각한다. 감각은 대개 시각, 청각, 미각, 후각, 촉각 등 다섯 가지로 나눈다. 감정도 기본적으로 기쁨, 슬픔, 혐오, 분노, 두려움 등으로 크게 나누기도 하고 또 아주 섬세하게 나눌 수도 있는데, 분노, 걱정, 기대, 설렘, 증오, 욕망 등, 셀 수 없이 다양하게 여러 이름을 붙여 나누기도 한다. 보는 관점에 따라 감정을 분류하는 방법도 천차만별이다. 생각은 너무도 다양해서 따로 나누기도 힘들다. 감각, 생각, 감정 이외에도 정신 작용을 나타내는 수많은 말들이 있다. 기억, 사고, 사색, 관념, 사상, 사유, 의식, 인식, 인지, 지각, 몽상, 공상 등 참 많다. 사람들은 일상의 의사소통이나 문학과 예술이나 학문적 연구나 종교적 의미로 다양하게 구분하는데, 한 가지 의문이 든다. 이런 구분이 선을 정확히 그을 수 있는 구분인가 하는 의문이다. 다시 말해서 그런 구분에 실체가 있느냐 하는 말이다. 정말 그런 구분에 실체가 있어서 우리가 그렇게 구분할 수 있는 것인지, 아니면 실체가 없이 개념적으로 구분하는 것인지 살펴볼 필요가 있다.

정신 작용에 관한 구분이 생각 속에서 일어나는 개념에 불과한 건 아닐까? 아니면, 정말 따로 떨어져 존재하는 실체가 있는 것인가? 가만히 보면 모든 구분은 그 내용을 바탕으로 한다. 기쁨과 슬픔 따위는 감정 내용의 다양성을 말하고 시각과 청각 따위는 인지되는 감각 정보의 다양성을 말한다. 기억, 사유, 사상과 같은 말은 생각 내용의 다양성을 말한다. 영화를 내용에 따라 다양하게 구분하지만, 영화 자체의 실체는 스크린에 투영되는 빛이라는 사실처럼 일어나는 정신 작용도 내용에 따라 다양하게 구분하고 이름을 붙이기는 하지만, 실체는 따로 있다. 도대체 이 정신 작용의 실체가 뭘까?

감각의 실체는 감각기관일까? 아니면 인식일까?

진리는 바로 지금, 바로 여기 있다

우리는 감각을 다섯 가지로 분리해서 오감이라고 한다. 그런데 정말 감각의 실체를 따져보면 원래부터 이렇게 따로 구분되는 감각들이 있을까? 아니면 감각 정보가 인식되고 나중에 이렇게 구분하는 생각이 일어나는 건 아닐까? 느껴지는 감각을 가만히 살펴보자. 인식되는 감각을 해석하고 분류하는 생각이 일어나기 전의 감각을 세밀히 살펴보면 지금 이 순간 감각은 인식으로 존재한다. 감각 자체는 인식으로 존재한다. 만일 그렇다면, 존재의 측면에서 우리는 다섯 가지 감각이 따로 떨어져 있지 않다고 말할 수 있다. 감각들의 실체가 인식이라고 말할 수 있다. 지금 이 순간 눈을 감고 감각을 살펴보라. 당신이 정말 실재한다고 확신할 수 있는 것이 뭔가? 지금 이 순간 감각을 인식하는 이 인식 말고 실재하는 것이 있는가? 확신이 서면 눈을 뜨고 시각도 같이 동원해서 살펴보라. 지금 이 순간 다른 모든 사람의 말은 제쳐 놓고 실재한다고 확신할 수 있는 것이 뭔지 살펴보라.

결론부터 말하자면, 모든 자연인이 여기서 낸 결론은 오직 인식뿐이라는 사실이다. 정말 실재하는 것은 인식이라는 말이다. 지금 받아들이기 힘들어도 괜찮다. 이미 여러 번 다양하게 살펴봤지만 받아들여지지 않을 수도 있다. 나도 처음에는 너무도 혁신적인 의식의 전환이라서 도저히 받아들여지지 않았다. 하지만 계속 살피고 살피다 보니 확실해졌다. 나중에는 도대체 어떻게 "이 사실을 지나쳤지?" 하고 어이가 없이 느껴질 정도였다.

너무도 당연한 사실이지만 처음 접하면 생각해오던 것과 너무 달라서 받아들이기 힘들다. 하지만 여기 찾음의 끝을 앞당기는 열쇠가 있다. 그래서 이 사실을 살펴보기 위해 감각을 이용하는 다양한 수행 방법들이 있다. 뭔가 신비롭고 대단해 보이지만 결국 지금 여기서 말하는 감각의 실체를 바로 보기 위한 노력이다. 감각의 실체를 바로 보고 받아들여지면 그런 수행은 필요 없다.

안이비설신의(眼耳鼻舌身意). 여섯이 하나가 되면 성령을 보게 된다.

모든 감각은 인식으로 실재한다. 감각에 관한 인식의 내용은 수없이 다양한데, 이들 인식의 내용을 감각기관에 따라 시각, 청각, 후각, 미각, 촉각 등으로 분류하며 이름을 붙였다. 미리 정해진 감각이란 없고 추상적 개념으로 분류하며 이름 붙이는 생각만 있다. 아주 미세한 차이지만 완전히 다르다. 자세히 보면 시각, 청각, 후각, 미각, 촉각이라는 감각의 실체가 따로 없다. 이 순간 실재하는 것은 감각의 정보다. 이 정보를 인식하는 인식이다.

우리의 감각을 조금만 살펴보면 그리 어렵지 않게 이 사실을 눈치챌 수 있다. '착시현상(Optical illusion)'이라고 검색하면 많은 그림이 나온다. 원래 그려진 것과 인식되는 내용이 다르다. 분명히 사선으로 기울어져 보이는데 평행한 직선이다. 어떤 그림은 두 선의 길이가 분명 다르게 보이는데 길이가 같다. 아무리 보고 있어도 믿어지지 않아 자를 가지고 확인해보면 맞다. 어떤 그림은 분명 종이에 그려진 그림인데 마치 움직이는 것 같다. 영화관에서 3D 영화를 보는 기술이나 가상현실을 보게 해주는 기술도 시각 정보를 조작하는 기술이다. 텔레비전과 모니터, 영사기 기술도 마찬가지인데, 정지된 여러 그림을 빠르게 보여주면 의심 없이 움직인다고 생각한다. 가끔 컴퓨터가 버벅거리면 이런 사실을 눈치챌 수 있다. 우리는 이런 조작에 즐겁게 속아 넘어간다. 이렇게 보면 시각만큼 엉성한 감각도 없다. 만일 시각이 독립적으로 존재해서 고유

진리는 바로 지금, 바로 여기 있다

의 실체가 있다면 어떻게 이런 일이 일어날 수 있을까?

도심 속 길을 걸어가면 수많은 소리가 존재한다. 그런데 우리는 오직 특정한 소리만 듣는다. 만일 눈을 감고 청각에 집중해서 하나하나 들리는 소리를 살펴보면 정말 생각지도 못한 소리가 있구나 싶을 것이다. 그런데 한 소리에 집중할 때 보면 여러 다른 소리는 들리지 않는다.

한 방에 사람들이 모여서 모임을 갖고 있다. 다들 카펫 바닥 위에 방석을 깔고 앉았다. 한 사람이 방석 위에 올라온 개미 한 마리를 옆으로 털어냈다. 방석에 한 마리 더 보인다. 가만 보니 한두 마리만 있는지 알았는데 수십 마리가 돌아다니고 있다. 도대체 언제 어디서 이렇게 갑자기 나타났는지 알 수가 없다. 털어내다 보니 몸에도 올라와 있는 개미가 보인다. 몸에 올라온 개미를 털고 나니 몸이 여기저기 가렵기 시작한다. 온몸에 개미가 돌아다니는 것 같다. 이 모습을 보고 있던 다른 사람들도 여기저기 몸을 긁기 시작한다. 어느새 방에 모여 있던 모든 사람이 개미를 찾느라, 몸을 긁느라 정신이 없다. 이런 경험이 없는가? 몸이 근지럽기 시작해서 분명 벌레가 기어 다닌다고 확신해서 확인해보면 없다. 분명 벌레가 기어 다니는 느낌이었다. 감각이 독립적으로 실재한다면 이런 일이 일어날 수 있을까?

감각에 일어나는 환상이 심하면 생활이 힘들고 다른 사람에게 피해가 갈 수 있어 우리는 '병'이라는 이름표를 붙인다. 환청을 듣는 사람에게 "어떤 환청이 들리나요?"라고 물으면 그 사람은 "환청은 전혀 없다."라고 대답한다. 그래서 의사는 이렇게 묻는다. "다른 사람들이 못 듣는 소리를 들으시나요?" 그러면, 그때 이런저런 소리에 관해서 말한다고 한다. 분명 그 사람은 확실히 소리를 듣고 있었다.

어떤 사람은 다른 사람들이 보지 못하는 사람을 본다. 이 사람에게는 환상이 아니다. 모든 감각이 그 인물을 인식한다. 그 사람을 보고 대화하고 만지며 느낄 수도 있다. 다만 다른 사람이 보지 못한다는 사실만 다를 뿐, 겪는 사람에게 환각 속 인물은 다른 사람들과 전혀 차이가 없다. 기술이 발달하면 언젠가 뇌에 신호만 전달해서 완벽한 오감을 재현하는 가상세계를 구현할 수 있을 것이다. 이때 감각의 실체는 오직 정보다. 감각의 구분은 정보의 내용이다. 지금 당신이 경험하는 현실도 다르지 않다. 현실의 실체는 정보다. 그리고 정보의 실체는 인식이다. 실체는 오직 인식이다.

"사실이야! 내 두 눈으로 직접 봤다니까!…?"

감각을 살펴본 것과 같은 방식으로 감정을 살펴보면, 감정의 실체도 감각과 다르지 않다는 사실을 알 수 있다. 감정들이 원래부터 따로 떨어져서 존재하는 실체가 있는 것이 아니다. 감정은 인식으로 존재한다. 감각과 마찬가지로 감정의 실체도 인식이다. 실재하는 것은 인식이다. 인식의 내용에 감정이라는 이름을 붙이는 생각이 일어나고, 여기서 다시 세분해서 기쁨, 슬픔, 혐오, 분노, 두려움과 같은 다양한 이름을 붙이는 생각이 일어난다. 원래부터 정해진 감정은 없다. 우리는 이런저런 인식의 내용에 기쁜 감정, 슬픈 감정과 같은 이름을 붙이도록 배웠을 뿐이다. 같은 문화권에서 비슷하게 이름 붙이는 법을 배운 사람들은 일어나는 감정을 이런 이름으로 다른 사람들과 공유하고 공감한다. 이렇게 붙이는 이름들은 의사소통에 큰 도움이 된다. 하지만 이름은 그저 이름일 뿐 감정이 아니다. 기쁨도 다양한 기쁨이 있다. 상황마다 다 다르다. 하지만 그것을 표현하는 데는 사회적

진리는 바로 지금, 바로 여기 있다

으로 합의된 이름을 써야 한다. 창의적인 사람들은 새로운 표현 방법을 개발해내기도 하는데, 새로운 표현법이 공감되면 '문학적 표현'이라는 이름을 붙여준다.

생각도 마찬가지다. 그런데 사람들은 생각은 조금 다르다고 믿는 경향이 있다. 생각도 외부의 영향을 받지만, 감정이나 감각은 외부의 영향을 더 많이 받는 것처럼 보인다. 감각이나 감정은 외부와 이어져 있어 보인다. 감각은 감각을 전해주는 감각기관이 있고 감정은 감정을 일으키는 편도체라는 두뇌 기관이 있다. 또한, 감각과 감정은 몸과 직결된 것처럼 느낀다. 몸이 같이 반응하는 것처럼 느낀다. 하지만 생각은 철저히 내부에 있는 것 같다. 그런데 생각의 실체가 뭔지 살펴보면 감정이나 감각과 다르지 않다.

우리는 보통 "생각을 알아차린다."라고 말하는데 어떻게 생각을 알아차릴까? 알아차리는 다른 무엇이 있나? 아니면 '알아차린다는 것' 또한 하나의 생각이 아닐까? '알아차렸다.'라고 하는 생각이 인식되면서 알아차린다. 그럼, 생각은 어떻게 존재할까? 생각의 실체가 뭔지 살펴보면 감정과 감각과 마찬가지로 생각도 인식으로 존재하기에 생각의 실체는 인식이다. 생각은 감각과 감정만큼 인식과 구분이 잘 안 된다. 사실, 감각과 감정과 생각도 구분이 잘 안 된다. 감각이 인식되면서 생각으로 일어나기에 감각을 안다. 감정이 인식되면서 생각으로 일어나기에 감정을 안다. 생각이 일어나는 것이 인식되면서 '인식된다는 생각'이 일어나기에 생각을 안다. 물론 이름표는 있다. 여러 가지로 상세히 구분하는 수많은 이름표는 있다. 하지만 가만히 살펴보면 어떤 구분도 원래 있지 않다는 사실이 보이고 단지 이름표라는 또 다른 생각이 일어날 뿐이라는 사실이 눈에 들어올 것이다. '생각', '감정', '감각'도 인식의 내용에 붙은 여러 가지 이름표라는 사실이 눈에 들어올 것이다. 그러면 정말 지금 이 순간 실제로 있는 것이 드러난다. 이 모두가 어떻게 존재하는지 드러나기에 이렇게 말할 수 있다. "실재하는 것은 인식이다."

있는 모두가 참인식이다.

우리는 지금 이 순간 여기 있는 실체를 알고자 한다. 감각과 감정과 생각 그리고 여러 다르게 이름 붙일 수 있는 정신 작용들의 실체가 뭘까? 여기에서 결론은 인식이다. 모든 정신 작용의 실체는 인식이다. 구분하는 이름을 다 떼어내고 지금 여기 실재하는 것은 인식이다. 이렇게 저렇게 이름 짓고 분류하는 개념은 그저 이름표에 지나지 않는다. 실재하는 것은 인식이다. 인식도 그저 하나의 이름일 뿐이기에 어떤 이름으로 불러도 상관없다. 감정, 감각, 생각, 모든 정신 작용의 실체는 인식이다.

인식의 내용에 사회적으로 공감되고 통용되는 우리가 배워온 분류 방법과 이름표들이 존재하지만, 직접 가만히 살펴보면 실제로 구분되는 것은 아무것도 없다. 정신 작용 사이에는 어떤 경계도 없다. 어떤 구분도 실재하지 않는다. 이 때문에 역설적으로 수많은 이름이 존재하고 수많은 분류와 개념이 존재한다. 구분에 실체가 없기에 어떤 구분이든 새로 만들어낼 수 있다. 구분에 실체가 있다면 어느 문화권이나 어느 사람이 보아도 똑같이 분류되어야 한다. 그런데 다 다르다.

인식이 있다. 인식이라는 말은 구분할 수 없고 경계가 없음을 가리키는 하나의 가리킴이다. 이 또한, 이름표다. 인식이라는 독립적 개체

진리는 바로 지금, 바로 여기 있다

가 존재하는 것이 아니다. 지금 여기 있는 실체를 가리켜 인식이라고 부를 뿐이다. 이 사실을 잘못 오해하면 영혼이라는 개념에 이름만 바꾸는 꼴이 되어 버린다. 나에 대한 거짓 믿음은 늘 다시 튀어나올 기회를 기다린다. 조심하지 않으면 한참을 앞으로 나아갔다고 생각했는데 알고 보니 한 바퀴 돌아와 같은 자리일 수 있다. 알고 보니 쳇바퀴만 돌고 있을 수 있다. 정신 바짝 차려서 쳇바퀴에서 벗어나야 한다. 불교 스승들은 이 인식을 가리켜 '마음'이라 불렀다. 정확히 같은 뜻이다. 어떤 스승들은 마음이라는 말 대신 인식이나 의식과 같은 말을 선호하는데, 마음이라는 말에 오해와 편견이 오랜 세월을 거쳐 쌓여 왔기 때문이다. 사실 어떤 말이든 상관없다. 인식이라는 말을 마음이라는 말로 바꿔 써도 전혀 다른 말이 아니다. 늘 그렇듯 말이 아니라, 말에 씌워진 편견이 문제다.

불교의 『반야심경』에서는 이렇게 말한다. "느낌과 생각과 지어감과 의식도 없으며, 눈과 귀와 코와 혀와 몸과 뜻도 없으며, 빛과 소리와 냄새와 맛과 닿음과 법도 없으며, 눈의 경계도 없고 의식의 경계까지도 없다." 『반야심경』의 말은 어떤 신비하고 대단한 비밀을 말하는 것이 아니다. 몇 생을 거치면서 수행을 엄청나게 해야 겨우 알 수 있는, 그런 대단한 법이 아니다. 이제 처음으로 영적인 문제에 관심이 있어 찾기 시작한 이도 지금 이 순간 잠시만 살펴보면 바로 알 수 있는 사실이다. 이 사실이 보이지 않는 것은 오직 당신의 눈을 가리는 믿음들 때문이다. 『반야심경』이 가리키는 지금 이 순간 여기, 이 글을 읽고 있는 존재에는 어떤 경계도 없다.

'내'가 인식한다는 믿음이 온갖 혼란을 일으킨다.
이 믿음을 위해 독립된 '나'를 만들어내야 하기 때문이다.

이 사실을 살펴보는 데는 시간이 오래 걸리지도 않는다. 잠시면 된다. 금방 "아!" 하고 알 수 있다. 처음에 잘 안 되면 일단 제일 혼란이 심한 감각인 '시각'을 배제하고 해보자. 눈을 감고 잘 살펴보라. 다른 가르침들과 기존에 세상에서 배워왔던 내용이나 살아오면서 자신이 생각해왔던 것을 모두 내려놓고 오직 지금 이 순간에 집중하라. 무엇이 실재하는가? 몸의 모든 감각과 감정과 생각을 살펴보라. 원래부터 있는 구분이 있는가? 아니면 구분 짓는 생각이 일어났다 사라질 뿐인가? 모든 구분에 실체가 없음을 알면 남는 것은 살펴보는 존재뿐이다.

많은 이가 실패하는 까닭은 생각의 내용을 들여다보기 때문이다. 생각은 당신에게 쌓여온 기존의 지식이다. 지식에 대한 믿음이 생각으로 일어났다 사라진다. 일어나는 생각은 그냥 일어났다 사라지게 놔두고, 지금 이 순간 자신의 내면에 집중해서 답하라. 바로 답하라. 꼬리를 무는 생각이 답을 흐리기 전에 답하라. 그러면 수천 년에 걸쳐서 수많은 스승이 가리키던 바로 그것을 마주한다. 지금 이 글을 읽고 있는 그 존재다.

그 누구에게도 의지하지 마라.
오직 지금 이 순간 바로 여기에만 의지하라.
이미 진리가 여기 있다.

분명 무언가가 여기 있다. 당신은 자신이 존재한다는 사실을 안다. 왜냐하면, 지금 이 책을 읽는 존재를 직접 경험하며 안다. 좀 더 정확

진리는 바로 지금, 바로 여기 있다

히 말해서 경험해서 아는 것이 아니다. 경험의 대상이 아니기 때문이다. 경험하며 인식하는 주체다. 감각을 통해서 느끼는 것이 아니다. 그냥 안다. 아는 주체다. 존재 자체다. '있음'이다.

누구에게도 물어볼 필요가 없다. 이 책을 읽고 생각하는 존재가 있다. '나'에 대한 믿음을 다 내려놓고, 지금 여기 정말 실재하는 것이 무엇인지 살펴보라. 지금 이 순간 실재하면서 나라고 할 수 있는 것은 이 글을 읽고 생각하는 그 인식이다. 인식함이 있다. '내'가 인식하는 것이 아니다. 이미 우리는 '나'라고 할 것이 없다는 사실을 살펴봤다. '나'는 인식의 내용으로 일어났다 사라지는 생각이다. 오직 인식만 있다. 말로 표현하면 좀 이상하다. 말은 주어가 필요하기 때문이다. 그래서 익숙하지 않다. 어쩔 수 없다. 이름을 붙이는 순간, 언어로 생각하는 순간 언어와 사고의 틀에 갇힌다. 언어를 넘어 가리키는 달을 보라. 지금 이 순간 실제로 존재하고 나라고 할 만한 것은 여기 인식이다. 인식뿐이다. 유일하게 실체가 있는 나다.

'내'가 인식이 아니라 인식이 나다.

누구는 일어나는 '인식'을 '의식'이라고 부르고 '마음'이라고 부르고 '영혼'이라고도 부른다. 편견만 없으면 용어 자체는 뭐라고 한들 문제가 안 된다. 만일 당신이 영혼이라는 말에 아직 아쉬움이 남는다면 한 번 살펴보라. 영혼의 정체를. 진정한 영혼의 정체는 지금 이 순간 바로 여기서 살펴봐야 한다. 보라! 지금 일어나는 인식 이외에 영혼의 다른 정체가 있는가? 지금 여기 책을 읽고 생각하는 인식 말고는 영혼이라 할 만한 것이 없지 않은가?

혹시 다른 것이라고 다시 생각이 일어나면 다시, 믿음이다. 믿음이 아니라 지금 이 순간 실재하는 것을 보라. 자꾸 다른 곳, 다른 시간으로 도망가려 하지 말고, 바로 지금 바로 여기만 보라. 영혼의 실체는 지금 여기 일어나는 인식이다. 이 글을 읽고 인식하는 바로 그것이다. 이 인식은 '당신'의 인식이 아니다. 왜냐하면, '당신'이 따로 있는 것이 아니라 이 인식이 바로 당신이기 때문이다. '당신'이 인식이 아니라 인식이 당신이다.

인식은 주체다. 주체는 찾는 그 주체다. 주체는 찾아질 수 없다. 찾는 것이 불가능하다. 주체를 살펴보는 것은 불가능하다. 대상이 아니기 때문이다. 찾고 있는, 살펴보고 있는 바로 그 존재다. 눈은 결코 자기 눈을 볼 수 없다. 주체이기 때문이다. 그렇게 찾아왔는데, 찾는 대상이 바로 찾고 있는 그 주체다. 처음부터 찾음은 불가능했고 불필요했다. 알겠는가? 지금 이 글을 읽고 있는 존재여!

참주체

» 인식하는가, 인식되는가?

현실은 인식으로 존재한다. 지금 이 순간 존재하는 것은 일어나는 인식이다. 의식이다. 의식과 인식은 같은 말이다. 인식하는 의식이라고 말해도 된다. 오직 인식만 있기에 '참인식'이라고 부른다. 또는 '참의식'이라고 부른다.

인식뿐이라는 사실을 받아들일 수 없는 사람은 '누가 인식하지?'라는 의문이 일어난다. 그리고 '내'가 인식한다는 답을 붙든다. "당연히 '내'가 인식하지 누가 인식하겠나?", '이 몸이 이 눈으로, 이 귀로, 이 코로, 이 혀로, 이 피부로, 이 두뇌로 세상을 인식하지.'라고 생각한다. 이것이 지금 이 순간 일어나는 경험에 관한 불변의 진리 같다. 지금까지 모든 가리킴에 고개를 끄덕이고 가슴으로 받아들여도 이것만은 이해가 안 된다. 고개는 끄덕이는데 몸이 거부한다. 지금까지의 가리킴은 이것이 사실이 아니라고 가리키는 것 같은데 도저히 받아들여지지 않는다. 깊은 함정에 빠진 것 같다. '나'에 대한 이 믿음은 끝까지 내려놓아지지 않는다. '나'는 여기 이 육체이고 이 육체가 인식한다는 믿음이다. 나와 세상으로 나누는 믿음이다.

찾음이 끝나기 전 나를 마지막까지 괴롭혔던 것이 바로 이것이었다. '나는 이 육체다.'라는 생각을 떨쳐버릴 수가 없었다. 여기 이 육체가 '나'이고 이 육체가 인식하는 주체라는 생각을 떨칠 수 없었다. 이 육체가 '나'라고 믿는 믿음, 너무도 당연히 오랫동안 뿌리 깊게 박혀있던 믿음이라 스승들의 말을 이해하고 깨우침이 일어나면서 선명하게 이것이 거짓이라는 사실을 확인했어도 어느새 다시 육체를 '나'와 동일시하는 정체성이 일어났다. 내가 원한다고 내려놓을 수 있는 것이 아니었다. 한두 번의 깨우침으로 사라지지 않았다. 마치 몸이 거부하는 것 같았다. 그래서 살펴보고 또 살펴봤다. 어떤 일은 시간이 걸리기 마련이다. 생각하고 이해하고 "아하!" 하고 그냥 넘어가지지가 않는다. 때가 있다. 우리는 그때가 언제인지 모른다. 지나고 보니 "아! 그때였구나!" 할 뿐이다. 그때까지 그저 묵묵히 최선이라고 여기는 일을 해나갈 뿐이다.

'내' 몸이 인식하는가? 아니면 몸이 인식되는가?

몸-마음 유기체라고도 일컫는 이 몸과 '나'를 동일시하는 믿음에 갇혀 있으면 '몸이 인식한다.'라는 생각을 떨칠 수가 없다. 나는 이 몸이고, 몸에 있는 두뇌의 활동으로 의식이 있고 세상을 인식하는 일이 일어난다는 믿음이다. 이 믿음은 영혼과 같은 형이상학적 존재와 동일시하는 믿음과 차원이 다르다. 생각해서 그렇게 믿는 것이 아니라 오랜 경험에 바탕을 둔 원초적 믿음이다. 감각적 믿음이다. 이 믿음을 깊이 들여다보면 몸이 거부한다. 이 믿음을 내려놓으면 마치 죽기라도 하는 양 거부한다. 그래서 때로는 죽음을 각오한 열망이 필요하다.

'나'에 대한 믿음의 심장을 건드리면 죽음으로 협박한다.
알고 보면 아무런 실체가 없다.
그래도 죽음을 무릅써야 환상이 극복된다.

진리는 바로 지금, 바로 여기 있다

잘 살펴보라. 지금 여기 무엇이 있는가? 의식이 있다. 어떤 생각도 일어나기 전에 있는 것, 생각을 의식하는 그 무엇, 알아차리는 그 무엇, "아하!" 하고 깨우치는 그 무엇이 여기 있다. 의식이 있다. 의식이 지금 글 쓰는 손을 인식한다. 몸을 감각이라는 정보로 인식하고 있다. 문과 문을 열고 들어오는 사람과 창문과 창문 밖에 내리는 비와 들리는 음악 소리와 사람들의 대화 소리와 신선한 공기의 느낌과 다리의 저림과 몸의 따뜻한 느낌과 구수한 커피 향기와 점심으로 뭐 먹을지 하는 생각을 인식하는 의식이 여기 있다. 나의 다리와 팔과 몸통이 보이고 의자에 닿는 궁둥이의 느낌과 컴퓨터 자판에 닿는 손의 느낌과 몸 어딘가 간지러운 느낌이 인식된다. 그렇게 나의 몸이 인식된다. 모두가 인식의 내용이다. 모두가 인식된다. '나'라는 생각도 '내가 인식한다.'라는 생각마저도 인식된다. 모두가 지금 여기 인식으로 실재한다.

자꾸 다시 생각의 습관이 주어를 갖다 붙이며 논리로 반격한다. 주어 없이 '인식된다.'라는 사실을 받아들이지 못한다. 습관적으로 주어를 끼워 넣는다. "내 몸이 세상을 인식한다."라는 말로 돌아온다. 그리고 근사한 논리를 찾아 나선다.

다른 사람이 죽어서 누워있다. 의식이 없다. 몸이 죽어서 의식이 없다고 생각한다. 당신이 인식하는 이야기 속에서는 그 말이 맞다. 그런데 이 때문에 내 몸이 죽으면 '나'의 의식도 없을 거라고 추측한다. 몸이 있어야 의식도 있고 몸이 의식의 근원이기에 '내' 몸이 인식한다고 추론한다. '나'를 몸과 동일시하는 결론으로 돌아온다. 다시 인식 자체가 아니라 인식의 내용에 빠져든다.

인식의 내용에서는, 꿈의 내용으로는 맞는 이야기다. 몸이 있어야 의식이 있다는 추론을 바탕으로 지금 이 순간 의식이 몸으로부터 나온다고 믿는다. 독립된 개체인 '나'의 몸이 의식한다고 믿는다. '내'가 인식한다고 믿는다. 독립된 '내'가 있다는 믿음으로 돌아온다. 그리고 다시 '내'가 무엇인지 묻는다. 하지만 잘 살펴보라. 추론이다. 추론이란 논리에 따른 생각의 내용이다. 가공된 2차 결과물이다. 아무리 논리에 맞고 '사실'이라고 확신하고 세상 사람들 모두가 그렇게 말해도 여전히 추론이다. 우리는 생각의 내용과 같은 2차 결과물이 아니라 있는 그대로의 민낯을 찾는다. 지금 이 순간 어디에도 기대지 않고 확신할 수 있는 실재를 찾는다. 홀로 완전한 앎을 찾는다.

내가 인식하는 모든 정보와 추론하는 생각도 다 인식되기에 존재한다. 우리는 인식의 내용을 살펴보는 것이 아니다. 태어나고 죽는 모든 내용의 근원을, 지금 여기 나의 몸과 인식의 실체를 보려 한다. 꿈의 내용이 아니라 꿈의 실체를 알려 한다. 지금 여기 실재하는 실체를 찾는다.

죽어 의식이 없는 사람이 있고 그 사람을 보며 인식하는 의식이 있다. 이것은 꿈의 내용이다. 이 꿈의 실체는 지금 이 순간 의식이다. 있는 모두를 포함하는 의식이다. 그 의식이 당신이다. 이 글을 읽고 있는 의식이다. '당신'의 의식이 아니다. '당신'은 의식의 내용이다. 의식이 당신이다. 당신은 사람이 아니다. 당신은 있는 그대로다. 있음 그 자체다.

복잡한 논리에 휘말리지 마라.
생각을 따라가는 것을 멈추고 살펴보라.
지금 여기, '나'라고 할 것이 있는가?

진리는 바로 지금, 바로 여기 있다

'나'에 대한 원초적 믿음인 에고는 논리로 반격한다. 믿음의 심장을 건드렸기에 저항이 거세다. 있는 그대로는 논리로 설명할 수 없다. 거짓 믿음에 바탕을 둔 논리에 휩쓸리면 길을 잃는다. 그러니 반격하는 논리를 따라가면 안 된다. 논리는 빠지기 쉬운 함정이다. 다람쥐 쳇바퀴에 올라타는 일이다. '나'에 대한 거짓 믿음이 남아있는 찾는 이는 아직 있는 그대로의 사실을 볼 수 없다. 머리로 이해하려 하면 논리로 반박한다. 다람쥐 쳇바퀴만 열심히 돌다 지친다. 이 때문에 모든 문제의 근원을 공략해야 한다. 논리의 유혹을 무시하고 '나'에 대한 거짓 믿음을 집중적으로 공략하라. 논리의 유혹과 싸우면 백전필패다. 이길 수 있는 싸움이 아니다. 논리가 일어나면 일어났다 사라지게 놔두라. 주의를 기울이지 말고 무시하라. 그런가 보다 하고 '나'에 대한 거짓 믿음만 공략하라.

기본으로 돌아가 '나'에 대한 믿음에 집중하라.
이것이 스승들이 가리키는 필승의 전략이다.

이럴 때일수록 단순하게 가야 한다. 복잡하게 논리로 엮어 논점을 흐리려는 생각에 휘말리면 안 된다. 꼬리에 꼬리를 무는 생각을 무시하고 오직 한 가지에 집중하라. "'내'가 어디 있는가? '나'라고 할 것이 있는가?" 단순히 이 의문에 집중하라. 살피고 살펴라. '내'가 거기 있는가? '나'의 실체가 있는가? 생각의 논리로 묻는 것이 아니다. 직관으로 살펴보라. '나'라고 할 '것'이 있는지 확인하라. 모든 의문의 열쇠가 여기 있다. '나'라고 할 것이 있는지 살피고 살펴라. 다시 생각이 복잡한 논리를 들고나오며 가슴을 답답하게 짓누르고 의문을 일으키면,

다시 '나'라고 할 것이 있는지 살펴라. 몸이 '나'라고 하면, 살펴보라. 몸에 '나'라고 할 것이 있는지. 모든 의문의 바탕에는 '나'라고 할 독립적인 존재가 있다는 원초적 믿음이 깔려있다. 아무리 복잡한 논리라도 이 단순한 믿음의 표현이다. 논리에 속지 말고 근본 전제가 되는 이 믿음을 살펴보라. 모든 의문의 전제가 이 믿음이다. 이 전제가 무너지면 모든 의문이 자연히 사라진다. 있는 그대로가 자연히 보인다. 앎이 드러난다. 찾음이 끝난다.

'나'라고 할 것이 있는가?

'나'의 집착이 보이는가?
다시 물으라, '내'가 어디 있는가?

의식이 여기 있다. 의식 안에서 '나'라는 생각이 일어났다 사라진다. '나'의 의식이라는 생각이 일어났다 사라진다. 모두가 의식의 내용으로 일어났다가 사라지기에 '나'의 의식이 아니라 참의식이다. 있는 모두의 실체다. 있는 모두가 참의식이다. 참의식이 참의식을 인식한다. 참의식이 참의식과 상호작용한다. 주체도 객체도 모두 참의식이다. '나'라고 이름 붙여진 참의식이 '너'라고 이름 붙여진 참의식을 본다. '나'라고 이름 붙여진 참의식이 '의자'라 이름 붙여진 참의식에 앉아 '산'이라고 이름 붙여진 참의식을 '창문'이라 이름 붙여진 참의식을 통해 바라본다. 있는 모두가 참의식이다. 있는 모두가 참나다.

"천상천하 유아독존(天上天下 唯我獨尊), 있는 모두가 참나다."

- 석가모니

　　　　　　　　　　진리는 바로 지금, 바로 여기 있다

우리는 있는 그대로의 사실을 알고자 한다. 지금 여기 일어나는 일이 무엇인지, 지금 여기 있는 존재가 무엇인지 그 실체를 알고자 한다. 조금만 살펴보면 어렵지 않게 알 수 있다. 왜냐하면, 한순간도 빠짐없이 의식은 바로 여기 늘 있기 때문이다. 의식이 당신이다. '나'의 의식이 아니라 의식이 나다.

의식도 이름이고 개념이다. 지금 여기 있는 그대로를 가리키는 가리킴이다. 지금 이 순간, 살펴보라. 모든 명상은 이것을 살펴보는 일이다. 모든 수행은 이것을 알아차리는 과정이다. 찾음은 이 사실을 확인하는 일이다.

9장

아드바이타

이제 찾음을 끝낼 때다. 지식을 넘어 앎이 된다. 세상과 인식을 살펴 이들이 둘이 아닌 사실을 안다. 모두가 둘이 아니기에 나의 진정한 정체도 확연히 드러나며 찾음이 끝난다.

아드바이타 = 둘이 아니다 = 불이원성 = 합장
= 있는 그대로 = 참인식 = 성령 = 관세음보살 = 나

깨우침을 넘어 궁극적 깨달음으로 나아가야 한다. 끝날 때까지 끝난 게 아니다.

진리는 바로 지금, 바로 여기 있다

» 아드바이타, 둘이 아니다

　이해의 핵심은 "둘이 아니다."이다. "둘이 아니다."라는 말을 옛 인도의 언어인 산스크리트에서는 아드바이타(Advaita)라고 한다. 영어권에서는 이를 번역해 'Non-Duality', 'Non Dualism', 'Non Dual'이라고 쓴다. 한자로 번역하면 불이원성(不二元性)이다. 불교에서는 불이(不二)라고 한다. 여기서는 단순히 "둘이 아니다."라고 쓴다.

　여기에 숨은 뜻은 전혀 없다. 글자 그대로의 의미 이외에 아무것도 없다. "둘이 아니다."라는 말은 무엇을 둘 또는 그 이상으로 나눌 수 없다는 말이다. 어디에도 분리가 없다는 말이다. 겉으로 보기에 '나'와 셀 수 없이 다양한 독립된 사물들로 구성된 것처럼 보이는 이 세상이 알고 보니 독립적으로 떨어져서 존재할 수 있는 것들이 아니며 원래부터 나누어 존재한 적이 없다는 뜻이다. 있는 그대로 아무것도 떨어져 존재하지 않는다는 말이다. 세상은 쪼개어질 수가 없다는 말이다. 하나의 그 무엇이라는 말이다. 둘일 수가 없는 유일하게 존재하는 무언가가 셀 수 없이 많은 다양한 사물들로 드러나 보이지만 실상은 둘로 나뉠 수 없는 존재라는 말이다. 이 둘로 나뉠 수 없는 존재만 실재한다는 말이다. 이 존재 말고 따로 존재하는 것은 없다는 말이다. 그래서 세상을 보는 나도 여기서 떨어져 존재하지 않는다. 세상도, 나도 둘이 아니라는 말이다. 나와 세상으로 나누어져 존재하는 것처럼 보이지만 그 실체는 인식이고 인식이 지금 이 순간 실재한다는 말이다. 어디에도 예외가 있을 수 없다는 말이다.

찾음이 완성되면서 여기 있는 이 존재는 결코 둘로 나뉠 수가 없다는 사실이 드러난다. 그래서 이 글을 적는 나와 이 글을 보는 당신도 둘일 수가 없다. 하나라는 말이다. 이 글을 적는 나와 여기 이 컴퓨터 자판과 컴퓨터와 컴퓨터가 놓인 책상과 여기 떠도는 공기와 저기 책을 보는 사람들과 창밖으로 보이는 나무와 지나가는 저 차들과 햇살과 햇살을 보내는 저 태양과 태양이 속한 이 은하와 은하가 있는 우주가 둘이 아니라는 말이다. 둘로 나눌 수 없는 하나의 존재라는 말이다. 둘이 될 수 없는 존재다. 서로 의존해서 존재하기 때문에 하나라고 하는 것이 아니라 그냥 말 그대로 단순히 둘이 아니라는 말이다. 단순히 둘로 나눈다는 개념 자체가 성립할 수 없는 존재라는 말이다. 이것은 이론이나 철학이 아니다. 형이상학이 아니다. 물리적으로 경험적으로 직관적으로 현실이다. 지금 내가 존재한다는 사실만큼이나 일상적인 사실이다. '세상에 어떻게 이게 말이 되나? 어떻게 그럴 수가 있지? 이렇게 세상이 다양하고 수없이 많은 독립된 물체들로 가득 차 있는데 말도 안 된다.'라고 생각하는 것이 일반적이다. 그런데 아무리 그렇게 생각하는 사람일지라도 이 사실을 완전히 무시할 수는 없을 것이다. 당신도 뭔가 느끼고 있다.

모든 스승이 한결같이 말한다. 하나이지 둘이 아니라고. 이 책의 모든 내용이 결국 이 사실을 가리키기 위한 다양한 접근이다. 도대체 어떻게 그럴 수 있을까? 마치 비밀 같지만, 너무도 당연하게 여기 그렇게 존재하고 있다. 직접 살펴보고 깨우쳐야 한다. 결국에 내가 바라보는 세상이 둘이 아니라는 사실을 받아들여도 '나'와 세상을 둘로 구분하는 일이 마지막까지 끈질기게 따라간다. '나'와 세상의 구분이 완전히 사라질 때 찾음은 끝난다. 세상과 분리해서 세상을 바라보는 '내'가 사라지면, 독립적으로 존재하는 주체적인 '내'가 있다는 믿음이 사라지면, 거짓 '에고'가 소멸하면, 마침내 어디에도 구분이 없는 너무도 당연한 일상의 앎이 일어나며 찾음은 끝난다.

세상 만물의 실체는 다 같다.

» 깨우침, 끝나지 않은 여정

오랜 찾음의 길 끝에 깨우침(Awakening)이 일어났다. 해방된 자유에서 첫 번째 안내자 마띠아스와 함께했던 두 번의 긴 안내 끝자락에 마지막까지 뭔가 이해되지 않았는데 스승 발라의 마지막 손길이 더해지며 깨우침이 일어났다. 바라보는 인식과 인식되는 세상이 둘이 아니라는 사실이 확연해지며 어떤 의문도 남지 않았다.

깨우침은 하나의 과정이다.

안내자 마띠아스와의 대화가 절정에 치달았을 때 발라의 삿상에 참석했다. 안내자의 배려 깊고 섬세한 안내로 이미 많은 것을 이해하고 있었다. 하지만 가장 근본적인 오해가 계속 발목을 잡았다.

세상이 인식으로 존재한다는 사실은 명확해서 "세상이 둘이 아니다."라는 말은 이해가 됐다. 또한 '나'는 생각 속에 존재할 뿐이라는 사실도 명확해서 거짓 '나'에 대한 믿음도 내려놓았다. 그렇게 세상의 텅 빔도 이해가 됐고 나의 텅 빔도 이해됐지만, 도저히 이 두 이해가 합쳐지지 않았다. 뭔가 두 세계가 따로 있는 것만 같았다. 아무리 이해하려 애를 써도 늘 겉돌았다. 머리로는 이해가 가는데 도무지 가슴으로 받아들여지지 않았다. 뭔가 밀어내고 있었다. "나는 태어난 적도 없고 죽지도 않는다."라는 말이 도저히 이해가 안 가서 끝까지 물고 늘어졌다. '내가 죽으면 여기 이 인식이 사라지는데 어떻게 나는 태어난 적도 없고 죽지도 않는가?'라는 의문이 가시질 않았다. "아니다. 참인식이 있는 모두이고 '나'는 이 인식의 일부일 뿐이다."라며 논리로 생각하면 풀이는 되는데 가슴에서 계속 밀어내고 있었다.

오랜만에 열린 발라의 삿상은 내게는 아주 절묘한 시점에 열렸다. 발라에게 도저히 이 '둘이 아님'이 이해가 안 된다고, 어떻게 거짓 '나'를 알아차리는 것이 '둘이 아님'과 관련이 있는지 물었을 때 발라는 특유의 부드러움으로 나를 이끌었다. "당신은 오늘 이걸 선물로 가지고 집에 갈 수 있으니 잘 들어요. 순수한 참의식이 순수한 참의식에게 말한다고 생각하세요."라고 발라가 설명했다. 내가 "있는 모두가 참의식인데, 참의식에 순수하고 말고가 있습니까? 그냥 참의식이라고 하면 안 됩니까?"라고 물었다. 발라가 답을 이어갔다. "아니죠. 순수한 참의식입니다. 순수한 참의식이 순수한 참의식에게 말하고 순수한 참의식이 순수한 참의식에 앉고 순수한 참의식이 순수한 참의식…" 등으로 말을 이어갈 때, 문득 모든 것이 받아들여졌다. 그리고 난 답했다. 완전히 이해된다고. 다 익은 꽃봉오리에 발라의 손길이 스치면서 꽃이 피었다.

인식하는가? 인식되는가? 이 의문을 넘어야 한다.

'둘이 아님'이 처음으로 와닿았다. 안내자가 말하던 진리의 두 측면이 하나가 됐다. 깨우침 전에는 '둘이 아님'이 세상에 국한되어 있었다. 여전히 그 둘이 아닌 세상을 '내'가 인식하고 있었다. 세상의 실체가 공하다는 사실을 알고 나의 실체가 인식이라는 사실을 알았지만,

여전히 세상과 세상을 보는 인식으로 나뉘어 있었다. 인식이라는 주체와 세상이라는 객체로 나뉘어 있었다. 그렇게 나뉘어 있던 주체와 객체가 하나가 됐다. 주체와 객체는 둘이 아니라는 사실이 명확해지며 진정한 '둘이 아님'이 완성됐다. 첫 깨우침이었다. 모든 화살이 과녁에 맞았다. 모든 스승의 가리킴이 확연해졌다. 손가락이 가리키던 달이 환히 떴다. 삿상을 마치고 나오는 길에 보이는 세상은 분명 같은 세상이었으나 확연히 달랐다. 이렇게 다양하게 떨어져 보이는 세상이 둘이 아니었다. 바라보는 자와 보이는 대상이 둘이 아니었다. 집에 돌아와서 안내자에게 깨우침이 일어났음을 보고했다. 안내자가 다양한 방법으로 이해를 테스트했고 마침내 이해가 완전하다며 더는 테스트해볼 질문이 없다고 말했다. 그렇게 두 번째 대담이 끝났다.

바라보는 인식과 인식되는 세상이 둘이 아님을 안다.

하지만 분명히 깨우침이지, 궁극적 깨달음이 아니었다. 확연히 이해가 일어났으나 찾음이 끝났다고는 느껴지지 않았다. 의문이 없었지만 분명 찾음이 끝나지 않았음이 명확했다. 깨우침으로 모든 스승이 말하는 정상이 확연히 보였지만 분명 아직 정상에 도달한 것은 아니었다. 정상이 환히 보이는 것과 정상에 도달하는 것은 분명 다르다. 정상에 도달할 때까지 끝난 것이 아니다. 정상이 보일 뿐 그 앞에 절벽이 가로막고 있을 수도 있다. 중간에 다시 길을 잃을 수도 있다. 정상에 관해서 이야기할 수는 있지만, 정상에서 보는 시점은 아직 모른다. 그래서 끝날 때까지 끝난 것이 아니다. 아직 정상이 아니라는 사실을 아는 것은 축복이다. 정상이 보이면 다 왔다고 생각하고 찾음을 멈추는 경우가 있다. 그러다 나중에 길을 잃는다. 길을 잘못 들어 다시 골짜기를 따라 아래로 내려갈지도 모른다. 정상이 보였지만 감사하게도 아직 정상에 도달하지 않은 것을 알고 있었고 정상을 향한 열망은 조금도 시들지 않고 불타고 있었다.

끝날 때까지 끝난 것이 아니다.

깨우침과 궁극적 깨달음을 구분해서 가리키는 까닭은 스승들의 가리킴이 이해되는 깨우침이 큰 축복이지만 동시에 덫이 될 수도 있기 때문이다. 깨우침에는 여전히 깨우친 '내'가 남아있다. 진리는 얻는 것이 아니라는 사실을 알지만 얻은 것으로 남아있다. '내'가 깨우치면 깨우침을 '내' 것이라고 여기면서 애초의 '내가 없음을 아는 깨우침'이 왜곡된다. 여전히 이해가 대상으로 남아있고 '나'는 깨우치는 주체로 남아있다. '주체와 객체가 둘이 아니다.'라는 깨우침을 주체가 안 것이다. "진리를 '내'가 안다.", "정상을 '내'가 보았다."라는 의식이 남아있다. 이보다 큰 덫이 없다.

깨우침은 일시적이다. 몇 초만 머물 수도 있고 몇 분, 몇 시간, 몇 달, 몇 년을 갈 수도 있다. 깨우침은 늘 다시 닫힌다. 얻은 것은 잃어버리기 마련이다. 사라진 줄 알았던 에고가 다시 나타난다. 에고는 더 강하게 튀어나온다. 이제는 진리를 아는 에고이기 때문이다. 그 어느 때 보다 막강한 에고다.

깨우침이 일어나고 이 깨우침이 '내' 것이 되면 순식간에 '내'가 신이 되어 버릴 수도 있다. 스승의 말을 흉내 내며 "'나'는 신이다. '나'는 절대다. '나'는 시바다. '나'는 예수다. '나'는 하나님이다. '나'는 부처다.

'나'는 그것이다."라고 말할 수 있다. 너무도 당당히 강한 신념으로 이렇게 말하기에 사람들은 혹하고 넘어간다. 주체와 객체로 나누어 생각하는 보통 사람들은 이런 말에 혹하며 말하는 사람이 신이라고 믿고 따른다. 여기서 '나'는 여전히 독립된 주체이기에 다른 사람들과 구분한다. 그래서 다른 사람들은 신이 아니고 '나'만 신이라고 믿는다. 그래서 다른 사람들은 자신을 신으로 받들어야 한다. '나'는 우월한 존재이기에 열등한 다른 사람들을 이끌어야 하고 열등한 다른 사람들은 '나'를 받들고 따라야 한다. 에고는 더없이 막강한 신이 되어버린다. 자신을 신으로 여기든, 신과 대화하는 선지자로 여기든 본질은 다르지 않다.

스승은 어떤 망설임도 없이 똑같이 "나는 신이다. 나는 절대다. 나는 시바다. 나는 하나님이다. 나는 부처다. 나는 그것이다."라고 말한다. 하지만 이때 나가 가리키는 무엇은 보통 사람과 완전히 다르다. 스승은 다른 모든 사람과 모든 사물도 같이 '신/절대/시바/하나님/부처/그것'이라고 말한다. 어디에도 예외가 없다. 그래서 스승은 자신이 특별하거나 우월한 존재라고 생각하지 않는다. 어디에도 우월하다거나 열등하다는 개념이 없다. 스승이 "나는 그것이다."라고 말할 때는 '둘이 아니다.'라는 뜻이다. 나와 그것이 둘이 아니라는 뜻이다. 질문하는 찾는 이가 직접 살펴보고 스스로 자기도 '나는 그것이다.'라는 사실을 알도록 도와주는 가리킴에 지나지 않는다.

'나'에 대한 거짓 믿음이 남아있는 상태에서 굳게 확신하고 다른 사람들을 이끌면 '눈먼 이가 눈먼 이들을 이끄는 일'이 생긴다. 이끄는 눈먼 이가 위험한 것은 자신이 눈을 뜨고 있다고 착각하기 때문이다. 조심하지 않는다. 이들도 문득 에고의 정체를 알아차리는 순간이 있

진리는 바로 지금, 바로 여기 있다

다. 하지만, 따르는 사람들이 생기고 명성과 재력을 얻다 보면 다시 찾는 이로 돌아갈 기회를 잃는다. 자신을 속여야 한다. 모르는 것을 모른다고 하지 못하는 상황에 놓이면 참으로 불행해진다. 자신의 감옥에 갇힌다. 깨우침의 기억은 남아있지만 '내'가 이것을 다시 해석해서 가르치려다 보니 말을 끼워 맞춰야 한다. 점점 더 복잡해진다. 말이 안 되는 것을 말이 되게 끼워 맞추고 스스로 말이 된다고 우긴다. 진리는 간결하다. 간결함 이전의 간결함이다. 내가 존재한다는 것을 알듯이 내가 길을 가면서 다음 걸음에 의문을 품지 않듯이 일상의 간결함이다. 하지만 이들의 가르침은 복잡하다. 직관이 아니라 생각에서 나온다. 맞지 않는 퍼즐을 맞추다 보면 땜질을 하고 억지로 끼워 맞추고 그래도 안 되면 맞는 퍼즐이라고 우기며 믿음을 강요한다.

  찾음이 끝나지 않아도 다른 사람들을 가르치고 자신의 이해를 나눌 수 있다. 다만 자기의 한계도 같이 나누고 자기의 경험에 머무르며 여기서 더 나아가지 않으면 문제없다. 모르는 것을 모른다고 말하면 문제없다. 모르는 것을 '모름'의 영역에 놔두고 같이 알아가자고 하면 뭐가 문제겠는가? 예전 깨달음의 장에서 안내를 맡았던 승혜 스님이 좋았던 점은 스님이 자기도 "모른다."라고 말했기 때문이다. 스님은 "우리는 같이 알아가는 도반."이라고 말했다. 뭔가를 알기에 가르치는 것이 아니라 같이 알아가는 도반이라는 말이 그때는 신선한 충격이었다. 왜냐하면, 그때까지 어떤 분야든 가르치는 선생이 자기도 모른다며 솔직하게 말하는 경우를 보지 못해서다. 세상은 "안다."로 가득 차 있다. 얼마나 더 아는지 포장을 해야 살아남는다. 그런데 가끔 지식인이 "모른다."라고 말할 때가 있다. 어떤 부분은 모른다고 솔직히 말하면 신뢰가 간다. 역사학자도, 인문 지식인도, 과학자도 마찬가지다. 앎이 깊은 학자는 모르는 것은 모른다고 말한다. 앎이 깊을수록 무엇을 모르는지 더 잘 알게 된다. 이렇게 모른다고 말할 때 진정 아는 것이 드러난다.

나는 이렇게 말한다. "내가 아는 것 말고는 다 모른다." 여기서 아는 부분도 수많은 모순덩어리다. '안다'는 것의 정의가 뭔가? '안다'는 것이 뭔가? 안다는 것이 뭔지 살펴본 적이 있는가? 한번 살펴보라. 잘 살펴보면 어떤 것도 안다고 말할 수 없다. 다른 사람과 의사소통을 위해서 안다고 말할 뿐이지, 진정 아는 것이 아니다. 그래서 한 자연인의 말에 고개가 끄덕여진다. "내가 아는 것은 내가 존재한다는 사실 뿐이다." 이보다 더 뭘 알 수 있다는 말인가. 이 책에 적힌 모든 말을 정말 내게 아느냐고 물으면 나는 모른다고 말할 것이다. 그리고 물을 것이다. '안다'를 무슨 의미로 말하는 것이냐고. 여기 쓰인 모든 말은 오직 가리키기 위해 아는 척하는 것일 뿐이다. 당신이 직접 보는 데 혹여 도움이 될까 하고. 혹여 얻어걸릴까 하고. 그렇게 얻어걸려서 찾음이 끝나면 알게 되는데, '앎'을 얻어서 아는 것이 늘어나는 것이 아니라 이미 알고 있던 모든 것이 허상일 뿐이라는 사실을 알게 된다. 진정한 앎은 '아무것도 모른다.'는 사실을 아는 것이다. 앎의 실체를 만나게 되기 때문이다.

'누가' '무엇'을 아는 것이 아니다.
앎이 있다.

깨우침은 늘 닫힌다. 유효기간이 있다. 깨우침이 일어났을 때 더 나아가지 않고 거기에 머무는 사람이 많다고 한다. 스승들과 함께하는

진리는 바로 지금, 바로 여기 있다

좋은 환경에 있으면 자신의 깨우침이 끝이 아님을 알고 늘 '나'에 대한 거짓 믿음을 경계하면서 깨우침의 즐거움을 누릴 수 있다. 길을 벗어나려 하면 일깨워주는 스승이 있다. 다행히도 나는 이런 환경 속에서 많은 스승의 도움을 받을 수 있었다. 조금만 삐걱해도 눈을 찡그리는 스승이 있었고 뭔가 떠오르면 확인받을 스승들이 있었다. 참으로 행운이었다. 또 다행히 깨우침이 끝이 아님을 알았고 찾음에 대한 열정이 전혀 식지 않았다. "이제 눈을 뜰 때다."로 시작된 에너지가 끊임없이 재촉하고 있었다.

5월에 일어났던 첫 깨우침이 9월 말 즈음 문을 닫았다. 한때 선명했던 이해가 안개 속으로 흐려져 갔다. 머리에 기억은 머무는데 가슴이 닫혀 버렸다. 소위 '알았다, 놓였다'의 태풍 속으로 들어섰다.

세상에는 깨우침 이전에 관한 대중적 가르침은 넘쳐나지만 깨우침 이후에 '알았다, 몰랐다'에 관한 내용은 드물다. 여기서 많은 이가 헤맨다. 그런데 '알았다, 놓였다' 하는 일은 지극히 자연스러운 일이다. 궁극적 깨달음이 첫 깨우침과 함께 일어나는 일은 드물다고 한다. 대부분은 '알았다, 놓였다' 하는 과정을 거친다. 열린 마음으로 처음의 그 열정으로 계속 살펴보다 보면 궁극적 깨달음이 일어날지 모른다.

궁극적 깨달음은 별것 아니다. 그저 찾음이 끝나는 선언이다. '나'에 대한 거짓 믿음의 끝이다. 에고의 사망이다. 그래서 궁극적 깨달음을 영원한 깨우침(Abiding Awakening)이라고도 일컫는다. 여기에 반해 그전에 일어나는 깨우침을 가리켜 스치는 깨우침(Non-Abiding Awakening, Glimpse)이라고 일컫는다.

깨우침이 닫히면서 혼란에 빠지는 이들에게 도움이 되기 위해 여기서는 깨우침과 궁극적 깨달음을 굳이 구별해서 이야기하고 있다. 이 또한 가리킴이지, 이런 구분에 실체가 있는 것은 아니다. 잘못 받아들여서 새로운 믿음을 쌓지 않기 바란다. 이미 세상에는 이런 구분과 깨달음에 관한 오해가 엄청나서 어떤 스승은 이런 오해를 멀리하려 아예 깨우침이니, 깨달음이니 하는 말 자체를 꺼내지 않는다. 꾸준히 정상만을 가리킬 뿐이다.

깨우침은 누군가의 확인이 필요하다. 스스로 확실하지 않다. 무슨 일이 일어났는데 도대체 그것이 뭔지 모를 수도 있고 무슨 내용인지 확연하지만, 그것이 찾음의 끝인지는 뭔가 찜찜하다. 그래서 누군가의 확인이 필요하다. 스승이 있으면 찾아가서 확인을 받고 가르침을 구하면 좋다. 그런데 스승이 아니라 세상 사람들에게 확인받으려고 하면 위험하다. 스승이 없으면 가만히 스스로 살펴보라. 조금이라도 의문이 있으면 계속 살펴보라. 초심으로 살펴보라. 스승은 늘 여기 있다. 내면의 스승이 늘 여기 있다. 초심을 잃지 않으면 길을 잃지 않는다.

> 불이문(不二門)을 통과하면 문이 사라진다.
> 돌아봐서 통과한 문이 보이면 통과한 것이 아니다.

내게 일어났던 깨우침이 문을 닫을 때도 이해는 있었다. 그런데 한때 직관적이었던 이해는 생각해내야 하는 이해가 돼버렸다. 깨우침이 문을 닫았을 때 지난 안내자와의 대화를 읽어보면서 당시에 어떻게 그렇게 명확하게 확신했는지 부끄러워졌다. 정말 그때 안내자의 질문들에 정직하게 답했는지도 혼란스러웠다. 분명 머리로는 여전히 이해하는데 가슴이 답하지 않는다. 스승들은 한 번 눈을 뜨면 되돌릴 수

진리는 바로 지금, 바로 여기 있다

없다고 하는데 분명 눈을 뜬 것 같았는데 다시 되돌아가는 현실에 당황스러웠다. 깨우침이 일어나면서 '내'가 뭘 이해하고 안다고 생각하고 심지어 다른 사람들의 물음에 답까지 하려 했던 내가 한없이 부끄러웠다. 해방된 자유에서 안내자와 함께 '문'을 통과하며 '나'에 대한 믿음이 거짓임을 분명히 보았고 이후에 둘이 아님을 깨우쳤는데, 돌아보니 '문'이 그대로 남아있었다. 문을 통과해서 돌아보니 문이 그대로 남아있었다. 정말 문을 통과하면 문은 사라져야 한다. 원래 문이란 허상이기 때문이다. 그런데 문이 떡하니 보이니 문을 통과했다는 것이 거짓 같았다.

나는 초심으로 돌아가서 다시 문에서 시작하려 했다. 해방된 자유의 이전 안내자에게 도움을 청했는데 연락이 닿지 않았다. 그래서 여기저기 가능한 도움을 찾았다. 인터넷 화상 통화를 통해 해방된 자유에서 안내자를 했던 앨리나와 대화할 기회가 있었는데 아디야샨티의 안내 명상과 가르침을 주로 이야기했다. 그래서 예전부터 알고 있었지만, 제쳐 놓았던 아디야샨티의 가르침을 살펴봤다. 아디야샨티의 '진정한 명상(True Meditation)'이라는 글을 읽어보니 내가 따라왔던 아드바이타 가르침과 전혀 다르지 않았다. 형식에 치우친 좌선을 가르치지 않을까 하고 염려했던 부분이 완전히 해소됐다. 아디야샨티의 진정한 명상을 읽어보면 정확히 라메쉬 발세카가 말하는 명상과 다르지 않다. 자세히 보면 뭘 '하는 것'을 말하지 않는다. 어떤 방법이 아니다. 있는 그대로를 가리키는 가리킴이다.

유튜브에는 아디야샨티의 안내 명상(Guided Meditation)들이 많이 올라와 있다. 그중에 '자아의 본성이 뭔가(What is the Nature of Self)?'를 들으며 눈을 감고 앉아 명상하고 있었다. 그러다 어느 대목에서,

아마도 자신의 자아를 보라는 그런 대목인 것 같은데, 순식간에 숨어 있던 에고가 튀어나왔다. '나'는 생각 속의 거짓 믿음일 뿐이라는 사실을 분명히 알았는데, 생각으로 분명히 알고 왜 그런지 아직도 기억해낼 수 있는 이해가 있었지만, 다시 일어난 에고는 거대한 산처럼 우뚝 솟아 앞을 가로막았다. 한때 어떻게 해야 할지 모를 때는 차라리 에고가 다시 튀어나왔으면 했었다. 그러면 눈에 보이는 쉬운 목표물이 생길 거라 믿었다. 눈에 보이면 쉽게 제거할 수 있을 것 같았다. 그런데 완전히 오산이었다. "에고는 자살하지 않는다."라는 말이 떠올랐다. 마치 깨우침 이전으로, 해방된 자유에서 안내자와 대담하기 전으로 완전히 돌아간 듯했다. 가슴이 꽉 막혀 버린 듯했다. 모든 깨우침이 거짓이 되는 것은 한순간이었다.

정말 난감했다. 깨우침이 일어나면서 앞으로 나아가는지 알았는데 완전히 반대 방향으로 온 것 같았다. 정상이 보여 다다랐는지 알았는데 깜깜한 계곡에 갇혀버린 것 같았다. 완전히 찾음을 끝내고 싶었는데 처음부터 다시 시작해야 하는 느낌이었다. '내' 노력이 부족한 건 아닐까 생각했다. 찾음을 끝내기에 '내' 노력이 부족한 건 아닌가 싶었지만, 누구에게도 얼마나 더 노력해야 하는지 물을 수가 없었다. 왜냐하면 이 말은 무언가를 할 수 있는 독립적인 힘을 가진 '내'가 있다는 가정을 전제로 하는 물음이기에, 정확히 깨우침에 반하는 생각이어서 문자마자 바로 퇴짜맞을 것이 뻔하기 때문이다. 내가 모르는 뭔가 특별한 방법이 있지 않을까 싶었다. 아직 찾지 못한 특별한 어떤 방법이 있을지도 모른다는 생각에 뭐든지 해보고 싶었다. '내'가 얻은 깨우침을 되돌리고 싶었다. 그래서 하지 않던 좌선을 다시 하고 기공을 다시 했다. 안내 명상을 다시 했다. 가만히 이 상태를 살펴보면,

정확히 거짓 '나'에 대한 믿음이 완전히 되살아나서 왕성히 활동하고 있다. 여전히 '어떻게'를 묻고 있다. 찾음이 어디를 도달해야 하고 뭔가를 얻는 것이라는 믿음이 되살아나 있다. '내'가 얻었던 깨우침을 다시 얻을 수 있는 방법을 제시해주는 곳이라면 어디라도 가서 믿고 싶었다. 거슬러 왔던 모든 믿음이 되살아나 있었다. 그래서 이때가 제일 위험할 수도 있다. 다행히도 나는 의지할 수 있는 여러 스승에 둘러싸여 있었다.

할 수 있는 것은 다 하려 노력했다. 몇 달 뒤에 열리는 아디야샨티의 명상 캠프가 있어 등록했다. 명상과 기공을 계속했고 계속 살펴보았다. 그러다 문득 다시 처음부터 시작해야겠다는 생각이 들었다. 깨우쳤다는 것이 뭔데, 내가 뭘 안다고 착각하지 않았나 반성했다. 그리고 이 또한 찾음의 과정이라는 생각이 들었다. 뒤로 후퇴하는 것이 아니라 당연히 거쳐 가는 과정이라고 일어나는 일을 받아들였다. 사실 실제로 그렇다. 미리 정해진 길은 없다. 지금 일어나는 일이 길이다. 가고 있는 길이다. 나쁜 길도, 뒤로 후퇴하는 길도, 둘러 가는 길도 없다. 오직 지금 가는 길만 있다. 사람마다 다 각자의 길이 있다. 다 다르다. 누구 하나 똑같은 길이 없다. 다른 사람의 길을 보고 자신의 길과 비교할 필요 없다. 꾸준히 주어진 길을 걸어갈 뿐이다. 정상을 향해 올라가도 때로는 항상 올라가는 것이 아니다. 때로는 다시 계곡 밑바닥까지 내려갔다 다시 올라가야 하기도 한다. 다 과정이다.

그렇게 나는 정신을 차리고 초심자의 마음으로 돌아가서 다시 길을 가기 시작했다.

» 알았다, 놓였다

많은 찾는 이가 깨우침과 같은 선명한 이해의 순간이 왔다가 이해가 흐려지는 일을 경험한다. 이렇게 '알았다, 놓였다' 하는 일이 반복되기도 한다. 이런 일을 예상하지 못했다가 당하면 혼란스럽다. 깨우침이 일어나기 전까지 찾는 이는 이런 이야기를 잘 모른다. 들어도 잘 이해가 안 된다. 막상 이런 일을 겪어 도움이 되는 스승의 가리킴을 찾아보려 해도 찾아보기 힘들다. 여기까지 오는 이들이 많지 않기에 자료가 드물고 대부분 이런 가리킴들은 스승과 소수의 제자 사이에서 전해진다. 혹 지금 '알았다, 놓였다' 하는 일에 혼란스럽지만, 마땅히 도움받을 스승이 없어 힘든 시간을 보낼 찾는 이들을 위해서 가급적 자세히 적어본다. 이때가 찾음이 끝날 좋은 기회일 수도 있고, 자칫 잘못하면 찾음이 완전히 길을 잃을 수도 있는 위험한 시기이기도 하기에 세심한 주의가 필요하다.

거짓 '나'라는 마라(मार, Māra pāpīyas)가 마지막 공격을 퍼붓는 때다. 치열한 만큼 끝이 멀지 않았다.

깨우침이 문을 닫았을 때 나는 초심자의 마음으로 돌아가 다시 해방된 자유의 문을 두드렸고 도움의 손길을 내민 두 안내자와 대화를 이어나갔다. 이때 대화 내용을 살펴보면 깨우침이 일어났을 때의 대

진리는 바로 지금, 바로 여기 있다

화와 극과 극이다. 깨우침이 일어났을 때 안내자와 주고받던 말들은 모두 진리의 핵심을 가리켰는데 몇 달 뒤 하는 말들을 보면 도저히 같은 사람이 한 말이라고 믿을 수 없을 정도로 진리와는 거리가 먼 전혀 엉뚱한 말을 쏟아냈다. 이것이 '나'의 역습이다. 에고의 역습이다. 거짓 믿음의 역습이다.

초심자의 마음으로 안내자의 안내를 따라 다시 집중적으로 살펴보다 보니 문득 다시 깨우침이 스치면서 이해의 문이 잠시 열렸다. 첫 깨우침처럼 모든 것이 확연했다. 그러다 몇 달은커녕 몇 시간 만에 닫혀버렸다. 다시 희뿌연 안개 속, 아무것도 보이지 않는다. 그렇게 다시 집중적으로 살펴본다. 며칠 뒤 다시 문득 이해가 환해진다. 그러다 몇 시간 뒤 다시 안개 속이다. 이건 마치 도저히 진동 주기를 알 수 없는 진동 추를 타는 것 같다. 추가 한쪽으로 올라가면서 선명해지다 내려오면서 바로 희뿌옇게 변한다. 가장 밑부분을 지날 때면 완전히 다시 암흑이다. 또 한쪽으로 올라가면서 선명해지다가 또 내려온다.

알았다 싶으면 또 놓인다. 고문이 따로 없을 것 같은데 이상하게도 그렇게 힘들지 않았다. 찾음을 끝내고 싶은 강렬한 열망이 있었지만, 조바심이 들거나 고통스럽지 않았다. 과정으로 받아들이고 묵묵히 걸어갔다. 어쩌랴? 그저 깊이 살펴볼 수밖에. 그래도 같이 걸어가며 안내해주는 스승들이 있어 안심이 됐다. 스승들이 있기에 길을 잃을 염려는 전혀 없었다. 이미 어느 정도 이해는 있어 찾음의 본질은 잘 알고 있었다. 그래서 궁극적 깨달음이 일어나든, 일어나지 않든 상관없다는 마음이 늘 있었다. 뭔가 일어나야 한다는 집착이 없었다. 하지만 진리가 그 무엇이 되었든 알고 싶다는 강한 열망은 늘 불타고 있었다. 몸에 힘을 빼고 수영 연습을 하는 것 같았다. 힘을 빼지만, 열심히 집중적으로

"이 뭐지?"라는 궁금증의 순수한 열망을 불태우며 매 순간 나아갔다. 의도적으로 순수하려 한 것이 아니라 정말, 그냥 너무 궁금했다. 그 무엇이 되었든, 궁극의 진리가 뭔지 너무도 궁금했다.

서리 낀 창문 밖에 뭔가 어른거린다.
뭔지 궁금해서 미치겠다.

찾음이 끝나기 전에 '알았다, 놓였다' 하는 과정이 보통 일어난다. 한순간 "아! 바로 이거야!" 하다가 "도대체 뭐였지?" 한다. "나는 그것이다." 하다가 "나는 내 몸이고 여기 거울에 비치는 몸이 내가 확실한데…." 한다. 의문이 전혀 없다가 온갖 의문이 다시 일어난다. "둘이 아니다." 하다가 "어떻게 이렇게 뚜렷이 분리되어 있는데 둘이 아닐 수 있지?" 한다. "있는 모두가 참의식이다." 했다가 "그렇기는 하지만…." 하면서 석연치 않다. "오직 인식 안에 모든 것이 있다. 참인식뿐." 했다가, "좋아, 참인식인데 이것은 내가 보는 인식에만 국한되어 있잖아. 내가 세상을 창조하는 건가? 내가 신인가?"라고 한다. "모든 것이 인식 속에 있고 내 몸과 생각과 모든 감각도 인식될 뿐이며 개별 감각에 의존해 일어나는 것처럼 일어날 뿐이다."라고 하면서 어떤 의문도 없다가, "그럼 다른 사람들이 인식하는 건 뭐지?" 하면서 "어떻게 해서 이렇게 일어나지? 왜?"라고 끊임없이 의문을 만들어낸다. 한때 아주 선명하고 깨끗했던 이해는 숨어있던 에고가 다시 일어나면서 흐려진다. 에고는 선명한 이해를 자기 것으로 만들면서 '나'의 이해, '내'가 인식하는 참인식, '나'에게 깃든 참의식, '내'가 '그것'으로 이해를 살짝 반대로 뒤집어놓는다. 에고가 소멸하지 않으면 어떤 이해가 일어나도

진리는 바로 지금, 바로 여기 있다

다시 흐려지기 마련이다.

'나'는 오직 생각 속에만 존재하는 믿음이다. 자기가 독립적으로 존재한다는 믿음이며 '나'와 세상을 둘로 갈라놓는 믿음이다. '나'는 실체가 없다. 지나가는 생각일 뿐이다. 하는 것이 아무것도 없다. 다만, 일어나는 일을 '내' 것이라고 주장하며 끼어드는 일만 한다. 일상의 일이든 깨우침이든, 하나의 생각이든 일어나는 모든 일에 '나'라는 주어를 살짝 끼워 넣는 일만 한다. 오래된 생각의 관성이다. 늘 그렇게 들어왔고 배워왔고 믿어 와서 계속해서 그 방향으로 움직이고 싶은 관성일 뿐이다. 숨어있는 에고도 없고 흐려졌다 일어나는 '나'도 없다. 실체가 없다. 있는 그대로에 '나'라는 생각이 일어날 뿐이다. 있는 그대로에는 구별이 없다. 늘 있는 그대로다. 어떤 생각들이, 거짓 믿음이 일어나든 말든, 늘 있는 그대로다. 이 있는 그대로 안에서 추를 타고 신나게 천국과 현상계를 오가는 이야기가 일어날 뿐이다.

'나'에 대한 거짓 믿음은 쉽게 사라지지 않는다. 오래된 버릇을 고치기는 쉽지 않다. 사라진 듯하다가 다시 나타난다. 해방된 자유의 대담에서 늘 끝까지 나를 다시 물고 늘어진 것이 이 '나'에 대한 믿음이다. 찾음이 끝나고 안내자와의 지난 대화를 읽어보니 어이가 없었다. '나'란 없다는 사실을 '내'가 이해했다고 말한다. '내'가 없어지면 어떻게 되냐고 묻는다. "인식만 있기에 '나'는 없다.", "여기 몸-마음도 이 인식 안에 있고 인식되는 것이다." 이렇게 말하고 나서 방향을 튼다. 이 인식을 '내'가 한다. '내'가 인식한다. '나'라는 이 몸-마음이 인식한다. '내'가 없이 존재하는 인식 그 자체를 받아들이지 못한다. 인식하는 누군가가 있어야 한다는 믿음이 남아있다. '내'가 아니면 신이나 절대자나 뭔가가 있어야 한다고 믿는다. 다시 주체와 객체로, 이해는 불이원성에서 이원성이라는 환상의 세계로 돌아선다.

오래된 믿음의 관성은 뿌리 깊이 의식 속에 박혀있는 것처럼 보인다. 하지만 사실 뿌리 깊이 박혀있는 의식이란 없다. 그냥 생각의 관성일 뿐. 사실, 관성도 없다. 그냥 일어난 일에 입혀진 이야기일 뿐. 이런 사실을 알고 낙담하지 말고 담대하게 꾸준히 밀고 나아가야 한다. 과정의 일부이다. 원래 그런 것이다. 어찌 보면 결승점에 다다랐는지 모른다. 긴 마라톤 끝에 결승선이 있는 경기장에 들어왔는지 모른다. 결승선이 보이지만, 아직 끝난 것이 아님을 잊으면 안 된다. 결승선을 통과하기 전까지는 끝난 것이 아님을 마라톤 주자는 잘 안다.

끝에 다다랐을 때가 가장 힘든 법이다.

"본 것은 안 본 것이 되지 않는다."라는 말이 있다. 궁극적 깨달음이 일어나면 돌이켜지는 일이 없다는 말이다. 이 말을 오해했었다. 난 일단 한 번 깨우치면 그것으로 끝인 줄로만 알았다. 그래서 첫 깨우침이 닫혔을 때 혼란스러웠다. 분명 모든 스승의 가리킴이 과녁을 뚫었다고 믿었고 어떤 의문도 없었다. 분명히 보았다. 그런데 깨우침이 닫혔을 때 "본 것이 안 본 것도 되는구나." 싶었다. 여기저기 물었더니 이런 일이 일반적이란다. 한 번 깨우침에 찾음이 끝나는 일은 드물다 한다. 예전에 글을 읽다가 제자가 깨우침이 일어났다고 선(禪) 스승에게 보고했을 때 스승은 제자에게 "몇 년을 침묵하라."와 같은 가르침을 내렸다는 이야기를 들었다. 그때는 '깨달음이 일어나면 그것으로 끝인데 왜 이런 가르침을 내리지?'라는 의문이 들었다. 물론 이 의문

진리는 바로 지금, 바로 여기 있다

에 관한 어떤 글도 찾을 수 없었다. 마치 그들만의 비밀 대화 같았다.

깨우침과 궁극적 깨달음의 차이는 찾음이 끝이 났느냐 아니냐의 차이다. 많은 사람이 깨우침을 깨달음으로 오해한다. 그래서 굳이 이 책에서 '궁극적'이라는 성가신 수식어를 붙이게 된다. 궁극적 깨달음이 일어나기 전까지는 이것이 찾음의 끝인지 확실하지 않다. 어떤 때는 이것이 정확히 뭔지 모른다. 그래서 스승을 찾는다. 길을 알려줄 수 있는 스승을 찾으면 좋다. 만일 그렇지 않다면 이 책이 나침반이 되길 바란다.

자신이 잘 안다. 누구도 알려 줄 수 없다. 자신에게 솔직하라. 스스로 끝난 게 아니다 싶으면 아직 끝난 것이 아니다. 미심쩍은 마음이 남아있다면 아직 끝난 것이 아니다. 이제 진정한 시작이다. 올라갔다 내려갔다 롤러코스터를 탈 예상을 하고 담대하게 나아가라. 알았다 놓였다 하는 바이킹을 신나게 탈것이다. 낙담하지 말고 있는 그대로를 당연하게 받아들여라. 이 또한 당연한 과정이다. 많은 이가 이 과정을 거친다. 보리수나무 아래에서 궁극적 깨달음이 일어나기 전, 마라 파피야스(मार, Māra pāpīyas)와의 한판 승부로 전해지는 싯다르타의 이야기도 이 과정에 관한 이야기처럼 보인다. 지금 겪고 있는 현상이 여기서의 설명과 다르더라도 크게 걱정하지 말기 바란다. 사람마다 다 다르다. 걸리는 시간도 일어나는 현상도 다 다르다. 세상 누구도 같은 길을 가지 않는다. 길은 가면서 생긴다. 정해진 길은 없다.

어둠 속에 홀로 걸어가는 느낌을 받을 때도 있을 것이다. 걱정하지 마라. 괜찮다. 어둠 속이라고 생각하고 의식하는 그 의식이 바로 삿구루다. 유일한 영적 스승이다. 늘 함께한다. 함께하지 않을 수가 없다. 이미 당신은 알고 있다. 당신과 그 영적 스승이 둘이 아니라는 사실을. 잊어버렸어도 된다. 괜찮다. 사실은 잊는다고 달라지지 않는다. 그래서 사실이다. 위로되는 말을 찾아라. 아니면 이 책이 위로가 될 것이다. 스스로 위로하라. 당신은 혼자가 아니다. 둘이 된 적이 없기에 혼자일 수가 없다. 세상 모두와 함께다.

괜찮다. 알든 모르든. 괜찮다.

 궁극적 깨달음은 무엇을 얻는 것이 아니다. '내'가 할 수 있는 것은 아무것도 없다. 환상이 할 수 있는 것은 아무것도 없다. 환상의 실체는 '내가 했다.'라는 잠시 일어났다 사라지는 생각이다. 깨달음이 어떠하다는 생각으로 깨달음을 목표로 세우고 성취하는 것이 아니다. 처음 찾음을 일으켰던 그 근원이 무엇인지 아는 것이다. 태어난 것이 '나'의 의지가 아니듯, 찾음을 일으킨 것이 '나'의 의지가 아니듯, 깨달음도 '나'의 의지가 아니다.

 순수하게 의문을 깊이 살펴보라. 계속 자신의 모든 관심을 그 의문에 집중시켜라. 의문을 살피는 것은 생각의 꼬리를 무는 것이 아니다. 답을 찾기 위해 분석하는 일이 아니다. 답이 있는 수학 문제가 아니다. 직접적 경험에만 의지하라. 다른 모든 스승의 말을 지워라. 이 책의 말도 지워라. 어떤 누구의 말이든 다 지워라. 누구를 흉내 내는 일이 아니다. 오직 자신의 직관에 의지하라. 오직 유일한 스승인 내면의 스승에 의지하라. 바로 지금, 바로 여기!

진리는 바로 지금, 바로 여기 있다

"자신을 등불 삼고 자신에게 의지할 것이지, 남에게 의지하지 말라.

법을 등불 삼고 법에게 의지할 것이지, 다른 것에 의지하지 말라."

- 석가모니, 『대열반경』

찾음이 끝날 때까지 담대하게 나아가라. 찾음이 끝나면 스스로 안다. 어떤 누구의 확인도 필요하지 않다. 모를 수가 없다. 생각해서, 유추해서 아는 것이 아니다. 확연히 한 점의 의혹도 없이 스스로 안다. 그때까지 담대하게 나아가라.

찾아지기를.

» 찾음이 끝나다

"나는 관세음보살이다." 이렇게 선언하며 찾음이 끝났다. 불교나 다른 종교에 관심 없이 지낸 지 오래인데 생뚱맞게 관세음보살이 튀어나왔다. 이 말에는 추호도 거짓이 없었다. 지금도 누가 묻는다면 조금도 망설임 없이 "나는 관세음보살이다."라고 말할 수 있다. 그리고 한 마디 덧붙일 것이다. "당신도 관세음보살이다."라고. 여기서 말하는 관세음보살에는 종교적 의미가 없다. 다만 한 종교에서 주로 쓰는 가리킴이다. 다른 종교나 문화권에서는 다른 말을 쓴다. '도(道)', '성령', '여호와', '하나님', '시바', '아트만', '쿤제 칼포', '진아', '참나' 등 문화마다 관세음보살이 가리키는 그 무엇을 일컫는 말이 따로 있다. 말은 다르지만 가리키는 무엇은 다르지 않다.

그렇다! 당신은 관세음보살이다. 도대체 여기서 말하는 관세음보살이 뭘까? 도대체 관세음보살의 뜻이 뭐길래 나의 진정한 정체일까?

내가 11살 정도 즈음이었던 것 같다. 독실한 불교 신자였던 할머니를 모시고 매일 같이 부산 광명사(光明寺)를 찾았다. 아마 보름 집중 정근(正勤) 기간이었던 것 같다. 광명사에는 관음전이라는 법당이 있었고 그 앞에 마당이 크게 있었다. 정근 시간이 되면 마당에 긴 나무로 된 바닥을 깔고 그 위에 사람들이 모여 앉아 마당을 꽉 채웠다. 나는 나무 바닥 위에 얇은 방석을 깔고 할머니 옆에 앉았다. 방석이

진리는 바로 지금, 바로 여기 있다

얇아 딱딱한 나무에 늘 엉덩이가 배겼지만 참고 앉아 있어야 했다. 관음전 옆 종이 울리면 정근이 시작된다. 관음전 주위에 앉은 신도들이 한동안 "관세음보살."을 반복해서 외쳐댔다. 수백 명의 군중이 같이 외치는 관세음보살 정진 소리는 참으로 장관이었다. 나도 뻣뻣한 다리를 꼬고 앉아 눈을 감고 사람들에 질세라 "관세음보살."을 계속 외쳐댔다. 무한 반복 "관세음보살."이다. 눈을 감고 관세음보살을 집중해서 반복하면 다른 잡생각이 없어졌다. 그런데 조금 지나면 다리도 아프고 허리도 아팠다. 하지만 참고 계속했다.

어린 나는 "관세음보살."만 그냥 반복할 뿐 따로 기도하거나 바라는 것이 없었다. 대부분 거기 모여 정근하는 신도들은 간절한 기도 목적이 있었을 것이다. 내 아들의 학업성적을 기도하고, 좋은 직장 찾기를 기도하고, 타지에 나가 있는 자식들을 위해 기도하고, 아픈 몸이 낫기를 기도하고, 남편이나 자식의 어려운 사업이 잘되기를 기도하고, 가족 모두가 건강하기를 기도하고 기도한다. 대부분은 이런 목적을 가지고 간절한 마음으로 기도한다. 간절히 어떤 것을 얻고자 기도한다.

불교 신자들에게 관세음보살은 어떤 신과 같은 존재다. 불교에는 다양한 사상을 담은 여러 보살들이 있다. 다들 신과 같은 존재지만 유독 관세음보살은 사람들에게 친근하다. 간절히 기도하는 사람에게 나타나서 소원을 들어주고 어려움에 처하면 기도 소리를 듣고 와서 구해준 뒤 홀연히 사라진다고 하는 친근한 서민적 신이다. 사람들은 가장 높은 석가모니 부처보다 기도를 할 때 관세음보살을 더 찾는다. 아버지 같은 이미지의 석가모니 부처님은 너무 멀고 뭔가 부탁하기에 좀 어려워 보였을까? 친근하고 부드러운 어머니 같은 이미지의 관세음보살은 뭔가 내 사정을 듣고 큰 사랑과 자비심으로 도와줄 것만 같다. 대자대비 관세음보살이다. 큰 사랑과 자비의 보살이다. 사람들은 간절한 기도에 응답하는 영험한 관세음보살을 기리며 수많은 일화를 이야기한다. 관세음보살을 외치며 간절히 기도한다. 절을 하면서도, 앉아 정근을 하면서도 간절한 바람을 담아 끊임없이 관세음보살을 찾는다.

관음전 앞에서 수많은 사람이 간절한 바람을 담아 "관세음보살."을 외칠 때 어린 내게는 아무런 바람이나 목적이 없었다. 어떤 기도 제목을 갖기에는 너무 어린 나이였다. 사실 관세음보살이 누군지, 왜 "관세음보살."을 반복하는지도 몰랐다. 다들 그렇게 하니까 따라서 했다. 그런데 이상하게도 정말 열심히 했다. 정말 진실하게 했다. 아무 목적 없이 아무 생각 없이 그냥 했다. 깨달음이나 무엇을 얻는다는 생각도 없었다. 뭘 내려놓는다는 생각도 없었다. 뭘 알아야지 그런 생각도 하는데 그마저도 없었다. 하지만 열심히, 진실하게 했다. 나는 이것이 만트라 수행인지는 꿈에도 몰랐다.

아드바이타 가르침을 접하기 한참 전부터 불교는 까맣게 잊고 있었다. 물론 관세음보살도 까마득하게 잊고 있었다. 내게 관세음보살은 별다른 존재가 아니었다. 그런데 이 관세음보살이 느닷없이 튀어나왔다. '알았다, 놓였다' 하는 치열한 찾음의 과정을 거치고 있을 때 참가한 아디야샨티의 명상 캠프에서 아디야샨티의 아내 묵티가 만트라를 외운다면서 『반야심경』의 마지막 구절을 외웠다. "가테 가테 파라가타 팔삼가테 보디사하(Gate, Gate, Paragate, Para Sam gate Bodhi svaha)." 산스크리트의 영어 발음이다. 우리는 "아제 아제 바라아제 바라승아제 모지사바하."로 읽는다. 만트라가 티베트 불교의 비밀스러운 주문이겠거니 하던 막연한 생각이 깨졌다. 불교에서 말하는 염불 정진이 결국 만트라 수행이었다. 이렇게 따지면 난 만트라 수행을 많이 한 셈이었다. 묵티의 만트라가 오랫동안 잊혀졌던 관세음보살을 소환할 줄은 꿈에도 몰랐다.

이틀 동안 묵티의 만트라를 듣고 익숙해질 무렵 문득 나의 찾음이 어떻게 시작되었는지 궁금해졌다. 내겐 특별한 영적 경험도 없었다. 대학 때 참가했던 정토 깨달음의 장이 큰 변곡점이 되기는 했으나 찾음의 시작은 아니었다. 그전부터 늘 뭔가가 궁금했기 때문이다. 그러다 갑자기 한 이미지가 확 떠올랐다. '관세음보살' 만트라를 열심히 외치는 어릴 적 내 모습이다. 좀 더 정확히 말해서 아이가 "관세음보살"을 외치며 눈을 감고 바라보고 있던 이미지가 떠올랐다. 아무것도 없는 그 집중의 이미지. 그리고 그때가 내 찾음의 시작이라는 확신이 들었다. 앉아서 '관세음보살'을 정진하던 아이의 모습이 떠오르면서 왠지 모르게 눈물이 났다. 이상하게 아이의 모습이 떠오를 때마다 눈물이 그렇게 났다. 그때 아이의 느낌이 바로 가슴에 와닿았다. 그렇게 아이의 모습이 떠오르다 느닷없이 '관세음보살'의 의미가 확연하게 떠올랐다.

관세음보살은 아드바이타/불이원성(Non-duality) 가르침에서 말하는 '참인식(Awareness)' 또는 '참의식(Consciousness)'이었다. 찾음이 끝날 무렵에 관세음보살의 진정한 의미를 마침내 찾은 것이다. 그리고 왜 관세음보살이 천수천안 관세음보살로 묘사되는지 알 수 있었다. 왜 석가모니불이 아니라 관세음보살을 외치는지 알 수 있었고 이 정진을 만든 스승이 누구였든 참으로 슬기롭다는 생각이 들었다.

천수천안 관세음보살상

진리는 바로 지금, 바로 여기 있다

관세음보살은 진리 그 자체를 형상화한 것이다. 정확히 모든 부처가 깨닫는 지혜의 핵심이다. 모든 자연인이 아는 앎 그 자체다. 천수천안 관세음보살상은 진리가 무엇인지 직접 보라고 알기 쉽게 예술 작품으로 표현한 참으로 멋진 가리킴이다. 부처가 달을 가리키는 손가락이다.

관세음보살의 의미를 깨우친 뒤 찾음이 끝났다. 진정한 나의 정체성이 찾아졌다. 내면에서 선언했다. "나는 관세음보살이다. 나는 참인식이다. 나는 참인식 그 자체다. 이것이 궁극적 깨달음이다. 이것으로 찾음이 끝났다."라고 선언했다. 내가 바로 관세음보살 그 자체였다. 관세음보살이 나의 진정한 정체였다. 관세음보살이 나였다. 관세음보살이 나의 이름이었다. 내가 생각했던 '나'란 존재하지 않는다. 오직 관세음보살의 나타남이다. 그리고 이 글을 읽는 당신도 관세음보살이다. 세상 모두가 관세음보살이다. 오직 세상에는 관세음보살만 존재한다. 지금 여기 있는 유일한 실체다. 참실재다. 정확히 모든 스승이 가리키는 그것이다. 불교에서 말하는 관세음보살이 낯설면 '참인식', '참의식' 또는 그리스도교에서 말하는 '성령'으로 대신해도 전혀 상관없다. 세상 여러 스승이 다양한 이름을 만들어 붙이기에 편한 이름 아무거나 써도 된다. "나는 성령이다. 나는 참인식이다. 나는 아트만이다. 나는 그것이다.", 다 같은 말이다. 사과나 애플(Apple)이나 같은 사과를 가리킨다.

관세음보살, 觀世音菩薩, *Avalokiteśvara, Chenrezik,*
अवलोकितेश्वर

나는 종교로서의 불교는 잘 모른다. 다른 종교도 마찬가지다. 하지만 나의 직관으로 역사적, 종교적 의미를 싹 걷어내고 관세음보살의 뜻과 관세음보살의 또 다른 이름인 성령과 성모 마리아와의 연관성을 말해볼까 한다. 오직 당신의 찾음이 끝나기를 바라는 마음으로, 예전 스승들이 관세음보살, 성령과 성모 마리아를 통해서 무엇을 가리키고자 했는지 살펴본다.

관세음보살은 부처가 깨달은 진리를 나타내는 상징이다. 천수천안 관세음보살은 말로 표현하기 쉽지 않은 이 내용을 알기 쉽게 예술적으로 잘 표현했다. 관세음보살을 부를 때 천수천안(千手千眼) 관세음보살, 대자대비(大慈大悲) 관세음보살이라고 부른다. 인자하고 부드럽게 표현되는 일반적인 이미지와는 달리 천 개의 손과 천 개의 눈을 가진 관세음보살상을 만나게 된다. 관세음보살은 세상 만물로 나타나는 모습을 상징하는데 한마디로 말해서 세상이 둘이 아니며 있는 모두가 참인식이라는 말을 하고 있다. 세상 만물은 오직 같은 참인식의 표현이다. 둘이 아니다. 즉, 불교 가리킴의 핵심인 불이(不二)의 예술적 표현이다.

무(無)가 세상으로 나타나는 방식은 인식을 통해서다. 지금 이 책을 읽고 있는 당신은 세상을 인식한다. 당신의 인식을 통해서 바라보는 그 정체가 바로 관세음보살이다. 참인식이다. 성령이다. 세상을 인식하는 하나의 생명체는 관세음보살이 가진 천안(千眼), 즉 천 개의 눈 가운데 하나다. 눈은 인간에 한정된 것이 아니다. 세상 모든 생명체는 각자 자신만의 시점으로 세상을 인식한다. 그렇게 각자 자신만의 세상이 나타난다. 이들 하나하나가 관세음보살의 눈이다. 천 개의 눈이란 세상의 모든 생명체를 상징한다. 세상 모든 생명체의 수만큼 관

진리는 바로 지금, 바로 여기 있다

세음보살의 눈은 많다.

눈으로 표현된 생명체가 인식할 때 인식되는 사물들이 있다. 관세음보살이 가진 천수(千手), 즉 천 개의 손이 이들을 의미한다. 세상의 모든 사물이다. 작은 돌에서부터 책상과 의자, 산과 강, 바다와 하늘과 태양, 별들, 은하계, 성단, 우주 내 모든 사물이다. 천 개의 손은 세상 모든 사물을 상징한다. 사물 하나하나가 관세음보살의 손이다.

관세음보살의 모든 손에는 손바닥에 눈이 있다. 관세음보살의 손으로 상징되는 사물도 측정의 주체라는 말이다. 양자역학의 이중 슬릿 실험에서 상대적으로 큰 분자로 실험을 할 때 진공 상태가 아니면 공기 중의 원자와 부딪히며 측정이 일어난다. 중첩 상태에 있던 분자가 공기 중 원자라는 다른 사물에 의해 측정되면서 입자로 확정되고 하나의 '것'으로 세상에 나타난다. 이때 공기 중의 원자가 관세음보살의 손이고 측정은 손에 달린 눈으로 형상화된다. 사물이 세상에 나타나는 방식을 형상화한 것이다.

천수와 천안 모두가 하나의 몸에서 나온다. 지금 이 순간 하나의 몸이다. 둘이 아니다. 하나의 몸에서 세상 모든 생명과 모든 사물이 나온다. 세상 만물로 나타나 보일 뿐이지, 실체는 둘이 아니다. 이들이 둘이 아니라는 사실을 두 손을 모은 합장이 강조하고 있다.

관세음보살은 불이(不二) 가리킴의 표현이다.

세상 모두가 둘이 아니라는 사실을 천수천안 관세음보살상이 잘 표현하고 있다. 바로 지금 여기 세상 존재의 실체를 너무도 잘 말해준다. 잘 보라, 시간의 흐름에 따라 하나의 몸에서 나와 세상의 모든 것이 된다는 말이 아니다. 예전에는 하나였는데 지금은 수많은 독립된 것들이 됐다는 말이 아니다. 지금 이 순간 천 개의 손과 천 개의 눈이 하나의 몸이다. 지금 이 순간 이들은 둘이 아닌 실체로 여기 존재한다. 수만 가지로 나타나 보일 뿐 지금 이 순간, 한순간도 예외 없이, 늘 하나의 몸이다. 세상에 나타나는 모든 생명과 사물은 바로 지금 여기 하나의 인식으로 존재한다. 직접 살펴보라. 지금 이 순간 존재하는 모든 것은 오직 인식이다. 모든 감각이 인식으로 존재한다. 모든 사물이 인식으로 존재한다. 오직 인식으로 존재한다. 존재하는 것은 오직 인식이다.

물론 인식 또한 하나의 이름이다. 지금 여기 있는 실체를 가리키는 이름이다. 독립된 관세음보살이라는 신이 인식하는 것이 아니라 관세음보살이 인식 그 자체. 주체와 객체가 나뉠 수 없다. 둘이 아니다. 인식은 다른 말로 앎이다. 그냥 앎만 있다. 세상의 실체가 그렇다.

천수천안 대자대비 관세음보살은
둘이 아니기에 절대 평등한 있는 그대로의 세상을 가리킨다.

관세음보살을 말할 때 천수천안 뿐만 아니라 대자대비(大慈大悲)하다고도 말한다. 대자대비는 큰 사랑과 절대 평등을 나타내는 말이다. 큰 사랑이 가리키는 바는 우리가 생각하는 사람 사이의 사랑을 말하는 것이 아니다. 사람들이 생각하는 상대적 세상의 사랑이 아니다. 세상에서 말하는 사랑은 아무리 위대하고 대단해 보여도 필연적으로 조건이 붙는 상대적 사랑이다. 스승들이 말하는 사랑은 이런 조건적인 사랑이 아니라, 둘이 아닌 세상을 있는 그대로 받아들인다는 뜻

진리는 바로 지금, 바로 여기 있다

을 담고 있다. 좀 더 자세히 말하면 '있는 그대로 받아들인다.'가 아니라 '있는 그대로'다. 이런 의미를 담아 여러 스승이 '사랑(Love)'이라는 말을 가리킴으로 쓴다. 이때의 사랑이 자비다.

또한, 절대 평등은 "둘이 아니다."의 또 다른 말이다. 세상 만물에 차별이 있을 수 없다. 어떤 생명체도 서로 간에 우월이 있을 수 없다. 어떤 사물도 서로 간에 우월이 있을 수 없다. 한 점 먼지나 태양이나 우월이 있을 수 없다. 또한 생명체와 사물 간에도 우월이 있을 수 없다. 우월 의식이 일어나려면 먼저 구분되어야 한다. 하지만 실체는 어디에도 구분이 없다.

우리는 '내'가 좀 더 우월하기를 바란다. '내'가 인간이기에 인간이 다른 생명체들보다 좀 더 우월하기 바란다. '내'가 생명체기에 생명이 사물보다 좀 더 우월하기 바란다. 이런 바람은 '나'에 대한 거짓 믿음에서 비롯된 생각에 지나지 않는다. '나'에 대한 거짓 믿음을 바로 보면 이런 믿음이 환상에 지나지 않고 바람에 지나지 않는다는 사실을 바로 볼 수 있다. 둘이 아닌데 어떻게 우월이 있을 수 있겠는가? 심지어 어떤 비교의 개념도 여기서는 성립하지 못한다. 그래서 세상 만물은 생명체라고 이름 붙여져 있든 사물이라고 이름 붙여져 있든 절대 평등하다. 있는 그대로는 사랑이며 절대 평등하다. 그래서 대자대비 관세음보살이다. 천수천안 대자대비 관세음보살, 너무나 멋진 가리킴이다.

모두가 사랑이고 모두가 평등하다.

관세음보살, 천수천안, 대자대비, 손을 모은 합장, 이 모두가 '둘이 아니다.'는 진리를 가리키는 가리킴이다. 가리킴이란 직접 보라는 말이다. 직접 보기 전에는 무슨 말인지 도무지 알 수 없다. 처음에는 오해할 수밖에 없다. 그 오해를 뚫고 진리를 직접 보면 "아하!" 하며 스승의 가리킴을 다시 보게 된다. 친근한 모습으로 관세음보살을 우리 마음속에 숨겨놓은 스승들의 지혜와 해학이 참으로 감탄스럽다. 이 덕을 내가 톡톡히 봤다. 오랜 세월 스승들의 공덕이다. '관세음보살'을 앉아서 되뇌고 절을 하면서 되뇌고, 멋모르고 수없이 반복하던 '관세음보살'이 모르는 사이에 수행이 되고 찾음의 씨앗이 되었다. 오랜 세월 씨앗은 무럭무럭 자라 첫 깨우침이라는 꽃을 피웠다. 화려한 꽃은 열매를 맺기 위해서 질 수밖에 없다. 삶이라는 스승은 꽃이 진 자리에 '관세음보살'이라는 씨앗의 기억을 불러들여 '관세음보살'과 '깨우친 진리'가 둘이 아님을 알게 하고 궁극적 깨달음이라는 열매를 맺게 하면서 찾음을 끝냈다.

이제 이 열매는 이 책에 실린 여러 가리킴이라는 씨앗들을 품고 세상에 뿌려지게 된다. 어디로 가서 어떻게 꽃을 피울지 누가 알까? 씨앗은 그저 설렐 따름이다.

절에는 관세음보살이 포함된 삼존불(三尊佛)을 모신다. 절에서 가장 큰 건물인 대웅전에 가면 보통 세 분의 부처님을 모셔 놓았다. 이 세 분의 부처를 삼존불이라고 하는데, 이 세 부처의 구성은 다양하다. 여기서는 종교나 문화적 의미는 접어두고 오직 가리킴의 관점에서 석가모니불과 관세음보살과 보현보살(普賢菩薩)을 삼존불로 엮어 그 의미를 짚어보겠다.

절의 가장 중심 건물인 대웅전에 모셔진 삼존불을 보면서 수많은 가리킴이 왜곡되는 가운데서도 종교의 가장 심장부에 가리킴의 핵심

진리는 바로 지금, 바로 여기 있다

을 지켜온 옛 스승들의 지혜에 감탄을 금할 수 없다. 가운데에 석가모니불이 있고 왼쪽에 관세음보살이 있고 오른쪽에 보현보살이 있다. 석가모니불은 고오타마 싯다르타다. 찾는 이였고 찾음이 끝난 자연인이다. 보현보살은 석가모니불이 관세음보살로 형상화된 궁극의 지혜를 깨닫기까지의 여정을 상징한다. 사람들은 보현보살이 수행을 상징한다고 하지만 명상 같은 특별한 수행 방법을 의미하는 것이 아니라 깨달음에 이르는 모든 과정을 상징한다. 이를 산스크리트어로 사다나(साधन, Sadhana)라고 한다.

이렇게 삼존불은, 관세음보살의 천 가지 눈 가운데 하나의 눈으로 나타난 고오타마 싯다르타가 보현보살로 형상화된 길을 지나 '둘이 아니다.'는 관세음보살로 형상화된 지혜를 깨달아 부처가 된다는 가리킴이다. 그리고 이 모두가 다 관세음보살이 천수천안으로 나타내는 세상 안에서 일어난다. 삼존불은 찾음의 시작과 끝을 나타낸다. 삼존불을 좀 더 간단히 형상화하면 하나의 원이다. 선불교에서는 원을 그려 찾음을 표현하는데 삼존불이 담는 의미와 다르지 않다. 석가모니라는 찾는 이가 보현보살이라는 찾음의 길을 지나 관세음보살이 가리키는 그 무엇을 찾는데, 결국 찾는 이가 찾아지면서 원이 완성된다.

한 발짝 깊이 들어가서, 엔소(Ensō)로 많이 알려진 선(禪)의 원은 알고 보면 하나의 점이다. 움직일 수 없는 점이다. 삼존불은 원으로 간단히 표현되고, 원은 점이 되어 둘이 아닌 실체를 표현한다. 그래서 삼존불은 둘이 아니다. 셋이나 둘로 나뉠 수 없는 하나다. 찾는 이가 찾아지기에 부처와 관세음보살은 둘이 아니다. 찾는 이가 찾아지기에 보현보살인 찾음도 없다. 애초에 찾음이란 없다. 찾을 것이 없기에 원을 그릴 일도 없다. 그래서 점이다. 점은 공간이 없다. 대신, 모든 공간이 이 점에서 일어난다. 점은 원래 공간이 없기에 그 안에서 생겨나는 공간은 무한하다. 공간 안에 있는 점이 아니라 무한한 공간을 가진 점이다. 이 점을 무(無), 공(空)이라 부른다. 그리고 이 앎을 반야(般若, Prajña)라고 부른다.

성령이 세상에 충만하기에 나는 알파부터 오메가다.

불교에서 나타나는 이런 가리킴은 그리스도교에서도 잘 나타난다. 잘 보라. 둘이 아니다. 스승들이 가리키는 무엇은 다르지 않다. 동양이든 서양이든, 어떤 문화권이든, 수천 년 전이든 오늘이든, 저 수억 광년 너머에 사는 외계인 스승이 있어도 가리키는 무엇은 같을 수밖에 없다.

나는 관세음보살을 생각하면 가톨릭의 성모 마리아가 떠오른다. 한 스승이 처녀(virgin) 성모 마리아에서 예수가 탄생했다는 이야기가 단지 상징이며 그 상징의 뜻을 이제야 알았다면서 그 뜻을 공유하기에, 내가 생각하는 성모 마리아와 천수천안 관세음보살 이야기를 주고받은 적이 있다. 그리스도교에 심어놓은 관세음보살과 비슷한 스승의 가리킴은 처녀로서 예수를 낳은 성모 마리아가 아닐까 싶다. 동정녀 마리아는 시적 표현이다. 동정녀, 즉 처녀가 가리키는 것은 참인식이다. 싯다르타가 관세음보살에서 나오듯 예수의 존재도 처녀에서 나온다. 처녀는 어떤 사물도 형상화되기 이전의 상태를 상징한다. 무(無)에서 유(有)가 나오듯 처녀 마리아에서 예수가 나와야 한다. 여기서 말하는 동정녀 마리아는 생물학적 예수의 어머니가 아니다. 세상의 근원이다.

진리는 바로 지금, 바로 여기 있다

하나님이 동정녀 마리아를 통해 예수를 잉태시켰다는 말도 이런 은유다. 은유에 담긴 가리킴이 가리키고자 하는 것을 봐야지 이것을 말 그대로 생물학적으로 접근하면 가리킴이 우스꽝스러워진다. 재미있게도 성모 마리아가 가톨릭에서 차지하는 위치도 관세음보살과 비슷해 보인다. 가톨릭에서 성모 마리아의 존재는 거의 절대적이다. 사람들은 기도할 때 예수보다 성모 마리아에게 더 의지한다. 예수 대신 성모 마리아에게 개인적 소원을 빌며 기도하는 모습이 석가모니 대신 관세음보살에게 소원을 들어달라고 기도하는 불교 신도들의 모습과 닮았다. 어찌 보면 이런 현상은 말이 된다. 예수나 석가모니는 참의식 안에서 나타나 보이는 등장인물이다. 등장인물은 가리킴이라는 이야기를 전해주지만 어떤 무언가를 해줄 수 있는 존재가 아니다. 대신에 성모 마리아나 관세음보살과 같은 존재는 세상 그 자체다. 사람들에게는 어떤 신과 같은 존재로 보인다. 기도해야 한다면 등장인물보다는 세상 모두를 감싸는 존재가 더 나아 보인다. 그래서 기도의 대상이 된다. 기도의 대상이 되면서 사람들은 더 다가가기 쉽고 친숙하며 기도를 잘 들어줄 것 같은 이미지로 만들어간다. 그렇게 성모 마리아와 관세음보살은 친근하게 서민의 마음을 어루만지는 존재가 되었다.

불교의 삼불처럼 그리스도교의 '삼위일체'설이 뜻은 조금 다르지만, 스승의 지혜가 담긴 가리킴이다. "성부와 성자와 성령이 본질에서는 하나님 한 분이다."라고 말한다. 여기서는 '둘이 아니다.'보다는 '하나'라고 표현하는 전통이 있다. 정확히 같은 뜻이다. 절대 또는 무(無)와 같은 뜻의 '하나'님으로부터 만물이 나온다. 그래서 세상 만물이 성령으로 충만하다고 말한다. 성령은 나타난 세상을 표현하는 관세음보살의 이미지와 닮아있다. 가리키는 방식이 조금 다르지만 가리키고자 하는 무엇은 다르지 않다. 성자는 예수를 표현하는 말이다. 예수는 "나와 하나님은 둘이 아니다."라고 말했을 것이다. 성부와 성자는 하나다. 성자는 예수뿐 아니라 세상 모든 사람이다. 세상 모든 생명체다. 성령은 생명체에 깃든 의식이다. 하나님인 참의식의 나타남이다. 성자, 즉 당신의 모습으로 나타나 세상을 인식하고 있다. 개인에 깃든 의식(성령)과 인식되는 개인의 몸-마음(성자)과 이 모두의 근원인 참인식(하나님)이 둘이 아니라는 말이다. 삼위일체다. 어떤 형태로 해석하든 여기서 말하고자 하는 가리킴의 핵심은 나타나는 모든 세상이 지금 이 순간 하나님 그 자체라는 사실이다. 본질에서 지금 이 순간 하나라는 말이다. 예수는 자신이 하나님의 아들이라고 말했다. 자기뿐만 아니라 모두가 하나님의 자녀라고 했다. 아들이나 자녀의 뜻은 '둘이 아니다.'를 사람들이 알아듣기 쉽게 표현한 말이다. 믿음으로 이 사실을 깨달아서 하나님의 나라에 들어가는 것이다.

믿지 않는다고 하나님의 자녀가 안 되는 일은 없다. 이미 당신은 하나님에서 나타난 몸이다. 지금 이 순간! 지금 당신의 눈을 통해서 세상을 보며 창조하는 이가 바로 하나님이다. 둘이 아니다. 당신이 관세음보살에서 나온 하나의 눈이듯, 당신은 하나님에서 나온 아들, 딸이다. 같은 뜻 다른 표현이다.

당신이 알든 모르든, 믿든 안 믿든, 당신의 본질은 바뀌지 않는다. 믿음을 통해서 '내'가 하나님 나라에 들어가는 것이 아니라 믿음을 통해 이미 자신이 하나님의 나라에 있다는 사실을 깨닫는 것이다. 예수가 말한 '믿음'은 이 책에서 말하는 "살펴본다."는 말과 뜻이 같다. 원래부터 '나'란 없고 오직 하나님만 있다는 사실을 직접 살펴보고 깨

진리는 바로 지금, 바로 여기 있다

닫는 것이다. 오직 하나님만 존재하고 모든 일이 하나님의 일인데, 가끔 '나'의 의지, '나'의 몸, '나'의 것, '나'라는 생각이 일어났다 사라질 뿐이다. 생각이 어떻든, 사실은 변함없다. 하나님만 있다.

"나는 알파와 오메가라."

- 요한계시록

"성령이 충만하다.", "하나님은 알파와 오메가요, 처음과 마지막이라.", "나 여호와라 처음에도 나요, 나중에 있을 자에게도 내가 곧 그니라.", "있는 모두가 참의식이다.", "나는 그것이다.", "나는 관세음보살이다.", '불이원성', '아드바이타', '불이' 등, 이 모두가 같은 말이다. 어떻게 다를 수가 있겠는가! 이 사실을 직관으로 아는 것이 궁극적 깨달음이다. 바로 지금 여기 있는 하나님 나라에 들어가는 일이다.

믿음으로 하나님의 나라에 들어가는 것은 불가능하다. 기도로 관세음보살과 하나가 되는 것은 불가능하다. 대 자유인이 되는 것은 불가능하다. 깨달은 사람이 되는 것은 불가능하다.

믿음으로 하나님의 나라에 들어갈 수 없는 까닭은 이미 하나님의 나라에 있기 때문이다. 믿음으로 이미 자신이 늘 하나님의 자녀임을 알 수 있을 뿐이다.

기도로 관세음보살과 하나가 될 수 없는 까닭은 원래부터 둘이 아니기 때문이다. 애초부터 당신과 관세음보살은 둘이 아니다. 기도로 자신이 원래부터 관세음보살임을 알 수 있을 뿐이다.

누구도 대 자유인이 될 수 없는 까닭은 벗어나야 할 속박이 있어야 자유로울 수 있는데 애초에 속박은 없다. 둘이어야지 무엇이 무엇을 속박할 수 있는데 둘이 아니다. 원래부터 속박이 없다는 사실을 아는 것이 자유인이다.

깨달은 사람이 될 수 없는 까닭은 깨달음이란 진정한 자기의 정체가 사람이 아니라는 사실을 아는 것이기에 깨달은 '사람'이란 있을 수가 없기 때문이다. 당신은 사람이 아니다. 당신은 성령이다. 당신은 관세음보살이다. 당신은 존재 자체다.

찾는 이도, 찾음도, 찾음의 길도, 깨달음도 없다.

진리는 바로 지금, 바로 여기 있다

» 자연인으로 살아간다

궁극적 깨달음은 찾음이 끝나는 일이다. 궁극적 깨달음을 때로는 '해탈'이라고 하고, "하나님 나라에 들어간다."라고도 하고, "신과 하나가 된다."라고도 하고, "에고가 사라진다."라고도 하고, "내가 없어진다."라고도 한다. 오랜 세월 쌓여온 수많은 믿음들 때문에 여기에 뭔가 대단하고 엄청나고 신비한 무언가가 있는지 착각한다. 궁극적 깨달음은 사실 별것 아니다. 딱히 말할 것도 없다. 궁극적 깨달음이 일어난 자연인들이 만나면 여기에 관해 따로 할 말이 없다. 특별할 것하나 없다. 궁극적 깨달음은 그저 '찾음이 끝나는 일'이다. 우리는 다들 어쩌다 찾기 시작한다. 뭔지 모르지만 찾는다. 진리를 찾고 나를 찾고 자유를 찾고 이상 세계를 찾고 내면의 평화를 찾고 하나님 나라를 찾고 도를 찾고 성불을 찾고 해탈을 찾는다. 이런 찾음이 끝나는 일을 그냥 궁극적 깨달음이라고 한다. 다만, 무엇을 찾든 찾아지는 무엇은 당신이 예상하는 것이 아니다. 따로 얻는 것이 정말 아무것도 없다.

깨달음만큼 누구에게도 쓸모없는 것이 있으랴!

궁극적 깨달음은 나의 진정한 정체성이 찾아지는 일이다. 찾는다는 말이 맞다. 왜냐하면, 정말 자기가 누구인지가 찾아지기 때문이다. "나는 누구인가?"에 대한 명확한 답을 얻는다. 자기의 진정한 정체성이 회복된다. 내가 누구인지, 어떤 존재인지 정확히 안다. 더는 몸·마음, 육체, 영혼과 자신을 동일시하지 않고 거기에 대한 거짓 믿음이 없다. 더는 '나'에 대한 거짓 믿음이 없다. 여기 있는 의식, 때로는 마음, 때로는 영혼으로도 불리며 수많은 이름을 가진 이 의식이 무엇인지 그 정체를 정확히 안다. 더는 육체와 동일시하지 않기에 태어나고 죽는 문제에서 벗어난다. 나는 태어난 적도 없고 태어나지 않았기에 죽을 수도 없다. 빅뱅처럼 생겨나지 않았기에 블랙홀처럼 사라질 수 없다. 정확히 지금 여기 무엇이 존재하는지 알고 그것만이 유일하게 실재한다는 사실을 안다. 모든 개념과 이름이 일어나기 전의 무엇이기에 어떤 '것'이 아니라는 사실을 안다. 그리고 이 존재가 나임을 안다. 이 존재만 실재하기에 나는 그것일 수밖에 없음을 안다.

이 존재는 바다와 같다. 그리고 여기 경험되는 육체는 바다에서 일어나는 셀 수 없이 많은 물결 중 하나와 같다. 높이와 넓이와 둘레의 유일한 형태를 가지고 특정 시간만큼만 일어났다가 사라진다. 일어나는 물결은 각자 옆의 다른 모든 물결의 영향으로 일어난다. 물결과 바다는 구분할 수 없다. 바다가 곧 물결이다. 바다와 물결은 둘이 아니다. 바다 위 모든 물결은 다르게 나타나 보이지만 바다와 이 모든 물결은 둘이 아니다. 세상의 모든 생명과 사물들이 나타나는 일이 이와 다르지 않다. 나타났다가 한동안 있다가 사라진다. 사라지지만 사라지는 것이 아니다. 다른 물결들로 나타난다. 늘 바다다. 이것이 스승들이 종종 쓰는 바다의 비유다. 찾음이 끝나면 물결과 바다는 둘이 아님을 잘 안다. 모든 물결도 둘이 아님을 잘 안다.

진리는 바로 지금, 바로 여기 있다

물결과 바다는 둘이 아니다.
나와 하나님은 둘이 아니다.

　바다의 비유와 함께 세상을 꿈에 비유하기도 한다. 스승들은 이 세상이 마치 꿈같다고 말한다. 정말 꿈과 다르지 않다. 꿈을 꿀 때 우리는 현실이라고 느낀다. 시간이 흐르고 공간이 지나간다. 꿈속에서 길을 거닐고 다른 사람과 손을 잡고 바닷가를 거닐며 그 잡은 손의 느낌을 오롯이 경험한다. 여기저기 돌아다니고 온갖 일을 겪고 온갖 감정을 느낀다. 현실도 꿈과 다르지 않다. 꿈속 세상에서는 가끔 자연의 법칙이 통하지 않는다. 하지만 전혀 이상하게 받아들이지 않는다. 그냥 그러려니 한다. 마치 우리가 중력을 당연히 받아들이면서 그냥 그러려니 하는 것과 다르지 않다. 파리가 유리창에 수직으로 달라붙어 있어도 그러려니 한다. 꿈속에도 공간이 있고 세상 만물이 있다. 태양도 있고 별도 있고 바다도 있고 산도 있고 사람들도 있다. 하지만 실재하는 것은 꿈 그 자체다. 꿈으로 나타나는 의식이다. 세상 만물이 의식 안에서 일어난다. 지금 이 글을 쓰는 필자와 이 글을 읽는 당신과 당신이 경험하는 세상도 의식이다. 세상 생명 모두의 의식은 참의식의 일부다. 아니, 참의식 그 자체다. 부분도 전체도 없다. 참의식 속에 세상 만물이 꿈처럼 일어난다.

　우리의 몸이 지금 공중분해가 안 되고 여러 가지 힘과 작용으로 하나의 형태를 이루고 생명이라는 이름으로 살아간다. 중력이라는 힘이 작용하기에 지구라는 행성에서 땅에 발을 붙이고 서서 살아갈 수 있다. 도대체 이 모든 일이 어떻게 가능한지 아무도 설명할 수 없지만 우리는 당연히 여기고 어떤 의심도 없이 꿈속에서처럼 살아가고 있다.

　우리는 세상 만물을 경험하며 살아간다. 세상에는 둘로 나누어진 셀 수 없이 많은 생명과 사물들이 존재하고 우리는 경험을 통해서 그들이 독립적인 존재라고 느낀다. 그래서 자기 자신도 독립적으로 존재하는 하나의 사물로 느낀다. 독립적으로 의사결정하고, 독립적인 하나의 개체로서 주체 의식을 가지고 세상을 살아가는 것처럼 보인다. 우리 모두 이렇게 살아간다. 마치 꿈속에서처럼. 사람들 대부분은 이것을 현실이라고 여기며 어떤 의심도 없이 익숙한 일상을 살아간다. 마치 꿈속에서처럼.

　그런데 몇몇 사람은 이것이 현실인지 의문스럽다. 현실이 도대체 무슨 뜻인지 의문스럽다. 사람들 대부분은 별다른 의문 없이 그냥 익숙한 일상을 현실이라 믿고 살아가는데 꼭 몇몇 이상한 사람은 여기에 의문을 단다. 정말 "현실이 뭘까?", "정말 여기 실재하는 것이 뭘까?", "정말 나는 무엇일까?"라고 의문을 제기하고 살펴보고 깨닫는다. "아하! 여기 지금 존재하는 것은 오직 의식뿐이구나."라고 깨닫는다. 그리고 세상을 살펴보니, 마치 다 꿈같다. 사람들이 말하는 현실은 사실 꿈과 같다. 사람들이 실재한다고 믿는 세상의 모든 생명과 사물은 사실 꿈속의 사물들과 존재하는 방식이 전혀 다르지 않다는 사실을 깨닫는다. 자기 자신도 마찬가지다. 독립된 하나의 개체라고 믿던 자기 자신도 꿈속 하나의 인물에 지나지 않는다. 참의식 안에서 일어나는 하나의 사물에 지나지 않고 다른 사물들과 다를 게 없다. 나를 비롯해서 어떠한 것도 예외 없이, 천국이니 지옥이니 신선의 세계니 다른 차원의 세상이니 다른 멀티 유니버스의 세상이니 하는 모든 세상도, 어느 것, 어느 세상 하나 예외 없이 모두가 참의식 그 자체다. 꿈

　　　　　　　　　　　　　진리는 바로 지금, 바로 여기 있다

과 꿈속의 인물은 분리될 수 없다. 꿈속의 의자와 꿈은 분리될 수 없다. 그저 꿈만 존재한다. 석가모니는 이 꿈을 가리켜 공(空)이라고 불렀다. 그래서 색즉시공 공즉시색일 수밖에 없다. 사물이 공이며 공이 사물이다. 아드바이타는 둘이 아니라는 뜻이다. 꿈속의 모든 것과 꿈은 둘이 될 수가 없다. 불이원성, 즉 둘이 될 수 없는 성질인 것이다. 지금 우리의 현실은 꿈과 같아서 어느 것 하나, 둘로 나눌 수가 없다. 엄청나게 많고 놀랍도록 다양하게 나타나는 이 세상의 본질은 하나의 거대한 꿈으로 실재한다.

거대한 꿈 그 자체다. 그런데 거대하다고 말할 수도 없다. 크고 작음은 꿈 안에서 일어나기에 꿈 자체에는 어떤 상대적 개념도 없어 거대하다고 말할 수 없다. 꿈꾸는 의식만 존재하기에 크고 작음이 없다. 또한, 안과 밖의 개념도 없기에 '꿈 안'이라는 말도 맞지 않다. 의식 속에 시간과 공간이 존재하기에 의식에는 안과 밖이 없다. 꿈이라는 형태로 비유되는 의식만 존재한다. 꿈을 꾸는 '신'과 같은 존재도 꿈 안에서 일어난다. 꿈 밖에 꿈꾸는 자 같은 것은 없다. 다 꿈속의 내용이다. 꿈이 곧 의식이다. 꿈으로 비유되는 의식이다. 참의식이다. 오직 참의식만 존재한다. 참의식만 존재다. 참의식이 실재다. 참의식만 있으므로 존재라는 말도, 실재라는 말도 의미가 없다. 어떤 개념도 참의식 안에서 일어나기에 참의식을 대표할 수 있는 어떤 개념도 없다. 당신에게 말하는 '참의식'이라는 이름은 그저 '지금 여기 있음'을 가리키는 말일 뿐이다. 도(道)를 도라 하면 도가 아니기에 찾음이 끝나면서 직관으로 볼 수 있을 뿐이다. 직관으로 알뿐이다. 다른 이들에게는 오직 말로써 가리킬 수만 있다. 가리킴을 들은 찾는 이는 필연적으로 자기의 관념으로 자기만의 이미지를 그려 넣는다. 어쩔 수 없는 의사소통의 한계다. 이런 한계에도 불구하고 가리킴을 따라 살펴보다가 마침내 눈먼 이가 눈을 뜨면서 세상의 색깔을 직접 보고 "아하!" 하며 미리 눈뜬 이들이 왜 그렇게들 가리켰는지 비로소 안다. 그렇게 알면 그뿐이다. 할 말이 따로 없다.

눈을 뜨면 그냥 안다.

　찾음이 끝나면 어떤 의문도 없다. 어떻게 의문이 남을 수 있겠는가? 모든 의문은 자기가 독립적인 주체라고 믿는 거짓 믿음에 바탕을 두고 있기에 이 믿음이 거짓이라는 사실이 확연해지고 소멸하면 모든 혼란과 의문의 기반이 사라지고 어떤 의문도 남을 수 없다. 찾음이 끝나면 있는 그대로 그 자체다. 그래서 있는 그대로를 거부하거나 받아들인다는 개념이 없다. 일어나는 일과 있는 모든 것이 지금 있는 그대로와 달라야 한다는 믿음이 없다. 그래서 있는 그대로를 받아들이지 못해서 일어나는 괴로움이나 죄책감이나 증오가 없다. 물론 좋아하고 싫어하는 것은 있다. 삶이 주는 고통도 있다. 좋은 날도 있고 우울한 날도 있다. 여전히 인간으로서 겪어야 하는 모든 가치를 다 겪고 산다. 고통보다는 즐거움이 좋고 우울한 날보다는 좋은 날이 더 길면 좋겠다고 느끼고 싫은 것보다는 좋은 것을 찾는다. 하지만 일어나는 고통이나 우울한 날이나 싫은 것도 있는 그대로 받아들인다. 받아들인다는 개념도 없이 받아들인다. 원래 삶이란 즐거움이 있으면 고통도 있음을 잘 안다. 삶이 고통스러울 때는 다른 모든 사람처럼 정말 고통스럽다. 삶의 본질을 안다고 고통이 덜하지 않다. 자식이 먼저 죽었다는 소식을 들으면 비통해하며 고통스럽게 눈물을 쏟아내고 아픈 가슴을 움켜잡는다. 사람들과의 관계 속에서 상처도 받는다. 삶은 원래 이러하다는 본질을 잘 안다. 하지만 일어나는 고통을 거부하며 내게 일어나지 말았어야 한다고 믿지 않는다. "나는 깨달은 사람이니까 화를 내지 말아야 하고 사람들과의 관계 속에서도 상처받지 않고 의연하게 행동해야 한다."라며 어떤 틀을 만들고 자기 몸-마음을 통해서 일어나는 일을 거부하며 그 틀에 끼워 맞추려고 하는 일이 없다. 그래서 괴로움이 없다고 말한다. 그래서 죄책감이 없다고 말한다. 다른 사람을 통해 일어나는 일도 마찬가지로 있는 그대로 받아들여지기에 증오가 없다고 말한다. 괴로움, 죄책감, 증오는 다 가리킴이다. 겉으로 보이는 차이가 아니다. 자연인과 보통 사람의 차이는 오직 앎이다.

대부분 자연인에 대한 오해는 보통 사람들이 사회의 도덕적 잣대와 여러 곳에서 읽고 들은 성인은 이러이러해야 한다는 믿음의 틀을 가지고 자연인을 보기 때문이다. 자연인은 어떤 행동을 해도 도를 벗어날 수가 없고 법을 벗어날 수가 없고 하나님 나라를 벗어날 수가 없다. 겉으로 보이는 기준은 자연인의 기준이 아니기 때문이다.

> 몸-마음도 있는 그대로다.
> 받아들이고 말고 할 것이 없다.
> 누가 무엇을 받아들일 수 있겠나?

사람들은 영적 가르침을 신비주의라고 표현한다. 그리스도교 문화의 그노시스즘이나 이슬람 문화의 수피즘을 신비주의 가르침이라고 말한다. 선불교를 신비주의라고 말하지는 않지만, 신비하게 느끼는 것은 크게 다르지 않다. 신비하다는 것은 이해하기 어렵다는 말이지 뭔가 특별한 마법 같은 것이 있는 게 아니다. 잘 이해가 안 되니까 신비하게 보이는 것이지 가르침이 신비한 것은 아니다. 자신이 가진 믿음을 꼭 쥐고 있는 대다수에게는 스승의 가르침이 이해하기 어려워서 신비하게 느껴진다. 원래 이해가 안 되면 기적이고 신비한 것이 된다. 이 때문에 세월이 지나면서 스승의 가르침은 마치 저 먼 별나라의 진리처럼 받아들여진다. 하지만 그렇지 않다. 모든 가르침은 그저 지금 이 순간 여기를 보라는 것뿐이다. 그냥 자기의 믿음을 내려놓으라고 말할 뿐이다. 그러면 자연히 있는 그대로의 진리가 드러난다. 신비할 것도 특별할 것도 전혀 없다.

어떤 때는 스승의 말이 시처럼 들리면서 이해가 잘 안 될 때가 있다. 가리키는 그 무엇은 틀이 없고 이름이 없어 은유나 비유를 통해 시적으로 표현되기도 한다. 이럴 때 신비하게 들릴 수도 있다. 그런데 세상에 존재하는 모든 것이 이와 같다. 틀이 있는 것이 아니고 정해진 이름이 있는 것이 아니다. 남녀 간의 사랑도 시로 표현한다. 정확히 내 마음을 표현할 길이 없다. 그래서 비유를 쓰고 은유도 쓰며 시적으로 표현한다. 스승들의 가르침도 다르지 않다. 특별할 것 없다. 신비하다는 말로 멀리 밀어낼 필요가 없다. 조금 낯설 뿐이다. 곧 익숙해진다.

찾음이 끝나면 어떤 속박도 있지 않다는 사실을 알기에 늘 자유가 있다는 사실을 안다. 좀 더 정확히 말하면 속박이 없기에 자유라는 개념도 없다. 우리가 말하는 자유는 어떤 것으로부터의 자유라는 상대적 개념의 자유이기에 자유가 있으려면 속박이 있어야 하고 속박

진리는 바로 지금, 바로 여기 있다

이 있으려면 속박당하는 '내'가 있어야 한다. 찾음이 끝나면 속박당하는 '나'에 대한 믿음이 없기에 속박도 없고 속박의 상대적 개념인 자유도 없다. 얻어지는 상대적 자유는 잃어버리기 마련이지만 속박이 없다는 사실을 알면서 나타나는 자유는 잃어버릴 수 없는 참자유다.

자기 뜻과 신의 뜻이 다르지 않기에 일어나는 어떤 일도 바꾸려 할 까닭이 전혀 없다. 일어나는 일이 모두 기적이기에 따로 바라는 기적이 없다. 초신성이 폭발하고 새로운 별을 생기게 하고 태양계를 만들고 은하를 만들고 성단을 만들고 블랙홀로 별을 사라지게 하면서 다양한 일로 우주를 운행하고 어느 행성에서는 생명을 만들고 생태계를 만들며 셀 수 없이 다양한 삶의 방식으로 조화롭게 살아가게 만드는 이런 일을 이미 하는데 어찌 이보다 더한 기적을 바랄까?

나의 뜻과 신의 뜻이 다르지 않다.
세상이 다 내 뜻대로 이루어지니 무슨 불만이 있겠나?

자연인은 자연스럽다. 자연스럽다는 말은 있는 그대로라는 말이다. 있는 그대로가 되는 까닭은 있는 그대로를 거부하는 독립적 주체에 대한 믿음이 없기 때문이다. 있는 그대로는 '내'가 정한 틀이 아니다. 있는 그대로에는 틀이 없다. 무슨 일이 일어나든 있는 그대로다. 자연스럽다. 보통 사람들이 틀을 정하고 독립된 주체에 대한 믿음으로 혼란스러워하고 서로서로 자기의 틀에 다른 이들을 가두려 하며 괴로움에 몸부림쳐도 이 또한 있는 그대로 이기에 자연스럽다. 일어나는 모든 일은 있는 그대로 자연스럽다. 문제는 오직 문제라고 바라보는 시각에만 있지 자연 그 자체에는 어떤 문제도 없다. 그래서 문제는 실체가 없다. 자연인은 이 사실을 안다.

자연인은 세상 모든 사람이 자연인이라는 사실을 안다. 특별한 몸-마음이란 없다는 사실을 안다. 자신을 특별하게 여기지 않는다. 어떤 사람도 특별하게 여기지 않는다. 특별한 사람이란 없다. 특별함은 특별하다고 생각하는 사람의 생각에 존재할 뿐이기에 특별함은 실체가 없다. 세상 모든 사람은 각자 그 자체로 유일하다. 어느 하나, 같은 사람이 없다. 그저 다를 뿐이지 특별하지 않다. 자연인은 세상 모든 사람이 특별하지 않고 조금씩 다른 자연인이라는 사실을 아는 반면 보통 사람은 이 사실을 모른다. 사실을 알든 모르든 달라질 것이 없다. 그래서 자연인은 이 사실을 잘 알기에 다른 사람에게 이 사실을 알도록 강요하지 않는다. 다른 사람이 모른다고 초조해하지도 않는다. 종종 다른 사람들에게 이 사실을 일깨워주려고 노력하는 자연인이 있다. 사람들은 이들을 위대한 스승이라고 칭송하든지, 아니면 십자가에 못 박아 버리기도 한다. 그래도 일어날 일은 일어나기에 어떤 자연인은 최선을 다해 사람들이 자기 자신이 이미 자연인임을 알아차리도록 돕는다. 대부분 자연인은 누가 와서 물으면 답을 한다. 하지만 알아차리고 말고는 물어보는 이에게 달려있기에 여기 집착이 없다. 자연인이 다른 사람이 깨어나도록 도와야 하고 말고는 정해진 것이 없다. 자연인이 가르침을 펴야 한다는 법도 없다. 이 또한 하나의 틀이다.

자연인은 모든 사람이 이미 자연인임을 알기에 그들에게 어떠한 죄도 없음을 안다. 어떤 개인도 자신이 짊어져야 할 죄가 없고 보상받아야 할 선도 없음을 잘 안다. 원죄 따위란 없다. 굳이 원죄라고 하면 죄를 지을 수 있는 개인이란 없다는 사실을 모르고 자기에게 죄가 있다고 믿는 믿음이 원죄다. 죄는 오직 죄가 있다고 믿을 때만 존재한다. 그래서

진리는 바로 지금, 바로 여기 있다

죄는 실체가 없다. 그저 믿음 속에 존재하는 환상이다. 반대로 어떤 누구도 자기의 선행이라고 할 선행이 없음을 잘 안다. 독립된 주체가 없는데 누가 있어 선행을 자기 것이라 말하겠는가? 선행은 오직 선행했다고 믿는 생각 속에만 존재하기에 실체가 없다. 죄도 없고 선도 없는데 어떻게 개인이 카르마(업, 業)를 짊어지겠는가? 카르마는 은행에 저축해놓고 나중에 찾아 먹는 적금 상품이 아니다. 카르마는 그저 세상의 모든 일이 영향을 주고받는다는 사실을 가리킨다. 바다 위에 일렁이는 물결이 서로 영향을 주고받는 사실을 가리키는 말이다.

찾음이 끝나면 자연인이다. 나는 자연인이다. 그리고 나는 이 글을 읽는 당신도 자연인임을 잘 안다. 그리고 자기가 자연인임을 모르는 당신에게 이 사실을 일깨워주고 있다. 이 사실을 알든 모르든 달라지는 것은 없으므로 여기에 어떤 집착도 없다. 이미 있는 그대로다.

이 모두가 가리킴이다.

진리가 아니다. 사실이 아니다. 이야기일 뿐이다. 헛소리다.

» 있는 그대로

이 글을 바라보는 나. 내 눈을 통해서 이 글을 바라보는 존재. 그것이 있다. 참나다. 거짓 나가 없으므로 참나도 없다. 나뿐이다. 다른 이와 다른 사물도 나 안에 있다. 다른 이와 다른 사물이 나 안에 있으므로 나와 다른 이와 다른 사물 사이에 경계가 없다. 경계가 없으므로 나와 다른 이와 다른 사물이라는 개념이 없다. 다르다는 개념이 없으므로 구별이 없다. 어떠한 구별도 없으므로 공(空)이다. 공을 공이라 할 이가 없으므로 무(無)다. 무는 존재가 아니므로 무라고 말하는 순간 무가 아니다.

인식이 있다. 인식 안에 나가 일어난다. 너가 일어난다. 하늘과 땅과 바다가 일어난다. 생물과 무생물이 일어난다. 세상 만물이 일어난다. 모두가 인식 안에 일어난다. 오직 인식만 있으므로 안과 밖이 없다. 오직 인식만 있으므로 둘이 아니다. 안과 밖은 있은 적이 없고 둘이 된 적이 없기에 안과 밖이 없다는 개념도 없고 둘이 아니라는 개념도 없다.

보고 듣고 냄새 맡고 먹고 만지고 생각한다. 이 모두는 인식의 내용이다. 인식의 내용에는 다양한 이름이 붙지만 존재하는 것은 오직 인식이다. 인식의 다른 이름은 의식이다. 오직 의식만 존재한다. 의식의 다른 이름은 앎이다. 앎이 있다.

나는 책을 읽는다. 나도 없고 책도 없다. '내가 책을 읽음'만 있다. 명사는 홀로 설 수 없다. 오직 동사의 내용으로 존재한다. 객체는 주체 안에 있으므로 객체는 사라진다. 객체가 사라지면 주체란 말도 의미가 없다. 그러므로 물아일체는 결코 성립할 수 없다. 원래부터 물(物)과 아(我)에 구분이 없으므로 하나가 될 일도 없다.

모든 것이 의식에서 일어나기에 의식은 만물을 만들어낸다. 의식은 창조자다. 하지만 의식과 창조된 만물에는 경계가 없다. 창조자가 창조물이다. 둘이 아니다. 둘이 아니기에 새로운 것이 없으므로 창조는 없다. 창조가 없으므로 파괴도 없다.

의식은 끊임없이 수많은 형태로 일어났다 사라진다. 하나가 움직이면 모두가 움직인다. 모두 가운데 하나는 또 다른 모두를 움직인다. 늘 움직이기에 죽어있지 않고 살아 있다. 살아 있기에 삶이다. 오직 삶이 있다.

모든 것이 움직인다. 움직임은 에너지다. 그러므로 모든 것이 에너지다. 모든 것이 움직임이다. '것'은 움직임의 표현이다. 그러므로 멈춘 '것'도 움직이는 '것'도 없다. 움직임만 있다.

수천 리를 날아가 수백 리를 걸었다. 그러나 인식은 한 치도 움직이지 않는다. 봄은 늘 그 자리에 있다. 들음은 늘 그 자리에 있다. 느낌은 늘 그 자리에 있다. 맛봄은 늘 그 자리에 있다. 냄새 맡음은 늘 그 자리에 있다. 생각은 늘 그 자리에 있다. 앎은 늘 그 자리에 있다. 하늘은 여기 있다. 산은 여기 있다. 산 위의 사람들은 여기 있다. 구름은 여기 있다. 태양은 여기 있다. 달은 여기 있다. 별들은 여기 있다. 왜냐하면, 여기 말고는 없기 때문이다.

　지난 세월을 살아 지금 숨 쉬고 있다. 앞으로도 세월을 살 것이다. 지난 세월과 앞으로의 세월은 지금 이 순간에 있다. 이 순간을 생각하는 순간 지나간 순간이 된다. 오직 이 순간만 있으므로 지나간 순간과 이 순간의 경계가 없다. 지금만 있다.

　오직 삶이 있다. 그러므로 삶이 자신을 도와 자신을 찾고 자신을 깨달아 삶으로 남는다. 이런 까닭에 찾는 이도 삶이며 스승도 삶이며 찾는 대상도 삶이며 찾음도 삶이며 깨달음도 삶이다. 찾는 이도 따로 없고 찾는 대상도 따로 없고 찾음도 따로 없고 찾음의 길도 따로 없고 깨달음도 따로 없다. 그러므로 찾는 이와 찾지 않는 이의 구별이 없다. 찾음과 찾지 않음의 구별이 없다. 찾음의 길과 찾지 않음의 길에 구별이 없다. 깨달은 이와 깨닫지 않은 이의 구별이 없다. 원래부터 구별이 없기에 구별이 없다는 개념도 없다.

　의식이 있다. 모든 만물이 의식 안에서 일어나고 사라진다. 이를 태어남과 죽음이라 부른다. 만물과 의식은 다르지 아니함으로 태어남과 죽음은 의식의 움직임이다. 새로 나타남도 없고 사라짐도 없다. 그래서 늘거나 줄 수도 없다. 오직 움직임이 있다. 시간도 공간도 시

　　　　　　　진리는 바로 지금, 바로 여기 있다

점도 이 움직임 속에 있으므로 움직임은 움직임이 아니다.

오직 이것만 있기에 나, 너, 우리, 이것, 저것, 그것, 주체, 객체, 사물, 행동, 움직임, 만물, 공(空), 무(無), 도(道), 성령, 에너지, 인식, 앎, 신, 하나님, 한얼님, 경험, 존재, 마음, 의식이 모두 같다. 어떤 이름을 붙이고 어떤 무엇을 가리켜도 다 같다. 어디를 가리켜도 여기만 가리켜진다.

둘과 다름은 오직 생각 속에만 있다. 둘이 아니라는 말도 오직 생각 속에 있다. 있는 그대로에는 둘도, 둘이 아님도 없다. 있는 그대로다.

◯
맺는말

읽어주서서 고맙습니다. 침묵으로 충분할 것을, 말이 너무 많았네요. 부디 찾음에 도움이 되길 바라지만, 도움이 안 되면 그냥 내려놓고 가세요. 도움이 돼도 그냥 내려놓고 가세요. 방향 표지판은 보고 그 자리에 놔두고 가는 거니까요. 혹, 길을 잃으면 다시 와서 확인하세요. 방향 표지판은 어딜 가질 않으니까요.

그래서 인샬라!

찾든 찾지 않든, 찾아지든 찾아지지 않든 당신은 늘 그것입니다. 늘 있는 그대로입니다. 바로 지금, 바로 여기.

부디 찾아지기를.

이 글을 읽는 당신, 관세음보살님께
깊은 존경의 마음으로 삼배 올리며 이 책을 바칩니다.

논은 올림

'아드바이타' 네이버 카페: https://cafe.naver.com/advaita2007

진리는 바로 지금, 바로 여기 있다